陆虎——主编

影响中国历史的女性

红颜长歌

九州出版社
JIUZHOUPRESS

图书在版编目（CIP）数据

红颜长歌：影响中国历史的女性 / 陆虎主编 . ——
北京：九州出版社，2020.9
ISBN 978-7-5108-9583-8

Ⅰ. ①红… Ⅱ. ①陆… Ⅲ. ①女性－历史人物－生平
事迹－中国－古代 Ⅳ. ①K828.5

中国版本图书馆CIP数据核字（2020）第182326号

红颜长歌：影响中国历史的女性

作　　者	陆　虎　主编	
出版发行	九州出版社	
地　　址	北京市西城区阜外大街甲35号（100037）	
发行电话	（010）68992190/3/5/6	
网　　址	www.jiuzhoupress.com	
电子信箱	jiuzhou@jiuzhoupress.com	
印　　刷	河北盛世彩捷印刷有限公司	
开　　本	710毫米×1000毫米　16开	
印　　张	23	
字　　数	373千字	
版　　次	2020年10月第1版	
印　　次	2020年10月第1次印刷	
书　　号	ISBN 978-7-5108-9583-8	
定　　价	59.00元	

编 委 会

主　编：陆　虎

副主编：孙作兴　曹　凯　任定周

编　委：（按照姓氏笔画排序）

　　　　刘帅兵　刘运杰　陈可儿　杨高辉　余　雄　柳丽娟

　　　　相粟森　贾亚宁　唐　滔　顾　瑞　梁涵锋

序　言

　　中学历史教科书，因受各种因素的制约，呈现出微言大义、粗犷宏大的叙述风格，让学生对本就与自己生活相距久远的古代历史，感觉更加空洞、晦涩，丢失了历史教育的温度与魅力。陆虎校长和他的团队，为了唤醒学生对历史的喜爱与敬畏、开阔学生的视野、丰富学生的历史知识，利用业余时间，遍寻史籍，精心筛选，编写了《红颜长歌》一书，选取在中国古代历史上异彩纷呈的女性形象，让我们从另一个角度去感悟中国古代千年更替，世事变迁，认知历史中的人与事，理解我们生活的时代，思考未来的社会。

　　人类社会是由女人和男人构成的，人类历史从某种意义上说，是人类性别的社会结构史和家庭结构史。女性作为家庭重要成员，与人类社会的发展有着不可分割的关系。但在中国古代社会中，女性却被排挤到这个结构的边缘位置。社会学家研究认为，妇女扮演的性别角色，并非是由女性的生理所决定的，而是由社会文化规范的；人的性别意识不是与生俱来的，而是在对家庭环境和父母与子女关系的反应中形成的。

　　远古神话故事中，有很多关于女神崇拜的痕迹。远古时代，为了抵御极其艰苦、危机四伏的生存环境，繁衍后代，人类以群居方式生活。在这种群居生活状态下，后代只知其母、不知其父，聚落因女性而构建，在聚落掌握生产资料、组织采食捕猎活动的环境下，男性只有附庸在这种以女性为纽带的聚落里，才能更好地生存。因此女性在当时的社会生产生活中占据重要地位，女神崇拜自然应运而生。随着人类历史的发展，人类逐渐学会畜牧、农耕，生产力获得前所未有的发展。社会分工、剩余价值、私有制、阶级相继出现，小家庭和私有财产观念产生，"大族群、小家庭"的父系模式逐渐取代母系族群模式，从此"妻从夫居"，子女成为父系氏族的成员，成为父亲财产的继承者。男性的权威因身体差异、社会分工而确立，继而获得经济优势，女性角色也因丧失经济地位，逐渐向着有利于男性地位提升的方向演变。中国古代的父权制于商周时逐渐完备，经秦汉后的封建社会巩固，形成庞大、牢固的伦理链条。男权社会还炮制一系列的男权文化来框定女性的低微地位，束缚女性的身心。纵观中国的文明史，我们可以看出，创造文明的男性和女性虽然数量相差不多，但是在记载社会文化的史籍中，女性的记载相对较少，有时甚至缺席。

但即使在女性地位不断衰落的历史过程中，中华女性却也因参与社会生活而支撑起自身一定的社会地位，虽史载少漏，但也无法淹没历史长河中熠熠生辉的女性形象：流传青史、文武兼备的商后妇好，逆袭人生、辅佐三代、促成大一统的窦漪房，满腹才情、智慧有勇的才女卓文君，璀璨耀眼的女性第一史家班昭，命途多舛、坚毅隐忍、笳音永传的蔡文姬，著《笔阵图》、启蒙"书圣"的卫夫人，蕙质兰心、"林下风气"的谢道韫，爱国爱民的冼夫人，千古女皇武则天，海上女神、天上圣母妈祖，颠沛、坎坷的婉约词人李清照，医者仁心、留世《女医杂言》的谈允贤，左右朝局、母仪天下的孝庄……这一个个鲜活的母亲、妻子、女儿、爱人……构成了中国古代最美的色彩。法国谚语说"世界就是一本女人的书"，不了解中国历史上的女性，就无法全面了解中国古代历史。著名女作家冰心也曾说过："世界上若没有女人，这世界至少要失去十分之五的真，十分之六的善，十分之七的美。"是女人装扮了这个世界，这世间因为有了女子，才显得格外美丽动人。让我们拜读《红颜长歌》中这百余位女性多彩的故事，去感悟人间的真、善、美吧。

华南师范大学历史文化学院

王继平

2020 年 3 月 10 日

目 录

红颜长歌

第一章　女人造世界，母性传万家

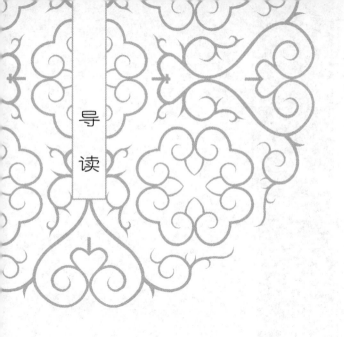

妇女在社会和家庭中的地位，与社会的发展有着密切而不可分割的关系。远古时期，女性主要负责采集食物，男性主要负责狩猎。女性在社会生活中逐渐取得了高于男性的社会地位。

原始时期，人口的繁殖与社会生产是同等重要的事情，当时的人们是无法解释女性为什么会生孩子的，他们认为女性天生具有某种生殖魔力，或从神灵那里获得了某种男性所没有的魔法。因此，掌握着生育权的女性也被当时的人们赋予了神圣的色彩。

原始社会维系人类社会组织的纽带是血缘关系。母子关系成为人类延续的唯一链条，母亲就成为整个部落或者氏族中最亲近的人，成为团体的核心，受到高度的尊重，氏族社会的首领也大都由女性担任，女性成为人类社会最初的领袖。

可以说，原始社会是女性的天下。在许多古代的宗教中，最高的神都是女性，在中国的神话传说中，造人的也是一个女人——女娲娘娘，而非"男娲爷爷"。这位伟大的女性，不仅创造了人类，还拯救了人类，是她孕育了生命，是她力挽狂澜，导演了一个又一个的"传奇大片"。

但是到了原始社会末期，特别是随着社会生产力的发展，男性在社会生产中的作用越来越明显，私有财产开始出现，女性在社会中的地位受到了冲击和挑战，男性开始在社会中占据越来越重要的地位。但是就是在这样的社会里，女性在那个时代依然熠熠生辉，并且为人类文明做出了巨大的贡献，其中最为著名的，就是时称"凤姐"的嫘祖。

第一节

法力无边的女娲娘娘

谈起女娲娘娘，可以说是无人不知、无人不晓，孩提时代就听说过女娲抟土造人、采石补天的佳话。女娲娘娘被奉为造人女杰、婚姻创始人、最早的媒婆和送子娘娘等，可以说女娲娘娘在那个时代就是"半边天"甚至是"大半边天"，她与我们所熟悉的炎黄二帝一起为华夏文明的创建做出了不可磨灭的贡献，被后人尊称为中华三大始祖神。

一、女娲娘娘这个人

翻遍各种典籍，关于女娲娘娘形象的描述，都是那样的模糊。《说文解字》曰："娲，古之神圣女，化万物者也。"《世本·姓氏篇》曰："女氏：天皇封弟娲于汝水之阳，后为天子，因称女皇。"一些古籍里都尊称女娲娘娘为"神"，为"皇"，但都没有具体的记载和描述。后来有人把女娲想象成人头蛇身的形象，如《楚辞·天问》曰："女娲有体，孰制匠之？"王逸注："女娲人头蛇身。"更有《山海经·大荒西经》郭璞注："女娲，古神女而帝者，人面蛇身，一日中七十变。"总之，女娲娘娘不同于凡人，更平添了许多神秘的色彩。

又有人将女娲的原型想象成青蛙。他们认为，在上古时候，人们没有太多吃的东西，但是小青蛙却是好捕捉、味道鲜美的食物，故而人们尊奉青蛙为神，因为是它提供给人们填饱肚子的食粮。由"蛙"而"娲"，青蛙变成了女娲，女娲便成了青蛙，但这些都是带有神话色彩的传说罢了。

后来又有人认为女娲娘娘是一个实实在在的人，真实地存在于我们的历史中，主要活动于黄土高原，姓风，名叫风里希或者风里牺。如《帝王世纪》中说："女娲氏，风姓，承疱羲制度，始作笙簧。"但是不管女娲娘娘是否真有其人，抑或是纯粹的神话传说，她却是如此真切与深厚地存在于我们的历史与文化中，影响着一代又一代的华夏儿女，深深地根植在我们的民族文化里。

二、女娲娘娘抟土造人

传说上古时期，盘古从混沌中挥一把大斧开天辟地，临死又将自己的肉身化作了山川河流、日月星辰、草木虫鱼，但是却忘记了造人。女娲娘娘一个人行走在美丽的大自然中，总觉得有一种说不出的寂寞，为了点缀这个世界，于是她准备用泥土造人。

关于女娲娘娘抟土造人的神话记载在《风俗通义》中。《风俗通义》曰："俗说天地开辟，未有人民，女娲抟黄土作人。剧务，力不暇供，乃引绳于泥中，举以为人。故富贵者，黄土人；贫贱者，引绳人也。"意思是说，民间传说，天地开辟之初，大地上还没有人类存在，女娲娘娘抟捏黄土，用泥巴捏造出了人。她忙得筋疲力尽，于是拿了一条绳子，把这条绳子投入泥浆中，举起绳子一甩，泥浆就洒落在地上，变成了一堆人。那些富贵的人，就是当初女娲娘娘亲手用黄土捏出来的，而贫贱的那些人就是女娲娘娘用绳子甩出的泥浆变成的。当然，这也凸显了在阶级社会里，统治者为了向民众灌输"天命论"，以达到维护专制统治的目的。

更有传说，女娲娘娘在造人之前，于正月初一创造出了鸡，初二创造出了狗，初三创造出了猪，初四创造出了羊，初五创造出了牛，初六创造出了马，初七才开始抟土造人的。时至今日，还有很多地方在正月的"六畜之日"里，按日为六畜过节，给猪圈、羊栏、牛棚等贴红纸条、点香等，因为传说中女娲娘娘就是在那天创造了它们。

女娲娘娘在初七才开始了抟土造人。人类虽然造化成功了，但是人本身却没有办法长生不老啊，那要是人生老病死之后，还需要女娲一个一个地进行补充的话，岂非天大的麻烦事？为了让人类一代一代地延续下去，女娲替人类建立了婚姻制度。她先把人类分为男人和女人，然后自己做媒人，把这些男人和女人配对成双，并教他们"造人"之法，人因为有了生育功能，故可"自力更生"，繁衍不绝，以至万代。《风俗通义》里如是说："女娲祷神祠，祈而为女媒，因置婚姻。"后世子孙也将女娲尊奉为媒神，即婚姻之神，每年都要隆重的祭祀她。据《周礼·媒官》记载："仲春之月，令会男女，于是时也，奔者不禁。"意思是说，在每年三月的时候，青年男女可以自由交往，这个时候发生一些"意料之内"

的事情呢，那是管不着的，由他们去吧。时至今日，许多地方还保留着在每年三月桃花盛开的季节，穿着节日的盛装男女，在固定的场所里载歌载舞，通过歌舞选择合适的伴侣的习俗，有点类似今天电视节目里的相亲大会。

女娲抟土造人的故事还有延伸。相传女娲在造人时，每造一个人，便取一粒沙子计数，结果女娲娘娘造了很多人后，沙子也凝聚成石。这块硕大的石头，因为受日月之精华，灵性渐通，不知道过了多久，这块石头如孙悟空金箍棒一样，越来越大，直插云霄，大可顶天。由于这块大石头吸收了天地精华，竟然在石身上长出两条神纹，将石头分为三段，大有吞噬天、地、人三界之意。女娲急施灵符，将石头封住，不让其继续伸张，并赐这块石头法力，封它做三生石，将这三段命名为"前世""今生""来世"，并在神石身上添加了一笔姻缘线，从今生一直延续到来世。女娲还将这块神石放在了鬼门关前，掌管三世姻缘轮回。

古人认为，人有三魂七魄，既有属于自己的肉身，也有自己的魂魄。当凡人走完世间路，便会灵魂出窍，被黑白无常带领进鬼门关，走上黄泉路，到了奈何桥，就会看到这块三生石。每个人的前世今生、因果轮回、缘起缘灭的故事，都被刻在了这块三生石上。

三、女娲娘娘采石补天

女娲娘娘为什么要补天？这与另外一个传说"共工怒触不周山"有关。

据《淮南子》描述："昔者，共工与颛顼争为帝，怒而触不周之山，天柱折，地维绝。"这个故事讲的是：从前，共工与颛顼争做部落首领，大打出手，打得天昏地暗。结果共工在大战中惨败，愤怒地一头撞向了不周山，导致支撑着天的柱子折断了，拴系着地的大绳子也断了。共工怒触不周山后，天倒下了半边，出现了一个大窟窿，地也陷出了一道道大裂纹，山林烧起了大火，洪水也从地底下喷涌而出，毒虫猛兽也出来残害人间。女娲目睹人类遭到如此奇祸，感到无比的痛心，于是决定补天以终结人类的这场浩劫。

女娲周游四海，遍访名山，最后选择了东海之外的海上仙山——天台山。天台山被一只神鳌驮着，以防沉入海底。女娲为什么要选择天台山呢？是因为只有天台山才出产炼石用的五色土，是炼补天石的绝佳之地。于是女娲在天台山上架起了炉灶，借来了太阳神火，选用了各种各样的五色石子，历时九天九夜，终于炼就了 36501 块五色岩石，用了 36500 块五色石将残缺的天窟窿补好了，剩下的一块五色石遗留在了天台山的山顶。天是补好了，但是却找不到支撑四极的柱子，女娲情急之下又斩下一只千年神龟的四脚当作四根柱子，将天支起来，而女娲将自己的衣服扯下来送给了这只神鳖，从此神鳖游水不用腿而用鳍了。她还擒杀了危害人间的黑龙，烧了大量的芦草，用芦草的灰烬堵塞住四处横流的洪水。经过女娲的一番辛劳整治，苍天终于补上了，地表也被填平了，洪水也被止住了，猛兽也绝迹了，人民又过上了幸福的"小康"生活。如《淮南子》描述："往古之时，四极废，九州裂，天不兼覆，地不周载。火爁焱而不灭，水浩洋而不息。猛兽食颛民，鸷鸟攫老弱。于是女娲炼五色石以补苍天，断鳖足以立四极，杀黑龙以济冀州，积芦灰以止淫水。苍天补，四极正，淫水涸，冀州平，狡虫死，颛民生。"

其实，古籍中关于女娲的记述，大多都是经历口耳相传、后世文人加工而成，在内容上存在不少怪异难解之处，还有一些内容则有明显的虚构和梦幻的地方，但是也正是这些神话与传说，蕴含着华夏民族对自己历史的深邃认识和浅近表述。通过这些传说和神话，更不难发现我们曾经的历史。据陆虎在《立足史料实证探索远古传说中的历史》（载《中学历史教学参考》，2019 年第 7 期）介绍，女娲抟土造人的传说，深刻地揭示出华夏族与滋养他们的黄土地，有着与生俱来、不可分割的历史根基与文化渊源。而女娲采石补天的故事，更有学者认为其与远古时代的一次陨石雨灾害有关。

根据《淮南子》的描述，完全符合一次大规模陨石雨撞击地表的全过程。"四极废，九州裂，天不兼覆，地不周载"是小型天体爆炸后形成的大规模陨石雨，"火爁焱而不灭"是巨大撞击、爆炸和其后在地面上引起的火灾，"水浩洋而不息"是陨冰融化后形成的大量地表水，"苍天补，四极正，淫水涸，冀州平，狡虫死，颛民生"中的"冀州"应当是古代河北省一带。这与今天利用现代科学技术推算出的在史前某一时刻发生的一场大规模陨石雨的史实基本吻合。距今 4000—5000 年间，一颗小型彗星进入地球轨道，在山西北部上空冲入大气层并在高空发生爆炸，在极短的时间内落入从晋北到冀中的广大地区，形成了规模宏大的陨石雨。陨石雨在平原地区形成了大量的撞击坑，后经地面流水和先民改造，多个较大的撞击坑最终形成了白洋淀，其余较小的积水洼地，逐渐被改造成为当地的居民区，部分这种洼地被地表水冲蚀破坏，但在河床间的高地上保留了大量的撞击坑遗迹——碟形洼地群。

有学者断言，《淮南子》描述的"往古之时，四极废，九州裂，天不兼覆，地不周载。火爁焱而不灭，水浩洋而不息。猛兽食颛民，鸷鸟攫老弱"，其实就是这场陨石雨撞击事件，巨大的撞击灾害来临后，造成了大量的人员死亡与族群迁徙，若干年后，这一灾害经历一代又一代的传说，一个美丽的神话——"女娲补天"就诞生了。

更有人认为，女娲补天的神话可能是华夏先民烧瓦盖房防漏雨的事情，反映的是女娲发明瓦的事迹。因为"瓦"字与"娲"字读音相同，不同土质烧制的瓦片颜色各异，可称之为"五色石"；屋顶漏雨是因为屋顶有缺陷，有裂缝，浓云密布时阴暗如简陋房屋的草顶，先民认为天上下雨也是从云朵的裂缝中漏下了水，因此当阴雨连绵，给人们的生产生活带来不便时，先民就幻想有一个神人炼五色石以补苍天之裂缝。但是不管女娲补天的原型是怎样的，女娲补天的传说折射出的，应该是在那个时代，人们在自己女性首领的带领下，进行的大规模的改造自然，创造家园，发展农业的情景。

女娲在肉身死后，她的肠子化作了十个神人，他们居住在大片的庄稼地里，睡觉时又横卧在道路上，守护着土地。如《山海经·大荒西经》描述："有神十人，名曰女娲之肠，化为神，处栗广之野，横道而处。"有人认为，这段描述的寓意是说女娲肉身死后被人吃掉了，原始部落的人感觉吃下自己祖先或者族中受尊敬人的肉会有安全感。但是更多的传说是，女娲灵魂升天以后，由神兽保护着去了天宫，成为天神，世世代代佑护着她的子民。

女娲娘娘的故事被人们代代相传，形成了脍炙人口、流传广泛的女娲文化，在整个中华文化体系中占有重要的地位，是我们研究历史文化的重要材料，是传承华夏文明与民族精神的重要史料，更是增强我们创业精神、增强民族凝聚力的源泉，对我们的文化传承具有深远的历史意义。

第二节

心灵手巧的嫘祖姐姐

中华民族已有五千年的文明史，这五千年的文明史从什么时候开始的？一般认为，是从炎黄二帝时代开始的，那个时代涌现出了许多的先进人物，并形成了以二帝为代表的宏大历史人物群体，因此那个时代的诸多发明创造都算在了炎黄的名下。在那个发明创造者群体中，其中杰出的女性代表人物，当属黄帝的老婆——嫘祖。

嫘祖以发明养蚕取丝而著称于世，《通鉴外纪》有如是描述："西陵氏之子嫘祖，为黄帝元妃，始教民养蚕，治蚕丝以供衣服，后世祀为先蚕。"嫘祖也因发明养蚕缫丝有功于人类，而被后人奉为神灵，被尊称为"先蚕娘娘"，今人有诗曰："沉睡五千年，觉醒半边天。恩光齐日月，德泽并黄炎"。

一、少女时代的嫘祖

嫘祖，又称"雷祖"或"累祖"，传为西陵氏之女，但具体出生地在今天的哪里，一直以来莫衷一是，争论不休。现在流行的较有影响力的观点主要是湖北宜昌说、四川盐亭说、河南西平说等，这些观点的主要依据大都称汉代以后当地就已被称作"西陵"，如"西陵县""西陵郡"或者"西陵峡"等，当地也大多都流传着与嫘祖有关的民间传说和风俗习惯，或者说与传说有关的人文古迹等。但可悲的是，有些地方为了争夺"嫘祖故里"的金字招牌，不惜斥巨资，投入大量人力物力，开发旅游资源，造成了旅游开发过剩、入不敷出的文化乱象，各地文人也纷纷著书立说，厉兵秣马，从茫茫古籍中寻找西陵所在。捍卫文化尊严固然值得称道，但是为了利益而让自己成为文化掠夺者，岂非是对文化的一种暴殄天物，岂非是对嫘祖的一种亵渎？

嫘祖故里，不管是西平也罢，盐亭也罢，宜昌也罢，抑或者其他地方，归根到底都是在我华夏神州之地，嫘祖实乃我华夏族之一员，这对于我们这些景仰嫘祖的后人来说，已经足够了。

相传，在西陵一个美丽的山脚下住着一户人家，夫妻二人恩爱有加，有一天晚上，妻子梦见一只彩凤投入到了自己的怀中，不久就怀孕了。十月怀胎后生下一女，夫妻二人认为因梦彩凤投怀而名小凤。小凤小时候聪明伶俐，被小伙伴们称为"凤姐"，后又有人考证说，凤姐姓王，亦叫王凤。此凤姐的才智在当时，可真称得上"前五百年，后五百年，都没有人智商超过她的"，有"天女神童"的美誉。

　　不仅如此，凤姐还出落得亭亭玉立，美丽动人，魅力无限，"秒杀"一切雄性。传说，凤姐母亲在她十岁的时候就去世了，父亲又常年在外，凤姐思父心切，就对她悉心圈养的小白马说，如果你能去把我父亲找回来，我就嫁给你。小白马似通人性，早就钟情于凤姐，便跑出马圈去把远方的凤姐父亲接了回来，小白马非常期待着与凤姐的婚约，但是凤姐的父亲知道这件事后，一怒之下将小白马射杀了，凤姐也是伤心不已。

　　有一天，凤姐和她的女伴们上山采摘野果，西陵山上草木郁郁葱葱，枝繁叶茂。凤姐一行在朝深山走去的时候，被一张横亘在两棵巨木之间的蜘蛛网挡住了去路。同伴们不以为意继续走，结果被蜘蛛网蒙了一头蛛丝，微风掠过，蛛纱拂面，晶莹剔透，惬意无比。凤姐想，倘若取得无数柔韧的细纱，像蜘蛛网一样编织在一起，比起身上穿的树叶兽皮等，不知道要轻松舒服多少倍啊！然而蛛丝过于纤细，易滑易断，凤姐也是暂时打消了这个念头。后来，凤姐在采摘野果时，误将桑树上的蚕茧当作野果采回家中，她将这种"野果"放在嘴里却怎么也嚼不烂，最后只能放到陶罐中的沸水里面煮一下，边煮边用棍子搅一搅，看看熟不熟。没过多久，那些"野果"被这么一煮一搅，竟然全部变成了如头发丝细的白线缠绕在棍子上，看上去晶莹夺目，柔软异常，很有韧性。凤姐联想起蜘蛛网的样子，再结合现在这些比蛛丝更加柔韧、更加漂亮的白丝，一个奇异而大胆的想法在她的脑海里产生了，那年凤姐十六岁。

　　后来，凤姐专门跑到采到这种白色"野果"的地方。她发现，这种白色的东西不是野果，而是一种虫子吐丝结出的茧，这种虫子又特别喜欢吃一种叶子，这种叶子就是我们所熟悉的"桑叶"，那种虫子就是我们所知的"蚕"，而那个白色的"野果"就是我们所知的"蚕茧"了。经过长期的观察和思考，凤姐总结出了一套繁殖饲养桑蚕的技术，把野生的天蚕变成了家养，大大提高了蚕茧的产量和质量。凤姐还摸索出了削木为桩、经纬织绢的技术，并用织出的绢做成了飘然若仙的纱衣，一场划时代的革命开始了。

凤姐养蚕缫丝织绸的消息很快传遍了整个西陵部落，西陵部落的首领非常高兴，并收凤姐做了女儿，赐名"嫘祖"。嫘祖把养蚕解茧、取丝造衣的技术毫无保留地传给了部落的人，深得部落人民的尊重与喜爱，不久便被推举为部落首领。

我国素有"丝国"的美誉，是世界上蚕桑、丝绸的发源地。嫘祖，作为中国养蚕缫丝的开拓者，为解决人们的穿衣问题，促进人类社会的文明进化，做出了杰出的贡献。正如今人所评价的那样："嫘祖蚕桑丝绸的发明，是人类科技史上的一次革命，是人类经济史上的一次革命，也是人类认识史上的一次革命。"而那横列欧亚，连亘多国，辐射四海，举世闻名的丝绸之路，今天依旧横亘在碧水青山，延伸向茫茫戈壁，似乎在默默诉说着嫘祖的传世伟业。

二、夫唱妇随的嫘祖

关于嫘祖与黄帝的相遇，有很多种说法。有的说黄帝是慕名前来向嫘祖提亲的，有的说黄帝是在一次战斗中被蚩尤打败后，迷路偶遇嫘祖，一见钟情的。也有人说，黄帝和嫘祖是我国最早的一次政治联姻，黄帝看上了嫘祖部落的经济实力，嫘祖看上了黄帝部落的军事实力。但是不管怎样，嫘祖与黄帝是在正确的时间，在一个正确的地点，遇到了一个正确的人，所以传下了一段佳话。

当然，客观上讲，嫘祖与黄帝的联姻，不仅完成了一次大规模的部落联盟，提升了部落的力量，同时还开创了族外婚的一个典范，开启了一个新的婚姻时代。

当时的社会，由于人们的认识水平比较落后，群婚、乱婚、抢婚、族内婚等依然广泛存在。嫘祖一直以来都大力提倡婚娶相媒，缔结对偶婚姻，进行人伦教化。于是，她准备以自己的婚姻作为示范，嫘祖的想法得到了黄帝的积极响应和认同。时年六月六日，黄帝嫘祖在始祖山顶进行了"八拜成婚"，即拜天、地、日、月、山、河、祖先以及夫妻对拜等盟誓之约，嫘祖亦被黄帝封为"正妃"。如《史记·五帝本纪》所载："黄帝居轩辕之丘，而娶于西陵之女，是为嫘祖。嫘祖为黄帝正妃，生二子，其后皆有天下。"嫘祖后来生下了玄嚣、昌意两个儿子，昌意娶了蜀山氏女为妻，生下了高阳继承天下，高阳就是五帝之一的"颛顼"，而玄嚣的孙子"帝喾"也是传说中的五帝之一。

至今，始祖山东峰依然有当年黄帝嫘祖八拜成婚的鸳鸯台遗址，每年六月六日，许多老少夫妻皆登始祖山拜谒，以求得黄帝嫘祖庇佑，愿长寿百岁、相亲相爱、家庭和睦、子女成名。几千年后的今天，神州大地上流传着这样的誓言："上邪，我欲与君相知，长命无绝衰。山无棱，江水为竭，冬雷震震，夏雨雪，天地合，乃敢与君绝！"苍天无言，大地垂青，嫘祖的婚嫁礼仪早已浸入中华民族的血脉，伴随着中华文化，源远流长，直至永远。

婚后的黄帝和嫘祖有了自己的分工。黄帝带领大家发展生产，种植五谷，驯养动物，制造生产工具。嫘祖则负责带领妇女们上山剥树皮，织麻网，种桑养蚕，抽茧缫丝，她们还把男人猎获的野兽皮毛剥下来，进行加工。黄帝部落的生产发展迅速，黄帝也被推举为部落联盟首领。

嫘祖的军事才能很少被提及，特别是在几场重要的战争中，比如炎黄联盟与蚩尤的逐鹿之战，比如黄帝与炎帝的终极 PK——阪泉之野等，由于突出了黄帝的英雄形象，嫘祖的光辉显然被盖过了。但是嫘祖在平定西陵境内多次小部落叛乱中，还是起了巨大的作用的。她恩威并用，攻心为上，她特别能利用自己女性的优势，有效地联合了多个部落，并注重协调各个部落之间的利益关系，确保了部落联盟的统一与稳定。

嫘祖经常告诫自己的子民，农桑才是生活之根本。所以她经常亲自带领妇女们进行农业生产，还到各个部落去讲解传授养蚕缫丝之法、婚嫁礼仪之俗，她制定出了一些礼制，使得整个部落的人都相互礼让，人们穿着得体，社会一片祥和安定，为构建和谐社会做出了巨大的贡献，受到万民景仰和爱戴。她一生不辞跋涉，劳苦奔波，和黄帝一道巡行天下，教民栽桑养蚕，倡导婚嫁，但终因年事渐高、积劳成疾，病死在南巡的衡山路上。宋朝张君房《轩辕本纪》云："黄帝周游行时，元妃嫘祖死于道，帝祭之为神祖。"由于嫘祖巡行全国而逝世在道上，也被人们祀为"道神""行神"，即保佑出行平安之神，并逐渐演变成"旅游之神"。丁度《集韵》云："嫘祖好远游，死于道，后人祀以行神。"她经历的人间是短暂的，但是人间拥有她，却是永远、永远。

有人说嫘祖是开创上古文明的发明家，因为她发明了养蚕缫丝的技术；有人说嫘祖是政治家，因为她协助黄帝实现部落大联盟，统一万邦，奠定华夏根基；有人说嫘祖是教育家，因为她教民养蚕、教化礼仪以推行天下；有人说嫘祖是军事家，因为她平定了西陵境内多次部落叛乱；有人说嫘祖是社会革新家，因为她首创婚娶相媒，婚姻礼仪；有人说嫘祖是慈善家，因为她衣被天下，免百姓受冻致病之苦；有人说嫘祖是和平的天使，因为她以玉帛化干戈，协和万邦，使各部落和平相处，繁衍生息；有人说嫘祖是贤妻圣母，她辅助丈夫以王天下，让自己的子孙接受艰苦环境的磨炼，最终都成为天下之主。

唐代盐亭大韬略家、李白之师赵蕤撰《嫘祖圣地》碑文，记述了嫘祖熠熠生辉的一生："女中圣贤王凤、黄帝元妃嫘祖，生于本邑嫘祖山，殁于衡阳道，遵嘱葬于青龙之首，碑碣犹存。嫘祖生前首创种桑养蚕之法，抽丝编绢之术；谏诤黄帝，旨定农桑，法制衣裳，兴嫁娶，尚礼仪，架宫室，奠国基，统一中原，弼政之功，殁世不忘，是以尊为先蚕。"嫘祖是华夏儿女的人文始祖，嫘祖文化是中华传统文化的宝贵遗产，是世界丝绸文化的宝贵财富，更是东方女性文化的光辉典范。

传承嫘祖文化、弘扬始祖精神，增强民族自信心和凝聚力，强化同根同源的民族认同感，实现中华民族的伟大复兴，这是我们共同的担当。

第二章

红颜也豪杰，美人亦薄命

在人类历史长河中，中国女性由在氏族、部落中占据主导的支配地位，到沦为男子的附属品，是经历了漫长曲折的反复斗争过程的。在这场轰轰烈烈的男权与女权的较量中，中国的女性曾不甘失败，进行过顽强的抗争，然而最终被席卷而来的浩大的男权所颠覆。恩格斯在《家庭、私有制和国家的起源》中对这场斗争做出如此评价："母权制的被推翻，乃是女性的具有历史意义的失败。"有学者认为"精卫填海"神话是对女权制失败所唱的一曲挽歌，认为由炎帝少女"女娃"变来的"精卫"象征女性，而汹涌奔腾的"东海"则象征势力浩大的男权，精卫填海之举则象征女权对男权的抗争。

　　在原始社会末期，随着社会生产力的发展，对女性的生殖崇拜逐渐降低。由于战争和生产的需要，男性在社会中居于重要地位，在社会生产中的地位日益提升，而相应的妇女地位却在不断下降，再至夫权社会的确立，女性的地位进一步降低，甚至失去发言权，逐渐成为男性的附属品。

　　夏朝是我国历史上第一个国家。那个时候，国家的传承以血缘关系为依据，

王位世袭制取代禅让制，"公天下"变为"家天下"。由此男性在国家政治生活中的地位举足轻重，但是夏朝也出现了一些大家所熟知的女性，她们或是能力非凡，建功立业，非当时男性所及，如被认为是"世界史上最早有记载的间谍第一人"，也是中国历史上第一个被记载的间谍女艾。女艾是少康帐下的一位将军，她临危受命，深入敌后，为少康获取大量有价值的军事情报，最后成为复兴家国的"巾帼英雄"，彪炳史册。还有的女性因为是绝色佳人，被贴上祸国殃民的标签，后人把国家的灭亡归罪于她们，她们被打上祸国的标签，被称为红颜祸水，沦为政治的牺牲品。就如夏朝的妹喜，妹喜原是东夷有施氏之女，像物品一样被进献给夏桀，传说中妹喜有三大癖好，一是喜欢听绢帛撕裂的声音，二是喜欢看人们在酒池里寻欢作乐，三是喜欢戴男人的帽子。由此，后人称妹喜为"千年第一狐狸精""中国第一祸水""中国有历史记载以来的第一个亡国的王后""第一个献物"等。妹喜和妲己、褒姒、骊姬并称为中国古代四大妖姬，一代红颜也不免遭遇"裂帛声声犹在耳，红颜花落深山中"的下场。

第一节

间谍的始祖

在中国乃至世界历史上，有一种古老而又现代、危险而又隐秘的职业，这种职业就是"间谍"。

在古兵书《六韬》中记载："游士八人，主伺奸候变，开阖人情，观敌之意，以为间谍。""间谍"二字由此而来。通俗而言，间谍，就是指深入敌人后方秘密从事窃取情报或破坏敌人正常活动的人员。在世界历史上对间谍这种职业有诸多描绘，甚至被拍成电影，比如电影 007 系列。但中国历史上第一个被记载的间谍却是一位女人，名字叫女艾，她也是世界史上最早有记载的间谍第一人。

俗话说，"时势造英雄"，女艾的间谍成长经历，与夏朝的"太康失国""后羿代夏"的背景密切相关。

一、从"太康失国"到"后羿代夏"

我们都知道，公元前 2070 年，我国历史上第一个国家——夏朝建立，夏朝的建立者是禹，禹之后，他的儿子启即位成为国家君主。

夏启死后，其长子太康继承王位后整日不理朝政，游山玩水，导致民怨沸腾。太康有一大爱好就是打猎，一次，有穷氏部落的首领后羿趁太康外出打猎之际，攻陷了夏都城，当太康带着众多猎物回归时，发现都城已被占领，无奈之下只能在洛水边安顿下来，这件事在历史被称为"太康失国"。范晔在《后汉书》中记载了这件事："夏后氏太康失德，夷人始叛。"

我们再来说一下这个后羿，也许人们对后羿的认识仅限于那个古老的神话——后羿射日，可我们所说的此后羿非彼后羿，我们说的这个后羿（又称"夷羿"）是东夷有穷部落的首领，射太阳不是他的强项，但他打猎非常厉害，他一直觊觎夏王太康的权力，终于得偿所愿赶走太康，他扶植太康的弟弟仲康为傀儡，历史上把这段历史称为"后羿代夏"。

后羿夺取夏政权以后，任用不学无术的"流氓"寒浞管理国家，而他每天就是三大爱好：享乐、打猎和与美人嬉戏。

后羿五十八岁的时候纳了十八岁的少女纯狐为妃。纯狐暗地里和寒浞勾结，密谋要杀死后羿，夺取王位。一天，后羿喝醉酒走错房间，发现寒浞和纯狐在一起，于是寒浞趁机杀死后羿，取而代之，自立为王，改国号为"寒"，立纯狐为正妃，纯狐还给他生下两个儿子，分别是浇和豷，寒浞把过和戈两个地方封赏给了他们。

史书上还记载，为绝后羿及其部落的后患，寒浞把后羿的尸身剁成了肉酱，加入剧毒做成肉饼给后羿的族人"享用"，后羿的族人若听话地吃下去就会被毒死，不听话就以违抗命令的罪名杀死，《左传·襄公四年》对这段历史有描述："羿犹不悛，将归自田，家众杀而亨之，以食其子。其子不忍食诸，死于穷门。"总之，用这种歹毒的办法，整个中原地区的后羿族人就灭绝了。

寒浞杀死后羿之后，对夏朝残余势力采取斩草除根的战略，他分兵三路进攻相（仲康之子）的居住地帝丘，最后，相被寒浞杀死。但相的妻子缗却在危难之际从城墙下面的水沟逃出去，她带着仲康的遗腹子逃回娘家，并在那里生下了少康。

二、女艾其人

女艾（又称汝艾），出生地在甘肃天水郡，生卒年不详。生活在夏朝动荡不安的年代，据说她是夏王少康帐下的一名英勇无敌的女将军（一说是奴隶），那个时候，夏朝女性是可以带兵出征打仗的，她们在战场上表现出来的勇猛精神完全不输给男性，可谓是"巾帼不让须眉"。当时，夏王少康正为复国不辞辛苦、废寝忘食，女艾受命深入敌后为其主搜集对手的军事情报，协助少康进行复国大业。关于少康使用女间谍的故事，《左传·哀公元年》记载："使女艾谍浇"，晋代杜预注释为："女艾，少康臣，谍候也。"女艾是中国古文献中最早记载从事间谍活动的人，堪称间谍始祖。可以这样说，少康的复国斗争，除了正常的军事斗争外，女艾在敌人后方使用诡诈的秘密战术、进行一系列间谍活动，对"少康复国"及后来的"少康中兴"起到了关键性的作用。

现在的百家姓中"艾"姓就是以女艾（汝艾）为先祖，据《通志·氏族略》记载，艾氏为"夏少康臣汝艾之后"。由此可证，女艾确实为夏朝复国立下汗马功劳，所以史书中才有女艾的记载，后人也以女艾为荣，奉为艾姓的先祖。

三、女间谍，不是传说

少康长大成人后，他的第一份工作是在有仍做牧正（类似于畜牧业局长的职务），遇到寒浞的儿子浇派人追捕他，后来少康又逃到一个名叫有虞的地方，做了疱正（掌管饮食的官职），有虞的首领是夏朝的"铁杆粉丝"，他把自己两位如花似玉的女儿嫁给了少康，并且给少康良田十顷，奴隶五百人，有一种说法是女艾就是这五百人中的一位，这种说法也是合理的，毕竟夏朝存在大量的奴隶。不过，在那个年代，女艾虽然出身奴隶，但是英勇善战，能得到少康赏识，最后成为一位声名赫赫的女将军也不足为奇。

少康很有才干，在百姓中拥有很高的威望，特别是昔日夏朝的众多遗老也开始追随少康。经过几年的招兵买马、训练军队，终于复国计划正式启动。

然而，少康知道，仅仅凭借一小块土地和五百名奴隶想要复仇绝非易事，避免与寒浞正面交锋的最好办法就是知己知彼，做好万全的准备，才能一击必中。但是在那个信息闭塞的年代想要了解敌人的情况，内部瓦解寒浞的势力不是一件容易的事情。于是少康思前想后，脑海中突然闪现一个大胆的计划，那就是派出了中国历史上、也是世界历史上第一位间谍，而且还是一位女人，她就是女艾。

女艾也无法预见她将要执行的任务将会对世界间谍史产生多么巨大的影响，这简直是彪炳史册的一大行动。那少康为什么会派女艾深入敌后而非男人呢？原因无外乎这几点：首先，女艾对少康忠心耿耿，绝对不会叛变或临时反戈；其次，女艾是少康帐下的一位将军，心理素质、观察力、适应力极强，军事斗争经验丰富，而且智勇双全，完全可以担当此任；第三，女艾是女人，不会引起敌人过多关注，这样便于在敌后灵活行动、打探消息，甚至紧急时刻美人计也可以发挥巨大的作用。当少康把自己的这个想法与女艾一说，忠心于少康的女艾没有任何异议，欣然领命。清朝人朱逢甲的《间书》中也有体现："用间始于夏之少康，使女艾间浇。"

当然，女艾接受少康的卧底任务之后，也要经过周密的策划和布置以便做到万无一失，一名合格的间谍必修课就是要学会"七十二变"。所以，女艾首先要乔装打扮一番，她把自己打扮成一个普通农妇，即使混迹到人群中也绝对不会引起任何人的怀疑，终于她躲过敌人的各种盘查，顺利地来到了寒浇的封地过邑（今山东莱州市西北）的中心地，她小心翼翼地在过邑先立足下来，扎下根。

女艾把自己的间谍任务分为两大部分：一是秘密地观察过邑城周围的一切军事兵力部署及外围军事设施的位置，甚至是把寒浇的活动规律也摸得一清二楚，女艾把有价值的情报信息源源不断地输送给少康一方。她曾经装扮成一个仆人，借着给寒浇缝补衣服的机会，成功地与寒浇同住在一个房间里，窃取了寒浇更多的机密。屈原《楚辞·天问》原句是这样的："惟浇在户何求于嫂，……女岐缝裳而馆同爰止，何颠易厥首而亲以逢殆。浇谋易旅何以厚之，覆舟斟寻何道取之。"句中的"女岐"就是"女艾"。正因为如此，少康才对敌方有了更加深入的了解，做到"知己知彼，百战不殆"。

二是行刺寒浇。女艾的想法是最好能够行刺寒浇成功，做到"擒贼先擒王"，于是，在一个月黑风高的夜晚，女艾成功地找到了浇宫中的住所并潜伏在那里伺机行动，但遗憾的是当晚寒浇并没有回去，所以行刺的任务暂且失败。

还有一次，女艾夜间拿着斧头趁机要砍寒浇，可惜浇身上缝了坚甲没有成功。

甚至还有一种说法是女艾在行刺寒浇的时候，因为屋里漆黑一片，女艾的斧头没有砍到寒浇，却砍到了寒浇身边的女人，那女人一声惨叫当场毙命，寒浇也因此吓得够呛，他派人缉拿女艾，但都没有成功。

关于寒浇是如何被消灭的，有两种说法：

一种是女艾在行刺失败后继续打探浇的情况，不久，女艾从浇的侍从口中又得到一个有价值的信息，那就是寒浇择日要去打猎，于是，女艾精心策划，希望这次能够一击必中杀死浇，从而斩断寒浞的臂膀。这一天，寒浇带着随从在野外狩猎，突然，树丛中闪现出一只梅花鹿，寒浇撇下随从奋力向前追去，结果迎面被一群猎狗围住，寒浇躲闪不及，被猎狗撕咬得惨不忍睹，最后树林中冲出几名猎人，砍下寒浇的头颅扬长而去。毫无疑问，这场有组织、有预谋的刺杀行动正是出自女艾之手，屈原《楚辞·天问》中记载："何少康逐犬，而颠陨厥首？"这句话说的就是女艾用计使寒浇被杀。等寒浇的随从赶到"案发现场"，无奈只能带着寒浇的尸体回城时，突然间听见呐喊声震天，原来是女艾率领大军即将攻城，几名士兵在前面大声喊："叛臣寒浇已经被斩首，你们不要顽抗，速速投降。"并且还用竹竿高高地挑着寒浇的头颅，于是城内的百姓打开城门，女艾带领的军队取得胜利。

另外一种可信的说法是，女艾经过一段时间的潜伏，为少康拟定了详细可行的灭浇行动计划。少康根据女艾的情报，认为攻打寒浇的时机已经成熟，便亲率复国大军对寒浇的封地过邑展开进攻，寒浇的兵力部署此刻已无任何作用，少康带领的军队在过邑城如入无人之地一般，女艾里应外合，最后，寒浇兵败被杀，少康再命其长子杼领兵打败了寒豷，寒豷还被剁成了肉酱。《左传·襄公四年》记载："少康灭浇于过，后杼灭豷于戈，有穷由是遂亡，失人故也"。紧接着，少康在女艾的协助下一鼓作气乘胜攻克了寒浞的两大封地，收复了中原大部分地区，此时，寒浞早已经无力征战，面对少康势如破竹的攻势，寒浞部下临阵倒戈，活捉寒浞。寒浞最后自杀不成，被凌迟处死。

从女艾所采取的一切行动来看，我们不得不佩服女艾这个女人，她简直是具备了一名优秀间谍所需要的一切优秀品质：洞察力强、沉着冷静、杀伐果断。比起战场上的千军万马，女艾在少康复国大业中的贡献可谓是最大的。

少康最后恢复了中断四十余年的夏政权，建都阳夏（今河南商丘夏邑县），女艾成为辅佐夏朝少康消灭寒浞及其子，复兴家国的"巾帼英雄"。

《孙子兵法·用间》记载："故惟明君贤将，能以上智为间者，必成大功。"由此可见，间谍在古代军事作战中的重要性，堪比一整支军队，有时候比军队还要厉害。

而女艾这个美女间谍在少康复国之后，却很少被提及，她的名字就此已经湮没于浩瀚的历史中。

第二节

夏末有佳人

在中国历史上，有很多关于美女的记载，或裙裾飞扬，国色天香；或宛转蛾眉，秀外慧中。但是，在这众多美女中，有很多女子是被打上祸国的标签，沦为政治的牺牲品。就如夏朝的妹喜，一代红颜也不免落得"裂帛声声犹在耳，红颜花落深山中"的下场。

一、卿本佳人，出落有施

妹喜，姓嬉（喜），生卒年不详，亦可做妹嬉、末喜，夏朝最后一位王夏桀的王后。《汉字大辞典》引《玉篇·女部》载："妺 mò，妺喜，桀妻也。"根据先秦时代记述女子所用的全称和简称的方式，妹喜应该姓喜，即嬉（也作僖），由于其名字的"妺"字与"妹"字形相似，清初刻本《离骚图》作"妹 meì 嬉"，且在《庄子》等书中也有以妹为妺的用法，因此常误读为"妹喜"。

妹喜是东夷有施氏之女，有施部落地处今天的山东省蒙阴县附近，占据天时地利、物产丰富、农业发达的优势，在夏朝众多的方国中算是比较有实力的，所以妹喜的少女时光，还是过得非常舒适、安逸。传说妹喜貌如初发芙蓉，自然美态，明眸皓齿，仙姿玉貌，是有施部落最美的女子，妹喜的绝色天姿有诗为证："有施妹喜，眉目清兮。妆霓彩衣，袅娜飞兮。晶莹雨露，人之怜兮。"说妹喜的眼睛像水晶一样闪亮，身材凹凸有致，让人看了心生怜惜。

就是这样一位生活无忧、天真烂漫的绝色佳人，将要面临她人生最大的转折。

二、红颜多舛，以身朝夏

有施氏原本臣服于夏朝，年年纳贡，岁岁来朝，当时夏王贪得无厌、横征暴敛，引发各方国强烈的不满。在这种情况下，有施部落率先带头不纳贡反抗夏朝，夏桀怒不可遏，集结大军亲自东征攻打有施部落。

有施部落几度顽强抵抗夏军的攻势，但终因寡不敌众，只能与夏桀谈判求和，夏桀仗势欺人，不准有施氏投降，扬言一定要血洗其部落。有施氏无奈之下，只能投其所好，把妹喜进献给夏桀以解部落危机。

就这样，妹喜作为有施部落战败的赔偿之一被献给了夏桀。洪兴祖《楚辞补注》云："蒙山，国名也，言夏桀征伐蒙山之国而得妹喜也。"

还有一种说法是，当时妹喜的美貌已经世人皆知，夏桀又好色，所以他兴师动众攻打有施部落的目的就是为了得到妹喜。

当夏桀第一眼看见妹喜时，简直欣喜若狂，他不敢相信世间竟有如此美丽的女子，于是，夏桀满心欢喜带着妹喜回到了都城。

台湾柏杨《中华古籍之皇后之死》中有记载："施妹喜是个可怜的女孩子，她的身份是一个没有人权的俘虏，在她正青春年华的时候，不得不离开家乡，离开情郎，为了宗族的生存，像牛羊一样地被献到敌人之手。"所以，在中国古代，女人——特别是漂亮的女人，是没有主宰自己命运的权利，如同妹喜，最终也难逃像物品一样被贡献出去的命运，沦为政治的牺牲品。

三、特殊癖好，消耗国力

关于妹喜，我们想到的都是红颜祸水、"千年第一狐狸精""中国第一祸水""中国有历史记载以来的第一个亡国的王后""第一个献物"……妹喜和妲己、褒姒、骊姬并称为中国古代四大妖姬。在正史中鲜有记载妹喜的故事，她的故事多出自刘向的《列女传》、皇甫谧的《帝王世纪》。

一个被打上"祸国殃民"标签的绝色美女，肯定有不少关于她的传说。例如传说中妹喜有三大癖好：一是喜欢听绢帛撕裂的声音，二是喜欢看人们在酒池里寻欢作乐，三是喜欢戴男人的帽子。

这三大癖好中，除了喜欢戴男人的帽子对其他人危害不大，其余两个癖好都严重地消耗了夏朝的国力，致使夏朝的统治风雨飘摇。

首先，妹喜特别喜欢听绢帛撕裂的声音。妹喜远离有施来到夏朝王宫，由于思念家乡和亲人，终日不见笑容，所以夏桀每天绞尽脑汁逗妹喜开心。据《帝王世纪》记载，妹喜喜欢听"裂缯之声"，于是，夏桀下令宫人搬来大量的织造绢帛，在她面前一匹一匹地撕裂。在中国古代农业社会初期，丝绸织造刚刚兴起，破坏这种稀有昂贵的物品，无异于暴殄天物。

其次，妹喜喜欢看人们在酒池里寻欢作乐，夏桀为此倾尽国力又凿了一个面积有五平方公里的酒池，池边美女日夜不停载歌载舞，据《列女传·夏桀妹喜传》载："桀日夜与妹喜及宫女饮酒，无有休时。置妹喜于膝上，听用其言。"娇小的妹喜时常被夏桀抱到膝盖上坐着，据说，妹喜并不就此满足，她让夏桀找来三千臣仆齐聚在酒池边"牛饮"，臣仆喝醉，丑态百出，甚至很多人醉死在酒池边，妹喜才罢休。汉初《韩诗外传》卷四记载："桀为酒池，可以运舟，糟丘足以望十里；而牛饮者三千人。"

《荀子·解蔽》曰："昔人君之蔽者，夏桀殷纣是也。桀蔽于末喜、斯观，而不知关龙逢，以惑其心，而乱其行。"说的是当初夏桀为讨好妹喜，用玉石建造豪华的瑶台作为离宫，终日饮酒作乐，不理朝政，并下令处死阻止其建造酒池的忠谏臣子关龙逢。因此，当后世越王勾践派范蠡把西施献给吴王夫差时，伍子胥进言道："臣闻，夏亡以妹喜，殷亡以妲己，周亡以褒姒。夫美女者，亡国之物也，王不可受。"很显然，他们将夏朝灭亡的原因归咎于妹喜，把漂亮的女人视为洪水猛兽。

至于妹喜爱戴男人的帽子传说，也多少被后来人非议。因为在中国古代，衣服和礼仪关系密切，不同人穿不同的服装、戴不同的帽子是有严格要求的。妹喜作为女性，还是帝王的宠妃，竟敢戴着男人的帽子，当然为时代所不容。在《晋书·五行志》中记载："末喜冠男子之冠"，解释为妹喜有觊觎权力之嫌、有政治野心。但是，从现代心理学的角度来分析，妹喜这一爱好也被称为"角色互换"，恰恰反映她"嫌弃"自己是柔弱女子的身份，她希望成为男人，她要像男人一样有保护自己的能力。由此可见，妹喜这一古怪的行为背后反映的是她内心对自己被有施部落当贡品一样献出去的憎恨与不甘。

但我们亦十分清楚，即使没有妹喜的出现，夏朝也无法挽救它已濒临灭亡的命运，把亡国的罪责全部推到女人身上，也有失公允。

四、间谍之说，复仇使命

由于正史对妹喜的记载寥寥无几，所以流传在世的版本有许多，不管是她到夏桀身边的目的，还是对妹喜的评价，都大为不同。不过，流传最广、最有趣，被人们普遍认同的就是妹喜是间谍的说法。

支持妹喜是间谍说法的原因有二：

其一，妹喜来到夏桀身边本身就是一场阴谋，是东夷部落为了推翻暴君统治而采取的最关键的一步。妹喜被夏桀带走的那一刻就心怀鬼胎，所以，她喜欢听撕裂绢帛的声音以消耗夏朝财力，喜欢酒池肉林以离间夏桀与臣民的关系，导致夏桀越来越不得民心，百姓愤恨地说："太阳什么时候灭亡啊，我们愿意跟你同归于尽。"当伊尹（伊尹是辅助商汤登上王位的功臣之一，有"第一名相"之称）见夏桀的气数已尽，便向商汤献计，作为商汤的间谍前往夏朝，两人本着"敌人的敌人就是朋友"的原则达成共识。妹喜是间谍最强有力的证据是最早出自《国语·晋语一》，上面有很少的一段文字记载："昔夏桀伐有施，有施人以妹喜女焉，妹喜有宠，于是乎与伊尹比而亡夏。"

其二的说法是，妹喜由于失宠才导致对夏桀怀恨在心，于是做了商汤的间谍。这段史实来自古本《竹书纪年》记载："后桀伐岷山，进女于桀二人，曰琬，曰琰。桀受二女，无子，刻其名于苕华之玉，苕是琬，华是琰，而弃其元妃于洛，曰末喜氏。末喜氏以与伊尹交，遂以间夏。"意思是说夏桀后来攻打岷山，又得到了两位美女，一位名叫琬，另一位叫琰（琬琰即美玉之意），于是夏桀慢慢地就冷落了妹喜，妹喜被安置在洛水一带，导致妹喜心生怨恨而与伊尹联合叛夏。所以在典籍中，有"桀迷惑于末嬉，好彼琬琰，不恤其众""桀蔽于末喜、斯观，而不知关龙逄"的说法。

总之，不管出于何总原因，妹喜成为商汤的一名间谍。

于是妹喜的任务是一边将军情透漏给伊尹，帮助商汤大军摸清夏朝的军事部署；一边在夏朝散布谣言，混淆视听。《吕氏春秋·慎大》中有关于妹喜告诉伊尹"两日相斗"的梦兆："妹喜言曰：'今昔天子梦西方有日，东方有日，两日相与斗，西方日胜，东方日不胜。'伊尹以告汤。商涸旱，汤犹发师，以信伊尹之盟，故令师从东方出于国，西以进。未接刃而桀走，逐之至大沙，身体离散，为天下戮，不可正谏，虽后悔之，将可奈何？汤立为天子，夏民大说，如得慈亲，朝不易位，农不去畴，商不变肆。"意思是夏桀做了一个梦，梦见西方有个有太阳，东方也有一个太阳，两个太阳互相争斗，最后西方的太阳取得胜利，东方的太阳陨落了。当时，商部落在西方，而夏朝在东方，西方的太阳取胜，就意味着商汤部落最终会取代夏朝的地位。这样的言论传出去后，对商汤来说，正是预示着夏桀的众叛亲离，百姓都纷纷相信夏朝的灭亡指日可待，也是灭夏的良机，所以商汤民心所向，有了出兵的正当理由，夏朝遂亡。妹喜也成为商汤灭夏的大功臣，可是最后也难逃被杀的命运。

《史记·殷本纪》注引《淮南子》说："汤败桀于历山，与妹喜同舟浮江，奔南巢之山而死。"《辞源》也记载："妹喜——夏桀之妃，有施氏女色美无德，好冠带、佩剑，与桀同死于南巢。"有人说当初夏桀被流放历山时，妹喜因为对夏桀还是存有感情，所以自愿和夏桀一同放逐，共赴黄泉；还有人说，夏朝灭亡，商朝建立，妹喜作为一个"亡国妖后"断然没有再活着的必要，所以被赐死。

历代对妹喜的评价几乎都是负面的，可怜的妹喜背负了千古骂名。但是，一个朝代的灭亡最根本的原因在于政治的腐败，而绝不能把原因归咎于女人。

琥珀在《中国女性洗冤录》中说："历朝历代，从夏朝开始，好像人们已经习惯了为每一个王朝兴亡找出一个替罪羊来，夏有妹喜，商有妲己，周有褒姒等等，不一而足……红颜祸水，这样的词语在历史中到处可见，就好像一个王朝的灭亡、一场动乱的发生，全是由女性造成的一样。但实际上呢？人们却往往忽略了背后的真相——要不是帝王们昏庸好色，将相们腐败无能，又何至于此呢？"

可以说，妹喜是中国古代历史上第一个背负最大"黑锅"的红颜。

红颜长歌

第三章 其兴也贤后，其亡也妖姬

导读

　　随着生产力的发展，人类进入农耕时代，男性由于体力上的优势，在经济生活中逐渐居于主导地位，母系社会渐渐过渡到父系社会，往后女性的地位日渐下落。但是在奴隶社会中的一个朝代商朝里，女性在社会仍旧扮演着重要角色，甚至还有很多官职都是属于女性角色的，有学者曾说，商代前期虽然一只脚已经跨进父系社会，但另一只脚还留在母系社会当中。

　　商代时期的女性在很大程度上拥有比较独立的个人财产与人格自由。例如在对先王先妣（已经离世的母亲）的祭祀活动中，先妣被赋予重要的神权地位，可以看出当时母系社会在商代还留有很深刻的印记。女性在商代社会的政治、经济、文化、甚至军事等领域都可以充当后世男性才能充任的职位，表现出很高的社会地位。

　　据甲骨文中记载，商代国王的配偶们在政治上都被赋予了一定的权力，甚至有着较高的官职，其中最为大家所了解的就是妇好。经对甲骨文考据发现，她是第一位女性军事统帅，同时也是一位杰出的女政治家。她不仅能够率领军队东征西讨为武丁拓展疆土，而且还主持着武丁朝的各种祭祀活动。但她仅仅是商王六十多个配偶中的一个，可见商王配偶在商代的地位之高，贡献之大。

　　从奴隶社会开始，国家权力掌握在国王一人手中，女性逐渐居于从属地位，但后宫由于与统治者联系密切，人们逐渐认识到女色对国家的影响力，开始把女色与败政亡国相联系，并基本上从妇言、妇女干政层面对女色进行批判。商朝最后一个暴君纣王的宠妃妲己就这样在史实与传说中被塑造出来。

第一节

文武兼备的王后

华夏上下五千年历史涌现出许许多多将军英雄，这些将军英雄多半是男性，鲜有女性。但在三千多年前的商朝，就出现了中国历史上有文字记载的第一位女将军——妇好。她是商王武丁的王后，是一位爱美的女将军，是一位善战的女将军，还是一位特别受宠爱的女将军。

一、不平凡的妇好身世

1976 年 7 月，我国的考古工作者在河南安阳小屯西北发掘了一座大型墓葬，经过专家鉴定，判断是商朝晚期的贵族墓葬。这座墓保存得比较完整，墓葬主人陪葬的器物非常丰富。考古专家把收集起来的青铜器进行研究，发现青铜器上刻着许多商朝的文字。经过翻译，在为数不多的字里面频繁出现"妇好"二字，考证这个墓葬的主人是妇好。但是当时的历史学家在查阅文献时发现并没有妇好这个人，不过妇好的介绍却多次出现在随后发现的甲骨文里。

甲骨文是我国目前发现的最早文字。在遥远的商朝，生产力发展水平非常落后，出于对未来的担忧，人们在进行一些重要行动前总喜欢占卜，《礼记·表记》记载："殷人尊神，率民以事神，先鬼而后礼。"商朝人尊崇鬼神，一切行动占卜问鬼神，跟我们今天喜欢选择良辰吉日是一个道理，都是想图个吉利。商朝人占卜，一般先取一整块乌龟壳或动物的骨头，接着把龟甲兽骨上残留的肉渣皮筋等去掉，再把龟甲洗干净用工具削平整，找地方晾晒干燥，然后用特制的青铜器在上面钻出一定数目和一定间隔的小圆孔，占卜时将龟甲放在大火中烧烤，一直烤到龟甲上出现裂纹为止，根据龟甲裂纹的形状判断是祥兆还是凶兆，再决定事情能不能做。在这个过程中，要将占卜的结果和以后发生的情况刻写在同一块甲骨上，我们就把这些刻在甲骨上的文字称为甲骨文，也叫卜辞。有了甲骨文，我们可以对商朝的历史做更详细的研究。

那么，妇好究竟是一个怎样身份的人呢？

根据《金文世族谱》的记载"子姓之实为好姓",言外之意"妇好"中的"好"应该读作"子",写成"好"是商朝对女性姓名的特别写法。根据时间推测,妇好生活在母系氏族部落向父系氏族部落过渡的时代,妇好出生在母系氏族部落里,根据那个时代的特点,人们习惯于将姓写在后面,而商代"妇"是指有身份的妇女或女官,根据推测,妇好应该是子国或子族的王公之女。

妇好后来嫁给商王武丁,成为武丁的第一位妻子,也是武丁的第一位王后,在武丁随后的六十多位妻子和三位王后中,妇好是现今发现唯一一位葬在武丁宫室旁的妻子,她是怎样得到这些特殊的荣誉的呢?

二、能征善战的妇好将军

据史料记载,妇好拥有非凡的才能,妇好的才能首先表现在军事上。

商代中期,国势衰退,臣服于商朝的周边部落纷纷造反。武丁即位后,对内进行改革,对外征战,让商朝国力恢复到最强盛时期,史称"武丁中兴"。而在武丁时期的对外征伐中,妇好不仅作为商王武丁的配偶担任了重要的角色,而且被武丁封为军事将领,在战争中起了相当重要的作用。

妇好在军事上的贡献有以下几个方面:

首先,妇好曾为武丁征集兵员。

从事战争需要大量兵员,妇好作为军事将领,经常为商王出马征兵。她不仅要在商王自己统治的区域内征兵,还到对商王朝有义务的部落与方国中去广泛征集兵员。

卜辞记载:

(1)乎妇好登人于庞?(《殷墟书契前编》)

(2)勿乎妇好先于庞登人?(《殷契粹编》)

"登"征集之意,庞为地名。卜辞(1)是从正面卜问要命令妇好在庞地征集兵员吗?卜辞(2)是从反面卜问不命令妇好为王前去庞地征兵吗?中国历史上,女子为国征兵,妇好堪称第一人。

其次,妇好还参加了一系列对周边国家的战争。

据史料记载，武丁时期较大的战争包括对土方、羌方、巴方、夷方的征讨，妇好都参加并指挥了这些重大作战。

妇好的成名之战是打败土方。

距商朝都城（今河南安阳小屯村）正北一千多里外，是强悍的土方部族，他们常常任意侵入商朝边境，掠房人口财物。商王曾对土方进行过多次战争，但都未能制服敌人，土方仍连年不断地南下侵扰。武丁即位，命妇好率兵出战，只一仗，就打退了入侵之敌。妇好接着跟踪追击，终于彻底挫败了土方。从此土方再也不敢入侵，势力逐渐衰落下来。妇好凭借此战在武丁心目中奠定了杰出军事才能的地位。

妇好还率领过商朝最多的军队征战。

羌方在商朝都城的西土，是商王朝西部的主要敌对国之一。根据英国人方法敛编写的《库方二氏藏甲骨卜辞》（310 片卜辞正面，上海：商务印书馆，1935年）记载："登妇好三千，登旅万，乎伐羌"，意思就是商王派遣妇好所属三千人连同其他士兵一万人，命他们去征伐方方。妇好带着一万三千多人的队伍，在当时来说真是一支浩浩荡荡的大军，要知道商朝鼎盛时期军队不过十二万人，这是卜辞中记载商朝对外战争中使用兵力最多的一次。

妇好组织进行过中国战争史上有记载最早的伏击战。

巴方是商朝西南的一个重要方国，在今重庆地区，与商朝时常发生战争。武丁时商朝展开了对巴方的战争。对巴方作战中，妇好率军布阵设伏，断巴方军退路，待武丁自东面击溃巴方军，将其驱入伏地，予以全数歼灭。

再者，妇好不仅自己握有重兵，率兵打仗，有时还指挥其他军事将领征战。

根据郭沫若编写的《甲骨文合集》（6478 片卜辞正面，北京：中华书局出版，1982 年）记载："令妇好从氵止伐巴方，受有佑？"又根据日本学者高岛谦一编写的《殷墟文字丙编》（313 片卜辞正面，北京：中央研究院——历史语言研究所出版，2010 年）记载"令妇好从氵止 伐巴方，弗其受有佑？"这是从正反两面贞问妇好征伐巴方之事。"从"在此为"率领"之意，氵止是人名，为武丁时期著名的军事将领。这两辞是卜问，命令妇好率领氵止征伐巴方会得到礻右助吗？不令妇好率领氵止征伐巴方不会得到礻右助吗？氵止是商朝著名的军事将领，在这次战斗中，像氵止这样著名的军事将领竟归妇好指挥。根据董作宾编写的

《殷墟文字乙编》（2948 片卜辞正面，上海：商务印书馆，1940 年）记载："王令妇好从侯告征夷。"侯告是武丁时期又一著名将领，也归妇好指挥，说明妇好多次指挥多位军事征战。

妇好出现在商代北方、西方、西南、东方的战场上，并曾统帅 彳止、侯告这样的将领，指挥一万三千人的军队，当为商代一位叱咤风云的女将军。

妇好墓中曾出土了四把铜钺，其中两把大铜钺，一重 9 公斤，一重 8.5 公斤，需要妇好双手才能拿起来，器身饰以虎纹，两虎口之间有一人头，钺身中部有铭文"妇好"。在我国古代钺曾长期作为军事统帅权的象征物，而铭刻在上面的"妇好"二字则显示出她作为军事统帅的权威。

三、百般受宠的妇好王后

妇好因聪明才智受到武丁的宠幸，仅在安阳出土的一万多片甲骨中，关于妇好的卜辞就多达两百多条，可以说武丁对妇好的宠爱是全方位的。

商朝人敬仰鬼神，他们碰到点什么事情就占卜，为了从鬼神那里得到更多的福佑，他们还需要举行声势浩大的祭祀鬼神仪式，商朝人认为"国之大事，在祀与戎"，意思是国家最重要的事情就是祭祀鬼神和对外打仗。可以这样说，占卜和祭祀是商代政治生活中的重要内容。卜官不仅要亲手整治甲骨还要将此事作为记事刻辞，刻写在经自己整治过的甲骨上以示郑重，在主持祭祀时还要会诵读祭文，这个人必须识字还要会写字，可以说，如此重要的仪式，需要较高政治地位和文化水平的人担任。在商朝，这项活动一般由商王亲自主持，有时也让一些文献中被称为"巫"的神职人员掌握，但我们发现妇好也可以参与其中，甚至主持这项活动。在今天河南安阳殷墟遗址发掘的妇好墓中，出土了大批用于祭祀的青铜器，青铜器上多处刻着"妇好"二字。考证发现，妇好经常受命主持祭天、祭先祖、祭神泉等各类祭典，主持祭祀仪典的规模盛大，参与祭祀活动也很频繁，足见商朝武丁对妇好十分信任。

商王不仅给了妇好很高的政治地位，还让妇好享有独立的经济待遇。

三千多年前，交通基本靠走，通讯基本靠吼，然而商朝国土辽阔，人口众多，落后的生产力水平无法进行有效的管理，智慧的商王将国土划分为一块一块，分配给自己的功臣、儿子、亲属管理。妇好与其他贵族、功臣一样，自己完全独立经营商王颁赏的封地和属于私人的田产。在商朝，妇人的封地在卜辞中叫邑，妇好其邑规模相当大，《库方二氏藏甲骨卜辞》记载"登妇好三千，登旅万，乎伐羌"，妇好的邑能征集出三千人的兵力，估计她的地盘当有数万的人口，在当时那可是一相当大的地盘。

武丁赏赐给了妇好大块封地、田产，也赏赐给妇好诸多金银珠宝，这在妇好墓葬的随葬品中可以得到证明。妇好墓的随葬品极为丰富，多达 1928 件，其中铜器 468 件，以礼器和武器为主，铜器的总重量超过 1625 公斤，玉器 755 件，6800 多枚海贝，这是一笔相当大的财富，堪比今天李嘉诚、比尔·盖茨级别的世界级富豪。

商王武丁还十分关心体贴妇好的生活，两人感情非常好，在发现的甲骨文中经常能看到二人"秀恩爱"的桥段。

妇好出征讨伐敌军，武丁会占卜询问凶吉：

"妇好亡咎？"——妇好不会有灾祸吧？

仗快打完，武丁焦急盼望：

"妇好其来？妇好不其来？"——妇好应该回来了吧？

妇好身体出现状况，武丁占卜祈福：

"妇好娩嘉？"——妇好能够顺利生下小孩吗？

"妇好其延有疾？"——妇好的病是否还会拖延下去呢？

"妇好嚏，惟出疾？"——妇好打喷嚏了，是不是要生病了？

"妇好弗疾齿？"——妇好的牙齿不会有问题吧？

得知妇好病重，将不久于人世，武丁依然不愿意相信：

"妇好不其死？"——妇好不会死吧？

"妇好其死？"——妇好将死了吗？

"妇好延死？"——妇好能延迟死亡的时间吗？

这些卜辞反映了商王武丁无微不至的关心，看出他们之间深厚的感情。

由于常年征战，妇好积劳成疾（也有人推测是难产）先于武丁去世，享年三十三岁，这个寿命在当时算是平均寿命了，但相对于武丁活了五十九岁而言却是早逝。妇好的死令武丁十分痛心，他将她葬于自己处理军政事务的宫室旁，以便随时能看到她、守护她，给了她丰厚的陪葬品供她享用。可就是这样，武丁还是觉得自己的力量不能深达幽冥，时刻惦记着已经天人永隔的妇好，时常占卜，将妇好许配给冥间的先祖，让妇好在另一个世界不再孤单。这种仪式在我们今天看来不能理解，但在当时却是一种莫大的荣誉。

妇好集多种显要身份于一身，在历史的长河中可谓空前绝后。她是一个手挥九公斤重武器的粗犷女子，更是让丈夫念念不忘的红颜知己；她曾经指挥了商王朝最大的一次战役，为中华民族的发展起了重要的推动作用。作为中国历史上第一个有文字记载的女将军，又作为商王最宠爱、最重视的一位王后，她的一生给神秘的商朝又增添了几分传奇的色彩。在那样一个年代里，一名女性能流传青史，足见其不凡的魅力。

第二节

妲己，这个锅我不背

"请尽情吩咐妲己吧，主人。"说起妲己，年纪稍小的朋友可能会第一时间想起网络游戏《王者荣耀》里的那个法师英雄，她在游戏中被称为"魅惑之狐"，是性感娇俏又不乏可爱动人的魅惑女神。

年纪稍大的朋友会纠正说："胡扯！妲己是《封神演义》里的角色，存在于传说中，是一只九尾妖狐。"

读过《史记》的朋友会试着终结这个争论："据《史记·殷本纪》记载，妲己是商纣王的宠妃，是商朝灭亡的罪魁之一。"

妲己的身世扑朔迷离。让我们顺着历史的时间轴，去探寻其身世的踪迹。

一、"千年狐妖"养成记

1. 商周：有纣妃，无妲己

翻遍现存文献古史，最早在西周和春秋时期有了关于纣王宠幸妇人的相关记载，但并没有出现妲己的名字。

《尚书·泰誓》说纣王"作奇技淫巧以悦妇人"。《牧誓》是周武王伐纣的誓师词。公元前 1046 年的一天，周武王率战车三百辆，虎贲三百人，与商朝军队战于牧野。誓词中也说道："今商王受，惟妇言是用。"仅从这些文献来看，商纣王似乎曾经过度宠幸妇人，而这是导致国破身亡的重要原因。

《逸周书·克殷解》记载了周武王攻克殷商的经过及善后处置。在周武王攻破商朝都城朝歌之后，纣王自焚而亡。记载了他身边两个宠妃的下场：周武王去往两个王妃所在的地方，她们已经自缢。武王又射了她们三箭，用轻吕剑刺向尸体，用大斧砍下首级，悬挂在小白旗上示众。这进一步表明在周人看来纣王的妃子同样负有商亡的责任。

至于自缢的两名妃子中是否有妲己这个人，我们无从得知。

2. 战国至汉：红颜祸水

成书稍晚的战国时期诸多文献中，开始多次出现妲己的名字及事迹。从零散的记载中，妲己魅惑纣王以致亡国的形象渐渐形成。据说有苏氏是位于今河北省邢台市附近的部落国家，商纣王发兵征服此地后，该部落首领将自己的女儿进献给纣王，这个女人就是苏妲己。妲己在纣王面前深得宠幸，惑乱君心，最后导致了殷商的灭亡。

到了汉代，妲己魅惑纣王作恶的形象变得丰满起来。

司马迁在《史记·殷本纪》记载："帝纣……爱妲己，妲己之言是从。于是使师涓作新淫声，北里之舞，靡靡之乐。厚赋税以实鹿台之钱，而盈钜桥之粟。益收狗马奇物，充仞宫室。益广沙丘苑台，多取野兽蜚鸟置其中。慢于鬼神。大聚乐戏于沙丘，以酒为池，县肉为林……

百姓怨望而诸侯有畔者，于是纣乃重刑辟，有炮烙之法。……比干曰：'为人臣者，不得不以死争。'乃强谏纣。纣怒曰：'吾闻圣人心有七窍。'剖比干，观其心。……周武王于是遂率诸侯伐纣。纣亦发兵距之牧野。甲子日，纣兵败。纣走入，登鹿台，衣其宝玉衣，赴火而死。周武王遂斩纣头，县之（大）白旗。杀妲己。"

3. 宋元明："狐妖"现形

狐精善媚的说法起于魏晋，"狐媚"一词在唐代较为常见。日本《本朝继文萃》记载"殷之妲己为九尾狐"（转引自李亦辉《妲己形象考论》，载《明清文学与文献》第六辑）。成书年代大约相当于中国北宋徽宗年间，说明最迟北宋末年已有妲己为九尾狐之说，并流传至日本。但还仅限于一些语焉不详的记载，或凌乱的民间传说。

成书于元代的《武王伐纣平话》则第一次将作为华州太守苏护之女的妲己和作为狐精的妲己区分开来，并对作为狐精的妲己的出身和罪行都予以完整且神异化的描述。

据说，商纣王早期文武双全，三皇五帝都赶不上他，颇有一番作为。有一天，纣王与姜王后同去玉女（仙女）观烧香，见到容颜俏丽的泥塑仙女，纣王神魂颠倒，不可自拔。纣王独自一人在神庙中等到半夜，终于等到仙女下凡。

仙女见到纣王，诧异地问："大王半夜不睡觉，在这里做什么？"纣王如实答道："见到仙女如此美貌，一见钟情。"仙女说："人仙不可通婚，否则恐遭天谴！大王你快走吧！"看到纣王还要纠缠，仙女不得已说道："过段时间我会来和大王相见，请您先回去吧！"并解下腰上绶带作为信物交给纣王，腾空飞去。纣王正要挽留，才发现是一场梦，但手中果然有一条绶带。

从此以后，纣王思念仙女，终日郁郁寡欢。臣子费仲给他出主意："请大王张贴告示，让民间进献颇有姿色的女子，在其中定能找到与仙女容貌相似的人。"纣王大悦，立刻号令天下，凡家中有适龄女子者，皆来进献，否则全家处死。

说是华州太守苏护有一个女儿，容貌倾国倾城，刚满十八，名叫妲己。苏护依令带妲己进宫，途中在驿站休息。半夜子时，忽然狂风大作，只见一只九尾金毛狐狸，跳进妲己房间，吸尽了她的三魂七魄，然后化作一口气进入妲己的身体，摇身一变，九尾妖狐成了苏妲己！

狐妖化作的苏妲己美得难以言说，正如那庙中仙女一般，更添了几分妖媚。纣王一见，果然喜爱不已。从此，对妲己言听计从。

狐妖附身的苏妲己入宫后作恶多端，魅惑纣王，残害忠良。出于嫉妒之心，她让纣王烧毁玉女观，与费仲合谋陷害姜王后；为满足自己享乐的需要，令天下进献奇珍异宝，建"玩月台""摘星楼"；为排除异己，更发明了各种歹毒的刑罚，如剖孕妇肚中胎儿，迫害太子殷交，囚禁周文王，剖食比干心肝……淋漓尽致地展现了妲己狐媚凶残的狐精本性。

关于妲己的结局，《史记》等只记载周武王在小白旗下斩了妲己。《武王伐纣平话》中则对妲己被斩一事进行了颇具神话色彩的渲染。

小白旗下，刽子手准备好斩首妲己。妲己回头看刽子手，用千娇百媚的狐妖眼神戏弄他，刽子手大刀落地，竟不忍杀她！姜太公大怒，令人斩了这个刽子手，又派另一刽子手去，没想到又是相同的结果。

殷交拜见周武王，请求出斩妲己，武王应允。殷交用布遮住双眼，看不见妲己面容，一刀斩下，听见一声巨响，火光迸溅，妲己却不见了！这可怎么办？姜太公手拿照妖镜面向空中，看见妲己化作九尾狐狸，腾空飞去。姜太公举起降妖杖，九尾狐狸精跌落地上，殷交拿住狐精，用七尺生绢裹住，用木棍一阵鼓捣，这才让九尾妖狐魂飞魄散、形神俱灭。

今天我们更熟悉的《封神演义》成书于明朝万历或天启年间，书中妲己的形象和故事情节基本来源于此；但在细节上更为丰富，作为狐妖的妲己不仅邪恶歹毒，更增加了狡猾、魅惑的特性，后世所知妲己的形象基本定型于此。

全书开篇，女娲娘娘命令狐妖"托身宫院，惑乱君心；俟武王伐纣，以助成功，不可残害众生"（许仲琳：《封神演义》，北京：人民文学出版社，1973年，6页），但她却以摄取妲己魂魄的阴毒手段混入王宫。进宫后她完全违背了女娲娘娘的嘱咐，造炮烙、酒池肉林，勾结奸人，残害忠良，大兴土木，滥用民力，致使民不聊生、生灵涂炭；当伐纣大军兵临朝歌时，她非但不帮助武王，还和同党一起夜袭周营。妲己死后，自然并没有像其他人物那样位列"封神榜"上，而是成了无处安身的孤魂野鬼。

二、妲己才是受害者

民国时期著名史学家顾颉刚曾提出"古史是层累地造成的"，其中一个要点就是"时代愈后，传说中的人物愈放愈大"。举个例子，如舜，在孔子的时代（春秋末期）只是一个"无为而治"的圣君，到孟子时（战国时期）就成了一个模范孝子了。

从名不见经传的纣王妃子到言之凿凿的苏家大小姐，从古代典籍中祸国奸妃到演义故事中的九尾妖狐，妲己的故事从开始到成型历经千年有余，关于妲己乱政祸国的细节在不断增加、升级，最终定格为妖媚祸国、女政乱国与女色亡国等论调的混合体。这背后的推力来自哪里？

1. 牝鸡无晨：商周文化有差异

周武王在《牧誓》中说"牝鸡无晨；牝鸡之晨，唯家之索"，民间说母鸡不能打鸣，否则，家破人亡。可见，周人对妇女干政的厌恶和忌讳。但据很多学者研究，认为商周两个朝代在妇女参政的问题上有颇大的文化差异。

商代妇女在国家政治和社会生活中的地位，是周代及后世封建王朝都难以企及的。商人对祖母和母亲非常尊崇，针对女性长辈的祭祀很多，并且十分严肃庄重。如殷商青铜器的代表——后母戊鼎（原称司母戊鼎），考古工作者通过对有关青铜器的研究，以及甲骨文中的记载，认为在鼎腹内壁铭文"后母戊"三个字中，"母戊"是商王武丁的后妃妇妌的庙号。根据铭文可知，后母戊鼎是商王武丁的两儿子为祭祀其母亲妇妌而制的，意思类似于"将此鼎献给敬爱的母亲戊"。商王武丁的另一个配偶妇好，其事迹更是为人所知，她既是军队的统帅，卜辞里她参与政务的记载也很多。

顾颉刚在《古史辨》中曾说："所谓听信妇言是少见多怪，商代女性十分活跃，纣王妇妲己可能就是武丁时妇好一类的杰出女性。"（转引自刘洁：《浮出历史地表——妲己形象试说》，载《历史教学》，2010年第18期）这当然也是一种合理推测，妲己并不一定如妇好一样贤能。但确实反映出商周对妇女参政的不同态度，商人看来极为正常的妇女参政，周人则极为痛恨。"男主外，女主内"的分工模式也成为后世中国的基本认知，对妲己的指责，也就不难理解了。

2．政治阴谋：美人计

有学者认为，妲己来到纣王身边，其实是以周文王姬昌和苏护为首的反商集团策划的美人计！后来妲己完成了任务，为武王伐纣建立了奇功。但事情成功后，周王朝为了洗白自身和社会舆论压力，妲己旋即成了牺牲品。正所谓"兔死狗烹，鸟尽弓藏"啊！而且周的统治前后延续八百年之久，使得妲己的真实身份已无人知晓。这颇有点现代谍战片桥段的味道，可信度不高，但几千年历史迷雾里的真相，又有谁知道呢？

3．专业背锅："女祸论"

"女祸"是女子亡家祸国的简称，是一种在中国古代传播久远的论调。持这种观点的人认为，秀色可餐的女子一定会以其姿色迷惑君主，君主沉迷其中，最后身死国亡。妲己国色天香，倾国倾城，自然是"红颜祸水"。

历代书籍中，对纣王在遇妲己之前的明君形象着墨颇多，而遇妲己之后，恶事几乎都是听信妲己谗言，成功将所有罪责推到妲己一人身上，这个锅，一背就是几千年！这个锅，又岂止是妲己一人在背？历代亡国昏君身边几乎都有一个"红颜祸水"。如鲁迅先生在《坟》中所说："历史上亡国败家的原因，每每归咎女子。糊糊涂涂地代担全体的罪恶已经三千多年了，我一向不相信昭君出塞会安汉，木兰从军就可以保隋；也不相信妲己亡殷、西施亡吴、杨妃乱唐的那些古老话。我以为在男权社会里，女人是绝不会有这种大力量的，兴亡的责任，都应该男的负。但向来的男性作者，大抵将败亡的大罪，推在女性身上，这真是一钱不值的没有出息的男人。"（北京：人民文学出版社，2006年）

从无名无姓的纣王妃子，到罪恶多端的九尾狐妖，妲己是男权社会中政治斗争的牺牲品，她的命运，部分地反映了整个中国古代女性的命运轨迹。

红
颜
长
歌

第四章 时代有新篇，光彩独照人

　　远古时期，男女之间社会分工不同，女从原始社会的"女权至上"，到周代的"牝鸡司晨"，先秦妇女从母系氏族走来，慢慢步入由男性主宰的阶级社会，在男女自然分工和社会分工所造成的性别差异中，逐步隐匿于男性身后，退居于家庭小天地，一步步丧失其在社会上原有的地位。在以农耕为主的先秦社会，人民生活环境恶劣，社会生产力水平有限，土地的开垦和粮食的种植主要由男子承担，妇女从事的采集业处于从属地位。社会生产中男女作用的不同，成为这一时期男女地位不平等的物质基础，因此妇女虽占人口一半之多，亦积极参加生产劳动并承担社会责任，但社会地位仍然大大低于男性。

　　按照约定俗成的社会规则，西周妇女已经不能直接参与家族以外的"公事"，而从家庭内部的"私"领域来看，女性也多是依附于男子的女儿、妻子、母亲的角色。在西周，贵族妇女无论是出身显赫的大国诸侯之女，或者是贵为国君之母，还是倾国倾城的后宫宠妃，尽管通过各种渠道获得了相对而言较高的地位，但终究是男权社会制度下的陪衬角色，并不具备主体的发言权。她们的从政活动主要表现在参与宫廷斗争，涉政的基本方式是干预王位传承和国家外交活动。遗憾的是，西周妇女涉政的史实并未得到正视，正史中寥寥数语就带过了她们惊心动魄的一生，野史中的她们更是多与桃色有关。

第一节

晋祠圣母邑姜

在山西省太原市西南的悬瓮山麓，晋水源头，有一座庄严壮观、清雅秀丽的古典宗祠园林建筑群——晋祠，它是宗祠祭祀建筑与自然山水完美结合的典范。晋祠为纪念晋国开国诸侯唐叔虞而建，是晋国的宗祠，其中现存最早的古建筑是建于北宋年间的圣母殿，殿中供奉着一位神态庄严，雍容华贵的女性，她的名字叫邑姜。那么，这位来自西周的邑姜又是何人，缘何被称为晋国圣母呢？

一、姜太公之女

要了解一个人首先要从她的姓名开始，而上古西周时期女性的取名方式和我们今天有所不同：现代取名男女都是姓 + 名的形式，西周时期女性有名字的记载大多仅限于贵族，且多以夫国名 + 父氏、夫谥 + 父氏或者父国名 + 父氏等形式存在。例如，武姜即为嫁给郑武公的姜姓之女，周惠王姬阆的王后陈妫是姬姓陈国的公主。因此，根据邑姜的名字来看，她应是姜氏之女。

成书于西晋初年的《春秋经传集解》里说："邑姜，晋之妣也。"杜预注曰："邑姜，齐太公女，晋唐叔之母。"意思是说，邑姜，是齐太公的女儿，晋国诸侯唐叔虞的母亲。比杜预稍早的皇甫谧，在他的《帝王世纪》中也说："武王妃（一作纳），太公之女，曰邑姜。修教于内，生太子诵。"意思是说，武王王妃是齐太公之女邑姜，内心极有修养，生下了太子姬诵。其实邑姜当称"吕姜"，因为邑和吕形似而讹传为"邑"，"吕姜"是典型的父氏 + 父姓的女性命名方式。可见，在魏晋时期的人们心中邑姜就是齐太公的女儿，齐太公就是那位钓鱼时"愿者上钩"的姜太公。

众所周知，姜太公本名吕尚，字子牙。传说中，姜子牙胯下骑瑞兽，鹤发童颜，文韬武略，是辅佐周武王灭商的有功之臣，历代典籍都公认他的历史地位，春秋战国时期儒、法、兵、纵横等诸子百家皆追他为本家人物，被尊为"百家宗师"。由于姜子牙在兴周灭商中功勋卓著，而被首封于齐地营丘（即今淄博市临淄区）建立齐国，以稳定东方。后世的人民崇敬姜子牙的丰功伟绩，为纪念他高尚的品格，以质朴的情感编造出他的很多神话故事歌颂他，说他曾在昆仑山玉虚宫学道，后奉师父元始天尊之命下山辅佐周武王吊民伐罪，推翻商朝建立起周八百年基业，灭商之后又代天发榜封神。到了明代许仲琳编著《封神演义》，把姜子牙说成是管天下所有神的神，颇具神奇和威严，成为驱邪扶正的"偶像"。这些虽然超出了历史的真实，但却反映出姜子牙在人们心目中的崇高地位。

据记载，邑姜自幼聪明伶俐，悟性极好，虽为女儿家，却尤其喜欢家里的那把青龙剑，常常模仿父亲的样子比比画画。姜子牙见此，因势利导，一有空就指导女儿学习知识、练习剑术，他不仅期待着女儿能相夫教子，更希望女儿能志在四方，在乱世中找到自己的位置。在他的教导和熏陶下，邑姜成长为一位满腹才华、内外兼修的女子，因其父在周的地位崇高和自身优越的素质条件，嫁给了周武王姬发为后。

二、贤能辅政的王后

商朝的后期有一位暴君纣王，在传世文献的记载中，他宠幸妃子妲己，内政不修荒淫无道，横征暴敛导致离心离德，百姓与臣下都背离了他，国家内外矛盾空前尖锐。此时商的西边崛起了周部族，文王姬昌在位时仁政爱民，积聚了一大批有才之士，重视农业生产，国力逐渐增强。姬昌死后，其子姬发继位，史称周武王。姬发对内重用贤良，以姜太公为军师，并用弟弟周公旦为太宰，召公、毕公、康叔、丹季等良臣均各当其位，人才荟萃，国家蒸蒸日上。对外联合许多诸侯国，壮大力量以期共同克商。武王审时度势，利用商朝暂时无暇西顾的良机向东扩张，积极为灭商准备条件。

大约在公元前 1046 年的"甲子日"，周武王乘商朝内乱之机亲率战车三百乘，虎贲（精锐武士）三千人，以及步兵数万人，出兵东征。周军抵达孟津后，与庸、卢、彭、濮、蜀、羌、微、髳等部族会合，许多方国的国君亲自赶来，史称联军共有"六师"，总数达 4.5 万人。周武王联军与商朝军队在牧野进行决战，商朝因为军力不足，武装奴隶来抗周军，奴隶对殷商的残暴统治早已恨之入骨，在阵前倒戈相向，商军溃退，纣王自焚于鹿台。殷商正式灭亡，周朝建立。

周武王平定天下后，在有关场合说了一句肺腑之言，《论语·泰伯》记载了这句话："舜有臣五人而天下治。武王曰：'予有乱臣十人'。"意思是，舜有五个贤臣就天下太平，我有善于治理政事的臣子十人。在周武王看来，周朝能夺得天下，并且最终坐稳江山是与十个人的辅佐和帮助分不开的。这十个人分别是：周公旦、召公奭、太公望、毕公、荣公、太颠、闳夭、散宜生、南宫适、邑姜。孔子对曰："有妇人焉，九人而已。"意思是，十人中有一位妇人，实际上只有九人。圣人对女人参政的态度尚且如此，更不用提当时普通人的看法，周武王在评价妲己谗言迷惑纣王时也说"牝鸡司晨"。但历史还是在它的缝隙里留下了一些关于邑姜功劳的信息，和殷纣王的宠妃妲己正好相反，邑姜是商周之交一个光彩照人的女性形象。

周武王在推翻商纣王统治的时候，邑姜作为妻子跟随他南征北战，照料着他的生活起居，积极地在他身边为他出谋划策，于是邑姜能被周武王归入开国功臣之列。在周的政治中心里，王后邑姜也发挥着自己的作用。武王在灭商后的第二年去世，邑姜的儿子太子姬诵即位为成王，由于成王年幼，由周公旦、召公奭辅政。在西周早期的青铜器中，有五件的铭文提及"王姜"，也就是邑姜，青铜器叔卣的铭文记载中"帝后"王姜（邑姜）关爱太保召公。这里的"关爱"体现了上位者对于臣下的关心，另一方面也可以视为太后邑姜对辅政大臣的关注与监督。有这样一位影响力巨大的母亲的帮助，年幼的成王长大后顺利地接掌了国家权力，保证了周朝统治权在家族内部的稳定过渡。

但邑姜崇高的地位不仅仅由于她是周武王的妻子或周成王的母亲，还因为她自己本身就是一个可以带兵作战的将领。在令簋铭文中记载有王姜（邑姜）作为母后随子伐楚的事迹，缳卣和臬伯卣铭文中记载"其王十又九祀"，即康王十九年时，王姜（邑姜）出征。值得一提的是，周康王姬钊是邑姜的孙子，康王十九年邑姜出征时已是七十多岁的高龄，她以老太后的资历去教导康王，在军事上运筹帷幄，排兵布阵，调兵遣将，威风不减当年。可见，邑姜作为一位女将领，年轻时英姿飒爽，晚年也威风凛凛，不亚于商朝女将军妇好。

三、用心良苦的母亲

邑姜给丈夫周武王诞育了两个儿子，周成王姬诵和晋国的开国诸侯唐叔虞，作为母亲的邑姜在教导孩子方面有自己独特的做法。

《春秋左传·昭公元年》里有这样一段话："周后妃任成王于身，立而不跛，坐而不差，独处而不倨，虽怒而不詈，胎教之谓也。"意思是说，周后妃孕成王在身时，站立着不踮脚尖，坐下时身子不歪斜，独居一处时也不懈怠放松，即使生气也不出恶言。这才是真正的胎教呀！可以看出，邑姜认为胎儿在母体中能够受自己思想感情、视听习惯的感染，所以自己的精神修养必须符合积极向上、雅正自律的原则，给胎儿以良好的影响。邑姜重视自身仪态，风度娴雅，的确是对胎儿的最好浸染。其子周成王即位后刚柔并济、统御四方，他在位的二十二年和儿子周康王在位的二十五年，前后四十多年，周朝社会安宁，人民安居乐业，成为西周盛世，史称"成康之治"。

周成王姬诵是武王和王后邑姜的第一个嫡子，是周的肱股之臣姜子牙的外孙，姬诵出身高贵，于是被立为太子，他在周的政治地位和利益因此得到了保障。而邑姜的另一个儿子唐叔虞作为武王众多儿子中的一个，虽同是嫡子，但他在国家中的待遇远远不如哥哥太子姬诵。为了提高他的地位，聪明的邑姜假借天神旨意，巧妙的干预唐叔虞封侯，《左传·昭公元年》记载有："当武王、邑姜方震大叔，梦帝谓己：'予命而子曰'虞'，将与之唐，属诸参，而繁育其子孙。'及生，有文在其手，曰：'虞'。遂以命之。及成王灭唐，而封大叔焉。故参为晋星。"意思是，当周武王后邑姜身怀太叔的时候，梦见天帝对自己说："我给你儿子起名叫虞，准备给他属于参星的唐国，在此繁衍养育他的子孙。"等到太叔生下来，手心有文字，即"虞"字，于是就以"虞"命名。等到成王灭了唐国，就把太叔封在那里，所以参星是晋国的宿星。

邑姜思维敏捷、高瞻远瞩且处处为孩子设想。在她的用心教导下，成王姬诵和唐叔虞两兄弟相处融洽，兄友弟恭。据《史记》所载："成王与叔虞戏削桐叶为圭，以与叔虞曰：'以此封若。'史佚因请择日立叔虞。成王曰：'吾与之戏尔。'史佚曰：'天子无戏言。言则史书之，礼成之，乐歌之。'于是遂封叔虞于唐。"成王幼时与叔虞玩耍，把桐叶剪成一个类似玉圭的玩具，对叔虞说："我将拿着玉圭封赐国土于你。"摄政王周公旦听说这件事，提醒周成王应当言出必行，君子无戏言，于是周成王把唐作为封地封赐给叔虞，这就是叔虞被称为"唐叔虞"的由来。

叔虞受封的唐国叛乱刚刚平息，且地处夏人故地，四周遍布戎狄部落，局势动荡不定，民族矛盾十分尖锐。叔虞受封治唐后，因地制宜，因事而异，执行"启以夏政，疆以戎索"的方法，即从"晋居夏虚"和"戎狄绕晋"的实际出发，既发扬夏民族的文化传统，又尊重众戎的习惯法规，做到以夏戎之政，治夏戎之地，以夏戎之法，理夏戎之民。推行政策一年后，成效斐然，稳定了社会秩序，促进了经济发展。叔虞成为诸侯后与周成王的联系仍然很紧密，周成王十一年时上天降下福瑞，叔虞得到一株生长奇异、异茎同穗的嘉禾，进献给周成王。成王经营的周朝依靠着弟弟姬虞的唐国和外公姜太公的齐国，由于血缘关系形成的联盟局面牢不可破，形成了一个坚强的政治堡垒，这实在可以称得上母后邑姜的远见卓识。

唐叔虞死后，他的儿子燮即位，因唐国处于晋水之阳，燮改国号为晋，晋国是春秋时期举足轻重的诸侯国。为了纪念他受封诸侯、开创晋国基业的功绩，晋人在悬瓮山麓晋水发源处建宗祠，称唐叔虞祠。邑姜作为唐叔虞的母亲，晋国的"先妣"，理所应当受祀于此，并且被称为"圣母"。

作为大周朝的开国国母，邑姜兢兢业业，辅佐丈夫周武王建立了周朝，更孕育了周朝两位国君，我们可以想象，邑姜参与朝廷大事，教导君王，尊重大臣，爱护人民，呕心沥血地用自己的智慧为周朝八百年的繁荣做出了巨大贡献。可是这样一位伟大的女性差点与我们擦肩而过，我们在浩瀚的史学典籍中甚至只能找到关于她的只言片语，无法知道她的生卒年月，死后葬于何地，这不能不说是男权社会主导历史的悲哀。

第二节

一笑倾城，再笑倾国

从古至今，人们对褒姒"倾城倾国"的美丽津津乐道，对周幽王"烽火戏诸侯"的荒唐摇头叹息。历史上的褒姒，从褒国走向周朝的宫廷，成为周幽王的宠姬，更是其政治盟友和斗争工具，她参与了幽王派系与申侯势力集团的斗争，为西周的亡国背负了千古骂名。在此之后，"红颜祸水"亡国论成了为男权社会统治者灭国开脱的借口，这种论调长期影响着中国古代社会，是男权社会男尊女卑的文化心理的一种折射。

一、褒国有佳人

西周何以灭亡？《诗经·小雅》这样总结："赫赫宗周，褒姒灭之。"先秦时期同姓不婚，贵族女子的姓比名更重要，礼制"妇人称国及姓"，因此将褒国的姒姓美女称为褒姒。

褒国的先祖"有褒氏"是大禹的儿子，姒姓，曾不辞劳苦辅佐大禹治理洪水，拯救华夏百姓于洪水之中。有褒氏因治水有功，被分封到今天汉中市以北，建立了诸侯王国，褒国是夏朝的同姓诸侯国，它享国时间悠久，历经夏、商、周三朝。先秦时的汉中土田肥美，气候温和，物产丰饶，是梁州之域最为富饶的地区，褒国就是先秦时代的理想国。《诗经》中所说的"周南"即是这个地方，其中第一篇"关关雎鸠，在河之洲"说的就是褒国的故事。

《国语·郑语》和《史记·周本纪》中赋予了褒姒一个离奇又神秘的出身，传说夏朝衰败之时，有两条神龙盘旋之后停在夏帝的宫殿前，声称自己是褒国的两位先王，夏帝占卜如何对待两条神龙，占卜结果是杀掉龙、赶跑龙和留住龙都不吉利，只有请神龙留下唾液且珍藏起来，才是吉利的。于是夏帝让人向龙设祭祷告，陈列玉帛，并以简策写文告请双龙，双龙离去时留下唾沫，人们把唾液用匣子装起来，密封珍藏。此匣在夏亡后传给商朝，商朝灭亡之后传给周朝，都是一直当作神物保存，一直没有人敢打开它。到周厉王末年，他十分好奇，想看看龙的唾沫到底是什么样子，便打开了这个匣子。龙唾沫从盒子里跳了出来，快速的流到宫中，无法除去。周厉王按照习俗命令宫女裸身吵嚷惊吓它，唾沫便变成一只黑蜥蜴，窜到周厉王的后宫。后宫有个七八岁的侍女碰上了它，被它钻进了身体里。到了周宣王时，这个侍女已是成年，莫名其妙地无夫自孕，孩子生下来之后，她出于害怕就将那个孩子丢弃。

当时民间曾有小女孩唱着歌谣："桑木做成的弓啊，箕木制成的箭袋，是要灭亡周国的。"周宣王听到这首歌，正好有一对夫妇卖桑弓箕箭袋，于是周宣王派人去抓住并杀掉他们。夫妇俩慌忙逃跑，在路上遇到那侍女丢弃在路旁的女孩，可怜她啼哭不止，便将她收养。后来，女孩和夫妇一起到褒国生活，而这位被收养的女子正是后来的褒姒。有关于褒姒出身的这种说法荒诞不经，赋予褒姒神秘色彩出身，实际上是为了妖魔化褒姒，将她视为天生的祸患，是上天派来灭掉周朝的，以便为男权社会里的统治者们开脱亡国的罪责。

从夏朝到西周，褒人一直与世无争地生活，很少发动对邻国的战争。褒国作为周南的诸侯国臣服于周室，但因秦岭的阻隔，使周王室鞭长莫及，往往政令不甚畅通，此外，蜀国乘隙不断向汉中盆地扩张，褒国受其控制，不能正常向周室纳贡。到周幽王统治时，褒人平静的生活被打破，历史记载"幽王三年，周伐有褒"，褒国兵败乞降，褒国太后褒姁为免祸，将国中的绝世美女褒姒献给幽王。褒姒天姿国色，周幽王见之大喜，纳其为妃。褒姒从此成为幽王的宠妃，也顺理成章成为导致周朝灭亡的妖孽。

二、烽火戏诸侯

为了褒国人民的平安喜乐，褒姒将自己的花样年华和安危置之度外，毅然走出褒国，进入了周王室的政治文化中心镐京。关于褒姒的容貌，明末的小说家冯梦龙在他的历史演义小说《东周列国志》中写道："目秀眉清，唇红齿白，发挽乌云，指排削玉。"褒姒入周王宫后深得幽王宠爱，第二年就为幽王诞育一子，取名姬伯服。

历史上有关于褒姒的记载不一而足，描述除了其美貌、得宠于幽王之外，都会提到褒姒不爱笑，大多数时候都是愁眉不展的忧郁模样。褒姒来自褒国乡野，她甚至不知道父母是谁，出生时便被遗弃了，此后又被一对逃亡的夫妇收养，她的童年少年一直在颠沛流离中度日，从未真正拥有过安全感。褒姒刚及成年便被当成一件求和的礼物送给幽王，一朝入宫，面对的是极为陌生的宫廷生活，是令自己深陷其中而难以看透的斗争与压迫，是与自己年岁相差甚远又昏聩荒唐的夫君幽王，使得她对生活产生了深深的反感，这种情绪让她难以展颜。虽然幽王对她极为疼惜，想尽办法讨她欢心，但她始终未给幽王以畅快开怀的笑脸。

事情到后来，就发展成著名的"烽火戏诸侯"了，在《史记·周本纪》中记载："褒姒不好笑，幽王欲其笑万方，故不笑。幽王为烽燧大鼓，有寇至则举烽火。诸侯悉至，至而无寇，褒姒乃大笑。幽王说之，为数举烽火。其后不信，诸侯益亦不至。"意思是，褒姒不爱笑，幽王用了各种办法都不能让她开心起来。周幽王设置了烽火狼烟和大鼓，如果有敌人来侵犯就点燃烽火，以此传递消息。周幽王为了让褒姒笑，点燃了烽火，诸侯见到烽火以为幽王有难，全都赶来救援幽王，赶到之后，却不见有敌寇，褒姒看了诸侯王被欺骗后狼狈不堪、哭笑不得的样子，果然哈哈大笑。幽王很高兴，因而又多次点燃烽火，以求博美人一笑。反复多次后，诸侯们都不再相信这套愚弄人的把戏，也就渐渐不来了。

但是，褒姒的不爱笑只能反映出她进入周王宫后的情绪变化，郁郁寡欢是她心中苦楚的自然反映，又成了她抗争命运最为可能的方式。幽王为了向她显示自己在天下人前的尊贵地位，夸耀自己对四方诸侯的强大统治力，点燃了烽火召集诸侯，玩弄他们于股掌之中。整件事情本身实在没有什么可笑之处，可笑的只是幽王取悦爱妃的丑态。面对幽王的这次献丑，褒姒笑了，但这笑真是她发自内心的愉悦吗？

历史学家钱穆在其著作《国史大纲》中，对《史记》记载"烽火戏诸侯"之事提出质疑：用烽火来传信示警是汉朝时的事情，是汉人为了防患匈奴入侵的军事手段，可见，"烽火戏诸侯"的故事是否真实存在于历史上值得商榷。

三、亡国的替罪羔羊

美女历来是野史趣闻和文学描写的重点关注对象，可能是男权社会的悲哀，也可能是改朝换代的需要，在中国先秦时期的历史上，褒姒和夏代的妹喜、商朝的妲己并称三位"祸国红颜"。夏朝末代暴君夏桀的王后妹喜荒唐奢侈，喜爱听撕裂绢帛丝绸的声音，爱看人们在规模大到可以划船的酒池里饮酒；商朝暴君纣王的宠妃妲己残忍暴虐，因好奇孕妇腹部的生理构造不惜剖开一看究竟，枉送了母子二人的性命，又怂恿纣王杀死忠臣比干，剖腹剜心，以印证传说中的"圣人之心有七窍"说法。

在史书中，并没有任何关于褒姒恃宠骄横，滥杀无辜，陷害忠良的罪证。人们认为她在西周灭亡过程中主要有两个责任，第一，她的不笑促成了幽王烽火戏诸侯，不仅浪费了国家的资源，而且使得周王丧失了诸侯王的信任。此外，显然周幽王对褒姒的宠爱不止希望她开心，周幽王八年时，竟然废黜王后申后和太子宜臼（申后所生，即周平王），欲立褒姒为王后，立褒姒子伯服为太子。

西周末年，当周幽王即位，不问政事，任用好利的虢石父执政为卿士，虢石父善于奉承，为人奸佞乖巧，贪图财利，致使朝政腐败激起国人怨恨；幽王三年，周征伐六济之戎失败，同时，天灾频繁，周朝统治内外交困，引起百姓强烈不满。此时，幽王主张废嫡立庶，并意欲加害申后与原太子宜臼。申后是周幽王第一任王后，也是姜姓的申国国君申侯的女儿。结果，宜臼逃奔申国，寻求外祖父申侯的庇佑。

奸臣虢石父借机向周幽王屡进谗言，说前太子意图勾结申过谋反，周幽王在盛怒之下，贸然兴兵伐申。申侯自知国小兵弱，势孤力单，不能与周匹敌。于是乘周幽王的军队尚未出动之时，采用先发制人的策略，向北边的少数民族犬戎借兵，将周都镐京包围。周幽王措手不及，无法解除困境，点燃烽火向诸侯求援竟无一响应，申侯和犬戎的联军将西周精锐宗周六师打得大败，周幽王、虢石父在骊山下战败被杀，西周灭亡，而褒姒被犬戎掳走，从此下落不明。在人们看来，此为褒姒的第二个罪责，被立为王后伤害了申后和申国的利益，致使申国国君联络犬戎而攻周。

显而易见，无论"烽火戏诸侯"，还是被立为王后，既不是褒姒本人能决定的，也不是幽王迫于她要求做出的。但是，褒姒在这场废后废太子的过程当中并不是无所作为，褒姒进入周王室，也并不单纯因为貌美，实际上还是一场政治上的联姻。西周的贵族婚姻不仅仅是男女之间的婚恋，褒姒入宫受宠也不仅仅是幽王对其一见倾心，更重要的是不同姓氏宗族之间通过联姻来实现的政治联盟。褒姒所代表的是降服于幽王的姒姓褒国，与周关系已不甚密切，周幽王通过武力征服把它收入了自己的麾下，与之相对，申后与宜臼代表的则是包括申国在内的许多势力强大的地方诸侯国。此时，周朝王室与地方诸侯的矛盾难以调和，周幽王与申国利益集团显而易见的是不甚融洽，否则不会出现废申后和宜臼的情况。

王权至上的时代，王位的继承权是各个利益集团争夺的核心，"女子本弱，为母则刚"，为了自己的祖国，更为了自己的儿子，褒姒不得不走上西周的政治舞台。《诗经·小雅·十月之交》记载："皇父卿士，番维司徒，家伯维宰，仲允膳夫，聚子内史，蹶维趣马，楀维师氏，艳妻煽方处。"根据《毛传》，这句诗讲的周幽王时期的政治局面，七个人中前六人有其明确的职官，都是西周中晚期政权中重要的高级官职甚至是卿士。而第七人"艳妻"，《毛传》解释道："艳妻，褒姒。美色曰艳。"可见，褒姒在幽王时期十分活跃，甚至可以与前六名西周政权的核心人物相提并论，对西周的政局颇有影响，褒姒的政治诉求，不外于为自己的儿子伯服争位。周幽王宠幸褒姒，"弃聘后而立内妾"，也许幽王给予褒姒王后的地位和很大的政治参与权，扶植和纵容褒姒以及她身后的褒国势力，就是要利用降服于己的势力去打击申国集团。

在这场有关于王位继承的政治博弈中，褒姒与周幽王的利益紧密相连，作为新封的王后，她必须打压申后和太子宜臼来提升自己和儿子伯服的地位，褒姒与幽王可以说是政治合作，各取所需。以这场斗争为导火索，引起了长久以来周王与地方诸侯国势力积累的矛盾的总爆发，周幽王战败亡国。宜臼和申侯集团将都城东迁洛邑，重建东周，为了显示自己延续了西周的统治，作为反叛一方的他们把污水与骂名全部加在了褒姒身上，仿佛朝政腐朽、政治倾轧、内外矛盾全是由她导致。

褒姒不是妖魔、不是红颜祸水，朝政的腐败和政治斗争均不是她所能决定的。褒姒更不是西周灭亡的罪人，她被迫去国离乡，在周王宫中过着阴郁生活，无奈为了自己和儿子的利益走上政治舞台，"倾国倾城"的美丽不该是她的原罪。

第五章　动荡春秋社会中的女性

导读

自公元前 770 年，周平王东迁洛邑开始，中国历史从此进入东周时期。这一时期周王室实力衰微，诸侯势力崛起，各诸侯国在争夺利益中展开了互相攻伐的斗争。社会处于动荡状态，西周的各种制度在春秋时期逐渐遭到破坏。在礼崩乐坏的情况之下，原本束缚女性的等级观念也开始发生变化，不论在政治舞台上，还是在家庭中女性都发挥着不可替代的作用。

在记载春秋时期的典籍中也出现了众多的女性形象，她们有的温顺恭谨、贤良淑德；有的冲破束缚，活出了自我；有的隐忍坚韧，为家族为国家牺牲了自己；也有的心狠手辣，善于权谋。整体上女性出镜率提高，也正应和了当时社会礼崩乐坏、自由活跃的精神风貌。

春秋时期女性自主意识提升，在配偶选择、参政议政和外交等方面都体现出自我觉醒的趋势。在婚姻方面，春秋时期不仅有明确的婚姻礼俗，而且成为社会公认的道德观念，但很多女性也冲破"父母之命，媒妁之言"，私订终身，自由恋爱，与心仪的对象结合。这些女性中不乏贵族女子，她们在政治舞台上展现出卓越的才能，甚至对大国关系产生了深远影响。同时不得不承认，这时期的许多女性仍然处于地位低下、无法决定个人命运的状态，她们有些甚至成为交易品被随意赠予或买卖，当然在她们中也不乏勇于扼住命运咽喉之人。

第一节

西施，你美得好苦！

我在青少年时代，曾经多次把蒲松龄的格言警句"有志者，事竟成，破釜沉舟，百二秦关终属楚；苦心人，天不负，卧薪尝胆，三千越甲可吞吴"摘抄下来，以越王勾践的人生精神激励自己奋发图强。直到后来，当我阅读了许多吴越争霸的史料后，一个柔弱的女子形象居然把我心中强大的越王勾践渐渐淡化了，她就是我国古代四大美女之首——西施。

一、一方水土一方人

古越会稽山脉西麓的苎萝山在我国的名山大川中名不见经传，因遍植苎麻、葛萝，故名为"苎萝山"。山不高而挺拔、林不茂而奇秀，实是因了这位忍辱负重、以身许国的绝代佳人西施而闻名遐迩。

西施，名夷光，出生于苎萝山麓苎萝村一个贫寒的家庭中，父亲砍柴卖柴，母亲浣纱织布。西施粉面桃花、天生丽质，"芙蓉洁脂绿云鬓，眼波横处皆多情"，青山秀水滋养的西施清新淳朴、禀赋绝伦，其一颦一笑，风情万千，连皱眉头都让人看着漂亮，引得天下女子争相模仿学习。据《庄子·天运》记载说："故西施病心而颦其里，其里之丑人见之而美之，归亦捧心而颦其里。其里之富人见之，坚闭门而不出；贫人见之，挈妻子而去之走。彼知颦美，而不知颦之所以美。"西施心口痛，皱着眉头从街上走回去，同村的一个丑妇人东施看见西施这个样子，觉得很美，回去时也捂着胸口，皱眉蹙额，从街上走过。村里的富人看见她这副模样，都紧闭着大门不愿意出来，穷人见了，带着妻子儿女，远远避开，这个丑妇看到西施皱眉的样子很美，却不明白西施皱眉的样子为什么美。

这个"东施效颦"的故事一般是用来比喻那种盲目模仿别人，但实际效果很差的人或事，也有作自谦之词，表示自己根底差，学别人的长处没有学到家等。但是我们不难从"东施效颦"的故事里得出一些信息，一是西施姑娘可能患有先天性心脏病或者其他顽疾，否则年少不识愁滋味的她缘何皱着眉头呢？二是东施姑娘其实是个好姑娘，一个拥有向上之心、爱美之心的可爱女子，她面对比自己漂亮不知多少倍的女子，一不妒忌、二不吃醋，只是模仿她的言行，东施也算是西施的"铁杆粉丝"了，甚至可以说，东施姑娘是中国"模仿秀"的创始人了。西施其实更应该感谢东施，因为东施将西施衬托得更加美丽。浣纱溪养育的好女子又岂止西施一人？

西施不仅人长得漂亮，而且还非常的勤劳，平时不仅帮爸爸卖柴，还帮妈妈去河边洗衣服。这个卖柴之余常到溪边浣纱的女子，她的美只有与水相伴、与劳动为伍才成为极致。"浣纱弄碧水，自与清波闲"，浣纱的越女从此成为江南最妩媚的剪影。其实，卖柴洗衣，不过是日常生活里一种常见的劳作，但因为有了一个普通却貌美如花的女子，江南地域里一条普通的溪流，从此有了一个盈满诗意的名字——浣纱溪。传说西施临水浣纱，清澈的水波中，悠游的鱼儿惊其美色，呆呆地沉入了江底。从此，"沉鱼"就成了西施的代名词。

当然，这个世界上并无绝对完美的事物，就是西施这样的女子也有其缺陷，她的脚比一般人的大，要不然怎么能上山下山伐薪卖柴呢？于是她想方设法地掩盖这个缺点，因为她喜欢跳舞，所以她经常穿长裙，又为自己特制了一双木屐，结果因为鞋子高了一块，不但看不出来脚大，还因为走路时左右摇摆，加之长裙飘飘，反而格外地突出了婷婷身材，翩翩风姿，这可能是中国最早的高跟鞋了。

这就是西施，一个美丽、勤劳、聪明的普通女子。

二、在爱情与政治之间

如果，如果有如果的话，西施本应该在这世外桃源安静地生活，结婚生子，相夫教子，最后儿孙满堂，平淡却幸福地结束自己的生命旅程。但是，吴越春秋的烽火硝烟，从历史的云烟深处席卷而来，将这个本不该属于春秋争霸的女子推向了历史舞台。

兵强马壮的吴国战败了越国，把越王勾践押作人质，服侍吴王。勾践为报灭国之仇，装得十分忠诚老实，忍辱偷生，甚至在吴王生病后，为表忠心，还亲自尝了尝吴王的大便。《吴越春秋·卷第七·勾践入臣外传》记载"吴王疾，三月不愈"，勾践在范蠡的建议下，"欲一见问疾"，第二天"王召而见之""适遇吴王之便，太宰嚭奉溲恶以出，逢户中。越王因拜：'请尝大王之溲，以决吉凶。'

即以手取其便与恶而尝之。因入曰：'下囚臣勾践贺于大王，王之疾至己巳日有瘳，至三月壬申病愈。'吴王曰：'何以知之？'越王曰：'下臣尝事师，闻粪者顺谷味，逆时气者死，顺时气者生。今者臣窃尝大王之粪，其恶味苦且楚酸。是味也，应春夏之气。臣以是知之。'吴王大悦，曰：'仁人也。'"勾践亲口尝了吴王的大便，还说："大王的大便苦中带点酸味儿，可见您的病很快就会好了。"勾践用自己卑微的委曲求全，换得了吴王的放松警惕，并被吴王当作已经没有上进心的奴仆，释放回到越地。

回到自己地盘的勾践，为了磨砺意志、报仇雪耻，每次就餐前必先尝吃苦胆、永远铭记屈辱，晚上就寝时身下垫着柴草，时刻居安思危。勾践这个中国第一"忍者"在两位谋臣文种、范蠡的辅佐下，卧薪尝胆、励精图治。冯梦龙的《东周列国志》记载了勾践的伐吴七术："一曰捐货币以悦其君臣；二曰贵籴粟囊以虚其积聚；三曰遗美女以惑其心志；四曰遗之巧工良材使作宫室以罄其财；五曰遗之谀臣以乱其谋；六曰疆其谏臣使自杀以弱其辅；七曰积财练兵以承其弊。"范蠡就这样带着"遗美女以惑其心志"的目的，到处寻找可以充当越国间谍的绝色美女。正所谓"众里寻他千百度，蓦然回首，那人正在河边洗衣服"。志在寻找美女的范蠡，邂逅了正在"溪边浣纱"的西施。相逢、相识、相爱、相知，好一对神仙眷侣，好一段人间佳话。

然而，带着政治使命的范蠡也知道，西施不属于自己。当他把自己此行的真实目的告诉了西施之后，深爱范蠡的西施在痛苦纠结之中挣扎。最后西施还是答应了范蠡的要求，同返越国。

三、"特工"的另类使命

当时勾践有一个爱姬认为，真正的美女必须具备三个条件：一是美丽容貌，二是善歌能舞，三是优雅体态。西施具备了美貌的首要条件，其他两个条件必须加以悉心调教而成。勾践觉得言之有理，命人花了三年时间，对西施和郑旦教习歌舞、步履、礼仪等。经过发愤勤练，美丽的西施既歌舞翩跹又礼仪得体，举手投足之间尽显华丽富贵。古越山村的美女西施就这样被推上了历史舞台、推进了政治中心，成为越国横空出世的超级红粉间谍。正如《吴越春秋》记载，越王"乃使相者国中得苎萝山鬻薪之女，曰西施、郑旦，饰以罗縠，教以容步，习于土城，临于都巷，三年学服而献于吴"。于是乎，范蠡带着自己苦心训练的两位王牌间谍，来到了吴国，拜见了吴王夫差，"范蠡进曰：'王勾践窃有二遗女，越国湾下困迫，不敢稽留，谨使臣蠡献之大王，不以鄙陋寝容，愿纳以供箕帚之用。'吴王大悦，曰：'越贡二女，乃勾践之尽忠于吴之证也。'"吴王夫差得了西施、郑旦两个越国美女，龙颜大悦，朝拥夕陪，不亦乐乎。

正如台湾柏杨先生在他的《皇后之死》一书中所说："两位美女没有辜负她们所受的长期严格训练，进宫后不久，就把吴王宫的其他得宠的漂亮小姐，统统挤掉；把吴夫差先生吃的死脱。不过，两位美女之间，西施与郑旦，美貌相同，生活背景相同，所受的教育相同，可以说没有一样不相同。可是，在吴夫差先生色迷迷的尊眼里，却有了差异，大概西施女士的调调正适合他的调调，他就也特别宠爱西施。相形之下，郑旦女士就感觉到寂寞，美丽的女孩子最悲痛的是受到冷落，过了一年，她竟忧郁而终。"《东周列国志》也有如是记载："西施独夺歌舞之魁，居姑苏之台，擅专房之宠，出入仪制，拟于妃后。郑旦居吴宫，妒西施之宠，郁郁不得志，经年而死。夫差哀之，葬于黄茅山，立祠祀之。"这出西施与郑旦的争宠，到底是两位女间谍间逼真的双簧表演，还是真的是争风吃醋的闹剧，我们就不得而知了。但是可以肯定的是，能歌善舞、千娇百媚的西施，是集夫差的万千宠爱于一身了。

为了取悦西施，夫差既在姑苏台建春宵宫，又在灵岩山筑馆娃宫，与西施饮酒戏水、日夜相伴。因为西施擅长舞蹈，夫差便命人凿空馆娃宫一条长廊的岩石，然后置放一排大缸，上铺漂亮的木板。穿上木屐的西施裙边缀满了小巧的铃铛，每当西施在这长廊上翩跹起舞时，木屐踩出的声音，通过木板下大缸的回声，有节奏地传来，与她裙边的那些铃铛声交织一起，"铮铮嗒嗒"清脆悦耳，其绝色美貌和优美舞姿，使吴王夫差如痴似醉，他把西施的舞蹈称之为"响屐舞"，把这个长廊命名为"响屐廊"。沉湎于女色不能自拔的吴王，无心国事、众叛亲离，终致朝政荒废。吴越争战的刀光剑影消弭在朝歌暮弦、笙歌缭绕中。

四、女间谍的眼泪

勾践在吴越争霸之中笑到了最后，西施不得不算是勾践称霸的一大功臣。然而在吴王夫差死后，西施却再也没有被提及。十年间谍生涯之后的西施到底是一个怎样的归宿和结局，引发了中国人几千年的争论。

一种说法是西施后来被投水杀身，这种说法最早见于《墨子·亲士》篇，其中说："是故比干之殪，其抗也；孟贲之杀，其勇也；吴起之裂，其事也；西施之沈（沉，古作沈），其美也。"这句话的意思说西施是被沉于水中的，她的死是因为她的美丽。民间传说这样讲到，当越兵攻入吴都城的时候，吴王夫差还想把西施带走，但西施终于盼来了自己的人，哪里肯走，遂留在宫内。班师之日，越王勾践当然要把千娇百媚兼功劳卓著的西施带走。眼看勾践沉迷于西施的娇媚之中，勾践夫人暗暗咬牙，发誓必将之置于死地。一天，船队渡江南归，勾践夫人对勾践说："敌国臣民，正在大江南岸跪迎大王，大王应受臣民欢迎，以示王礼。"勾践本来对夫人比较畏惧，于是应声而出舱。与越王形影不离的西施顿失保护，勾践夫人将她骗至船尾，命力士将她绑缚于大石之上，沉入江底，绝代佳人就此香消玉殒。勾践发觉不对，立即回舱询问，勾践夫人色厉词严地教训丈夫："此亡国之物，留之何为？"唐朝诗人李商隐曾作《景阳井》绝句一首："景阳宫井剩堪悲，不尽龙鸾誓死期；肠断吴王宫外水，浊泥犹得葬西施"。

一种说法是，西施跟随范蠡归隐于五湖。《越绝书》有这样的记载："吴之后，西施复归范蠡，同泛五湖而去。"然而在另外一部史学著作里却有另一番描述，《史记·越王勾践世家》说范蠡亡吴后，"浮海出齐，变姓名，自谓鸱夷子皮，耕于海畔，苦身戮力，父子治产。居无几何，致产数十万"。但是从《史记》中，我们不难发现范蠡泛于西湖后，对西施之事只字未提，所以我想，因为有范蠡泛于江湖的传说，或许是后人不忍这位绝代佳人落得如此可悲的结局，就流传出西施和范蠡皆隐五湖的美满姻缘的故事，以寄托对他们的同情。

但是，近年来，有些史学工作者撰文认为，历史上实无西施其人，他们的依据：在先秦诸子著作中就已屡见"西施"之说。如《管子·小称》篇中就载有"毛嫱、西施，天下之美人也"。该书作者管仲系春秋初期人，可见，"西施"至少比勾践早出生两百多年，管仲怎么能够说到两百多年后的西施呢？如今，深究历史，我们遗憾地发现在四大美女之中，其他三位都可以在当时的正史中找到存在的证据，唯独西施缺乏任何信史记载。她只存在于后人的记载和咏叹之中。

总之，历史上有无西施其人，以及她的结局如何，尚待史学界进一步去探索。

西施不是传说的巾帼女侠，只是身逢乱世，美貌惹祸，小女子控制不了自己的命运，才引出了那么多的是非曲直和历史疑团来。一个弱女子能够成为一个历史现象，着实不易，也着实令人感慨。

第二节

毁誉参半的奇女子

齐文姜，春秋时期齐国人，齐僖公的次女，齐襄公、齐桓公的妹妹，鲁桓公的夫人，鲁庄公的母亲。出身高贵，又是当时闻名遐迩的美女。因齐国宗室姓姜，其容貌姣好、卓有才能而称文姜。文姜一生可谓跌宕起伏，从懵懂少女到被人诟病的荡妇，再到励精图治展现了政治军事才能的女强人，最终使得鲁国免遭齐国所灭，为鲁国文化的发展提供了一个稳定的政治环境。文姜牢牢地把握住自己的命运，在不同的人生阶段都活出了自我，在她身上反映出的更是那个时代的大国关系，民俗风情和文化特征。

一、少女的陷落——从清纯到浪荡的文姜

1. 齐家有女初长成

齐僖公的女儿中有两个颇有名气，宣姜和文姜，姐妹俩都生得貌美如花，在当时闻名各国。加之齐国是当时实力强大的国家，十足的豪门，宣姜和文姜的粉丝数不胜数，在众多追求者中郑国公子忽脱颖而出，受到文姜的青睐。《左传·桓公六年》曰："北戎伐齐，齐侯使乞师于郑。郑大子忽帅师救齐。六月，大败戎师，获其二帅大良、少良，甲首三百，以献于齐。"意思是说，齐国受到北方蛮夷的袭击，派使者向郑国请求救援，郑国太子忽率领军队救援齐国，打败北戎的部队，并俘获北戎两员大将，斩获三百敌军的首级献给了齐国。由此可见，郑太子忽十分骁勇善战，加之当时的郑国国君郑庄公是春秋小霸，郑忽也是妥妥的"君二代"，如此条件郑忽和文姜也是门当户对了。郑国和齐国作为当时实力强大的两个国家，一西一东遥相呼应，若是结成秦晋之好，那可就是强强联手了。这时的文姜是闺中待嫁的思春少女，正想象着英俊潇洒的公子带着聘礼来迎娶她。少女文姜这时候不知该有多幸福呢，面颊绯红，神色娇羞，眼中都是清纯的模样，她将要迎来的是满怀期待的人生。

2．"齐大非偶"遭拒婚

不论是对文姜个人还是对于两个国家而言这都是一桩美事，于是齐僖公便向郑国提亲。可惜骁勇善战、英姿勃发的郑忽却没有政治头脑，他没有意识到这桩婚事有可能带给他无限的前程，有些理想主义的郑忽似乎听到些关于齐国民风开放的传闻，甚至这些传闻还指向了文姜和她的亲哥哥姜诸儿，于是郑忽拒绝了这桩婚事。《左传·桓公六年》记载："齐侯欲以文姜妻郑太子忽，大子忽辞。人问其故，大子曰：'人各有耦，齐大，非吾耦也。'"这个推辞的理由也是给足了齐国的面子，说每个人都有自己的配偶，齐国太强大，自己配不上这样的配偶。这就是典故"齐大非偶"的来历。

原本一桩美好的婚姻，却在当时闹出了国际笑话。关于郑太子忽是否真的是因为听到关于文姜不伦的谣言才拒绝婚事的说法还有待商榷，《左传·桓公六年》还记载："及其败戎师也，齐侯又请妻之，固辞。人问其故，大子曰：'无事于齐，吾犹不敢。今以君命奔齐之急，而受室以归，是以师昏也。民其谓我何？'"齐僖公在郑忽帮忙打败北戎后再次向其请亲，但依然被拒绝，这时请亲的对象已经不是文姜了，而郑忽的回答却是，曾经没有为齐做事时都不敢娶齐国公主，如今帮助齐国作战胜利而娶亲，怕被人传闲话是为了攀附齐国的权势。不论郑忽的这一做法是为了不被强大的齐国控制，还是出于他脆弱的自尊心，都不应该把问题全都推给文姜。《诗经·郑风·有女同车》诗云："有女同车，颜如舜花，将翱将翔，佩玉琼琚；彼美孟姜，洵美且都。有女同车，颜如舜英，将翱将翔，佩玉将将；彼美孟姜，德音不忘。"可见郑人也在赞美文姜的貌美如花，感叹她德行馨香。当时的郑人恐怕也在惋惜这桩婚事的夭折。

3．倾心哥哥却嫁为鲁妇

一场关于男人们政治斡旋的婚事，却以文姜这个貌美女子的被弃收尾，也使得这个待嫁闺中的女孩子由满心欢喜变得郁郁寡欢。整日不思茶饭、日渐消瘦的文姜让从小一起长大的同父异母哥哥姜诸儿心疼不已。姜诸儿整日陪在文姜身边悉心照料，哄文姜开心，长此以往，两人便暗生情愫，《诗经》中《敝笱》《载驱》《猗嗟》《南山》，四首诗直接或间接讽刺文姜淫乱，这种兄妹之情是为人所不齿的。齐僖公只得赶紧给女儿另谋婚事。齐僖公二十二年，文姜嫁给已做了三年国君的鲁桓公，成了鲁桓公夫人。《左传·桓公三年》记载："九月，齐侯送姜氏于欢。公会齐侯于欢。"齐僖公爱女心切，亲自送女儿到鲁，但《左传·桓公三年》这样记述："凡公女嫁于敌国，姊妹则上卿送之，以礼于先君；公子则下卿送之。于大国，虽公子亦上卿送之；于天子，则诸卿皆行，公不自送。于小国，则上大夫送之。"显然文姜出嫁由父亲亲自送到鲁是僭越了等级的行为，不符合当时的礼数，但齐僖公不顾礼数送女儿出嫁，足见他对文姜的宠爱。不知这时候文姜的心情是怎样呢？这场婚事她是否还是满心期待？文姜那颗萌动的少女心恐怕在第一次被拒婚，又被各国传得沸沸扬扬时就枯萎了吧。现在文姜的心或许只属于陪伴她，安慰她，把她像花儿一样浇灌的姜诸儿吧。

4. 旧情复燃备受诟病

文姜嫁入鲁国后与鲁桓公育有二子，姬同和姬季友。文姜在鲁十几年间的活动并没有文献的记载，想必文姜也过得安分守己，只是她的内心恐怕再无波澜。文姜平静的内心在婚后的第十五年发生了变化，也从此改变了鲁桓公的命运，据《左传·桓公十八》记载："十八年春，公将有行，遂与姜氏如齐。申繻曰：'女有家，男有室，无相渎也，谓之有礼。易此，必败。'公会齐侯于泺，遂使文姜如齐，齐侯通焉，公谪之，以告。夏，四月丙子，享公。使公子彭生乘公，公薨于车。"与周天子同为姬姓的鲁桓公，到齐国帮忙主持婚事，协夫人一同前往。鲁国作为文化昌盛恪守周礼的国家对父亲已逝的已婚女子回娘家还是存在看法的，但鲁桓公还是带文姜回到了齐国。文姜回到了她生长的地方，更见到了让他从心死到心动的哥哥，她与哥哥齐襄公再次燃起了旧日的情思，她以与嫂嫂们叙旧为由进入了齐襄公的后宫。两人通奸之事坐实，传得沸沸扬扬。消息传到鲁桓公耳中，鲁桓公大怒痛斥了文姜，文姜将此事告诉了齐襄公，齐襄公得知事情败露，干脆一不做二不休，竟然设计了鸿门宴，在牛山设宴灌醉了鲁桓公，让公子彭生扶鲁桓公上车，彭生在车上拧断了鲁桓公的脖子，直到下车时才被人发现。鲁桓公不明不白地死去，鲁国为此问责，齐襄公将彭生推为替罪羊杀掉。鲁桓公死后，他和文姜的儿子姬同即位为鲁庄公，而齐文姜长期居住齐鲁边境，仍然常常与齐襄公相会。

鲁桓公去世到齐襄公去世共七年时间，《左传》七次记载文姜来往齐国。由此可见，文姜和齐襄公的异地兄妹恋确实在继续。与亲哥哥私通，因为此事害死了丈夫，无异于谋杀亲夫，丈夫死后不仅没有奔丧，还长期保持与齐襄公的往来。因此，文姜在历史上的名声长期都是非常负面的，人们称这段故事为"文姜之乱"。《列女传》中将文姜列在《孽嬖传》，认为她是不守妇道有罪孽之人，以时时警醒后人。

二、女强人的崛起——大国沟通的桥梁

《左传》记载："庄公二十一年秋，七月戊戌，夫人姜氏薨。""庄公二十二年春，王正月，肆大眚。癸丑，葬我小君文姜。"令人不解的是，文姜的行径如此遭人唾弃，为何鲁人还恭敬地称她为"夫人"，其死称"薨"，死后称"小君"呢？可见，鲁人已经原谅文姜的过错，对文姜还是十分敬佩和尊崇的。其原因有二：一则文姜在鲁桓公去世后辅佐儿子励精图治，帮助鲁国在各国之间斡旋，特别是维护了齐鲁之间的长期和平，对鲁国的国家稳定做出了重大贡献；二则在春秋初期蒙昧的原始文化还有所保留，文姜的行为在当时并不是匪夷所思、不可饶恕之事。

1. 大国政治中的女强人

鲁庄公即位时是鲁桓公十八年，这时的他年仅十二岁，年幼的君主面对春秋时期风云诡谲的政治局面难以独当一面，而作为母亲的文姜自然为儿子出谋划策，鲁国的军政大事也少不了文姜的参与。这时的文姜也已褪去了青涩的模样，不仅展现出为人母的坚韧，更表现出她的果敢自信和政治智慧与谋略。

齐鲁为邻国，在地理位置上两国的冲突也难以避免，而齐国强大，齐僖公是春秋三小霸之一，齐襄公后的齐桓公又是春秋五霸之首。鲁桓公在位时齐鲁两国为争夺纪国就曾大打出手。纪国与齐国有仇怨，且是齐国扩张的必经之路，齐国借此想吞并纪国，纪国向鲁国求援，为了牵制齐国势力，鲁国答应了纪国请求。齐襄公也曾出兵进犯过鲁国。鲁国虽是礼仪之邦，却在军事和经济实力上都逊色很多。因此，维持与齐国的良好关系是维护鲁国国家安全的重要大事。

从鲁庄公即位到齐襄公去世期间，文姜与齐时常往来，两国也未再发生战事。可见，文姜的行为也并非仅为一己私欲，这时的她以稳定鲁国安危为己任。大国政治中，女人虽未站在主流地位，却凭着自己的美貌、智慧与才华稳定了大国关系。《左传》载："庄公十五年夏，夫人姜氏如齐。"鲁庄公十五年文姜再次出使齐国，那时齐襄公已去世多年，文姜再次去往齐国并不是秽乱宫闱之事，而是为

儿子求得齐女哀姜为妻。这时文姜已年长，她明白齐鲁联姻对鲁国以后的安危有着不可替代的作用，女人在大国政治中也担当着重要的桥梁作用，这展现出了她非凡的外交才能。

鲁庄公十九年、二十年文姜两次去往莒国，拉拢莒国为鲁国盟友，这为牵制齐国，维持实力均衡起到了重要作用。整个春秋时期莒国和鲁国都没有发生过战争，可推测，年事已高的文姜正是在各国间斡旋，维护鲁国的安全与稳定。能在各国间游刃有余、纵横捭阖，可见文姜并不是简单的女子，其性格中体现出的坚毅果敢，刚强和审时度势是超乎常人的。能够在去世前一年还在为鲁国奔走斡旋，足见文姜的贤德。

2. 回溯历史再看文姜

对历史人物的评价不能用今天的眼光，应该回溯到当时所在的历史阶段，用客观的眼光评判。齐国在当时是国力昌盛、疆域辽阔的大国，社会风气也比较开放。这要追溯到西周时期的分封制，姜太公吕尚居功甚伟，分得齐地，他在齐国稳定局势，改革政治，采取顺应当地风俗，简化繁文缛节的民族文化政策，并大力发展经济。这也使齐国保留了蒙昧时代的旧习俗，比较原始的婚俗也有所保留。齐国婚姻观念开放，只要非同姓结合的婚姻都是被默许的，婚后发生不轨之事也十分常见。例如，齐国的巫儿婚制规定长女不嫁，但这些女子依然正常生子，可见齐国对待婚姻的态度是相对宽松自由的。因此，文姜与姜诸儿的兄妹之情虽被人所诟病，但鲁人依然尊称文姜为夫人。《诗经》中对文姜的美貌更是赞叹不已，加之文姜坚韧的性格，和她身上所展现出的非凡的军政才能也应当为她赢得赞美之声。而历史中对文姜在不同时期的评价多为批判，这些评判大多从封建的伦理道德出发，未能回溯到文姜生活的时段，因此也不是完全公允。

文姜的一生毁誉参半，从小女人到政治家，在不同的人生阶段都展现出了真实的自我，她不掩饰自己的情思，不掩饰自己的落寞，甚至不掩饰自己为人所摒弃的兄妹之情，可谓真性情的奇女子。在她人生的后半程她又真正发挥了一国之母的作用，撑起了鲁国的半边天，成为被人赞颂的军事家、政治家和外交家。回顾文姜的一生，重新翻阅历史，我们应当客观地评价文姜的功与过，在她身上体现出的贤良自信，坚韧自强的品质应当被肯定，其军政才能和作用更不应被抹杀，文姜成为中国早期女性参政议政的先驱，在中国历史上留下了浓墨重彩的一笔。

红
颜
长
歌

第六章 「礼崩乐坏」下的战国红颜

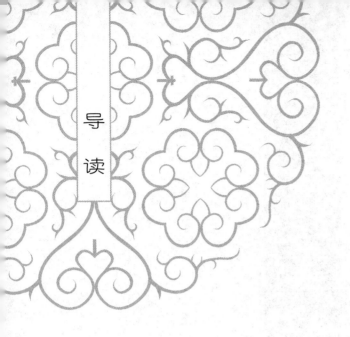

导读

战国时期是激烈的社会转型期，是新旧制度碰撞的时期，是新旧思想交汇的时期。

这一时期政治上宗周瓦解，尊王已成过往，各国相互攻伐，纷纷变法图强；经济上表现为土地国有制彻底崩溃，封建地主土地私有制得以确立；思想上呈现出"百家争鸣"的盛况。随着礼制的崩塌，战国时期女性涉政的现象增多，甚至也从春秋时期的被动涉政转变为主动涉政。

作为中国历史上的大变革时期，女性充任的社会角色在扩大。战国变法运动使"男耕女织"的小农经济成为立国基础，个体家庭经济开始独立。妇女的纺织劳动不仅要满足家庭需要，还要上缴赋税，并作为商品在市场流通，因而具有了社会性。不仅如此，妇女还作为军事后备力量被编入军队。同时，由于民间自由经济的发展，妇女还为商、为巫、为倡，这些活动日益民间化、世俗化，已经初步具有职业特征。

在战国漫长的群雄争霸和兼并战争中，军事思想、军事理论迅速发展，妇女也被纳入军事理论中。《史记·孙子吴起列传》里就有记载一段孙武操练女军的故事，可见女子在当时是可以进行军事训练的。主要负责供应粮饷、修筑工事、拆房以及纵火等工作。她们与男子单独编军，进行分别管理，与男子一样听军令。

由于战争频发，女性常常被迫卷入战争成为牺牲品或战利品，物化严重。战争所引起的男女比例严重失调，使女性物化程度进一步加深，一妻多妾制度盛行。在秩序混乱、道德伦理气息薄弱的战国时代，享乐主义气息日益浓厚，人们对女性择偶方面秉持着越来越开放的态度，女性也开始大胆追求自己的幸福，择偶方面越来越自由。

第一节

乱世红颜，多面赵姬

赵姬，战国末期赵国人，秦庄襄王后、秦王嬴政生母，因秦庄襄王名子楚，因此也称子楚夫人。赵姬的称呼首见《东周列国志》，意思为赵国美貌的女子。起先赵姬为大商人吕不韦的姬妾，被赠予生活在赵国做人质的秦王孙为夫人，生子取名为政，后归秦成为王后又升为太后。她的一生跌宕起伏，可谓传奇。

一、相遇吕不韦：在命运捉弄的玩笑后甘作温柔的情人

赵姬真实身份、姓名不详，根据《史记·吕不韦列传》记载，"子楚夫人赵豪家女也"，表明她出生在大户人家，同时又记载她是邯郸绝美的舞姬，因此可以推测，曾出生在大户人家的赵姬受到过良好教育，在音乐舞蹈方面展现出超群的能力，只是不知为何沦为身份低微的舞姬。此时的赵姬还是一位花季少女，身份地位发生巨大转变，流落风尘，对她的打击是巨大的，也许她怨恨命运的不公，伤怀物是人非，但她一定不是自怨自艾从此放弃自我的人。从《史记》对她的描述中可知，为了生计她接受了现状，并且从未放弃过。

正当她处在人生低谷时，一个改变她命运的人出现了，这个人意气风发、英俊洒脱。他就是大商人吕不韦，《史记·吕不韦列传》载："吕不韦者，阳翟大贾人也。往来贩贱卖贵，家累千金。"吕公子年轻有为，不仅做生意游刃有余，还好结交朋友，他在邯郸城物色舞姬，训练她们，在宴请宾客时可一同赏舞，必要时还可以将他们当作筹码送给权贵，以开拓市场。在物色舞姬的过程中他与赵姬相遇了，赵姬出身大户人家，受到良好教育，身上的气质自然与他人不同。可以说赵姬与吕不韦两人都自命不凡，这使得两人惺惺相惜，吕不韦便纳赵姬为妾。对赵姬来说，这时候的吕不韦无异于白马王子，她也是沉浸在甜蜜爱情里的公主。据《史记》记载，不久后赵姬怀有身孕，如果确实如此，此时的赵姬应该是喜悦的，她甘愿做吕公子的金丝雀，为他开枝散叶。

而吕不韦并不满足他现有的成就，游走在各国做生意的他，看惯了纷乱的战

国纷争，对政治局势的分析格外透彻。战国末期实力最为强大的就是秦赵两国，赵国在大将廉颇的指挥下两次击败秦国，无奈之下秦国将秦王孙异人送到赵国做人质。吕不韦在邯郸做生意时见到秦王孙异人，大为感叹"奇货可居！"《战国策卷七·秦五》载："吕不韦贾于邯郸，见秦质子异人，归而谓父曰：'耕田之利几倍？'曰：'十倍'。'珠玉之赢几倍？'曰：'百倍'。'立国家之主赢几倍？'曰：'无数'。曰：'今力田疾作，不得煖衣余食；今建国立君，泽可以遗世。愿往事之'。"这是吕不韦见到子楚后回家和父亲的一次谈话，他问父亲"耕田可获利几倍呢？"父亲说："十倍。"又问："贩卖珠玉获利几倍呢？"父亲说："百倍。"又问："立一个国家的君主，可获利几倍呢？"父亲说："那不可以数计。"吕不韦说："现在农民努力从事耕田劳动，还不能做到丰衣足食；若是建国家，立一个君主，获利就可以传至后世。秦国的公子异人在赵国做人质，我愿去为他效力。"因此，吕不韦千方百计地与异人结交，而异人的出现，再次改变了赵姬的命运。

二、被赠子楚：在认清权势交易的现实下变为聪明有心计的王后

秦王孙异人后来改名为子楚，是秦昭襄王的孙子，他的父亲安国君是秦国太子，母亲为夏姬。异人母子均不受安国君的宠爱，加上安国君有二十多个儿子，于是异人被送往赵国邯郸作为质子。那时候秦、赵两国关系恶化，不时发生战争，异人倍受冷遇。《史记·吕不韦列传》载："车乘进用不饶，居处困，不得意。"可见他缺少出行的车马和日用的财物，生活困窘，且受人监视，郁不得志。

这样窘迫的子楚却被吕不韦相中，如果能在自己的经营下让子楚回到秦国登上王位，那么获得的不仅是经济利益，更是泽被后世的政治利益。吕不韦与异人结交，登门拜访对异人说："我能光大你的门楣。"异人笑着回他："你只能光大自己的门楣，而不是我的。"吕不韦又说："你有所不知，我家的门楣依附你家大门的光大而光大。"异人听了这话便知道吕不韦有意帮助自己走出困境，便请他进一步交谈。可见困窘的异人仍然抱有野心，只是无奈自己没有任何依凭，只能韬光养晦。

吕不韦对子楚说："秦王老了，安国君为太子。我听说安国君十分宠爱华阳夫人，但华阳夫人没有孩子，可能够立嫡嗣的只有华阳夫人。如今你有兄弟二十

多人，又排行中间，并不受待见，才长期在赵国做人质呀。等到秦王去世，安国君继承秦王之位，你也没有机会与其他人争夺太子之位呀！"异人回答说："确实是这样的情况，可我也很无奈，没什么办法呀。"此时的异人空有野心，没有实力也没有依靠。吕不韦却说"你现在穷困，没有钱财可以拿来结交宾客，赠予亲人。我虽穷困，但是愿意拿出千金来为你到秦国去与安国君和华阳夫人周旋，让他们立你为嫡嗣。"异人听了这话如同得了救命稻草，当即就立下誓言："如果真的如此，那么我一定和你共同治理秦国。"如此一来，异人和吕不韦便结成了盟友，两人互相依凭，关系密切。

吕不韦给异人五百金，让他改善生活，结交宾客；又用五百斤买了奇珍异宝，带着珍奇到秦国求见华阳夫人的姐姐，让她将奇珍异宝献给华阳夫人，并进言说子楚贤德有智慧，结识的诸侯及宾客遍布天下，他十分挂念夫人，日夜哭泣思念太子和夫人。华阳夫人听后非常高兴。吕不韦还让她的姐姐游说："以美貌获得宠爱的人，等到年老色衰宠爱就渐渐消失了。夫人现在获得太子的宠爱却无子嗣，不如现在在太子众多的儿子中物色一个贤德孝顺的过继，推举他立为嫡嗣，这样太子在位时候你备受尊崇，太子去世后，你过继的儿子继承王位，你也不会失势，举荐只不过多说几句好话而已，却可以得到这么多的好处。不在得势时为自己打下根基，等到年老色衰宠爱不在时，你想这么做还能得到吗？现在子楚很贤德，他知道自己排行居中，礼数上不能立为嫡，他的母亲又不得宠爱，于是依附于夫人，如果此时将他立为嫡嗣，那么夫人将一世享有秦的荣耀。"华阳夫人听了这一番话，深以为然，她便向太子进言子楚是难得的贤德之人，获得大家的称赞。她委屈地在安国君面前哭泣着说："能够进入您的后宫是我的大幸，可惜我不幸没有子嗣，能不能将子楚立为嫡嗣，也让我后半生有所托付呀。"安国君十分宠爱华阳夫人，这一番话不得不让他动容，于是便答应下来，并以玉符为信物。安国君和华阳夫人赠给子楚财富地位，邀请吕不韦做子楚师傅，子楚从此以后在诸侯中的名声越传越广。

子楚凭借着吕不韦改变了命运，吕不韦将子楚当作政治筹码，获得高官厚禄，两人各取所需。有一次，子楚在吕不韦家中饮酒，见到面若桃花的赵姬，心之向往，子楚便请求吕不韦把赵姬送给自己。不知是子楚对赵姬喜爱太深，无论如何也要得到她，还是吕不韦有意安排赵姬露面，想让赵姬变成牵住子楚的绳索。总之，赵姬被赠予子楚，《史记·吕不韦列传》载"姬自匿有身，至大期时，生政。"赵姬生下孩子后便被立为子楚夫人。自邯郸献姬后，赵姬的命运也被改写，原本过上平淡甜蜜生活的她，一跃成为秦王孙的夫人。

秦昭襄王五十年，秦赵交兵，赵国想要杀掉子楚泄愤，子楚和吕不韦合谋买通看守者逃到了秦国的军营，回到了秦国。可这时候赵姬和年幼的孩子却留在了赵国，赵国想要杀掉赵姬，因为她出身富贵才逃脱绝境。此时的赵姬一定心灰意冷，曾经让他心动的吕公子，如今他的丈夫子楚为了自己的前程竟丢下她们母子逃走了。就这样赵姬和年幼的嬴政在赵国的监视下又过了六年，这六年间可想而知这对母子的艰辛。嬴政幼年的教育都来源于母亲赵姬，在这样艰苦的生活环境中，母亲教会他坚韧、自强，教会他要高瞻远瞩，树立远大目标。但在缺乏父爱的环境中，嬴政也日渐显现出他的多疑和无助。六年后，秦昭襄王去世，安国君继承王位，华阳夫人成为王后，子楚成为太子。秦赵关系终于有所缓和，赵姬和嬴政也终于踏上了通往秦的道路。这是她们第一次归秦，对于赵姬来说，不知道应该叫回家还是叫背井离乡。安国君即位一年后就去世了，谥号秦孝文王。子楚登上王位为庄襄王，赵姬自然成了王后。子楚实现了他的诺言，任命吕不韦为丞相，封他为文信侯，食洛阳十万户。

子楚能够顺利继承王位，也少不了这位聪明的女人出谋划策，她早已不是那个单纯的傻白甜。此时作为王后的赵姬已经阅尽人间沧桑，从大户人家的掌上明珠，沦落风尘女子，到倾心于吕不韦到子楚夫人，带着年幼的孩子过着艰辛的生活，在到如今的王后。赵姬经历了太多太多，成为王后的她不再怀着少女的喜悦，眼前人是抛弃过她的丈夫，真爱破碎，心灰意冷。王后的地位高高在上，她不需要为了生活而奔波，这反而使她更寂寞。

三、嫪毐——在愤怒的抗争中卷入色情的漩涡

庄襄王在位三年去世，年仅十三岁的嬴政继承王位，尊吕不韦为相国，号称"仲父"。年幼的秦王未能把持朝政，赵姬在秦国又形单影只，母子俩能够依靠的最佳人选只有吕不韦。而吕不韦与赵姬的关系非同一般，她们原本是相爱的伴侣，又变成政治上的合作伙伴，这时的赵姬再也不是任人摆布的小姑娘，她懂得隐忍，深谙权术，她和吕不韦之间有所暧昧，但最多的仍是政治交易吧。

吕不韦常常出入宫闱，权势越来越大，这也使他越来越惶恐，面对一天天长大的嬴政，吕不韦权衡再三决定断绝与赵姬的情人关系。他多次在赵姬面前夸赞自己的宾客"大阴人"嫪毐的天赋，果然引起了赵姬的兴趣。吕不韦又想出了一个瞒天过海的主意，假借嫪毐犯罪处以宫刑，赵姬再买通行刑官员，只是拔掉了嫪毐的胡须就把他送入宫中。

此时的赵姬经历过起起落落，从满心欢喜的少女到独守空闺的太后，她权势熏天，似乎对命运的不公充满了愤怒，她要抗争在这男权社会中摆布她命运的人。赵姬几近疯狂的与嫪毐通奸，并怀了身孕，为了掩人耳目便要求搬离咸阳，住到雍城。在那里太后和嫪毐更是无法无天，并生下了两个孩子。嫪毐极受宠爱，拥有丰厚的赏赐，《史记·秦始皇本纪》载："嫪毐封为长信侯。予之山阳地，令毐居之。宫室车马衣服苑圃驰猎恣毐。事无小大皆决于毐。又以河西太原郡为毐国。"可见嫪毐权势极盛。有一次嫪毐喝醉了酒，四处宣扬自己是秦王的假父，如果嬴政死了，那么自己和太后的儿子将登上王位。这事传到嬴政的耳朵里，嫪毐害怕被诛全族，干脆一不做，二不休，发动了叛乱，史称"蕲年宫之乱"。叛乱平息，嫪毐被诛三族，他和太后的私生子也被装入袋中摔死。太后迁出宫殿，接受惩罚。嬴政追查此事，竟发现与吕不韦有关，念在他功劳斐然的面子上只是让他迁入蜀地，吕不韦害怕被灭族，便饮鸩自杀了。

吕不韦死后又过了几年，赵姬也死去。关于赵姬的死史书上没有详细记载，有人推测她在孤独、绝望中郁闷地死去。

回顾赵姬的一生，她从大户人家的掌上明珠沦为舞姬，成为吕不韦的姬妾，她是吕公子温柔的情人；她被送给子楚成为王后，也让她看到权势交易的残酷，她开始钻于权谋，成为颇有心计和手段的王后；她生下嬴政，独自抚养他，教育他，教会他坚强、忍耐，帮他树立理想，她更是一位温柔而伟大的母亲；可是她却与嫪毐卷入了情色的漩涡，最后在怨恨孤独中死去。她的一生跌宕起伏，充满传奇，她的经历与四个男人息息相关，也展现出乱世中这个女人的多面。不得不说秦统一六国的功劳簿上也有她的一笔。

第二节

最伟大的单身母亲——孟母

每个人一生，母亲对自己的影响总是巨大的，一个母亲是否贤良淑德，是否品行端庄，是否教子有方，直接影响孩子一生。母亲是孩子最早的启蒙老师，她的一言一行，一举一动影响孩子思想观念的形成。

纵观历史上，那些有建树、有所出息的名人，大都深受其母亲思想之熏陶，从而也成就了他们的人生。这些母亲中，最为著名的莫过于中国"四大贤母"，她们分别是：孟母（战国孟子之母）、陶母（东晋陶侃之母）、欧阳母（宋代欧阳修之母）、岳母（宋代岳飞之母）。这四位伟大的母亲，她们的事迹被广为传颂，她们的儿子成为社会的栋梁，影响中华儿女一生，并成为学习的典范。这里，我们重点聊聊孟母。

一、默默"无名"的孟母

"昔孟母，择邻处，子不学，断机杼"。随着国学热的兴起，《三字经》里这句关于孟母的话语可谓家喻户晓。"孟母"这一称谓，首次出现在西汉刘向的《列女传》中。中国古代的女性地位较低，没有名字，能在青史留下一笔着实不易。如今，许多人认为孟母是仉姓，这种观点有待商榷。其实，早期的文献并没有记载孟母的姓氏，《韩诗外传》《列女传》《孟子》中均不见。直到金代孙弼在《邹公坟庙之碑》中，始称孟母为"李氏"，后有人又将"李"变为"仉"，逐渐有了仉姓的说法，这两种姓氏究竟如何而来今天已难考证。

《史记》中司马迁也只是说孟子是邹国人，对他少年时的家世生平全都没有提及。据说孟子"三岁而孤"，父亲在他很小的时候就去世了。从孟母教育儿子的故事可以看出孟母出身应该不坏，受过良好教育，且后来带着孟轲"三迁"，最后搬入"学区房"，可能是受到娘家一定的接济。但一个女人拖着孩子，肯定还是充满了可以想象的艰辛。小孟轲能够长大成才，完全是他的单身母亲含辛茹苦呵护出来的。

孟母对小孟轲的教育，从怀胎时期就开始了。成书于汉代的《韩诗外传》有这样一段记载："吾怀娠是子，席不正不坐；割不正不食，胎之教也。"就是说孟母非常重视对腹中孩子的胎教，在怀孕时不坐没摆正的席子，不吃割得不正的肉食。

《列女传》是我国最早的一部妇女专史，约编撰于西汉成帝永始元年，其中记载了"孟母三迁""孟母断织""孟子去妻""孟母处齐"四则有关孟母及孟子的故事。

今天流传下来的孟母教子故事共有五个，涉及两个时期的孟子：少年时期和成年时期。据查，西汉就有了这五个故事，但奇怪的是这五个故事从没有在一个文本中集体出场过，主要分散在《韩诗外传》和《列女传》中。一直到明代陈士元撰写的《孟子杂记》，才第一次把五个故事集合起来。

二、单身母亲的育儿之事

1."买豚明信"

年幼的孟子看到邻居在杀猪，孟子问母亲："他为什么要杀猪？"孟母随口说了一句："杀猪是为了能让你吃到猪肉啊！"话一说完，孟母就后悔了，以他们当时清贫的家境，是很难买得起猪肉的。可是，为了不失信于孩子，孟母还是买了肉做给孟子吃，以此来教育孟子做人要言而守信。孟子成年后，提出了"五伦"说，也就是"父子有亲，君臣有义，夫妇有别，长幼有序，朋友有信"，把诚信上升到"五伦"的高度，成为儒家伦理道德中重要的规范。

2."断织劝学"

据说孟子小时候有段时间厌倦学习，不愿读书，就逃回了家。孟母正好在织布，见他逃学回来，一句话没讲，就把织布的梭子给弄断了，这意味着马上将要织成的一匹布全毁了。孟子非常孝顺，忙跪下来问："母亲，您为什么要这样？"孟母告诉他："读书求学不是一两天的事，就像我织布，必须从一根根线开始，然后一寸一寸地才能织成一匹布，而布只有织成一匹了，才有用，才可以做衣服。读书也是这个道理，如果不能持之以恒，像你这样半途而废、浅尝辄止，以后怎能成才呢？"孟子恍然大悟，羞愧不已。从此一心向学，再也不随便旷课，后来继孔子而成为"亚圣"。

3."孟母三迁"

相比于买肉和剪布，孟母作为单身母亲带儿子三次搬家的事，足够称得上是壮举！她先是带儿子住在郊外，然后搬去闹市商业区，最后又搬到学堂旁边，按照"民房—商品房—学区房"的路径来搬家真的是非常不易。

孟母和小孟轲原本住在城外，挨着坟地。外面经常传来各种的痛哭声，还有一些丧葬的呐喊声，孟母一听到这些就头疼。吓人不说，主要是孟子这个小家伙，居然一听到这些声音就兴奋得不得了，整天学着这些声音干号着，真怕这孩子学坏了。一想到这个问题，孟母觉得这个地方实在是不适合孩子居住，会教坏了孩子。所以决定另找住处。

很快，孟母就将家搬到了街上的闹市处，不用再听到那些丧事声音了，终于孩子不会再被这些声音给影响到了，孟母松了口气。但是过了几天，孟母又发现了一个新问题，孟子居然喜欢跑到东边的墙角下去聆听外面的声音，然后自己也跟着有样学样。"卖猪肉啦，新鲜的猪肉哦，三文钱一斤。""十文钱一只鸡"……孟母再一次忧伤起来，自己的孩子学这些有什么用？她有些责怪自己，找住所的时候，怎么没有经过多方面的打探，就住进了这么一个还是不适合孩子居住的地方。

孟母这次吸取了前两次的经验教训，认真考察了各处房子，并且分析其中的各种利弊。在初期去看房子的时候，该房子位于学堂旁边。孟子观察到，学生在进入学堂之前，碰见都会相互问好，看到在学堂门口的先生，也会恭敬鞠躬问候。孟子看到了这些，也跟着学，看到旁边的人都主动问好，遇见了长者也主动避让。孟子的改变以及行为，孟母看在了眼里，忍不住地叹息道，这才是适合孩子居住的地方啊。于是孟母在这学校附近选择了房子，并且尽快地搬了过来。

4."劝止出妻"

孟子的妻子独自一人在屋里，伸开两腿坐着。孟子进屋看见妻子这个样子，对母亲说："我的妻子不讲礼仪，请允许我休了她。"孟母问："为什么？"孟子说："她伸开两腿坐着。"孟母问："你怎么知道的？"孟子说："我亲眼看见的。"孟母说："这就是你没礼貌，不是妇人没礼貌。《礼记》上不是说了吗？'将要进屋的时候，先问屋中有谁在里面；将要进入厅堂的时候，必须先高声传扬（让里面的人知道）；将进里屋的时候，必须眼往下看。'为的是不让人没准备。现在你到妻子闲居休息的地方，进屋没有声响，因而让你看到了她两腿伸开坐着的样子。这是你没礼貌，并非是你妻子没礼貌！"孟子认识到了自己的错误，不敢休妻。

5."释子之忧"

孟子在齐国做客卿，他整日长吁短叹，闷闷不乐。孟母看见了，问："你面有忧烦，是为什么呢？"孟子回答说："是我身体不舒服。"过了几天，孟子闲来无事，在住所抱着柱子叹气不停。孟子的母亲看见了，说："前几天看见你不开心，问你说没事，现在抱着柱子叹气，是什么原因？"孟子回答说："我听说，君子应该在其位谋其政，不为苟得而受赏，不贪荣禄。诸侯不听从我的政见，就不应该再侍奉他。听了我的政见而不采纳，我就应该不再踏入这个朝廷。现在齐王不用我的治国理论，我想走，但是母亲您已经老了，经不起颠沛流离，不能跟我一起走啊，我是为这个事情在忧愁。"孟母对儿子说："礼对于妇人的要求，只不过是做好饭，暖好酒浆，赡养公婆，缝制衣服罢了。妇女不应独擅专制，而应遵三从之道：年少时听命于父母，出嫁后听命于丈夫，丈夫死后听命于儿子。现在你已成人，而我已经老了，你行你的义，我行我的礼。"

孟母教子故事最让我感动的就是"释子之忧"中她的无私。她在孟子成年后放手让儿子去追寻事业和理想，这对一位单身妈妈来讲真的难能可贵。很难想象这样一位历尽辛劳的单亲妈妈，在将儿子培养成才后，竟然会主动劝儿子离开身边，鼓励他去做想做的事。"今子成人也，而我老矣；子行乎子义，吾行乎吾礼"，从这行文字中不难感受孟母内心异乎寻常的平静：儿子，你已经长大了，我也老了；你有你该去做的事，我也有我需要守的礼。言下之意便是鼓励孟子远行游历，不要有牵挂。

此后，孟子离开母亲周游宋、齐、魏等国，学问思想大为发扬。

三、孟母故事的千年传承

据相关学者考证，孟母的形象和教子故事有一个长期的形成过程。从战国到唐朝中期的一千年里，孟母并不太显眼，很少被文人墨客提及。然而，到了唐朝中后期，孟子一下子从诸子百家里脱颖而出。两宋时期，孟子成了大红人。宋仁宗时，孔子四十五代孙孔道辅守兖州，几经走访，终于在邹县县城东北三十里四基山之阳找到了孟子墓，在旁边建起了首座孟庙，后迁至县城东郭，又迁到了现在邹城孟庙的位置。从那时起，朝廷批准在孟庙里开辟专祠，祭祀孟子的父母，孟母终于享受到了香火的供奉。

此后，《孟子》一书被列入科举考试科目，成为应试者的必读之书。宋神宗诏封孟子为"邹国公"，这是他首次受封官爵，孟子开始被神化。孟母也沾了儿子的光，被追封为"邾国宣献夫人"，清乾隆时期又追封为"邾国端范宣献夫人"。

启蒙课本《三字经》是南宋时期编撰的，这时孟子的地位已经非常高。《三字经》开章是："人之初，性本善。性相近，习相远。苟不教，性乃迁。教之道，贵以专。"这番"性善论"正是孟子的核心主张，紧跟着举孟母教子的例子也就顺理成章了。

到了明清时期，孟子已经成为仅次于孔子的"亚圣"，孟母也从众多慈母、孝妇的形象中脱颖而出，获得了天字第一号优秀母亲的殊荣。

孟母去世后，与孟子的父亲合葬于邹城北二十五里的马鞍山麓，后人认为孟子成名，是孟母三迁教子之功，故林地称"孟母林"。在孟子故里邹城市，至今仍保留着马鞍山孟母墓、凫村孟子故居（后划归曲阜）、孟庙内孟母殿、庙户营三迁祠等祭祀孟母的地方。

目前世界上有八十多个国家有自己的母亲节，国际上并没有统一的母亲节。五月第二个星期天，其实是美国人的母亲节。因此，近年来有学者呼吁，以孟子诞辰日设立中华母亲节，使之成为中华民族的传统节日、法定节日。

借用杨海文先生《孟母教子：从故事到传统》（《光明日报》2017 年 6 月 17日，第 11 版）中的话作为结尾："孟母永远是中国传统文化所认可的最优秀、最伟大的母亲。对于母亲，人们一生一世在感恩，生生不息在回望。以孟母为代表、以孟子诞辰日设立中华母亲节的文化自信，即是植根于'孟母教子'这个源远流长、感人肺腑的中国故事之中！"

第三节

重振齐国的丑后

古语有云：人不可貌相，海水不可斗量。这是要求我们不能从表面来衡量一个人的能力。但是，不论古代还是今天，容貌作为一个人的硬件，对一个人的自身发展还是非常重要的，如果一名男子，他有卫玠容、潘安貌，那么他在事业上成功的概率会比一般人大一些；换作一个女子，有着沉鱼颜、落雁姿，那么她在生活上幸福指数可能会比一般女子要高得多。中国古代社会，是一个男权的社会，所有事情的主动权全掌握在男子的手中，女子大多只是男子的从属品，没有和男子平起平坐的可能。假如一个女子在相貌上处于劣势，那么不仅仅难以立足于男权社会，甚至被嘲笑，比如东施，她也渴望得到别人的认可和尊重，所以她模仿西施，但因为她的样貌不雅，处处被人嘲笑，甚至留下了"东施效颦"这样的成语，几千年来一直被人当成笑料。那么，在古代，长相不好的女子都是相同的命运吗？不是的。

战国时期齐国的钟无盐就是不甘屈服于命运的奇女子，虽然长相丑陋，但是胸怀大志，勇于进取，用自己的胆魄与智慧，影响了中国历史的进程，给我们留下了一段难以忘怀的千古佳话。

一、乱世出豪杰

钟无盐生活在争战不休、攻伐不止的战国时期。在这段历史时期之中，为了争夺土地和人口，不论大国小国，都不断地忙活着，不是在战争的路上就是在战争的准备之中。稍微不留神，一个诸侯国顷刻之间就在战国的版图上消失，成为某个诸侯国的一个郡或者一个邑。

我们的主角钟无盐所处的年代，更是战国大战频繁、英雄辈出的时代。这个时代刚刚由春秋转向战国，各国纷纷进行变法，以求在弱肉强食的残酷竞争中立于不败之地。魏国在魏文侯的改革下强大起来后，引起了各诸侯国的惊恐，于是赵、齐、宋结成了联盟。由于担心被这几个国家联合进攻，魏国决定先下手为强，以帮助卫国为借口，进攻赵国，赵国这个时候肯定抵挡不住强大的魏国攻势，于是向他的盟友齐国求救。这时齐国的国君就是大名鼎鼎的齐威王，怎么说大名鼎鼎呢，成语"不鸣则已，一鸣惊人"就是说他老人家了，还有，"邹忌讽齐王纳谏"的齐王也是他。在他身边，谋士有邹忌，将领有田忌（就是赛马总是他赢的那个），军师有孙膑，所以齐国并不怕魏国。经过桂陵之战和马陵之战，孙膑运用"围魏救赵"等高超的作战方略，两次都干净利落的打败了魏国，还顺便报了他的老同学庞涓对他的"膑刑"之仇。打败魏国后，齐国的威望大增，别国也不敢轻易地挑战它，于是国家能够在和平安定的环境下发展，力量迅速壮大起来，成为当时数一数二的强国，齐威王的名望大有和春秋时期的齐桓公相提并论之势。

也就是桂陵之战后两年，大约在公元前352年春天，在齐国无盐邑的一户姓钟离的军士家庭里，一个女娃呱呱落地。这个女娃额头硕大，凹凸不平，头发稀疏，眼睛如豆，鼻子没长出来，四肢粗壮活泼。军士看到妻子生了这样的一个怪宝宝，不禁皱了皱眉头。但是再不漂亮，也是自己的心头肉。为了表达美好的向往，军士给自己的女儿起了一个单名"春"，唤作"阿春"。这样，一个在中国历史上排得上号的女中豪杰就诞生了。钟离春的成长和一般的少女不一样，人家父母都是把自己的女儿打扮得漂漂亮亮的，锁在深闺中学习女红，等待着出嫁一个好人家，但是钟离军士作为一个基层军官，她对女儿的培养却另辟蹊径，所以小钟离春的童年是舞刀弄枪度过的。随着年龄的增长，钟离春的眉目、身段粗犷的特点越来越明显，很显然她不适合走寻常路。现在我们后人想起来，不禁感叹这位父亲格局宏大，眼光长远。

齐国无盐邑以种桑养蚕为盛，为生活计，我们的小阿春也参与到采桑的姊妹群来，好在大家自小玩大，并没有人对她的长相评头论足，刻意的排斥。阿春腰壮臂长，手脚灵活，几个姊妹一块采桑叶，她总能最早采满两箩筐，于是她还帮助其他姊妹一起采，大家都采满两箩筐了，才一起唱着歌谣快乐回家。就是在这种和睦友爱的环境中，小阿春从不因为自己的长相自卑，反而能为帮助他人自信满满。这样一位善良有爱心而长相又奇特的女子被一位老神仙留意上了，这位老神仙就是骊山老母。

有一天，阿春和姊妹们一块来到桑园，大家四散去采桑叶，阿春看到有一位老嬷嬷在一片一片艰难的采摘着桑叶，于是赶忙过去，先帮老嬷嬷把桑叶采好。这位老嬷嬷不是别人，正是变化成凡人的骊山老母。看着小阿春忙得满头大汗，但却不知疲倦地干活，这位老神仙微笑点着头。以后，骊山老母每天都来采桑叶，阿春都不厌其烦地帮忙。看到阿春的淳朴善良，不求回报，老神仙觉得这位姑娘绝非等闲之辈。于是表明了身份，并问阿春愿不愿和她学本事。这对自小喜欢舞刀弄枪的阿春来说，可是千载难逢的好机会，一口答应，这样阿春和骊山老母学习了刀枪棍棒，易理法术，一百多斤的桑钩耍得滴水不漏，密不透风。一学多年，学到一身本领。回到家中依然是服侍双亲，采桑练武，一晃已年届四十。看着女儿已经变成超级大龄剩女，阿春父母心里干着急，但是着急有什么用呢，这些年仗打得多，不少男子都战死沙场，造成女子数量已大大超过男子，而阿春的容貌又太有冲击力，还没相亲，直接就把媒人给吓跑了。胸中有韬略，手上有本领又有何用，夫妻俩只能长吁短叹，感叹老天对他们、对阿春的不公。但是阿春毫不在意，整天还大大咧咧，还一个劲地劝阿爹阿妈不要担心，她的姻缘自有定数。

二、毛遂自荐

公元前 320 年，齐威王去世，三十岁的齐宣王即位，齐宣王也是历史上很有名的一位人物。他的出名不是因为他像他父亲齐威王那般雄才大略，而是他一些个人的小爱好。当政之初，齐威王时期的能人老的老，走的走。齐宣王想继续拜孙膑为军师，但是孙膑看透了战争背后血淋淋的杀戮，也疲乏了，于是决定退隐山林。但是为了表达对齐宣王的厚爱的感谢，他把自己亲手写的《孙膑兵法》献给了齐宣王。虽然如此，齐宣王还是雄心勃勃，想继续维持齐国的霸业。在他当政的第六个年头，也就是公元前 314 年，燕国国内发生了内乱，齐宣王觉得开疆扩土实现霸业的时机到了，于是发兵侵燕，只用了五十天就攻占了燕国都城蓟（今天的北京），几乎把燕国从战国版图中抹掉，最后燕国答应割地求和，齐国才勉强撤兵，各诸侯国为之大震。齐宣王在战国中的地位也在这里确立下来，各国纷纷都派使臣来祝贺、朝拜、纳贡、参观、考察。到这里，齐宣王觉得功业建得差不多了，可以享受享受了，于是开始不思进取，日日笙歌，沉浸在觥筹交错、莺歌燕舞之中。相国田忌多次劝说无效，不久郁郁而终。作为前代功臣的田忌在的时候还能约束一下齐宣王，一旦撒手西去，齐宣王更肆无忌惮了。整日与一帮子献媚小人为伍，吃吃喝喝，吹吹拍拍，就是连王后都乐在其中，只知声色犬马，不问朝政，这样齐国政事日废。其他国呢，可不这么想呀，到齐国去吹捧吹捧齐宣王有必要，秣马厉兵，时刻准备着下一场战争也很有必要。看到齐宣王已飘飘然，与齐国有过节的诸侯国都蠢蠢欲动，用小规模的军事碰撞来试探齐国，这当然也包括赵国。虽说在齐威王时，齐国还帮助赵国打败了魏国，但是在战国这样的形势下，哪还有什么人情道义呢，只有永远的利益。赵国的东边与齐国西边接壤，钟离春的家乡无盐邑就是在两国的交界处，时常受到赵军的骚扰。而我们的齐宣王正在温柔乡里醉生梦死呢，那一帮当道谗臣，绝不让这些不愉快的消息传到齐宣王的耳朵里的。

一天，阿春和往常一样采完桑叶和姐妹们准备往回赶的时候，闯来了一队赵国的散兵，估计是想到村子里来捞点油水。众姐妹惊慌失措，尖叫着四散往桑园里躲去了，阿春不慌不忙，拿起了桑钩挡在这队赵军面前。当兵的还怕一个农村妇女？而且还是一个奇丑无比的妇女！赵军哈哈大笑，连刀都不拔，矛都不举，就抢上前来。阿春横起那一百斤重的桑钩，轻轻一扫，一个赵军还不明白怎么回事，已经被拦腰斩断。一众赵军大惊失色，拔起刀，挺起矛，扑了过来。阿春毫无惧色，一一格挡，三下五除二，把这队散兵打得落花流水，呼爹喊娘，顷刻间丢下几个断胳膊缺腿的倒霉蛋和一堆破烂兵器仓皇逃窜，估计他们以为遇到鬼了。他们肯定后悔这一次的错误判断。赵军逃跑后，阿春把众姐妹招呼出桑园，气呼呼地、满怀心事地回家了。阿春回到家中，对父亲细说了刚才发生的事情。父亲长叹一声说："赵军占我鄄邑已经半年了，大王竟像不知道一样，这样下去，无盐邑也难保啊。""大王为何这样耳目蔽塞？"阿春眨巴着两眼追问。父亲接着说："还不是佞臣挡道，酒色迷心吗！"阿春担忧地说："女儿去拜见他，告以实情。"父亲听这话一惊："你？""是呀，女儿去拜见大王，好言相劝。大王若是不听，我便大闹王宫。""不……"父亲还是不让她去。阿春有信心地说："阿爹，您忘了女儿从师父那里学来了一身本领了吗？齐国有难，我不挺身而出，那学本领有何用呢？何况若有危险，我逃离王宫也是轻而易举。"父亲一想，点了点头："我的女儿，你是男子该有多好呀。""阿爹此言差矣，阿春即使是女子，也能成就一番事业！"第二天，钟离春背上行囊，带上干粮，一人踏上了去齐都临淄的大道。

一路上，渡江越河，翻山越岭，一路见到因朝廷的弊政而流离失所的百姓，阿春心里很不是滋味，也增强了她改变这种状况的决心。历尽辛苦，阅尽苍凉，终于来到都城临淄，临淄的繁华几乎让人忘记路途的辛酸。但是阿春没有忘记自己的使命，径直来到王宫下，直接求见齐宣王。她对侍卫说："我是齐国没人要的女子，虽在敝远乡下，但也听闻大王的圣德，所以千里迢迢地来到这里，愿意嫁给大王，帮助大王打扫劳作，我就在司马门外磕头恩请了，希望大王恩准。"看着这位不知天高地厚的丑大姐，侍卫憋着不笑出声来，赶紧通报。齐宣王正在渐台设宴娱乐，身旁的人一听，没有不捂嘴大笑的，大家都想：来点别样的消遣点缀生活岂不更有趣，于是齐说："这丑出天际的女子敢来自荐后妃，是有点意思。"于是齐宣王宣钟离春觐见。

对于钟离春的丑，在大臣们的提醒下，齐宣王也是做了足够的心理准备的，但是真的一见面，还是倒吸了一口冷气，这简直是白日见鬼。当年女娲娘娘造她的时候是多么的不用心、多么的随意啊。你看她额头突出，中间还下陷，双眼下陷、目光如豆，鼻子朝天，就像四只眼睛看着你一样，全身上下比例严重失调，骨架粗大，腰肥体壮，像男人一样，脖子很肥粗，还有喉结，头发稀疏，皮肤黑得像漆。哎呀呀，这哪是个人啊，活脱脱就是一个女判官呀！

我们的齐宣王究竟是一个见过世面的君王，能够处事不惊，他定了定神，说："先王已经替我娶了妃子，后宫各室也不缺人，你看，你都四十了，比寡人还大几岁，以你的条件，都不能被乡下平民所接受，却想要嫁给尊贵的君王，这个玩笑是不是开得有点大了，你有什么特别的才能吗？"钟离春平静地回答说："没有，我就是倾慕大王您的仁义高德。"众大臣哈哈大笑，这次不是笑她的相貌，而是笑她没有自知之明。但是齐宣王还是故作镇定地说："就算这样，理由还是太牵强了些吧，全国上下仰慕我的女子还是有几个的，容貌、背景都还过得去，寡人看你这么信心满满，你应该有你的过人之处吧。"钟离春看看齐宣王，低头沉思了一会，说："我会隐身之术。"齐宣王一听，眼睛一亮，有点意思，赶忙说："隐身术是寡人一直梦寐以求的法术，你能否当场表演表演，让寡人开开眼界？"话没说完，"咻"的一声，钟离春就不见了。齐宣王大惊，立即要来隐书，默念隐身口诀，退席后又认真研究了一番，最终还是没学会隐身术。

第二天，齐宣王主动招来钟离春，兴致勃勃地询问关于隐身术的问题，但是钟离春却好像对这个问题漠不关心，只是抬着头，咬着牙，这看看那瞧瞧，接着拍拍膝盖，说："危险啊！危险啊！"连续说了四遍。齐宣王不解地问："你有什么高见呢？"钟离春回答说："如今大王统治的齐国，西边有推行连横政策的秦国，南边有强大的仇敌楚国，这两个国家一直对齐国虎视眈眈。而大王您身边聚集的都是些奸诈小人，他们只为自己的利益，不会真心拥戴您。您也差不多四十岁了，不立太子，您不关心国家社稷，却关注美色欢娱。"齐宣王一惊，他料想不到钟离春一素衣村姑能有如此见解，他微微点头，沉思一会，说："愿闻其详。"钟离春提高音量说："您只推崇自己喜欢的东西，而忽视甚至排斥自己不感兴趣的东西，总有一天祖庙将会崩塌，国家陷入混乱，这是第一个危险；如今您筑起五层高的楼台，雕梁画栋，从民间搜刮了大量的珠宝充实其间，造成民不聊生，哀鸿遍野，这是第二个危险；贤能的人隐居山林，阿谀奉承的人陪伴在您的身边，邪恶虚假的人在朝堂任职，想要进谏的人进不来，这是第三个危险；沉醉于美酒，一群群舞女、乐师、艺人纵情娱欢，无休无止，对外不与诸侯修好，对内不关心如何治理国家，这是第四个危险。所以我说危险啊，危险啊。"听到这里，齐宣王喟然长叹说："无盐君的话真是痛快啊，可惜到今天我才听到。"于是拆掉楼台，取消一切歌舞演出，罢免只会阿谀奉承的小人，去掉那些华丽铺张的雕饰，开始操练兵马，充实国库，广开言路，招揽贤才，鼓励人们大胆直言，事无巨细，都可以讨论发表意见。齐宣王还听从钟离春的建议，选择良辰吉日，册立太子。从此，政府有作为，老百姓安居乐业，这都是钟离春的功劳。

公元前 312 年，齐宣王废黜原有的王后，拜钟离春为王后，人们尊称她为无盐君。后人称她为钟无盐，也称为钟无艳。

三、有事钟无艳，无事夏迎春

在王后钟无盐坚持下，齐宣王恢复了"稷下学宫"，招揽了大量的战国时期的重量级的学者来讲学。在《史记·田敬仲完世家》中就有记载："宣王喜文学游说之士，自如邹衍、淳于髡、田骈、接子、慎到、环渊之徒七十六人，皆次列第为上大夫，不治而议论，是以稷下学士复盛，且数百千人。"孟子（孟轲）、申子（申不害）、荀子（荀况）都先后在这里讲学，这为齐国乃至中国的文化的发展做出了巨大贡献。

钟无盐还主张齐宣王劝课农桑，发展农业，这样齐国的经济又得到了恢复和发展。钟无盐是骊山老母的弟子，法术、韬略、兵法都极为精通，她亲自训练军队，拳脚刀枪、排兵布阵她都一一过问，很快把齐军训练成一支军纪严明、作战勇敢的军队。在钟无盐亲自挂帅率领下，多次打退燕国、魏国的进攻，收复了许多被侵占的领土。这个时候，齐国再次走向强大。所以，汉代的学者刘向在评价钟无盐时不无佩服地说："而齐国大安者，丑女之力也！"

可惜的是，花越香越灿烂，她的寿命越短，丑女钟无盐在齐国大放光彩之后，也很快就陨落。

俗话说，一个成功的男人背后必有一个能够默默付出的女人，那么一个成功的女人背后也会有一个能够给她搭建平台的男人。客观地说，齐宣王不算上是一个明君，和他爹齐威王相比，他要差好几个档次，但是他是一个能给人机会的人，正是他给予了钟无盐发光的机会。但是，虽说他和钟无盐是名义上的夫妻，但是他们之间并没有爱情，他给钟无盐的只是一个名分，确切说是一个能够帮他治理国家位置，而没有给她"一个男人应该给予一个女人的爱"。政务繁杂，国事告急时，左一个钟无盐右一个钟无艳。危机解除，齐宣王还是回到他三宫六院的温柔乡。据说，他还有一个宠爱着的妃子叫夏迎春。闲暇时候，齐宣王还是喜欢跟夏迎春腻在一起。所以后人就有"有事钟无艳，无事夏迎春"的说法。

钟无盐最后是在齐国一度中兴后落寞谢幕的，她带走的是齐国黎民无限追思与感激，却带不走爱情的温暖。《战国策·齐策》里就记载，钟无盐一去世，齐宣王马上另立王后，而且是从七位妃子中选出来。大臣们右忙前忙后，绞尽脑汁帮齐宣王如何从七位美人中选出最佳人选。而没有了钟无盐的监督与提醒，齐宣王又开始回复到"日日笙歌"的状态，"滥竽充数"就是出自其后期的故事。

钟无盐的时代离我们很远很远了，但是她的故事、她的传说还是那么的有魅力，让我们去追溯去传诵。清朝诗人胡彦升追忆钟无盐时，感慨沉吟："何处无盐迹可寻？宿瘤故邑柳深深。浣纱遗事空留恨，不及齐妃说到今。"美，是我们永恒的追求，但是我们不应该用一个人的容貌来衡量这个人。人如树，美貌就如花，季节一过，花儿就随风凋零，只有结出果实，才能芳香久留，润泽四方。

红
颜
长
歌

第七章 她们都与『秦砖』有关

　　秦王嬴政，循秦国三世经营征伐，从公元前 230 至前 221 年，十年之内，吞灭六国，终于统一了当时中国文化涵盖的地区。在他治下，确立了郡县制度，统一了度量衡、书同文、车同轨。中国历史，秦始皇占据了一个划时代的位置，秦朝的政治制度也在此后千百年间树立了一个中央集权的传统。

　　强大的秦帝国在统一四海后，在全国大兴土木，建造了一系列的巨大工程。繁华奢靡的阿房宫、绵延起伏的万里长城、气势磅礴的兵马俑、居功至伟的灵渠，这些令人叹为观止的建筑，即便在数千年后的今天，仍令人震惊。此外还流传着许多脍炙人口的故事，使人印象更加深刻。

　　阿房宫是秦朝著名的宫殿，具有天下第一宫之称，是短暂的秦朝中具有重要历史影响意义的宫殿之一。唐朝诗人杜牧为此撰有《阿房宫赋》，描写了阿房宫的极尽繁华与建造设计之华丽，为后世所传唱。据传，阿房宫是为了秦始皇嬴政一生所挚爱的女人阿房女所建，这是秦始皇一生征战岁月中的独特的一段感情故事，体现了中国历史上第一个统一多民族国家君王的内心柔情与感情经历，是一段值得描写的感情故事。

　　万里长城自构筑的那天起，就成为中华民族大一统的象征，向世界展示着中华民族的智慧和创造能力。虎踞龙盘的长城流传着孟姜女的故事，每每听闻，都会被这段爱情悲剧感动，同时也对繁重残酷徭役下的老百姓感到同情。

始皇帝的"儿女情长"

说起秦始皇，人们的印象就是"千古一帝""暴君"等概念化的记忆。随着现在许多古装影视剧的不断演绎，秦始皇作为一个有血有肉的历史人物，慢慢被人们重新传说。其中为人津津乐道的，还有秦始皇的爱情故事，"阿房女"作为秦始皇"挚爱"的身份活跃在人们心中。

一、阿房宫与阿房女的民间传说

关于秦始皇奢侈淫逸，横征暴敛的民间传说甚多，其中阿房宫就是典型代表，更是因为杜牧的《阿房宫赋》而广为流传。《阿房宫赋》以华丽的语言描写了阿房宫的极尽繁华与建造设计之精妙，历朝历代更是以《阿房宫赋》作为警戒后人，戒骄戒奢的警世之作。

"六王毕，四海一。蜀山兀，阿房出。"简短的话语道出了阿房宫的巍峨浩大，为建造阿房宫将蜀山上的树木都砍光了。由此可以看出秦始皇横征暴敛，贪图享受。而民间更是将阿房宫的建造赋予了传奇浪漫的爱情色彩。在民间传说中，阿房宫是秦始皇为自己心爱的姑娘阿房女建造的。原来秦朝尚未统一之时，秦王嬴政以质子的身份前往赵国，备受欺凌，生活十分不如意，挨打挨骂遭人欺辱更是家常便饭。正是这一时期，嬴政结识了阿房女，她原名夏玉房，是一名采药女，其父为赵国神医夏无且。阿房女常常利用自己的医术为嬴政医治，在这种两小无猜的生活过程中，嬴政与阿房女结下了深厚的情谊，随着两人的长大，少时的情谊转化为了深厚的情感。随着时间的推移，嬴政返回秦国当上了秦国的君王，阿房女追随父兄采药也来到了秦国，重逢之后的两人都产生了较为强烈的感情。但是嬴政此时手中并无实权，受制于吕不韦与母后，难以迎娶阿房女，两人的感情无疾而终，并且阿房女不想让嬴政因为自己而和群臣交恶，故而挥刀自刎。后来，秦始皇嬴政为纪念阿房女特意修建了阿房宫。

杜牧的《阿房宫赋》中对阿房宫的华美做了细致描述："二川溶溶，流入宫墙。五步一楼,十步一阁;廊腰缦回,檐牙高啄;各抱地势,钩心斗角。"看着如此细致精美的文字,人们仿佛能看到一栋栋高楼在眼前展现,也能穿越两千多年的时光长河,窥探到秦始皇时期骄奢宫廷生活的剪影。民间传说中,项羽率先率军冲进咸阳城,一把火烧了阿房宫。同样在《阿房宫赋》中,杜牧也写到阿房宫最终被大火烧毁,"火烧秦室,火三月不灭"。

二、历史上真正的阿房宫

民间传说中承载着秦始皇美好爱情的阿房宫最终被大火烧毁,不得不让人心生感叹。但是事情果真如此吗?

其实在正史中对阿房宫有详细记载,《史记·秦始皇本纪》中写道:"四月,二世还至咸阳,曰:'先帝为咸阳朝廷小,故营阿房宫。为室堂未就,会上崩,罢其作者,复土骊山。骊山事大毕,今释阿房宫弗就,则是章先帝举事过也。'"从这段文字可以看出历史上并没有阿房宫,《史记》中讲解得十分清楚,秦始皇在世时觉得咸阳宫廷太小,想要建造更大一些的阿房宫。但是尚未开始建造,秦始皇就崩殂了,只能暂停这一工程,将重心放在修建骊山皇陵上。皇陵修建好之后,秦二世想要修建阿房宫,好完成秦始皇的夙愿。由此可见,秦始皇在位时并没有阿房宫,或者说阿房宫只是秦始皇的一个想法,并没有付诸实践。而且据考古证明,历史上也没有真正的阿房宫。秦二世虽然有心修建阿房宫,但是秦朝二世而亡,胡亥在位时间为公元前210年至公元前207年共三年时间。对于阿房宫这样巍峨宏伟的建筑来说,三年内是根本无法完成的。况且秦朝末年战乱纷争,农民起义一呼百应,秦二世在位的三年或许根本没有精力修建阿房宫。

现今的考古挖掘也在一步步证明阿房宫或许只是人们的美好幻想。目前陕西西安经考古挖掘出了传说中的阿房宫遗址,根据考古分析,目前留存的只是阿房宫前殿遗址。主要包括坐落在龙首原西南方向的台地上的阿房宫遗址,海拔在四百米左右,遗址内建筑遗迹,尚有夯土地基二十余处,其中最大的是前殿地基,另外在阿房村和纪阳寨有较为稠密的地基,其中建筑用的板瓦、地砖、原石石柱等随处可见。但是在2004年和2007年的进一步考古挖掘中,考古专家发现,事实上目前并没有任何和阿房宫有关的遗址,前殿遗址包括周围六十二平方公里的范围内先后出现了后围寨遗址、秧歌台遗址等,先后被考古证明为战国时期上林苑建筑。在阿房宫前殿遗址的全面考古分析中发现，目前留存的东北西三面夯土墙里面没有任何秦代的文化和建筑遗迹，只有少量汉朝建筑和墓葬。

其实，"阿"，为陕西方言，意为"那、那个"。阿房宫，意为那个房子旁的宫殿。因此可以说，目前留存的前殿遗址无法被证明为阿房宫遗址，也就是说真正意义上的阿房宫并没有修建，《阿房宫赋》中所描写的奢靡生活场景，华丽宫闱楼阁只是人们的想象。如果阿房宫不存在，被项羽付之一炬的结局当然是人们的杜撰。善良美丽的阿房女自然也就不存在。

三、阿房宫和阿房女的历史作用

既然阿房女并非真实存在的，那么民间为什么会出现阿房女的传说呢？其实民间传说赋予了秦始皇浪漫可亲近的色彩。一提起秦朝，人们首先想到的是二世而亡，提起秦始皇，人们首先想到的是严刑峻法、横征暴敛、繁重的兵役徭役等，仿佛秦始皇只是一个不近人情、凶狠残暴的君主。而阿房女的传说则让秦始皇的形象更加立体生动，他不再只是一个高高在上的君王，而是和普通人一样有自己的喜怒哀乐，甚至因为身居高位无法和出身普通的阿房女长相厮守，最终失去心爱的女人，只能借一栋华丽的建筑寄托生平哀思。

同样民间传说中阿房女并非单纯的以美貌吸引人的女子，她出身于赵国医学世家，相貌普通，从小就在父兄治病救人的氛围中耳濡目染，对病人、穷苦人有着浓厚的同情心，对天下和平、国泰民安有着最简单质朴的热切期望。所以最终她抱着医者仁心的想法，放弃了和嬴政在一起，并为了不影响嬴政和群臣的关系挥剑自杀。

可见民间传说中阿房女是一个善解人意、温柔体贴，敢于为心爱的人献出一切的女人，她并没有贪图嬴政的权利和富贵，一心想要和心爱的人在一起。当她发觉自己的存在危害嬴政时，不惜牺牲自己性命。这样一个至情至性的女人代表的是民间对美好爱情，对幸福生活的向往，嬴政也正是因为这样的传说而多了一分人情味。

从另一个角度来说，万幸阿房宫从未建成过。在《史记·秦始皇本纪》中有这样的记载，"乃营建朝宫渭南上林苑中，先作前殿阿房，东西五百步，南北五十丈，上可以坐万人，下可以建五丈旗……"从这些文字中可以看出，秦始皇和秦二世对于阿房宫的设计是十分宏大的，而要完成规模如此之大的建筑，势必需要大量的人力、财力和物力，势必给人民的生活带来沉重负担。假设阿房宫修建完成了，那么在修建过程中不知道要砍光多少座山，挖空多少个采石场，耗费多少个工人，而又有多少苦役丧命于此，"可怜无定河边骨，犹是春闺梦里人"，到时候又会多出多少个孟姜女般的悲剧故事。

阿房宫和阿房女虽然都是虚构的，但是这样的民间传说，或许可以让人们更加立体地认识秦始皇，也赋予秦始皇一个普通人的特征。人们可以看到秦始皇在充分实现其伟大政治抱负的同时，也会和普通人一样有自己的七情六欲，有对心爱女子展现的柔情，有政治前途和个人感情两厢抉择的无奈和悲伤。阿房女最终为嬴政挥剑自杀，也从侧面反映了嬴政刚刚当政时，受到赵太后和吕不韦两方势力压迫的紧张局面，对于民间深入地理解秦朝历史有所助力。

阿房宫虽然没有建成，但它对我国古代的宫殿建设产生了重要的影响作用。《阿房宫赋》这样的诗文描写，充分表现了秦国的暴政，对后世的政治治理也提出了重要的反面教训。在这样大兴土木的背景之下秦朝短命而亡，这对后世的王朝发展进行了重要警示，后世的政治中由此出现了多位勤政爱民，不大兴土木的好皇帝，这其中或许就有阿房宫传说的警示作用。

第二节

孟姜女，你哭倒长城了吗？

中国古代有"四大民间故事"：嫦娥奔月、牛郎织女、梁山伯与祝英台和孟姜女哭长城的传说。这些故事流传久远、家喻户晓，其中孟姜女的故事有非常多的版本，很多文学作品以此为主题，内容丰富。相传秦朝时，秦始皇修长城，劳役繁重，范喜良和孟姜女刚新婚三天，范喜良就被征去修筑长城，不久劳累而死，尸骨被埋在了长城的城墙下面。孟姜女做好御寒的棉衣想要送去给服徭役的丈夫，历尽了千辛万苦才终于来到了长城边，得到的却是丈夫死亡的噩耗。孟姜女在此哭了三天三夜，长城一下子坍塌，露出了范喜良的尸骸，孟姜女安葬范喜良后在绝望之中投海自尽。

历史上到底有没有孟姜女哭长城这件事呢？

其实，孟姜女的故事，在正统史书《左传》上是有记载的，应该是一个真实的事件。但是最初记载中的女主人公并不叫"孟姜女"，也不是秦朝人，更没有哭倒长城。随着时间的推移，这个故事在传播过程中，被当时的人们"添油加醋"、做了不同的加工，才形成了今天我们耳熟能详的孟姜女哭长城的故事。

一、春秋战国之"孟姜女"：哭了亡夫

孟姜女的故事最早出现于春秋时代，至今已有两千五百多年的历史，但当时她的名字不叫孟姜女，叫作杞梁妻。《左传·襄公二十三年》中记载道："齐侯归，遇杞梁之妻于郊，使吊之。辞曰：'殖之有罪。何辱命焉？若免于罪，犹有先人之敝庐在，下妾不得与郊吊。'齐侯吊诸其室。"这是公元前549年左右的事，齐侯攻打莒国，杞梁战死，齐侯回城的时候，在郊外遇到了杞梁的妻子，向她吊唁。但是她认为郊外不是行礼的地方，不能在郊外接受齐侯的吊唁。顾颉刚先生认为这个材料说明杞梁妻是一位谨遵礼法的妇女，虽然失去丈夫内心悲痛但是仍然不失礼节。而这则材料中对杞梁妻当时的情感和表现，都没有做详细的记载，更没有说明她当时是否哭泣。

等到战国时期，《礼记·檀弓下》再记录这件事的时候，就补充了一些细节：齐庄公攻打莒国，杞梁战死。他的妻子在路上迎接灵柩的时候哭得很伤心。

这个故事的描述中增加了"其妻迎其柩于路而哭之哀"一句，哭得很伤心透露出杞梁妻丧夫后的真实情感。杞梁妻的哭泣这一看似微小的变化给这个故事后来的演化打开了一个突破口。顾颉刚先生在《孟姜女故事的转变》（《二十世纪中国民俗学经典·传说故事卷》，北京：社会科学文献出版社，2002 年，21 页）一书中说："这是重要的一变，古今无数孟姜女的故事都是在这'哭之哀'的三个字上转出来的。"故事被注入了杞梁妻的情感因素，这正是文学加工最需要的东西。

《孟子·告子下》有淳于髡关于杞梁妻善哭而变齐俗的言论："杞梁之妻善哭其夫而变国俗"。杞梁妻不仅哭得很悲痛，她还哭得很有艺术感染力。她的哭甚至改变了一地的风尚。

为什么后来的记载会加上杞梁妻"哭之甚哀"的描述呢？为什么一个女人的丧夫哭泣会改变一地的社会风俗呢？不仅仅因为丧夫之痛。春秋战国时期，哭是礼的一个重要的组成部分，《礼记》还记载了不同层面上的哭也有不同的礼节。而孟姜女所在的齐地，当时就是以哭著称，不是普普通通的哭，是歌哭，有韵律有节奏，是一种独特的音乐形式，被称为"齐讴"。《列子》《淮南子》等都有记载齐国的歌哭高手，如韩娥、雍门子等。这应该是后来孟姜女们善哭的历史渊源。

二、西汉之"孟姜女"：哭倒了城墙、投水自尽

杞梁妻在西汉以前是悲歌哀哭，西汉后期这个故事的中心有了新的情节发展：杞梁妻善哭变成了哭倒城墙并且最后结束了自己的生命。

西汉刘向在《列女传·贞顺篇》中说齐国杞梁的妻子上没有父母亲属，下没有儿女，孤独无依。她在城墙下伏在丈夫尸骨上悲痛地哭泣，哭得特别感人，连路过的人听了都忍不住流泪，哭了十天后城墙倒塌了。埋葬完丈夫后，杞梁妻子也不愿再嫁他人、苟活于世，她毅然决然地投水自尽了。

我们现在用正常人的理性思维考量，觉得光靠哭就把城墙哭倒应该是不可能的。当时也有人出来质疑"杞梁妻善哭崩城"的真实性。如东汉的学者王充站在唯物主义的立场上对此进行了批驳：杞梁的妻子对着城墙哭泣是真，但是把城墙

都哭塌了肯定是假，再真诚感人的声音也不能折断草木，更何况是让城墙倒塌。

但是哭倒城墙这一情节具有强烈的传奇色彩，很容易成为人们猎奇的对象，也被后世不断地进行文学演绎和改造。而刘向写杞梁妻哭倒了城墙并且最后自尽，背后的用意是什么？这一说法在当时有什么文化背景吗？

西汉时，董仲舒的天人感应学说被大力宣扬。他们认为天意和人事可以交相感应，天能影响人事、预示灾祥，人的行为也能感应上天。如果统治者实施暴政、违背了天意，上天就会降下灾异进行谴责。刘向尊经崇儒，是西汉谶纬学说的代表人物，肯定天人感应之说，所以他认为齐梁妻的哭可以"内诚动人"，是一种崩城的感应。

西汉时期汉成帝荒淫堕落，迷恋女色，政局混乱。汉成帝的皇后赵飞燕失宠后也秽乱后宫、逾越礼制，当时的光禄大夫刘向看到赵皇后如此，但又不便直接指出，只好引经据典，收集以前贤妃贞妇的事迹，写成了《列女传》，希望能劝谏皇帝、嫔妃及外戚。"贞义"是刘向男权意识中的理想女性的品质。在刘向的记述中，杞梁妻是一个典型的贞义女子：哭倒了城墙，埋葬完丈夫后，坚守从一而终的礼教规范，绝不独活，最后投水而死。

有学者指出在古代儒家推崇的礼教中虽然有"哭礼"，但是"哭礼"也是要有节制的，谓"哭踊有节"，不能毫无节制地哭。丈夫阵亡，杞梁妻难过地痛哭，本来是很正当的，但是在城下哭则违背"哭礼"的场所规定，大哭超过了"哭踊有节"的限度。因此，"哭城"的实质是违礼。这是很矛盾的地方。

刘向为了塑造贞义的形象，给杞梁妻增加了"哭城"和"自尽"的情节，把她当作教化女性的楷模。正如张岩冰在《女权主义文论》（济南：山东教育出版社，2005年，57页）中指出的："女性形象变成了体现男性精神和审美理想的介质，由于女性形象在文学中仅是一种介质，一种对象性的存在，一个空洞的能指，所以她们总是被她们的男性创造者按照自己的意志进行削足适履的扭曲变形。"

由是，刘向添加的"哭城"和"自尽"的情节演变成了孟姜女故事主要情节的组成部分。

三、唐朝之"孟姜女"：穿越了时空

到了唐朝，这个故事发生了很大的变化。成书于唐中期之前的《同贤记》中记载:秦始皇时期,为了修筑万里长城到处抓人服兵役。燕人杞良,为了逃兵役,一路躲避,来到了孟超家的后花园。孟超的女儿孟仲姿正在池塘里脱了衣服洗浴,抬头看见了杞良,就问他:"你是谁?为什么到这里?"杞良解释后,她说:"我清白的身体不小心被你看见了,我也没法嫁给别人了。我愿与你山盟海誓,生死相守。你跟我去见父母吧。"孟仲姿就告诉了父亲,嫁给了他。拜完堂婚礼结束后,杞良回到家里,官差们闯进来,强行拉走了杞良。负责的主管十分愤怒,把杞良活活打死了。杞良死后,他的尸体被埋进了长城城墙底下。孟仲姿知道这个消息后,一路走到长城下痛哭,城墙在她面前直接倒塌了。孟仲姿看着眼前白骨累累,不知哪一具才是丈夫的尸骨,便咬破手指,将血滴在白骨上一具一具地验,终于找到了一具鲜血能够渗入的白骨,这就是杞良的遗骸了。她仔细地将丈夫的尸骨包好,背回家安葬了。

这个故事中的时代背景变成秦始皇时期修筑长城,地域由齐地换为长城脚下(燕地)。主要人物在这里名字都变了,杞梁叫杞良,杞梁妻的姓名是孟仲姿。此外,还增加了诸多故事情节和细节。孟仲姿在池塘洗浴被杞良看见了身体所以两人结合为夫妻,杞良从伐营战死变成了逃避徭役被打死,杞良的尸体被埋在了长城城墙下面,所以孟仲姿对着长城痛哭。被埋在长城城墙里面的死尸太多,所以她要滴血认骨。可以看到整个故事的生动性和感染力得到了极大增强。主题也更加丰富,夹杂着赞美忠贞爱情和控诉专制暴政的思想。这则传说在唐朝时代、地域、人物、情节及主题都发生了一定的变化。

孟姜女故事为什么在唐朝会有这么大的转变?唐朝尚武、重视军功,唐前期盛行府兵制,武则天时期开创武举制,玄宗时期实行募兵制,设置了大量的军事藩镇。唐王朝实施的是积极的拓边政策,对外扩张不断,不时对北方少数民族政权发动战争。太宗高宗玄宗三朝东征西讨,兵士常年在外劳苦;而安史之乱又是战乱连绵。杜甫的"三吏三别"就是当时抓壮丁服兵役的典型写照。情节里的秦始皇修长城、孟仲姿哭倒长城讽刺秦朝的专制暴政,其实是民众在借机发泄怨气,表达反抗情绪。

在唐末以前的文献中没有出现过"孟姜女"这个名字,唐代以前是"杞梁妻",《同贤记》里是"孟仲姿"。直到敦煌曲子词《捣练子》中才明确了"孟姜女":"孟姜人,杞良妻,一去烟山更不归。造得寒衣无人送,不免自家送征衣。"

《敦煌掇琐》中也是使用的"孟姜女"这个名字。

为什么把"杞梁妻"叫作"孟姜女"呢？有人认为在古代，"孟姜"是漂亮的女子的统称。《诗·鄘风·桑中》："爰采唐矣，沬之乡矣。云谁之思，美孟姜矣。"朱熹注曰："孟，长也；姜，齐女。"而且经常指的是齐国的美女。杞梁妻是齐国人，所以用"孟姜女"相称。用"孟姜女"代"杞梁妻"，其实是把这个故事大众化了，消除了杞梁妻身上特定的历史背景和个性差别。杞梁妻只能代表她自己身上的故事，但孟姜女可以说是底层群众反抗暴政的一种代名词。

孟姜女哭长城的故事传说，在唐朝之前经过了十分复杂的发展演变过程，在唐代基本定型。

到后来的宋元明清时期，孟姜女的故事被不断演绎，各种文学形式对这个故事加以利用和改造，内容更加戏剧化。孟姜女哭倒长城后，秦始皇看见了孟姜女。秦始皇看上了她的美貌，要强行纳她作妃子。孟姜女答应秦始皇作妃子，但是要求给丈夫厚葬并且让秦始皇亲自带人去哭祭。满足这些条件后，孟姜女最后投海而死。作为丈夫也有不同说法，有的叫万喜良，有的叫范齐郎，也有的叫范郎。

孟姜女，你哭长城了吗？历史上她没哭长城。但是在人们心中，她哭倒了长城，而且哭得很给力。孟姜女哭长城的传说不是真实的历史再现，而是广大民众按照自己的认识和价值观重新建构了的故事，是不同时期不同的文化因素、历史背景和民众意识逐渐积累的结果。

红
颜
长
歌

第八章　从自由女神到夫唱妇随

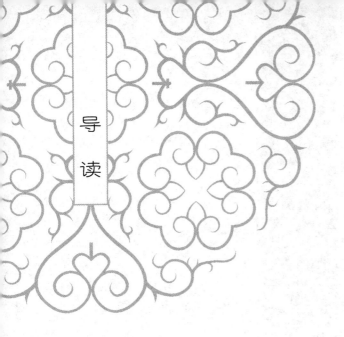

　　汉武帝为了加强统治，实行"罢黜百家，独尊儒术"的政策，以儒学为立国根本，男尊女卑的思想观念逐渐蔓延下来，人们开始思考女性在家庭与社会中充当的特殊角色，整个社会开始塑造理想的女儿人格、妻子人格和母亲人格，要求女性遵从三从四德的道德标准。

　　西汉宫女王昭君牺牲个人幸福，为民族大义，与少数民族匈奴和亲，维护了汉匈半个世纪的和平局面，体现了汉朝女性追求自由的个性，勇敢正直的品质和为民族奉献的精神。

　　秦末农民战争中，平民刘邦率领起义军推翻了秦朝统治，建立了汉朝，他的结发妻子吕雉被立为皇后，这位皇后在刘邦在位时辅政，刘邦去世后被尊称为皇太后，并且临朝听政，吕后发挥自己的政治才能，保证了西汉刘姓政权的稳固与延续。与此类似，还有阴丽华、王政君和窦漪房几位在皇后，她们同样在汉朝政治舞台上发挥过重要作用。

　　西汉贵族家庭中，涌现了出一批才女佳话，班昭与卓文君就是其中杰出代表。班昭是汉朝著名文学家，他的代表作《东征赋》深刻地影响了后世的文学。卓文君是西汉富商之女，接受过琴棋书画的教育，她不顾家人的反对和世俗的眼光，毅然嫁给了穷困潦倒的文人司马相如，成为一段爱情佳话。

第一节

权倾朝野的女强人

吕雉（前241—前180年），人们又常叫她吕后，是汉高祖刘邦的原配妻子、皇后，刘邦死后成为太后。"本纪"是纪传体史书中帝王传记的专用名词（"帝王书称纪者"），而吕雉是司马迁《史记》十二本纪中列入的唯一女性。吕雉是中国历史上第一位临朝称制的皇后，她并没有登极称帝，司马迁在《史记》中写"女主称制""吕后称制"，她是汉惠帝、少帝时期实际的统治者，并且有着特殊的历史意义。

一、高祖刘邦的贤内助

吕雉嫁给刘邦主要是因为她父亲吕公对刘邦的青睐。吕公一家为了躲避仇家客居在沛县的县令家中，沛县的诸多豪杰都前来拜访，而小小亭长刘邦也在其中。吕公"见高祖状貌，因重敬之，引入"（《史记》），看见刘邦仪表堂堂、有富贵相，就决意把女儿嫁给他，曰"臣少好相人，相人多矣，无如季相，原季自爱。臣有息女，愿为季箕帚妾"。吕雉的母亲听后很生气，说"公始常欲奇此女，与贵人"，吕公很重视吕雉，很早就明确了要把她嫁给富贵人家，结果放着沛县县令不嫁却要嫁给区区亭长的刘邦。吕公非常相信自己的判断，在他的坚持下，吕雉就这样嫁给了刘邦。后人都说吕公慧眼识刘邦，不过从吕雉的角度出发，她的父亲何尝不是看出了吕雉的不凡、寄予了厚望。

刘邦为人，"常有大度，不事家人生产作业"，且"好酒及色"。在吕雉嫁给刘邦之前，刘邦已经和曹姬同居，生了一个儿子刘肥。为了避开官府的怀疑，刘邦经常逃亡，藏在山林中。吕雉要操持整个家，还要去山林里给刘邦通风报信、输送物资。此时的吕雉已经成为刘邦的贤内助。

刘邦起兵后，他们聚少离多，吕雉长期一个人带着一家老小生活在兵荒马乱的年代。楚汉战争中，作为汉王之妻的吕雉更是度过了一段艰难的岁月。彭城大战中，项羽打败刘邦，吕雉和刘邦的父母、孩子一同被项羽捉去作为人质。几年后直到楚汉划鸿沟为界后，吕雉和刘邦父母、孩子才能回到刘邦身边。前202年，项羽失败后乌江自刎，刘邦称帝，立吕雉为后。刘邦经常到处征战，吕雉留守关中，萧何帮刘邦搞好后方支持。吕雉积极参与国家的管理，她的才能和智慧很早就展现出来并被认可，在汉王朝建立和巩固的过程中就已经逐渐笼络了萧何等重臣（后来的诈擒韩信就是他们二人的谋划），也培植了自己的政治势力。

战争造成的彼此分离让吕雉要承受孤独，还要保全自己、照顾家人，但这并不是一个女人最难以忍受的。或许是男人喜新厌旧的本性，或许是古代封建婚姻一夫多妻的形态，刘邦前前后后的女人不计其数。作为帝王之妻，得宠与失宠应该是稀松平常的事情，但是吕雉与其他嫔妃不同，她是个有功绩的皇后，她不仅陪伴刘邦发迹兴起，还做出了很多贡献和支持。

司马迁称"吕后为人刚毅，佐高祖定天下，所诛大臣多吕后力"，卢绾在《韩信卢绾列传》亦说："往年汉族淮阴、诛彭越，皆吕后计……吕后妇人，专欲以事诛异姓王者及大功臣。"韩信、彭越两员大将都是开国功臣。汉十年，有人告发韩信谋反，吕后和萧何谋划后决定诈擒韩信，设计把韩信骗到宫中，吕后以谋反的罪名把韩信杀害在长乐宫钟室，灭其三族。关于韩信谋反被族灭的问题，许多人认为是历史的冤案。这里不深入讨论韩信到底反还是没反，但吕雉诛灭韩信的行为却是深得刘邦之心的。作为刘邦的伴侣和一个卓有见识的政治家，吕后对刘邦的心意和当时天下的形势都是非常了解的，吕后明白对于这位功高盖主的大将，刘邦是既爱又怕。刘邦平定陈豨叛乱归来，得知韩信已死的消息后，不禁"且喜且怜之"，之所以欣喜正是因为心头大患被解除。彭越也是被吕后骗到了洛阳，吕后对刘邦说："彭王是豪壮而勇敢的人，如今把他流放蜀地，这是留下后患，不如杀掉他。"吕后命彭越的门客告发他造反，廷尉报请诛灭彭越家族，刘邦批准后，诛杀了彭越，灭三族。韩彭对汉朝有开国之功，如果不是洞悉刘邦心意，吕后怎么可能轻易诛杀功臣。可见，吕后不仅是刘邦家庭生活的伴侣，亦是深知刘邦心意的政治伴侣，对刘邦时期的政治有辅佐之功。

吕雉是刘邦的结发妻子，是正室嫡妻，他们亦是患难夫妻。但是吕后年长色衰，又长期与刘邦分隔两地，两人之间的感情慢慢变得十分淡薄，"吕后年长，常留守，希见上，益疏"。而戚夫人年轻貌美，能歌善舞，被刘邦宠爱有加，经常伴随左右。刘邦作为皇帝，拥有再多的女人，吕雉也必须克制住自己的醋意。

但是当她正室嫡妻的地位受到威胁时，当她孩子的太子之位被动摇时，她会采取强有力的措施，她的嫉妒和怨恨也会变得异常浓烈、甚至到了变态的地步。

二、叱咤风云的汉初政治家

汉朝伊始，吕雉的儿子刘盈就已经被立为了太子。刘盈为人仁弱，刘邦觉得他不像自己。深得宠爱的戚夫人所生子刘如意深得刘邦喜爱，刘如意十分像刘邦。戚夫人想要刘邦改立自己的儿子如意为太子，戚夫人凭借刘邦的宠爱，不断地向他吹枕边风、哭诉，"日夜啼泣，欲立其子代太子"（《史记·吕太后本纪》），导致刘邦"常欲废太子"。

汉高祖十年（前 197 年），刘邦把换太子的事拿到朝堂上说，结果群臣纷纷反对。御史大夫周昌反对最强烈："臣口不能言，然臣期期知其不可！陛下欲废太子，臣期期不奉诏。"（《史记·张丞相列传》）刘邦只好一笑而过、暂时不提此事。吕雉当时在东厢侧耳听到了这些，后来她感激地向周昌下跪道谢。"如意立为赵王后，几代太子者数矣，赖大臣争之，及留侯策，太子得毋废。"刘邦多次想换太子，吕后找到张良谋划，听从了他的计策，请来了商山四部辅佐教导太子。商山四皓，是四位信奉黄老之学、德高望重的老人，刘邦一直想请四人出山辅佐自己，但是屡次失败。一次宴会，当刘邦看到太子刘盈身边跟着已经八十高龄的商山四皓时，他惊觉太子已经成熟、羽翼已经丰满，如果重立太子恐怕会导致政局混乱，只能无奈之下放弃了改立太子的想法，他对戚夫人说："我欲易之，彼四人辅之，羽翼已成，难动矣。吕后真而主矣。"（《史记·留侯世家》）刘邦也正是看到了吕雉建立起的政治根基。

吕后是在严酷的斗争中成长起来的，前文所提到的诛杀韩信、彭越之事，可以看出吕雉手段之阴狠毒辣。诛杀韩信、彭越无疑提高了吕雉在汉廷的威信和政治影响力，而挫败刘邦的易储计划，进一步稳固了她的政治地位，亦为其以后走上权力的巅峰铺平了道路。刘邦晚年病重把政事托付给她，"今上（刘邦）病，属任吕后"，可见他深知吕雉的能力。

公元前 195 年刘邦去世，十六岁的刘盈继位，是为汉惠帝，太后吕雉掌控朝政大权。压抑多年的仇恨一下子爆发出来，吕雉毒杀了赵王如意、将戚夫人做成"人彘"，这也是她心狠手辣的至极体现。打击异己、报复仇人对于政治家的吕雉而言再正常不过了，但是她未曾考虑过年轻单纯的汉惠帝刘盈的心理。刘盈和赵王如意关系很要好，一直保护着赵王，同吃同住生怕赵王被害。吕雉伺机毒死赵王后竟然又叫伤心痛苦的刘盈来看戚夫人做成的"人彘"：戚夫人被斩去手脚、薰聋双耳、挖掉双目，又被哑药毒哑、抛入茅厕之中。刘盈看到后完全不能接受，痛哭失声，从此再难与母亲吕雉亲近。《史记》上记载："（吕后）乃召孝惠帝观人彘。孝惠见，问，乃知其戚夫人，乃大哭，因病，岁余不能起。使人请太后曰：'此非人所为。臣为太后子，终不能治天下'。孝惠以此日饮为淫乐，不听政，故有病也。"

汉惠帝七年（前188年），年仅二十四的刘盈去世。吕雉大权在握，先立所谓的幼子刘恭为汉少帝，后来又将他"幽杀"，改立常山王刘义为皇帝。吕雉临朝称制，行使皇帝职权，朝廷号令一概出自太后。

我们经常看到吕雉刚强、坚毅的一面，其实她也很能认识大势、能屈能伸。为保刘盈太子之位，她跪谢周昌就令人印象深刻。汉初，与匈奴的战和问题一直是汉朝统治者的心头大石。"高祖崩，孝惠、吕太后时，汉初定，故匈奴以骄，冒顿乃为书遗高后，妄言。高后欲击之，诸将曰：'以高帝贤武，然尚困于平城。'于是高后乃止，复与匈奴和亲。"（《史记·匈奴列传》）当匈奴出言侮辱她、故意挑衅滋事时，吕后能保持谨慎和理智、克制住愤怒，没有轻易发动战争，并且继续执行和亲政策，体现出一个杰出的政治家气度——"识时务者为俊杰"。《史记》中还记载了一件事："孝惠帝崩，发丧，太后哭，泣不下。"孝惠帝七年，刘盈病逝，只见吕雉干哭，不见落泪，张良之子张辟僵读懂了太后的意思，她是觉得惠帝去世后，她没有了依靠，害怕刘氏子弟危及自己的安全和地位，希望借机立吕台、吕产、吕禄为将军，并让吕家人都进宫，在朝廷执掌大权，来巩固自己的势力，丞相听从了张辟僵的建议，"太后悦，其哭乃哀"。通过这种委婉又特殊的方式，吕雉达到了自己的政治目的。

汉初百废待兴，吕后在政治斗争中强势果断甚至是心狠手辣，但是她对国家的管理是很有智慧和见地的。依据司马迁较为客观的描述，吕后的政治功绩是可信的。"太史公曰：孝惠皇帝、高后之时，黎民得离战国之苦，君臣俱欲休息乎无为，故惠帝垂拱，高后女主称制，政不出房户，天下晏然。刑罚罕用，罪人是希。民务稼穑，衣食滋殖。"（《史记·吕太后本纪》）吕雉执政期间，推行的是休养生息政策。她管理的这十五年间，遵守刘邦临终之前所做的人事安排，相继重用萧何、曹参、王陵、陈平、周勃等开国功臣，而这些大臣们也都无为而治，从民之欲，从不劳民。吕后在位期间，实行了很多政策：一是休养生息，无为而治；二是鼓励农业；三是减少刑罚。

　　吕后执政时期正是汉朝初至太平的时候，社会的政治、经济和思想文化各个领域都得到了发展，缓和了内外矛盾，增强了国力，为后面的盛世"文景之治"打下了坚实的基础，尤其是在减轻百姓负担、导正社会风气、废除许多繁苛法令方面，表现出了一个政治家的卓越品质。宋人陈普作诗《咏吕后》："酌酰樽前气似虹，朱虚酒令却相容。王陵平勃浑无策，安汉当年一触龙"，畅想吕雉与大臣们的精彩交锋。元代徐钧的《咏吕后》叹息吕氏家族的覆灭："父识英雄婿沛公，家因骄横血兵锋。始知善相元非善，不是兴宗是覆宗。"在吕雉过世后，因她而兴起的吕氏家族也被群臣诛杀殆尽，权势的迅速崩塌也令人感叹不已。

第二节

人生逆袭的窦漪房

说起影响西汉政坛的女子，就不得不提窦太后，相传窦太后名为猗房或漪房，出身普通农户家庭，后为汉文帝刘恒的皇后、汉景帝刘启的母亲、汉武帝刘彻的祖母，辅佐三朝，影响了西汉政坛近半个世纪。另有长女馆陶长公主刘嫖，少子梁孝王刘武，她既是西汉初年重要的政治家，又是影响家族的妻子与母亲，她身上既有高瞻远瞩的政治谋略，又存在着固执要强和专宠偏爱。从出身平民的农家女，到西汉政坛的风云人物，窦太后华丽的逆袭成为中国历史上传奇的一笔。她对西汉前期文景之治的出现立下了汗马功劳，更为汉武帝时期西汉大一统局面的出现奠定了稳定的社会环境。

一、奇遇经历

1. 发迹前的低谷

窦太后在发迹以前可以称得上是不折不扣的"草根"，关于他的名字到底是什么，当时的史书上并没有记载，唐朝司马贞注释《史记·外戚世家第十九》中提道："皇甫谧云名猗房。"这是对窦太后名为猗房的第一次记述。在入宫以前窦漪房只是普通的农家女，相传她的父亲在清河郡观津县过着隐居的生活，有一次在垂钓中不幸落水而亡。此后窦家生活更是困苦，窦漪房还有兄弟两人，兄为窦长君，弟为窦广国，字少君，在窦漪房发迹后两人都在其支持下加官晋爵。

汉惠帝时期，窦漪房以良家子的身份进宫照顾吕太后。后来吕太后要在年轻宫女中选拔一些貌美淑德之人赐给各个诸侯，窦漪房就在选拔的行列当中。这是个千载难逢的好机会，出身低微的窦漪房终于迎来了命运的转折，这让十三岁就离开家的窦漪房又看到了重返家乡的曙光。于是，她千方百计地想回到家乡清河郡，由于清河郡和赵国较近，窦漪房便私下打点宫人，务必将自己安排在前往赵国的队伍当中。谁知宦官却忘了此事，反将窦漪房安排在去往代国的行列中，窦漪房就这样阴差阳错的被赐给了代王刘恒。此时的窦漪房心中五味杂陈，她甚至怨恨命运的不公。这时的她还不知，命运女神已经悄悄垂青于她。

2．顺应命运，人生逆袭

到达代国的窦漪房正值青春年华，出众的容貌和气质也让她独受宠爱。代王刘恒是汉高祖刘邦的第四子，高祖十一年（前196年）平定代地，建立代国，并封八岁的刘恒为代王。独守宠爱的窦漪房很快便为刘恒生下了长女，取名刘嫖。后来又生下两个男孩，分别取名刘启和刘武。在此期间刘恒的王后也先后生下四子，然而代王王后和四位王子早逝，刘恒也未新立王后。

高后吕雉去世后，代王被拥立为皇帝，是为汉文帝。窦漪房为刘恒生下的长子被立为太子，在母以子贵的封建时代，不久后窦漪房便被立为皇后。至此窦漪房的命运发生了彻底的转变。农家女进宫后被赐给诸侯王，从诸侯王宠妃又一跃成为皇后，窦漪房步步为营，从此踏上参政的道路。

掌握一定权力的窦皇后追封已逝的父亲为安成侯，母亲为安成夫人。司马迁《史记·外戚世家》记载了窦皇后下令为父亲建造陵园的规格要与汉文帝母亲薄太后之父的陵园规格相同："令清河置园邑二百家，长丞奉守，比灵文园（薄太后之父的陵园）法。"而窦氏兄弟也在他的帮扶下加官晋爵。汉文帝刘恒死后，太子刘启即位，窦皇后也被尊为窦太后。这时的窦太后已羽翼丰满，开始全面参与汉初的政治，她将黄老之学尊为信仰般遵从，为"文景之治"盛况的出现立下了汗马功劳。

二、黄老之学与"文景之治"

西汉初年，统治者总结吸取秦朝灭亡的教训，他们认为秦朝过于严苛的法度，沉重的苛捐杂税和文化高压政策必将被人民推翻，这让汉初政治家们急需寻求一种温和的政治理念来指导百废待兴的局面，进而实现民众的休养生息，使汉朝走向正轨。"一曰慈，二曰俭，三曰不敢为天下先"是老子的"三宝"思想，"慈"，是指慈爱、宽容。"俭"是节俭、克制。"不敢为天下先"，谦让、居下。这样的思想不正是汉朝初年需要的治国理念吗？此时，黄老思想登上了历史的舞台。黄老学说顺应了汉初民生凋敝、百废待兴的局面，成为汉初治政的主要指导思想。

1．推行黄老之学，促汉初盛世

班固《汉书·刑法志》曾高度评价汉文帝时期的统治："及孝文即位，躬修玄默，劝趣农桑，减省租赋。而将相皆旧功臣，少文多质，惩恶亡秦之政，论议务在宽厚，耻言人之过失。化行天下，告讦之俗易。吏安其官，民乐其业，畜积岁增，户口浸息。"窦太后亲眼见证了黄老思想给汉朝带来的改变，成为推行黄老之学的领袖，在窦太后的支持下皇氏子孙必读黄老。《史记·外戚世家》记载："窦太后好黄帝、老子言，帝及太子诸窦不得不读黄帝、老子，尊其术。"她不仅与汉文帝夫唱妇随，支持文帝实行轻徭薄赋、与民休息的政策，更以太后之尊影响子孙修行黄老之术，为"文景之治"局面的出现做出来重大贡献。《汉书·景帝纪》称："汉兴，扫除烦苛，与民休息。至于孝文，加之以恭俭，孝景遵业，五六十载之间，至于移风易俗，黎民醇厚。"文景时期的盛况与窦太后的敦促有极大的关系。

到汉武帝时期已达到《汉书·食货志》中记载的盛况："京师之钱累百巨万，贯朽而不可校。太仓之粟陈陈相因，充溢露积于外，腐败不可食。"随着时代的发展，汉初的黄老之学也渐渐显露出弊端，国家内外政策已不再适应妥协退让，汉武帝在大臣的辅佐之下开始推行儒术，这与已尊为太皇太后窦漪房的信仰产生了出入。

2. 唯黄老之学而恶其他

几乎将黄老之学奉为信仰的窦太后认为，一切对黄老之学的挑战都是对她政治地位的威胁。《史记》中曾记载了辕固生和窦太后的一段故事，辕固生讽刺《老子》为一家之言，这深深地刺痛了窦太后的神经，因此便出现了"使固入圈刺豕"的故事。惩罚遵从儒学的辕固生进入兽圈刺野猪看起来不过是个一时气愤的小插曲，但它反映出此时的汉朝开始出现与黄老之学观念不同的政治理念。窦太后强势霸道的性格也愈加显现出来。

让窦太后惶恐的是，她的亲侄子窦婴也支持汉武帝遵从儒术。肱股之臣们支持汉武帝建立新政，这无疑是对窦太后权势的挑战，一心想干政的窦太后难以容忍便想方设法地罢免了窦婴、田蚡的职位，并暗访赵绾、王臧等人作奸犯科之事，将他们下狱并逼迫致死。

此时的窦太后已经难以跟上时代的潮流，事实证明汉武帝推行儒术治国符合了时代的发展，而窦太后的偏执保守使汉武帝的新政流产，也阻碍了汉朝的进一步发展。

三、奇闻逸事

1．偏爱少子，干预立储

窦太后在政治上体现出她卓越的才能，在家庭中，作为两个儿子的母亲她却显露出对少子刘武的偏爱。她不仅在物质上帮助刘武，更辅佐他成为梁王。在景帝还未立太子时的一次家宴上，景帝兴致大发，随口说出以后把帝位传给梁王的话，这样刘武高兴坏了，更让窦太后开心不已。窦太后暗示景帝立梁王为继承人的想法遭到了大臣们的反对，后来景帝立胶东王刘彻为太子，梁王便十分痛恨上书的大臣。他暗地里使人刺杀了十余位议臣，引发了汉朝历史上首次诸侯王刺杀公卿大臣的政治风波。事发后景帝彻查此事，发现是梁王所为，因此震怒，最后，梁国谋臣策划外戚向景帝进言"昔之舜之弟象，日以杀舜为事，及舜立为太子，封之于有卑"之事，使得景帝怒气消解，再加上窦太后的庇护，梁孝王方才得以逃脱法网。梁孝王虽未被处罚，但是从此以后，"景帝益疏王，不同车辇矣"。数年后，梁王便郁郁而终，景帝传位梁孝王之事彻底结束。

梁王一事虽没引起不可挽回的政治风波，却导致同胞兄弟之间的嫌隙，最终梁王抑郁而终的惨剧。不得不说这是窦太后企图立储，偏爱梁王带来的恶果。

2．权倾朝野，强势干政

从干涉立储、拥立梁王，推崇黄老、摧毁新政等事中看出，窦太后多次强势干预朝政，甚至很多时候她以个人喜恶为标准把持政治。她的侄子窦婴本是能力卓越的将领之材，但在立储上的意见和治国理念方面与她不同，窦太后便找机会罢免了窦婴。

在对待郅都的态度上，窦太后更显现出"爱之欲其生，恶之欲其死"的偏执。郅都原是汉景帝的中郎将，一次在随同景帝打猎的过程中，贾姬如厕，野猪闯入，景帝情急之下亲自营救，郅都便上前劝阻，力保景帝安危。郅都对景帝的忠心可见一斑，因此也受到了窦太后的器重。不料，后来郅都受汉景帝的旨意处理栗太子刘荣被贬后扩建宫殿侵占祖庙一案，严厉执法导致了刘荣的畏罪自杀，窦太后万分震怒，将郅都罢官免职。景帝只好偷偷派郅都镇守边关，防守匈奴。匈奴人听说郅都为雁门太守，便领兵离开汉朝边境，直到郅都死去时，一直没敢靠近雁门。但窦太后依然对他不依不饶，郅都终于被杀。郅都死后不久，匈奴骑兵重新侵入雁门。

不论是窦婴被罢免还是郅都终被杀的事件中，都体现出窦太后个性里偏执任性的一面，因此她在具体的政治实践中任性好强、霸道专横，甚至处心积虑、屡用暗计，致使她的施政存在着严重的狭隘性与滞后性。

作为一个不折不扣的草根农家女，窦漪房一步步从宫女到诸侯王妃，再到皇后、太后、太皇太后，一路走来从懵懂无知到深谙政治。她身上坚韧的力量不得不让人折服。她偏爱少子梁王，为他干预立储，却又适可而止，没有过分纠缠，也算是顾全大局；她性格偏执却钟爱黄老之学，也身体力行，推行温和的国家政策，为汉初兴盛局面的出现立下汗马功劳；她专横跋扈，暗使手段置人于死地，却又果敢刚毅成为辅佐三朝的政治大家。

窦太后历经三朝，权力盛极一时却没有祸乱朝纲，只手把持政权，而是兢兢业业辅佐三朝皇帝坐稳江山，可见她的气度和胸襟。窦漪房作为汉文帝的皇后，汉景帝时的皇太后，汉武帝时的太皇太后，致力于稳定汉初的政治局势，在国家百废待兴的局面下为稳定政局，发展经济做出巨大贡献，"文景之治"的出现她有着不可或缺的功劳，汉武帝即位后出现的大一统局面也得益于她的辅佐和铺垫。至于在亲子关系中对梁王的偏爱，也正体现出她作为母亲柔情的一面。因此，这个被命运女神眷顾的女孩，她用一生的经历书写了一个传奇故事也成就了汉初三朝的兴盛，可以当之无愧地被称为中国历史上杰出的政治家。

第三节

敢爱敢恨的西汉才女

"愿得一人心，白首不分离"，这脍炙人口的歌词，唱出了人们对从一而终、忠贞不渝的爱情的向往与期盼，但是说起它的来源，估计知道的人就不多了。相传，这句诗出自西汉才女卓文君《白头吟》。卓文君与西汉著名辞赋家司马相如的爱情故事，是古代才子佳人爱情故事的滥觞，多次被改编成戏曲、戏剧在舞台上演出，至今提起来仍然令人啧啧称奇，嗟叹不已。今天我们就一起来讲讲卓文君的故事。

一、追求爱情雪夜私奔

卓文君大约生活在汉武帝时期的蜀郡临邛（今四川成都市）。父亲名叫卓王孙。《史记·货殖列传》的富人榜上，卓王孙排名第一。卓家原是赵国人，世代以冶铁为生，秦灭赵后举家迁徙到四川蜀郡地区，因为战事较多，冷兵器战争时期的铁器需求是比较旺盛的，因而很快富甲一方。

据《西汉杂记》记载："文君姣好，眉名如望远山，脸际常如芙蓉，肌肤滑若如脂。"作为西汉首富的掌上明珠，卓文君不仅长得如花似玉，而且擅擅诗词、通音赋。卓父早前为文君安排了一门亲事，没想成亲没多久文君便守寡了，孀居在家。西汉时期，寡妇再嫁不像往后的朝代那般会遭受诸多非议和阻力，登门求亲的人也是络绎不绝，但是文君都没点头，也许她一直在等待那个命中注定的人出现吧！

司马相如，西汉著名的辞赋家，被后人称之为赋圣和"辞宗"，代表作品为《子虚赋》《长门赋》等。相传他相貌堂堂，风采翩然，但是初遇卓文君的司马相如，还仅仅是个怀才不遇的书生而已，因与临邛县令王吉交好，借住在都亭处。一日卓王孙宴请客人，请了县令王吉，王吉向卓王孙力荐司马相如，还佯装司马相如没到场，他便吃不下饭。也许是不好驳了县令的面子，也许是想见识下这司马相如的风采，卓王孙派人去请司马相如前来赴宴。"一坐而倾"，司马迁用这个词来形容在座客人的反应也是很生动了。酒过三巡，卓文孙便邀请司马相如为大家弹奏一曲助兴。

《史记·司马相如列传》写道："是时卓王孙有女文君新寡，好音，故相如谬与令相重，而以琴心挑之。相如之临邛，从车骑，雍容闲雅甚都，及饮卓氏，弄琴，文君窃从户窥之，悦之，恐不得当也。"这就是著名的"琴挑文君"。在司马迁的笔下，司马相如为了接近卓文君，似乎是费尽心机，既借着县令的身份提高自己的声气，又是出门必有车骑，无不显示自身的雍容富贵，与众不同。在卓家宴饮过后，司马相如便借机以一曲《凤求凰》向文君求爱：

> 凤兮凤兮归故乡，遨游四海求其凰。时未遇兮无所将，何悟今兮升斯堂！有艳淑女在闺房，室迩人遐毒我肠。何缘交颈为鸳鸯，胡颉颃兮共翱翔！凰兮凰兮从我栖，得托孳尾永为妃。交情通意心和谐，中夜相从知者谁？双翼俱起翻高飞，无感我思使余悲。

我是一只凤啊，正在遨游四海寻觅我的那个她。我知道有一个淑女正在闺房里，我无比得思念她啊！我希望能够与她成为一对鸳鸯，一起翱翔在世间。我希望能与她心意相通，琴瑟和谐。希望你快快回应我啊，不要让我再等不到你而伤悲。

这首曲子仿佛是特意弹奏给卓文君听的，躲在门后面的卓文君对司马相如的表白，心领神会，对这位文质翩翩才华横溢的公子已经是芳心暗许。她甚至开始担心自己出身商贾之家，会不会配不上他，心里满满是初恋少女的紧张与羞涩。宴饮过后，司马相如又买通了卓文君身边的女婢，暗自对小姐传达了爱意。在古代婚姻大事均是"父母之命，媒妁之言"，卓文君知道自己父亲断然不会轻易答应这桩亲事。更何况，自己目前还是孀居在家，要是猛然再嫁，闲言碎语肯定是少不了的。一边是来自世俗的各种压力和繁文缛节，一边是心甚悦之的男子，这个时候，卓文君做出了一个惊人的决定，《史记·司马相如列传》写道："文君夜亡奔相如，相如乃与驰归成都。"她义无反顾地抛弃家中的荣华富贵，选择追求心中的那份炽热的爱情，连夜收拾细软奔向司马相如，与他一起回到了成都老家。在古代女子还束缚在"三从四德"中无法脱身之时，卓文君的这一举动，看不出一丝犹豫，轰轰烈烈义无反顾，可见其是一位多么勇敢坚定地追求爱情自由的女子。

二、首富之女当街卖酒

卓文君与司马相如一夜情话绵绵马不停蹄，狂奔到了成都。打开家门才发现，司马相如家中家徒四壁，那穷得是一个叮当响。可是这个时候再回去求卓父帮忙是行不通的，《史记·司马相如列传》载："卓王孙大怒曰：'女至不才，我不忍杀，不分一钱也。'人或谓王孙，王孙终不听。"得知女儿私奔的消息，卓父气得暴跳如雷，并且扬言不会再给女儿一分钱，任凭旁人再怎么劝说也没用。贫贱夫妻百事哀，柴米油盐酱醋茶，哪一样不需要钱呢？从小家境优渥的文君在这样贫穷的环境里，也是快过不下去了，当卖完最后一件衣服最后一件首饰，她忍不住对司马相如哭诉道："我们何苦要把生活过得这样苦呢？相公你与我一同回临邛吧，就算我的父亲不愿意接济我们，但是我的兄弟姐妹们是不会坐视不理的，跟他们借钱做点小生意，也就足够维持我们的生活了。"于是，他们二人一起回到了临邛，卖掉了车骑，买下了一间小酒馆，文君在门前卖酒，而司马相如则在厨房洗涤酒器。这就是著名的"文君当垆，相如涤器"，民间也有诗句，"美酒成都堪送老，当垆仍是卓文君"。

不得不说卓文君的这一步棋下得绝佳。她抓准了父亲作为临邛名人的身份，自然是非常在意自己的面子。现在首富之女当街卖酒，多少人从各地特地跑来看新鲜，又沦为了多少人的茶余饭后的笑谈。父亲为了顾全自己的颜面，最后必然会低头。果不其然，卓父听说这个消息后，感觉到非常羞耻，一直不愿意出门。《史记》写道："卓王孙闻而耻之，为杜门不出。昆弟诸公更谓王孙曰：'有一男两女，所不足者非财也，今文君已失身于司马长卿，长卿故倦游，虽贫，其人材足依也，且又令客，独奈何相辱如此！'王孙不得已，分与文君僮百人，钱百万，及其嫁时衣被财物。文君乃与相如归成都。买田宅，为富人。"身边的人训诫说道："你已经有三个孩子了，所缺的也不是金钱。现在文君和司马相如已经构成事实上的婚姻了，而且这个司马相如虽然家境贫穷，但是也并非不是人才，为什么要这么为难他们呢，这样你自己面子上也过不去呀！不如各退一步吧！"

卓王孙实在是不得已，只能低头作罢，分给了文君仆人百余人，钱财百万，还有她出嫁时候的衣被财物。带着这笔钱财，文君和相如一起回到了成都，购置田宅，成为一方富人。卓文君知道父亲还是不忍心弃女儿于不顾的，只不过是碍于面子下不来台阶而已。而卓王孙的这一退步也充分彰显了文君的大胆智谋。现在四川地区有著名的历史文化名酒"文君酒"，被民间称为"幸福酒""旺夫酒"，也算是对卓文君和司马相如这段爱情故事的缅怀了。

三、诗文传意痛斥相如

如果这个故事到此结束了，那后人也便不会久久传颂了。司马相如本就是有才之人，只不过是在汉景帝时期未得到赏识和重用。汉武帝刘彻即位后，偶然读到司马相如所写的《子虚赋》，感慨道"朕独不得已此人同时哉"，对不能亲自见到司马相如表示深深的遗憾，身边大臣马上进言，此人就生活在我朝时期。汉武帝马上派人寻司马相如来见。

听到这消息，卓文君既为司马相如终于能够得到皇帝赏识得以施展抱负，而感到自豪，但是对他的离去，想必也是万分的不舍。她含泪收拾好了行李，送别了相公。司马相如很快受到了汉武帝的重用，他也很懂得在君王面前要"投其所好"的道理，汉武帝喜欢游猎，就写了《上林赋》，喜欢钻研长生不老之道，研究鬼神之说，便写了《大人赋》，在文中极尽华丽铺排之文辞，得到汉武帝的极大推崇，司马相如自然也就成了皇帝面前的红人。

然而，在京城飞黄腾达的司马相如，似乎忘记了当他穷困潦倒之时，便死心塌地抛弃一切追随他的家中的"糟糠之妻"，在长安多达五年没有回家。一日，司马相如终于传来了一封书信，卓文君打开一看，其中只写了十三个字，"一二三四五六七八九十百千万"，顿时潸然泪下。卓文君是何等玲珑剔透之人，怎么会看不出信中的"无亿（无意）"呢？抑或司马相如已经"无意"于文君，希望从此一别两宽，各生欢喜，抑或者司马相如已经忘却了他们二人之间琴音定情，雪夜逃离，当垆卖酒的这些回忆！

卓文君不言不语，提笔给司马相如回信，遂成《怨郎诗》：

一朝别后，二地相悬。

只说是三四月，又谁知五六年？

七弦琴无心弹，八行书无可传。

九连环从中折断，十里长亭望眼欲穿。

百思想，千系念，万般无奈把郎怨。

万语千言说不完，百无聊赖，十依栏杆。

重九登高看孤雁，八月仲秋月圆人不圆。

七月半，秉烛烧香问苍天，六月三伏天，人人摇扇我心寒。

五月石榴红似火，偏遇阵阵冷雨浇花端。

四月枇杷未黄，我欲对镜心意乱。

忽匆匆，三月桃花随水转。

飘零零，二月风筝线儿断。

噫，郎呀郎，巴不得下一世，你为女来我做男。

　　司马相如收到信后，深深折服于卓文君的才情和坚决，便不再提此事。后人又有传说，司马相如迷上了一个茂陵女子，想要纳她为妾。卓文君听闻此事后，愤然写下了文学史上著名的《白头吟》，意与司马相如一刀两断：

皑如山上雪，皎若云间月。

闻君有两意，故来相决绝。

今日斗酒会，明旦沟水头。

躞蹀御沟上，沟水东西流。

凄凄复凄凄，嫁娶不须啼。

愿得一心人，白头不相离。

竹竿何袅袅，鱼尾何簁簁！

男儿重意气，何用钱刀为！

　　司马相如读诗，想起当年夫妻的恩爱，相互扶持，自觉非常惭愧。传说他亲自架着马车，将夫人接到了长安，从此再无纳妾二心之说。卓文君也用才学和智慧，捍卫了自己的婚姻。而这诗中的"愿得一心人，白头不相离"成为后人广为传颂的名句，诗中既有卓文君敢于蔑视古代男子"三妻四妾"、女子必须"三从四德"的封建妇道的气魄和勇气，也蕴含了人们对从一而终的美好爱情的向往与追求。

　　初为少女时，她有奋不顾身追求爱情自由的果敢和魄力；当婚姻遭遇危机时，她不哭不闹，用才学与智慧为自己赢得自尊，为自己维护了婚姻。满腹才情和勇气的卓文君，即使到今日，也难掩其人格的光辉。

第四节

落雁女神，和平使者

自古以来，追求和平，是人们最美好的愿望之一。然而，在中国古代，生产力落后，资源相对有限，中原从事农耕的汉族与周边以游牧为生的少数民族之间，常常为了争夺生存发展需要的资源而发生战争。惨烈的战争往往给双方带来深重的灾难，为了赢得一个安宁的双边环境，中原汉族与少数民族经常会通过交换各自所需要的资源，如马匹，丝绸，粮食等物资，互相妥协，换取和平。甚至，双方通过嫁娶公主，结成儿女亲家，用这种和亲联姻的方式建立起看起来更为牢靠的关系，以希望形成永久的和平局面。在西汉汉元帝时期，就有这样一位"公主"，主动选择远嫁北方游牧民族匈奴，从而为汉匈双方赢得了半个世纪的和平安宁的生活。她就是有着"落雁"美称的中国古代四大美女之一——王昭君。

一、山村里飞出了金凤凰

天地化物，钟灵毓秀。史书《后汉书·南匈奴传》记载："昭君字嫱，南郡人也。初，元帝时，以良家子选入掖庭。"后经史学家考证，公元前 52 年，在今天湖北省宜昌兴山县，一名叫王昭君的女子出生在这里，汉元帝时期，王昭君以"良家子"的身份被选入皇宫掖庭。关于王昭君的家庭背景，正史里只有"良家子"这一句介绍，三国史学家曾解释：良家子非医巫、商贾、百工也。可见，昭君出生在一个除了医生、巫师、商人和手工业者的普通农民家庭。至于王昭君的父亲是谁？正史很少涉及。东汉蔡邕（yōng）所著《琴操》记载昭君的父亲为齐国（今山东淄博地区）王襄，字忠，家道殷实，生有一子一女。也就是说王昭君家庭条件尚可，有一个哥哥，她本可以在这个偏远的小山村安静地过完自己的一生，可命运弄人，公元前 36 年，汉元帝昭告天下，遍选秀女，所谓"秀女"，就是进宫储备给皇帝做妃子，王昭君天生丽质，聪慧异常，琴棋书画，无所不精，早就声名在外，年仅十六岁的王昭君在这次选秀中被选入宫中，任掖庭待诏。在汉代，掖庭是储备妃子居住的地方，从身份上来看，王昭君从普通良家女子变成皇宫储备妃子，社会等级得到极大提高，可以说完成了人生道路的第一次飞跃。

二、一入皇宫深似海

在中国漫长的封建社会，皇帝拥有至高无上的权利，可以选择全天下的女子作为自己的妻子，西汉的掖庭每年会选入全国各地的秀女，这些秀女深居宫中等待皇帝的召见，她们虽然锦衣玉食，吃穿不愁，但是却没有任何人生自由，等于囚禁在"黄金牢笼"里，秀女或宫女唯一的希望就是被皇帝宠幸。然而，"后宫佳丽三千"，在激烈的竞争中，能真正见到皇帝一面都很不容易，绝大多数宫女都在漫长无望的等待中渐渐老去，最后变成"白头宫女"。《后汉书·南匈奴传》说昭君"入宫数岁，不得见御，积悲怨，乃请掖庭令求行"，昭君入宫后好几年也没能见上皇帝一面，内心逐渐失望伤心，悲愤不已，请求离开掖庭。

关于王昭君进宫多年没能得到皇帝临幸的史实，后来学者进行推测，根据汉代选妃制度，宫女进宫后肯定会安排与皇帝见面，否则选入宫中没有意义，只是皇帝日理万机，政务繁忙，以何种方式与皇帝见面最省时最有效呢？根据后世历史小说《西京杂记》记载："元帝后宫既多，不得常见，乃使画工图其形，按图召幸。宫人皆赂画工，多者十万，少者亦不减五万。昭君自恃容貌，独不肯与，工人乃丑图之，遂不得见。"意思是汉元帝时期，有专门的画师给宫女们画像，画师将画好的宫女给皇帝看，皇帝从中选出喜欢的宫女。那时没有我们今天的照相美颜，PS技术，但画工却可以根据自己的心意对宫女进行美化或丑化，许多宫女为了让画工把自己画美一些，纷纷用银两贿赂画师，王昭君认为自己很美，不愿意贿赂画师，画师就把她画得很丑，致使她没能得到召见。在这篇记载里凸显了王昭君正直的美德。但《西京杂记》是历史小说，主要记载西汉民间野史，可信度较低。这多半是后世对昭君进宫多年没能得到皇帝的宠幸感到疑惑，出于好奇进行的大胆想象和揣测，至于王昭君究竟为何没能得到皇帝的宠幸，我们现在还不得而知。

三、汉恩自浅胡自深

进宫日久，王昭君积怨越来越深，逐渐萌发了离开皇宫的念头。公元前33年，她终于等到机会了，北方少数民族匈奴首领呼韩邪单于愿意与汉朝和平交往，为增进双方感情，呼韩邪单于希望通过和亲的方式加强彼此联系，请求汉元帝选一名汉朝皇室女子嫁给他，据《汉书·匈奴传》记载："单于自言愿婿汉氏以自亲。元帝以后宫良家子王墙字昭君赐单于。"呼韩邪单于此次表现出很大的诚意，愿意做汉朝女婿，按照惯例，与匈奴和亲的汉朝女子必须是皇室的公主，但此时匈奴的实力早已衰弱，汉元帝降低等级，从后宫中挑选出五名宫女供单于挑选，这五名女子里就有王昭君。《后汉书·南匈奴传》记载王昭君出场时"丰容靓丽，光明汉宫，顾景斐回，竦动左右"，总之非常漂亮，汉元帝看见后大为吃惊，想留下来纳为妃子，可呼韩邪单于也看上了王昭君，汉元帝毕竟不能失信呼韩邪单于，只好同意让昭君远嫁匈奴。

王昭君到达匈奴后，遵从匈奴的习俗，生儿育女，过着安宁的生活。据《汉书·匈奴传》，王昭君在匈奴被封为"宁胡阏（yān）氏"，阏氏是对匈奴首领单于妃子的称呼，胡是对少数民族的称呼，这个封号意味着汉族与匈奴和平安宁的意思。王昭君和呼韩邪单于生了一个儿子，取名伊屠智牙师，被封为右日逐王。王昭君出塞第三年，呼韩邪单于病死，根据匈奴习俗，父亲死后，儿子要娶母亲为妻，兄弟死后，其他的兄弟要娶去世兄弟的妻子，在我们今天看来这是有违伦理道德的，但在当时匈奴经济发展水平和思想观念之下就真切的存在这样的习俗。作为汉族女儿的王昭君自然接受不了这个风俗，她上书汉成帝要求回到汉朝，遭到汉成帝拒绝。汉成帝下诏书要求她顺应匈奴习俗，王昭君再次嫁给呼韩邪长子复株累单，从年龄上来说，王昭君与复株累单于年龄更近，相传二者更相爱，二人在一起又生了两个女儿，大女儿嫁人后名为须卜居次，小女儿嫁人后名为当于居次。公元前20年，新单于又死，昭君自此寡居。一年后，三十三岁的绝代佳人王昭君去世，厚葬于今呼和浩特市南郊，墓葬依大青山、傍黄河水。后人称之为"青冢"。

昭君出塞，密切了汉匈两民族的关系，匈奴和汉族和睦相处，边境安宁，六十多年没有发生战争。昭君出塞后，汉匈两族团结和睦，国泰民安，据《汉书·匈奴传赞》"边城晏闭，牛马布野，三世无犬吠之警，黎庶忘干戈之役"，意思是塞外边城的城门关闭，原野上牛马成群，几代人生活安宁，连犬狗的吠叫警醒声都不曾听到了，老百姓也不用拿起武器去打仗，汉匈双边展现出欣欣向荣的和平景象。新中国领导人董必武曾为王昭君题写了一首七绝，诗为："昭君自有千秋在，胡汉和亲识见高。词客各抒胸臆惑，舞文弄墨总徒劳。"高度赞扬了昭君和亲的行为。

四、昭君美德传后世

事实上，王昭君在正史的笔墨很少，但后世出现的王昭君的野史、传说以及文学作品的加工，极大地丰富了王昭君的形象，让她逐渐成为中国历史长河中一位德才貌兼备的女性，这主要是因为王昭君身上具备许多宝贵的品质。

首先，"良家子"即劳动人民的出身，造就了她勤劳、勇敢、正直、吃苦耐劳、勇于克服一切困难的坚强意志。昭君是历史上众多的和亲女子中第一位出身平民的女子，劳动人民的优秀品质使她在出塞的动机和出塞后的表现上，与贵族妇女有着明显的区别。在诗人笔下和人民的传说中，她不屑于行贿画工，面对困境，她不是暗拭眼泪，而是积极寻找出路和机遇。她自请出塞和亲，面对胡地的恶劣天气和艰苦生活，敢于顽强拼搏。她带去了汉地的耕种知识和技能，和匈奴人民一道，改善和提高吃、穿、住、行的生活条件。昭君用她的勤劳和智慧，勇敢地面对着艰苦生活的考验，和北地人民一起，构建着自己的美好家园。

其次，昭君主动出塞为汉匈两族人民赢得了几十年和平生活，这种为国家为民族牺牲自我的奉献精神是值得称颂的。昭君是带着对祖国和汉匈两族人民的爱而走出汉宫的，这种为靖边安国、福泽百姓而置己度外的行为，反映了昭君宏阔博大的爱心以及可贵的奉献精神。这种宏阔的爱心和博大的胸襟，在不同的时代背景和不同文人的笔下，表现为不同的形式。她以自己的善良、真诚和爱心以及顾全大局的行动，融化了异域的隔膜，获得了人民的尊重，把两族人民引向了和平美好的生活之路。

再次，昭君主动请求出塞反映了她酷爱自由、独立思考而又有顾全大局的优秀品质。现代人个个都珍视、追求个性的自由，但是在两千多年以前的封建社会，女子地位低下，即使婚姻大事，也讲究"父母之命，媒妁之言"（父母给孩子安排对象结婚），自由对于一个女子来说，真是一个虚无缥缈的空中楼阁。然而，昭君却在那禁锢森严的封建礼教和皇权天威的夹缝中，为自己寻找到一条自由之路。在人生命运的一道道关口，她追求着自由的、特立独行的人格。她不是悲剧命运的消极承受者，而是一个积极奋起掌握自己命运的人。正如清代女诗人李含章在《明妃出塞图》中所说："大抵美女如杰士，见识迥与常人殊。春花不枯秋不落，要令青史夸名姝。一日不画画千载，安用黄金百镒尽？"追求自由的性格特点，促成了其超凡脱俗、敏锐果断的人生判断。她主动请行入藩和亲，不畏环境艰苦、语言各异和风俗人情不同，她明智的决定使自己名垂千古，让无数声名显赫的君臣相形见绌。更可贵的是，她把追求个人自由和祖国人民的利益非常自然地结合起来，先自请出塞和亲，继而奉敕再嫁，都表现了她顾全大局的奉献精神，她是以国家利益和两族人民的幸福为重的。

最后，昭君自请出塞，表现了冲出宫禁，摆脱束缚，追求自己新生活和自我人生价值的开拓精神。她没有像其他宫女一样墨守成规，如"上阳白发人"那样等待，而是积极寻找机遇，投入到现实生活之中。《后汉书》中一个"自请出塞"的"自"字，已经道出了昭君性格的本质内容。出塞后的昭君，更是充满了开拓精神。面对语言不通、风俗迥异、饮食不惯和生活条件、自然条件的艰苦，她坚强地挺身而起，克服困难。她与匈奴人民同住毡房，同饮酪浆，同食畜肉，并且教给匈奴人民汉地先进的耕作知识，同匈奴人民一起创造着自己的美好家园。面对自己肩负的和平使者的使命，她在两个民族的关系上更是充满开拓精神，奋发有为。

当代诗人臧克家在其诗作《有的人》中写道："有的人活着，他已经死了。有的人死了，他还活着……有的人，他活着为了多数人更好的活。给人民作牛马，人民永远记住他。"王昭君以自己追求自由的个性，勇敢正直的品质和为民族奉献的精神，为汉匈民族人民生活赢得了和平幸福，为中华民族交融贡献力量，是中华民族优秀女性中的杰出代表，值得历史铭记，值得人民传颂。

第五节

史上最"糊涂"的长寿太后

她出身平凡，相貌一般，却如同"开挂"一般从宫女一路晋升到太皇太后。她历经七朝帝王，做过四朝太后，是中国历史上最长寿的太后，却被认为是亲手断送了西汉的江山基业。她在位期间，大力扶持作为外戚的王姓娘家人封侯食邑，最终为王莽篡位铺平了道路。她就是西汉汉元帝皇后——王政君。

一、最幸运的太子妃

根据班固《汉书·元后传》的记载，王政君的父亲王禁，是西汉的一名廷尉史。他贪图酒色，妻妾成群，共生育了四女八男，王政君是家中的第二个女儿。但凡传奇人物出生的时候，上天都会有异兆的，相传王政君母亲李氏怀孕时，"梦月入其怀"。可是，女儿出生后不久，李氏因不满王禁姜室众多，愤然改嫁。也许是从小缺少母亲的庇护，王政君从小低调谨慎，温婉无争，"婉顺得妇人道"。这种温婉谦逊，循礼守制的性格，也为她后半生能够在深宫里生存奠定了基础吧。

到了待嫁的年龄，王禁开始为王政君寻找夫家。可是，令人意想不到的是，两次谈好的亲事，在出嫁之前，对方男子都离奇地去世了。这就让王禁百思不得其解了，难道我这女儿命里过硬，有克夫之相吗？于是他去请教了算命先生，算命先生神神秘秘地说，"当大贵，不可言"。王禁对这算命先生的预言，深信不疑，于是他开始教其读书写字，操琴司鼓，等到她十八岁的时候就把她送进了皇宫，做了"家人子"（古代候选太子妃的女人）。

王政君进宫一年多后，一直默默无闻，只是命运的转机总在不经意之间出现，将她推上皇后的位置。当时的皇太子刘奭非常宠爱的司马良娣因病去世，临终前声称自己是被太子其他姬妾诅咒而死。太子对此深信不疑，从此终日里郁郁寡欢，经常生病，也因为司马良娣的话，迁怒于其他的姬妾，不再召见她们。

可是，太子无后，还无意于姬妾，这可让当时的汉宣帝很是着急啊。他让皇

122

后从后宫里重新挑选了五个可以服侍太子的家人子，其中就有王政君。当太子入朝朝觐汉宣帝的时候，顺势引出她们让太子挑选。此时的太子本无意于此，可是又不好当众回绝了父皇母后，于是就随手一指，"就这个了"。当时，王政君刚好就站在离太子最近的位置，可能是为了今天的见面精心准备，特地穿着大红色的鲜亮衣服，非常显眼。皇后以为王政君就是太子挑中的人，满心欢喜地将其送进了太子东宫。

《汉书·元后传》写道："掖庭令浊贤交送政君太子宫，见丙殿，得御幸，有身。先是者，太子后宫娣妾以十数，御幸久者七八年，莫有子，及王妃一幸而有身。甘露三年，生成帝于甲馆画堂，为世适皇孙。宣帝爱之，自名曰骜。字太孙，常置左右。"传奇的是，王政君在丙殿拜见太子后，不久就有了身孕，一年后在甲观画堂生下了一名男孩，也就是后来的汉成帝。汉宣帝对于这个嫡长孙，那可是非常的疼爱，亲自给他取名为刘骜，并且时常带在身边。就连史学家班固都感慨道，之前太子后宫的姬妾有十余人，陪伴在太子身边长达七八年，都没有生育孩子，而王政君却是"一幸而有身"，从此母凭子贵，一步步登上了后宫的最高位。

二、最护短的皇太后

汉宣帝去世后，刘奭继承皇位，也就是历史上的汉元帝，王政君被封为婕妤，三天后便封为皇后。可是，这皇后的日子过得是担惊受怕的！根据《汉书·元后传》记载，太子成年后"幸酒，乐燕乐，元帝不以为能"，不思进取，沉迷于酒色中，而王政君也并没有得到皇上的青睐。反之，深受皇上宠爱的傅昭仪之子定陶共王，和他父皇一般多才多艺。因为，汉宣帝有意废太子而立共王，这让当时的王政君处于极大的紧张与恐慌之中。后因大臣反对，认为这太子是先皇非常喜爱的嫡长孙，而且皇后为人谨慎，遵法守礼，这才没有废掉太子。竟宁元年（前33年），汉元帝去世，汉成帝刘骜继承帝位，尊王政君为皇太后。从此，王氏家族凭借着太后这一靠山，开始显贵于朝，又通过辅佐政事，逐渐掌握了大权。

《汉书·元后传》记载道："元帝崩，太子立，是为孝成帝。尊皇后为皇太后，以凤为大司马大将军领尚书事，益封五千户。王氏之兴自凤始。又封太后同母弟崇为安成侯，食邑万户。凤庶弟谭等皆赐爵关内侯，食邑。"王凤是王政君的长兄，汉成帝的大舅，被封为大司马大将军领尚书事，成为集政权、军权于一身的显赫人物，王政君的同母弟王崇，异母弟王谭也都被封侯，配享食邑。史学家班固一针见血地指出，"王氏之兴自凤始"，即王凤的擅权就是王家外戚专权和西汉政治危机的起点。

汉成帝沉迷于酒色，无心管理政务，身为国舅的王凤身居高位，飞扬跋扈，国家政务大权的处理权慢慢落到了王凤手里，汉成帝即便心中有不满，却也碍于后宫皇太后的支持，有苦说不出，也无力反对。王政君先是借皇帝之口，将家中的兄弟封了个遍，"上悉封舅谭为平阿侯，商成都侯，立红阳侯，根曲阳侯，逢时高平侯"。王氏兄弟五人同日封侯，称"一日五侯"。

王凤也慢慢在朝中扩大自己的权势，经常制约皇帝的决策，达到了"大将军凤用事，上遂谦让无所颛"的地步，汉成帝身为皇帝几乎没有半点实权，经常遭到王凤和皇太后的掣肘。如汉成帝想提拔刘向少子刘歆为中常侍，群臣强烈建议皇帝应该要问过王凤的意见，汉成帝说："这任命官员这么小的事情，也要问过王凤吗？"大臣急得纷纷下跪磕头，皇帝迫于压力就询问了一下，没想到被王凤当场否决，任命刘歆的事情只好作罢了。

朝中有一正直的京兆尹名叫王章，他对王凤的飞扬跋扈十分不满，恰好此时发生日食，天色终日昏黄。宫里开始盛传这是因为皇帝纵容外戚干涉朝政，阴气侵阳所致，于是成帝召见他，问他对于王凤的看法，王章直言不讳地说道："今政事大小皆自凤出，天子曾不一举……且凤诬罔不忠，非一事也……凤不可令久典事，宜退使就第，选忠贤以代之。"没想到，王章劝诫汉成帝的这番话，被王凤的堂弟王音偷听到了，他马上跑去给王凤打小报告。王凤知道自己的这个外甥孝顺又软弱，立场不坚定，于是先下手为强，以退为进，装病在家里不肯上朝，还写了一封言辞哀婉的书信要求告老还乡，在深宫里的皇太后听到这个消息，"闻之为垂涕，不御食"，以绝食来要挟皇帝，保住自己的哥哥。成帝看到母亲这样，连忙做出让步，安慰皇太后，承认是自己听信了小人的谗言，放弃了罢免王凤的念头，王凤回到朝堂的第一件事，就是找个借口料理了王章，王章被判"大逆罪"冤死在监狱中，而他的妻子儿女也被判流放，在这一外戚和忠臣的博弈中，王家里应外合，取得完胜。

因为王政君的祖护和背地里的支持，王凤的权势更加膨胀。这件事情在朝堂中产生了极大的震动，"自是公卿见凤，侧目而视，郡国守相刺史皆出其门。又以侍中太仆音为御史大夫，列于三公"。朝臣看到王凤都是侧目而视，敬畏三分，不敢惹他，生怕哪天就引祸上身。朝中各项要职都为王家子孙所掌控，权倾朝野。在这样庞大家族势力的庇护下，王家子孙更加骄奢淫逸，无法无天。在《汉书·元后传》中对此有详细的记载："而五侯群弟，争为奢侈，赂遗珍宝，四面而至；后庭姬妾，各数十人，僮奴以千百数，罗钟磬，舞郑女，作倡优，狗马驰逐。"他们生活奢靡。后宫姬妾奴仆无数，终日歌舞升平，莺歌燕舞。

更过分的是，成都侯王商得了病，想借皇上的明光宫来避暑。后来擅自穿过都城长安，把澧水引到家中大池，提高水位用来行船。成帝路过王商的府第，看到他穿遇长安城引水，非常生气，但也只是心中记恨，没有说出来。后来微服出行，经过曲阳侯王根家，又看到庭园中的土山渐台修得跟白虎殿很像，明成帝看到他们这样僭越礼制的行为，非常生气，回宫后责备了车骑将军王音。王商、王根兄弟听到风声后，又搬出了在宫里的王政君做挡箭牌，打算自己在脸上刺字、割鼻子向太后谢罪，最后逼得皇帝无奈只能让步。

由于王政君一次又一次的纵容和默许，王家在西汉王朝的势力越来越大。身为百官之首的大司马大将军领尚书事一职，几乎被王氏子孙交替把持。王凤在朝专政有十一年，然后依次是王音，王商，王根，王莽。西汉王朝、刘家基业已经逐渐落入王家的口袋里，可惜这个时候的太后王政君还是毫无察觉！

三、最悔恨的亡国太后

王莽的上台与王政君有着直接的关系。《汉书·元后传》记载："太后怜弟曼蚤（蚤，同早）死，独不封，曼寡妇渠供养东宫，子莽幼孤不及等比，常以为语。"王莽的父亲王曼是王政君的弟弟，去世得很早。王政君可怜弟弟去世得早，留下外甥孤苦伶仃。因而经常向皇帝提起这个事情。明成帝因而追封了王曼为新都哀侯，王莽也就顺理成章得承袭了父亲的侯位，后来又被提拔大司马大将军领尚书事。作为王家外戚集团中一颗冉冉升起的新星，王莽正在一步步地筹划他的帝王大业，而他最好的踏板和靠山，就是他的姑妈王政君。可以说，正是元后王氏的裙带政治成就了王莽。

汉成帝逝世后，继位的汉哀帝也是个短命的皇帝，在位六年而卒，而且没有留下子嗣。为了方便操控朝政，皇太后和王莽扶持了汉元帝的孙子，一个九岁的小娃娃（刘衎）为皇帝，史称汉平帝。皇帝年纪这么小，自然没办法处理政事，因而此时的太皇太后王政君"临朝听制"。太皇太后年纪渐长，也无力处理繁杂的朝政要务，因而就委任给自己最信任的外甥管理，所以就开始了"太后临朝，委政于莽，莽颛威福"的局面。在王政君沉迷于王莽为她安排的山水游乐中，浑然不觉地，朝政已经被王莽掌控在手了，他还为自己加戴了"安汉公"和"宰衡"两个显赫的尊号。

几年后，汉平帝被王莽下药毒死夭折，且没有留下子嗣。王莽就选了宣帝中年纪最小的广戚侯子刘婴为君，史称孺子婴当时年仅两岁。很快地，便指示手下的大臣奏请元后立刘婴为孺子，令王莽仿照周公辅助成王的先例，代行天子之劝。司马昭之心，路人皆知了。元后虽然反对，但是已经无力阻止了。几天后，王莽索性直接在未央宫前殿继承皇位，定国号为"新"，纪元称"始建国"。元后对自己孙子篡夺西汉江山的所作所为，十分震惊继而愤怒，但是她已经无力改变现状，最终在寂寞愧疚中度过了自己的余生。

在《元后传》的结尾，班固安排了一个极具讽刺意味的结局。王莽既已称帝，建立新朝，可是他想从太后手中把汉朝的玉玺拿回来。此时的元后既是怒骂，又是哭泣，最后愤然将玉玺丢在了地上，表明她是多么不情愿将玉玺交给王莽。作为四朝国母的王政君，在她几十年的为政生涯中，她的纵容和默许，使得王氏家族一点点榨干了西汉江山的骨血，最后为王莽上位铺平道路。那此刻她的咒骂和悔恨是否为时已晚呢？可悲乎，可叹乎！

第六节

娶妻当得阴丽华

中国古代的帝王，拥有三宫六院，佳丽三千。这种地球上最为不平等、最为落后的、基本只存在于动物界或某些落后的原始部落配偶体制，居然能在五千年文明的中国大地上流传了几千年，这是令人难以置信也令人费解的。这种体制是男子绝对权威的体现，女子在中国古代一直都只是一个弱势的存在，她们无法左右历史的走向，她们只能从属于男子，影响着历史。不可否认，一些女子有幸进入了帝皇家，她们在胭脂与权力中迷失了自我，惑乱朝政，但罪责不在她，而在于帝王的头脑不清醒、贪图享乐、放飞自我，本质上是皇权专制体制的产物。其实在中国古代帝王的后宫之中，正能量的女子也是不少，比如我们要说的东汉开国皇帝的皇后——光烈皇后阴丽华，她就是古代中国女子的杰出代表，她的品性不仅影响着皇帝一个人，甚至影响着一个时代。

一、养在深闺天下知

一个皇朝的衰落，作为国家最高统治者的皇帝肯定有着不可推卸的责任，比如西汉倒数第四任皇帝汉成帝刘骜。说到汉成帝，大家可能都不大熟悉，历史书上提到比较少，但是赵飞燕大家耳熟能详，赵飞燕就是汉成帝的皇后。这位皇帝在位的时候在政治上没有什么突出的作为，但是风流韵事却是不少，花边新闻能在街头巷尾广为流传。就是因为这位哥们耽于酒色，整天跟赵飞燕和赵合德姊妹俩腻歪在一起，荒废了朝政，政权旁落到外戚手上。到汉成帝的儿子汉哀帝时，这位年轻的皇帝把他父亲的光荣传统发扬光大，长江后浪推前浪，为我们留下成语"断袖之癖"。因为生活不检点，汉哀帝在二十六岁的时候就去世了，这时是公元前 1 年。皇帝在玩耍的时候，政权自然有野心家在窥视着。成帝时，王莽就已经在西汉权力中心潜伏着，到哀帝一撒手，王莽已经牢牢掌握了西汉政权。王莽过度自信，犯了"左倾错误"，他不仅在公元 8 年代汉称帝，把国号改为新，而且进行一系列不切实际的改革，官员不买他的账，老百姓也叫苦连天，社会矛盾加剧，弄得他里外不是人，最后爆发了绿林、赤眉起义。我们的主角阴丽华就生活在这个风云激荡的年代。

公元 5 年，阴丽华出生在南阳郡新野县（今河南新野），据《后汉书》记载，阴丽华的祖上可以追溯到春秋时期的名相管仲，出身是相当的显赫。到第七代子孙管修时，从齐国迁居到楚国，被封为阴大夫，以后便以"阴"为姓氏，到秦末汉初，又举家迁到新野。阴家不愧是改革家的后人，持家有道，发展有方，在新野发展两百年，积累了大量财富，可以说是富甲一方。《后汉书》记载，到阴丽华哥哥阴识时，阴家已经拥有良田上万亩，车马和奴仆的数量可以与诸侯王相提并论，妥妥的一个富 N 代。更让人羡慕的是阴丽华还是一位大美女，美到什么程度呢，史书记载比较少，但从李白的诗句中我们可以略见一斑。李白曾有诗云："丽华秀玉色，汉女娇朱颜"（《南都行》）"闻与阴丽华，风烟接邻里"（《寄远》其四）。阴丽华娇美如玉，婀娜多姿，惹人爱怜，她不仅仅是一代美人，甚至已成为美女的代名词。但是让我们的阴小姐能够名留青史的并不是因为她的美貌，而是她的操行。自幼母亲对她教育甚是严格，举止言行，无不体现大家闺秀风范，而且还让她学习《春秋》等史书，阴丽华自小就能品行端庄，深明大义。

说到阴丽华，必须得说到刘秀。刘秀家住蔡阳（在湖北枣阳市内），出身也不赖，是刘邦九世孙，但是自从汉武帝实行推恩令以后，到刘秀这一代，已经和平民也没有什么太大的区别了。而且刘家子孙多达几万人，所以这样高贵出身的平民也就没那么稀罕了，唯一让这些沦为平民的刘家子孙有自豪感的是在耕田休息之余，可以对着一双双充满羡慕的眼睛，吹一吹"想当年，我的祖先高祖斩蛇起义"。虽说在经济上和平民没有什么区别，但是依靠出身这张名片，刘秀一家还是比较容易攀上上层阶层的。刘秀的二姐刘元，嫁给了新野的邓晨，新野和蔡阳两县毗邻，所以刘秀能常到新野，而阴丽华的母亲邓氏是邓晨的姑姑。借助这样的关系，少年时代的刘秀有机会接触到这位名满新野的千金小姐。一日，骄阳艳丽，和风习习，刘秀因事走进阴家宅院，路过花园时，看见一豆蔻少女在秋千上荡漾，她秀发飘逸，明眸善睐，刘秀一下看呆了。这样的曼妙身姿在刘秀的内心刻下深深的烙印，以至于后来二十四岁的刘秀到长安求学，一次在街上看到执金吾整齐雄壮路过时，那威武的穿着和磅礴的气势深深地震撼了他，感叹说："仕宦当作执金吾，娶妻当得阴丽华。"

当时荡秋千的这位少女就是阴丽华。刘秀也是俊朗挺拔美少年，虽穿着朴素，但也掩盖不了飒爽英姿。见了这少年，丽华内心里也埋下了倾慕的种子。这就是我们现在所说的一见钟情吧。那时代的人可没有今天那么热情奔放，勇敢表露自己的情感，丽华内心虽然也在仰慕刘秀，但是社会环境和家庭教养不允许她做任何事。于是丽华一直在等待。在西汉，国家是有规定女子必须在十五岁之前出嫁的，《汉书·惠帝纪》中就有记载："女子年十五以上至三十不嫁，五算。"意思就是说，女子在十五岁之后到三十岁，还没有出嫁的，就必须交纳五倍的赋税。而阴丽华一直在家多交了四年的赋税。

二、战火中的婚礼

新朝八年（15年），随着矛盾的不断加剧，不堪重负的农民揭竿而起，其中以绿林、赤眉最为强大，海内由此大乱，各豪强也乘势并起，王莽政权分崩离析。刘秀同他的兄长刘演一起在春陵（湖北枣阳市境内吴店镇）起兵，他们打着"复高祖之业，定万世之秋"的旗号，历史上把刘秀兄弟的兵马称为春陵军。这支军队基本都是南阳郡的刘氏宗室和本郡的豪杰组成的，兵少将寡，装备很差，没有经过什么训练，甚至在初期，刘秀是骑牛上阵的，刘秀也被后人称为"牛背上的开国皇帝"。不得已，为长久计，力量薄弱的春陵军只能和风头正盛的绿林军合兵一处。在一系列的战斗中，刘秀的军事才能不断显示出来。公元23年，随着绿林军规模的不断壮大，绿林军拥立西汉宗室刘玄为起义军的皇帝，建元"更始"，刘玄就是"更始帝"。更始政权的建立，使王莽大为震惊，即遣大司空王邑、大司徒王寻征集各州郡精兵共四十二万扑向昆阳（今河南省叶县）和宛城一线，力图一举把更始政权扼杀于摇篮之中。当王莽大军扑向昆阳之际，昆阳的守军只有九千左右，刘秀果敢率十三名骑兵突围，搬回来一万七的援兵，同时利用敌军将领的失误，内外夹击，最终击溃了王莽大军，这就是著名的"昆阳之战"，是历史上又一次以少胜多的著名战例。从战术的运用以及游说支援上看，刘秀都把高超的谋略与情商发挥得淋漓尽致，无怪乎后来我们的毛主席称刘秀为"历史上最会用人、最有学问、最会打仗的"三最皇帝。

昆阳之战以后，刘秀的名声大震，明代著名思想家顾炎武曾这样赞扬昆阳之战中的刘秀："一战摧大敌，顿使何宇平。"而这个时候也是刘秀最为艰难的时刻。因为刘秀的兄长刘演性格刚毅，一向不服"更始帝"，在昆阳之战前，更始帝就以"冒犯皇威"为由，将刘演斩杀于宛城。战后，刘演的死讯传来，刘秀这时候的处境的艰难可想而知了。在这一关上，刘秀又体现出了他惊人的隐忍能力和巨大的格局观。首先，他赶回宛城向更始帝请罪，说造成刘演的过错作为兄弟的也有责任；其次，不表昆阳之功，造就他名声的这场战役他提都不愿意提，好像从未发生过一样；第三，不单独和刘演的部下接触，以免节外生枝；第四，不为刘演报丧，并决定立即迎娶阴丽华。这第四点，是有悖于古人婚丧嫁娶的常理的，因为兄长刚死而弟弟马上成亲，这是大逆不道的。但是在生与死的抉择上，除了这一点，谁还能想出更能稳住更始帝的法子呢。而且，还能了却了多年来"娶妻当得阴丽华"的夙愿，这可是两全其美的选择。刘秀的谦虚和反常的做法，让更始帝都有点不好意思，觉得是自己太凶把刘秀给吓坏了，痛快地允许了刘秀的婚假。这一年刘秀二十八岁，阴丽华十九岁。

战争年代，成王败寇，阴丽华嫁给刘秀，是冒着巨大的政治风险的。现在的刘秀就像在风雨中飘零的风筝，命悬一线，但是我们的阴小姐却义无反顾地嫁给了他。在哥哥阴识的护送下，阴丽华从新野来到了宛城。刘秀就是在这个战火纷呈，危机四伏的时代和阴丽华举行婚礼的。夫人的理解与支持，对失意中的刘秀而言无疑是人生中莫大的安慰。燕尔新婚，让刘秀从迷茫中走出来，也避免了更始帝的猜疑。可惜，幸福的时光总是短暂的，婚后三个月，更始帝打算建都洛阳，能力突出的刘秀就被派往洛阳"修整官府"。为安全起见，刘秀只好把新婚妻子送回新野娘家，这一别多年，而他们再次见面时，刘秀已经是东汉的皇帝。

三、再见已物是人非

回到新野的阴丽华是多么的无奈与不舍，但是对于男人的世界，她是无能为力的。她只能每天面朝洛阳，向上苍祈祷，保佑她夫君的平安。但是她如何能知道，她的夫君很快不在洛阳，而且面临着一次更大的危机呢。

昆阳之战，消灭了王莽的主力，很快绿林军乘胜追击，攻入长安，王莽被杀，新朝灭亡。王莽一死，天下崩乱，各地方势力招兵买马，准备逐鹿中原，不把由绿林军建立起来的更始政权放在眼里。更始元年（23年）10月，河北（黄河以北）各地反叛。为了安抚河北各种势力，更始帝刘玄怀着既不情愿而又无奈的心情命刘秀北渡黄河，镇慰河北。而更始帝做出的安排让人匪夷所思。他没有给刘秀一兵一卒，只是安排了几个随从和一辆马车，让刘秀拿着一根竹竿当作代表更始政权的节杖去安抚各个军事割据势力，这就是历史上所说的"刘秀单车空节巡河北"。这简直是拿生命去开玩笑。刘秀脚刚跨过黄河就被一个叫作王朗的人通缉了，赏金达到十万户。这个王朗自称是当年为逃避赵飞燕姐妹迫害而流落民间被迫隐姓埋名的成帝之子刘子舆，在河北有不小的影响力，在一些野心家的拥戴下在邯郸登基称帝。除了王朗，其他诸侯也放出话来，把刘秀给活捉了，以来响应王朗。把刘秀一行人吓得不敢入城，只能在路上向行人讨要食物，非常的狼狈。但是，并不是所有在河北的豪杰都归附王朗的，比如信都太守任光、和成太守邳彤、刘植、耿纯等人，都听闻刘秀昆阳之战的威名，知道刘秀绝非等闲之辈，纷纷带着部下来投靠。刘秀整顿兵马，准备和王朗决一死战，这时情况又发生了变化。拥兵十余万，河北实力最强的真定王刘扬宣布归附邯郸的王郎，这打乱了刘秀的战略部署。面对着王朗，刘秀手中的兵力本就处于劣势，半路还杀出个刘扬来。刘秀赶紧召开紧急会议，分析当下形势。刘秀和众人都认为，刘扬必须给予足够的重视，刘扬手中十万兵马的选择是刘秀与王朗谁胜谁败的关键；刘扬同是刘氏宗室，宣布归附王朗只是形势所使然，他并不是真心实意地追随王朗，给他足够的条件与保证，他还是可以争取过来的。思路明朗下来之后，刘秀马上派刘植去游说真定王。经过刘植在真定府的一番努力，最终双方达成了刘秀迎娶刘扬的外甥女郭圣通，刘扬出兵支持刘秀这样的协议。这位新夫人郭圣通，就近世来说，出身比阴丽华显赫多了。她的家族不仅有钱、有权，而且手握重兵，这是阴丽华无法与之相比的，阴家充其量只是一方土豪而已，先辈没有什么人在政府部门任过职，更不用说大官了。为了迎娶郭圣通，刘秀亲自到真定府。刘扬能和这位温文尔雅、礼贤下士的昆阳大战英雄结成亲家，别提多高兴了。在真定府大摆盛宴，席间，刘扬一时兴起，亲自给大家击筑助兴（筑为古代一种乐器）。

　　自己的夫君为了战争的胜利，再次成为新郎，阴丽华茫然不知。而且，婚礼的规格，远远高于几个月之前与自己的规格。但是，谁能知道，越是讲究排场的场合，越是一场安排。刘扬需要刘秀，刘秀需要刘扬，而郭圣通只是两个政治博弈者的一个棋子、一座桥梁而已，她的结局，从一开始就已经注定了的。

　　一年之内，刘秀经历了昆阳大捷、哥哥惨遭杀害、结婚、经略河北被人追杀、再结婚这样大喜大悲、跌宕起伏的人生大事，简直就是冰与火的洗礼，最终他承受下来了，好运也来了。先是与刘扬合兵一处，击垮了王朗，然后陆续平定了河北的铜马、青犊、高湖等大小几十万农民军，统一了黄河以北的广大地区。公元25年6月，刘秀在众将拥戴下，在河北鄗城千秋亭登基称帝，国号为"汉"，建元"建武"，历史上称为"东汉"。之后，刘秀灭掉更始政权，并派大将陆续消灭其他割据武装，统一中国。10月，定都洛阳。

即使已贵为帝王，可以像其他皇帝一样拥有佳丽三千，但是刘秀心里一直在牵挂着远方的一位女子，这位女子既是他少年时的梦中情人，也是在他人生低谷时助他走出困境的伴侣。于是一定都洛阳，刘秀即刻派人去将阴丽华迎入宫中。

在与刘秀分别的三年里，阴丽华也因为战争而几经辗转，惶恐度日。侍中傅俊接到阴丽华时，她人在淯阳（今河南省南阳市宛城区瓦店镇一带）。踏入皇宫，阴丽华五味杂陈。马上见到自己魂牵梦萦的夫君，而且昔日落魄、危难的夫君不但健健康康的，而且已是高高在上的帝皇，阴丽华喜极而泣；但是看到自己夫君一侧坐着一个抱着襁褓的陌生女子，阴丽华又悲从中来。古代的女子，想在男子的世界里活得精彩，不仅仅需要柔情，更需要智慧。阴丽华不因自己的丈夫贵为人君而喜形于色，骄奢霸道；也不因为自己的丈夫还有另一位妻子，担心失宠而心存怨念，耿耿于怀，她坦然接受了现实。即使她和郭圣通一同被封为贵人，她还是原来的阴丽华，虽风华绝代，但自律谦逊。刘秀喜欢的不就是她这一点吗？

四、母仪天下

当一个人成为皇帝以后，他的家事就不再是他的家事了，而是成为各股政治力量相互制约平衡的一个平台。各大臣也都在为自己的未来打算，总会乐此不疲地参与到皇帝的家事中来，比如立皇后。刘秀也免不了落入这样的一个怪圈。

当东汉政局稳定下来之后，册立皇后就被大臣们提上日程来了。国不可以无主，也不可以无后，那可是关系到下一任领导人的大事，所以各大臣都开始奔忙起来。

在情感上，刘秀更倾向于阴丽华，她温柔雅性，宽仁友爱，更重要的是自己的初恋，刘秀是希望立阴丽华为后的；但在理智上，天平的重心又倾向于郭圣通，刘秀心里清楚，自己从河北起家，平定天下，郭圣通的作用是不容忽视的，而且朝中大臣和将领，只知道郭圣通而不知道阴丽华。在情感与理智上做选择时，刘秀决定跟着自己的感觉走，准备立阴丽华为后。在征求当事人的意见时，阴丽华理智地谢绝了。即使阴丽华与刘秀结婚在先，但是聚少离多，没有子嗣，而郭圣通在建武元年给刘秀生了个大胖小子，母凭子贵，阴丽华很清楚这一点，而且强调郭氏在战争年代一直伴随皇帝身边，功劳很大，所以她并没有一时冲动去当仁不让接受皇帝的好意。阴丽华的这一顾全大局的谦让，没有让郭氏为难，也给了朝臣一个交代。这让刘秀更为珍惜她。

历史从不缺乏戏剧性，十六年后，刘秀的一封诏书又改变了东汉历史的走向："冬十月辛巳，废皇后郭氏为中山太后，立贵人阴氏为皇后。"废立的缘由，诏书里并没有明写，但《后汉书》多处提到，郭皇后"宠稍衰，怀怨怼""有吕、霍之风"。其实我们可以想象得到，在立郭氏为后这件事上，阴丽华体现出的大度、谦逊，这让刘秀感觉到对她的亏欠更多了，于是对她宠爱有加，这就有点冷落了郭皇后。而这时郭皇后的表现就不够冷静、理智，甚至行事风格有吕后霸道凶横的影子。想着假如有一天自己先乘鹤西去，郭皇后效仿当年的吕后，把自己心爱的女人整成"人彘"，刘秀自己都会倒吸一口冷气。再说远一点，刘秀和郭氏是政治联姻，感情成分少，而且郭氏家族手握重兵，权力膨胀，甚至在立后之前郭圣通的舅舅刘扬就反叛了，郭家外戚的影响力一直让刘秀耿耿于怀。反观阴家，情况完全不一样，阴家家教严格，政治成分简单，阴丽华的哥哥阴识还是刘秀忠实的拥护者，而其他兄弟也谦逊低调，不以姐姐的身份来获取个人利益，在可预见的未来，阴家外戚不具备干预朝政的可能，所以刘秀得再次做出对刘家天下最有利的选择。

被封为皇后的阴丽华，不仅没有乘势为自己的亲属谋取利益，反而严加约束自家亲属，优待自己的情敌。郭后被废后，阴丽华非但没有乘胜打击她，反而主动要求刘秀安抚她，给她的兄弟封侯，赐予大量的田地与金钱，所以郭家在后来依然隆盛，而郭太后最后也得到了善终。而在郭后被废这件事情上，最尴尬最不安的应该是太子刘彊了。刘彊主动请求皇帝废除自己的太子之位，但是刘秀于心不忍，毕竟刘彊并无过错。阴皇后也没有从中搬弄手段，吹耳边风让自己的儿子顶上什么的。所以刘彊又战战兢兢地做了三年的太子。直到建武十九年，刘彊都快憋出抑郁症来的时候，刘秀才决定将刘彊改封为东海王。在封建王朝，太子一朝被废，等待着他的将是一个悲苦的命运，因为继承者担心他的支持者会在时机成熟的时刻进行反扑，最终不是让废太子抑郁死就是迁徙死，总之，就是悄无声息地失去对继任者的任何威胁。而从一岁做太子做到十九岁的刘彊却没有遭到他的弟弟刘阳（后改为刘庄即后来的汉明帝）的猜忌、报复，即使到了自己的封地，刘庄对他的兄弟情义也没有淡薄。就是刘彊生病的时候，还派出最好的太医给他治疗，并要求四位弟弟去看望刘彊。有学者就做过统计，两千年的封建王朝，太子被废后，很少能够得到善终的，而刘彊最终成为极少数得到善终的废太子。在病重临终前，刘彊感慨地说：我得到皇恩的照顾，无法计量，可惜我自身修为不够，连年生病，给朝廷带来了负担。皇太后和皇上多次派太医过来给我治病，他们对我的恩惠，让我无比感动……在这里，我们哪里看得到宫廷剧里演绎的那种危机四伏、人情冷漠呢？我们体会到的就是人情的温暖，人性的善良。阴皇后以仁爱的心态、宽阔的胸怀，影响着东汉帝国的继承人，后来的汉明帝也是性情温和，宽怀慈爱，体谅民间疾苦，开创了中国古代一个繁荣局面，史称"明章之治"。

在对待个人生活上，阴皇后也是出名的自制节俭，即使贵为皇后，生活用品依然很简陋，从不铺张，穿着打扮与一般的宫女无异。阴皇后以自己的言行影响着后宫，后来的汉明帝的皇后——马皇后，也是在她的建议下上位的，这位马皇后也受了阴皇后的影响，俭朴自持、温和善良，被后世史家誉为"千古贤后"。

公元 64 年，在位二十四年之久的阴丽华崩逝，享年六十岁，谥号"光烈"。她是中国历史上第一位有谥号的皇后，这充分肯定了她在君王、在朝臣中的地位和影响力。

古代的文人墨客，看到的只是阴丽华的美貌，而淡忘了她身上更值得我们关注的人性光辉。阴丽华不贪名，不争利，对己自律，对人宽怀，用自己的人格魅力征服了刘秀、征服了东汉朝野，成为后世母仪天下的典范。中国古代讲究阴阳调和，刘秀的伟岸开阔，阴丽华的温柔慈爱，开创了东汉初期"光武中兴"的局面，不就是阴阳和洽的体现吗？在自己母亲去世后十年，汉明帝刘庄梦到父母生前的快乐幸福样子，以为回到了年少时在父母身边的日子，从梦中高兴得醒了过来，之后发现原来是一场梦，又难过得无法入睡。给我们描绘出一个温馨、有人情味父慈母爱的天伦之乐，哪里像我们在影视作品里看到的危机四伏、险象丛生的后宫生活？

第七节

古代女性史学家第一人

　　班昭，字惠班，一名姬，世人称之为"曹大家"班昭在中国古代历史，特别是在古代文化发展史上，是一颗璀璨耀眼的明星，与卓文君、蔡文姬、李清照并称为中国古代四大才女。班氏之"才"，涵盖了多个领域，在史学上，她接替父兄，承担起对《汉书》的整理和编撰，补著余下的《八表》，是我国二十四部正史中唯一一位参与编撰的女性，并因德行兼备，进入后宫担任妃子公主的宫廷教师，被尊称为"大家"。汉和帝去世后，班昭辅佐邓太后处理朝政，因"出入之勤"，深受太后信任，以至于去世时，连皇太后素服参加她的葬礼。与此同时，班昭在文学上还有很深的造诣，并以其中最著名的《女诫》饱受争议。

一、家世显赫，书史传家

　　据正史记载，班家的祖先应该是楚国的令尹子文的后代，《汉书》曰："班氏之先，与楚同姓，令尹子文之后也。"到秦末汉初时，班氏家族以边疆豪强的身份逐渐兴盛起来，班昭七世祖班壹"以财雄边，出入弋猎，旌旗鼓吹"。相传班壹身高两米有余，外出打猎配备旌旗和鼓乐助兴，气势豪迈，可看出班家先祖在边境时积累了大量的财富而成为北方的豪强，放到今天来看，那可是名副其实的土豪呀！

　　从班壹的孙子班长开始，班家开始步入仕途，走上做官的道路。根据《汉书·成帝纪》可知，"臣之姑充后宫为婕妤，父子昆弟侍帷幄"，班婕妤，史上著名的妃子，班长的孙女，班昭的姑祖母，一位有德才、守礼制的女子，因为皇帝对她的喜爱，帮助班氏家族坐稳了在朝中的地位，权倾朝野，一时他人难以企及！

　　班昭的父亲班彪，哥哥班固，知识渊博，长于著述，都是东汉时期著名的史学家，先后参与了《汉书》的编撰；二哥哥班超，身怀宏图大志，虽文采斐然但是却不甘心做一届文官，自请出使西域，镇守西域三十年，被封为定远侯，为汉朝边疆的安定做出了重要的贡献。

因此，正如侯外庐在《中国思想通史》（人民出版社1957年，219页）中提到的，"两汉的班氏，自始即赋有边疆豪强的传统及正宗的家学渊源"，边疆豪强出身，浓厚而广博的家学渊源，以及书史传家的父兄榜样，这些都形成了班昭勇敢坚毅、自信进取、谨慎谦恭的性格特征，体现出对自身人格的完善和对家庭伦理的追求。

二、临危受命，续修汉史

班氏家族，书香门第，以书史传家。班昭父亲班彪是他们家修史的第一人。他非常喜欢西汉司马迁所撰写的《史记》这本书，可是由于《史记》只记载到汉武帝初年间，其后的历史都没有记录，这个历史的缺口就激发了班彪补著《史记》的雄心，他在有生之年共写了《史记》后传六十五篇，这也为后面《汉书》编撰奠定了重要的基础。

班彪过世后，哥哥班固子承父业，开始了对《汉书》的编撰，可没多久，便有人向皇帝告发班固私自编写国史，二哥哥班超急忙上书皇帝，陈明清白，这才保了班固安全。可是从此以后，《汉书》就由私人著述变成官修正史，不免会受到统治者的某些制约。公元92年，班固因为牵连进了大将军窦宪的案子，冤死狱中，《汉书》的编撰再次停滞不前。

在这形势十分严峻的时候，汉和帝听说了班家女儿班昭博学多才，就召她进宫到东观藏书阁继续编撰《汉书》，这个时候的班昭已经四十三岁左右了。

《后汉书》中写道："诏昭就东观藏书阁踵而成之。"汉代的东观藏书阁是当时文人雅士汇聚之地，作为一届女子能够进入其中，足以证明她的才华横溢。可是，此时的班昭已经人到中年，接手的是一个怎样的烂摊子呀！据唐代刘知几的《史通》（刘知几撰，浦起龙释，《史通通释》卷十二，338页）记载，当班昭受诏来到东观藏书阁的时候，《汉书》的稿子已经散乱到"莫能综理"的地步，即《汉书》的稿子已经遭到了严重的破坏，而且此时《汉书》的《八表》和《天文志》还没有完成。

面临着这严峻的考验，已过不惑之年的班昭，强忍着失去哥哥的悲痛，义无反顾开始完成父兄未完成的事业。于是，在这东观藏书阁里，借着油灯闪烁的昏黄的灯光，班昭开始对这些散乱的书稿进行整理、校对、勘正错误、编排前后顺序等，同时也在构思着《八表》和《天文志》的创作。

"表"的形式，类似于我们今天的表格，她将重要历史人物的生平、重大事件的过程、结果等，以"表"的形式言简意赅地表现出来，而在每个表前都有一个小的序言，先对该表进行简单扼要的说明。表的制作需要翻阅大量的书籍，对不同的信息进行校对、核实，这工程量该有多大！而这《八表》全部成于班昭一人之手，即：《异姓诸侯王表》《诸侯王表》《王子侯表》《高惠高后文功臣表》《景武昭宣元成功臣表》《外戚恩泽侯表》《百官公卿表》《古今人表》。这《八表》的制作耗尽了班昭毕生了精力，因此在完成之后，改由马续接替她完成《天文志》。这就是人们通常所说的"昭表、马志"。经历了几代人的艰辛努力，《汉书》才最终得以完稿。

《汉书》问世后，由于其内容多引经据典，艰涩难懂，因为班昭又开始了着手解释、普及《汉书》的工作。《列女传》记载："时《汉书》始出，多未能通者，同郡马融伏于阁下，从昭受读。"《史通》也记载道，朝廷"选高才郎马融等十人，从大家受读"。由此可见，班昭又开始了"开班授课"，向朝廷选送过来的"高才郎"讲授《汉书》疑难之处的征程，这其中就包括了以博通天文而著名，后来门生千余人的经学大师马融，此刻也要拜倒在班昭的门前，认真地聆听老师的教诲。耗时多年，独自整理、撰写、传播《汉书》，班昭完成了父兄未竟的事业，为后世留下了一部与《史记》同名的叙述完整、精炼流畅的《汉书》，同时也让自己成为中国古代历史上唯一一位著名正史的女性。

三、义勇上书，为兄请命

班昭，不仅博学多才，而且还具有敏锐的政治眼光和为亲人不顾一切舍生取义，甚至敢于向皇帝请命的勇气。班昭的二哥哥班超，弃笔投戎，自请出使西域，战功赫赫。他将西域分解为五十个小国，让小国之间相互制衡，镇守西域三十年，用自己的机智勇敢平定了整个西域，为维护东汉朝廷的边疆稳定，立下了汗马功劳，受封为定远侯。可是，人到晚年，都会想要落叶归根，回归故土。和帝永和十二年（100年），已经远离故土二十八年、人近古稀的班超派遣儿子班勇随安息国入贡使者回到洛阳，帮忙上书汉和帝，表达了强烈的回归故土的愿望，希望朝廷能够派遣有能力者来代替自己，并实现自己"生入玉门关"的愿望。然而，这封上书送出去两年多，都没有能够得到汉和帝的回复。

想到自己已经逝去的父亲和大哥，又想到自己年逾古稀的兄长，戎马一生，年老了还要忍受边塞的凄风苦雨，不能回乡，忧心忡忡的班昭提笔，写下了为兄长请命的、著名的《为兄超代求疏》。

在这篇上书中，班昭先是谦虚而又真实地叙述了班超在西域将近三十年身先士卒、视死如归、艰苦卓绝的坚持和斗争，"每有攻战，辄为先登，身被金夷，不避死亡"，接着又深情地叙述道三十年骨肉分离的痛苦和班超年岁渐长，无力管理好边境的窘境。接下来，班昭又冷静客观地分析，如果不能及时换下班超，将会被西域各国看出朝廷无可用之人，滋生叛乱的野心，从而威胁到国家的安定，那么班超三十年的努力将毁于一旦。为了让自己的言辞更加具有说服力，博学的班昭，引经据典，列举了古代帝王"十五受兵，六十还之"，体恤军情，以仁治国的做法，又搬出了古代"文王葬骨之恩，子方哀老之惠"的典故，终于打动了汉和帝，《后汉书》写道："帝感其言，乃征超还。"和帝十四年（102年）八月，班超终于回到了阔别多年的故土，可是因年迈体弱，于同年九月份去世。

班超的去世，对正在修撰《汉书》的班昭而言，无疑是个巨大的精神打击。可是她强忍着悲痛，从未停下对《汉书》的编写工作，终于大约在公元110年后，完成了对《汉书》的编写。她为兄长所写的这封《为兄超代求疏》，也因言辞恳切，和对边疆局势的准确预测，而得到了后人的称颂。

四、褒贬不一，饱受争议

汉和帝去世后，班昭辅佐邓太后处理朝政，因"出入之勤"，深受太后信任。除此之外，班昭还具有超凡的文学才华。据《后汉书·列女传第七十四》记载，班昭著有"赋、颂、铭、诔、问、注、哀辞、书、论、上疏、遗令，凡十六篇"。其中，除了为后人广为称颂的《东征赋》《为兄超代求疏》外，就是令班昭饱受身后争议的《女诫》。

班昭十四岁嫁给曹世叔，青年时期便开始守寡，在四十余年后写出《女诫》一书。史书记载道："但伤诸女方才适人，而不渐训诲，不闻妇礼，俱失荣他门，取耻宗族"，也就是说，作为家中的长辈，看到家中待嫁的女儿即将出阁，担心女子不懂得如何与夫家相处，而败坏了家族的名声，而特别写的一篇劝诫之言。全文共七篇，开篇宣扬男尊女卑的观念，告诫女子要尽心侍奉丈夫，保持谦卑、谨慎的品德，保持妇德，同时，为了家庭的和谐，还要"事舅姑"，即听从公公婆婆的教导，同时还要"和叔妹"，即和家中的众位兄弟姊娌保持良好的关系。

《女诫》在古代中国被奉为女子的经典教学，而班昭也被抬到了"女圣人"的高度，可是到了近代中国，班昭因《女诫》中体现的女德思想，而被激烈地批判为"女界的罪人""班贼"等。那我们到底应该如何来评价《女诫》这篇文章呢？

评价历史事件，应当将其放回当时的历史环境背景中去做思考。西汉时期为了加强思想控制，统治者"罢黜百家，独尊儒术"，董仲舒用"天人感应""阴阳五行"的理论论证了男尊女卑的合理性，"三纲五常"的提出，宣扬了"夫为妻纲"的社会准则。在这样的历史大背景下，再伟大的人物，她的思想也很难超出其所在的时代。班昭在《女诫》中，所宣扬的男尊女卑，女子应该谨慎服从的思想，虽然影响了整个古代的妇女的思想和行为，但是在某种程度上，也是在为妇女更好的生存环境在做参谋与建议，是有合理之处的。放在今天来看，女子一味地服从丈夫服从长辈，很明显已经是不符合男女平等的时代潮流了。

唐代著名诗人杜甫，曾写过这样的诗句，赞叹道："奕叶班姑史，芬芳孟母邻。义芳兼有训，词翰两如神。"作为我国历史上唯一的一位参与编撰二十四史的女史学家，班昭的勇敢、坚毅、谦逊、从容，将永远在历史的长河中，熠熠生辉。

红
颜
长
歌

第九章　三国风云万古情

　　"天下英雄气，千秋尚凛然。"数百年后，唐朝诗人刘禹锡仍禁不住感慨那个热血沸腾的三国时代！一群特殊的人，一段特殊的历史，那是一个战火纷飞的年代，也是一个英雄辈出的年代。

　　三国时期的女性承受着严重的压迫，成为政治的被迫害者与牺牲品，地位低下。三国时期的女性可以分为上层妇女与下层妇女两种。上层妇女，因依托其家族中的男性地位而身份高贵，能得到物质层面的满足。但这一阶层的女性也只是家族的"财产"。利用女性维护家族利益的方式之一就是婚姻，三国时期婚姻的政治性、功利性与目的性是毋庸置疑的。

　　三国时期的下层妇女地位更加低下。三国时期实行的是世兵制，兵卒世代为兵，成为社会里的一个特殊阶层。为了保证兵源，政府必须干预兵卒的婚姻。以曹魏为例，曹魏政府将民间的寡妇登记在册，再嫁给没有妻子的兵士，其中的女性完全没有人的权利，只是一件物品，任人分配。

　　当然，在女性社会地位普遍低下的大背景下，也有一些巾帼不让须眉、熠熠生辉的女性，让我们为之倾倒。四大美女之一的貂蝉，集美貌与智慧于一身，忠义双全。周旋于董卓和吕布二人之间，送吕布以秋波，报董卓以妩媚，借刀杀人，巧妙地为国家铲除奸贼。孙尚香，"赔了夫人又折兵"的女主角，由于她的倒戈，刘备集团不仅免遭覆亡还愈发强大。才女蔡文姬既博学能文，又善诗赋，具有非凡才智和爱国精神，她的一生本身就是一个传奇！

第一节

红颜祸水与红粉英雄

中国历史上有"四大美人"，不仅在我国妇孺皆知，在世界上也享有一定的美誉。千百年来，人们以"沉鱼、落雁、闭月、羞花"分别形容西施、王昭君、貂蝉与杨贵妃四位女子的绝代芳姿，这种形容既生动又含蓄，给人们留有充分想象的余地。其中，貂蝉可以说是最迷人的，她让吕布、董卓等英雄豪杰为之而神魂颠倒，她的故事经过长时间的发展演变衍生出了评话、杂剧、戏曲、小说、弹词等多种形式；但她同时也是最神秘的，翻阅各种史籍，我们在正史中没有发现任何能明确证明貂蝉存在的证据，我们今天都不确切知道她的真实身份。

一、貂蝉身世之谜

貂蝉的身世扑朔迷离，经过笔者的整理，发现主要存在以下几种说法：

第一种说法，貂蝉是吕布的妻子。据《三国志·魏书·吕布张邈臧洪传》注引《英雄记》记载："布见备，甚敬之……请备于帐中坐妇床上，令妇向拜，酌酒饮食。"从这里，我们可以知道吕布可能有一个随军妻子。书中还记载，当曹操与吕布作战时，吕布想要让陈宫和高顺把守城门，自己去偷袭曹操的粮道。吕布的这位妻子不同意，献计道："宫、顺素不和，将军一出，宫、顺必不同心共守城也，如在蹉跌，将军当于何自立乎？妾昔在长安，已为将军所弃，赖得庞舒私藏妾身耳，今不须顾妾也。""布得妻言，愁闷不能自决。"一些学者根据这些对话分析，认为史料中所记载的"妇"就是后世所说的貂蝉。

第二种说法来自《三国演义》，也是传播度最广的，认为貂蝉是司徒王允的歌伎。王允在东汉灵帝时曾任豫州刺史，献帝即位后任司徒。时值董卓擅权，朝政混乱，王允找到貂蝉，要施展美人计来铲除董卓。貂蝉为报答王允的恩情，主动请缨，按照王允设计的连环计，用美色挑起了吕布和董卓的矛盾。最后，成功借吕布之手杀了董卓，除掉了王允的一块心病。

第三种说法，貂蝉是董卓的婢女。董卓本是西凉豪强，任并州牧。后来亲自率兵攻入洛阳，废除少帝，拥立献帝，自立为太师，擅权朝政，最终被吕布杀死。据《后汉书·刘焉袁术吕布列传》载："卓以布为骑都尉，誓为父子，甚爱信之。常小失卓意，卓拔戟掷之，布拳捷得免。布由是阴怨于卓。卓又使布守中阁，而私与侍婢情通，益不自安。"这似乎就是传说中的凤仪亭掷戟之事，那这个侍婢就应该是貂蝉。

第四种说法，认为貂蝉是秦宜禄的妻子。秦宜禄是吕布的部将，吕布战败后归降曹操，后为张飞所杀。据《三国志·蜀书·关张马黄赵传》注引《蜀记》中说："曹公与刘备围布于下邳。云长启公：布使秦宜禄行求救，乞娶其妻。公许之。临破，又屡启于公，公疑其有异色，先遣迎看，因自留之。云长心不自安。"从这里可以知道，秦宜禄的妻子是非常漂亮的，关羽曾有心娶之，却因为曹操这个好色之徒"自留之"而引起关羽的嫉恨。关羽一怒之下便把秦宜禄的妻子杀了。此段便是以后元杂剧《关公月下斩貂蝉》的来源了。所以，有些人（邓庆《大美女貂蝉的身世成千古之谜》，载于《中国地名》2013年第11期）从这里推断，貂蝉可能是秦宜禄的妻子。

沈伯俊先生（沈伯俊，《再谈貂蝉是虚构人物·三国漫话》，成都：四川人民出版社，2000年）说过："十年前，我曾撰文明确指出：'历史上并无貂蝉其人，貂蝉形象完全是宋元以来通俗文艺虚构的产物。'可以说，这是三国史和《三国演义》研究界多数学者的共识。"这个说法还是比较可靠的。

二、每个时代都有一个貂蝉

貂蝉形象的来源并不在正史中，我们对貂蝉的熟悉主要通过杂剧、小说、戏曲等通俗文艺作品。有意思的是，翻看历代有关貂蝉的文艺作品，很明显可以发现貂蝉形象的前后不一、毁誉参半，有的将其书写为"巾帼英雄"，有的把她描画成"红颜祸水"，貂蝉形象的不同直接反映了不同时代的社会风貌和价值观念。

1. 元代：因事设人与女中豪杰

今天我们读到的《三国演义》，最早主要脱胎于元朝时期的《三国志平话》。《后汉书·焉袁术吕布列传》中提到吕布"私与侍婢情通"，所以这时增设人物"貂蝉"，在王司徒苦恼于如何除掉逆贼董卓的时候，貂蝉出现并化解了危机。貂蝉在这里出现是作者推动故事情节发展的需要，也就是因事设人。貂蝉在故事中只是被动参与，整个人物形象非常单薄，性格单一，可以说只是一个推动故事情节发展的"工具"。

吕布被杀后，貂蝉在书中全然不见踪影，留给后世无限想象的空间。于是后世关羽貂蝉的命运，演绎出诸多版本，归结起来就是"善终"和"惨死"。

有意思的是，同为元代的杂剧《锦云堂暗定连环计》（又名《锦云堂美女连环计》）中的貂蝉形象与《三国志平话》却大不相同。

这个故事中貂蝉本就是吕布的妻子，因为黄巾之乱，夫妻离散。貂蝉每天拜月祷告，希望早日夫妻团聚。当王允跟她说有办法帮忙时，她毫不迟疑地答应王允的条件，献身于董卓。这个貂蝉是勇于追求个人幸福的。

貂蝉的结局也很完美。在计谋成功，诛杀董卓后，皇帝不仅封赏头号功臣吕布，镇守幽燕地区。他的妻子貂蝉也和他一样享受爵位富贵，这明显是把她当作功臣来看的。这个貂蝉是为国除贼的女中豪杰。

为什么貂蝉的形象会在元代出现这样的变化呢？有学者认为，原因在于元代女性的社会地位相对前代有所提高。蒙古族作为草原民族入主中原，受儒家学说、程朱理学等中国传统伦理道德影响较少。

2．明代：红粉英雄

明代传奇《连环计》和小说《三国演义》中貂蝉的形象相似，对人物的刻画相比前代都要细致三分，不仅貂蝉，王允、吕布、董卓、曹操等都栩栩如生。

这时候的貂蝉变成了王司徒家的歌妓，能歌善舞，美若天仙。她看到王司徒每天愁眉苦脸，便每天晚上焚香拜月，祈祷早日诛灭董卓。当王允找到她，希望她帮忙完成计划时，她毫不迟疑就答应了。这个貂蝉是胸怀大义、知恩图报的。

董卓不仅残暴，而且狡诈，警觉性很高，曹操尝试刺杀都以失败告终。貂蝉却巧妙周旋于吕布和董卓之间，她"五戏吕布"更是经典桥段。特别是"大闹凤仪亭"，成功让董卓与吕布反目成仇，为吕布杀董卓奠定了基础。这绝不是一个普通女子能做到的，她的身上充满着勇敢和智慧。貂蝉在故事中已经不是一个没有主见的"工具"，她有血有肉，性格鲜明，活脱脱就是一个了不起的红粉英雄！

有学者（罗贯中著，毛宗岗批评《第一才子书三国演义》，济南：齐鲁书社，1990 年）评价说："十八路诸侯不能杀董卓，而一貂蝉足以杀之；刘、关、张三人不能胜吕布，而貂蝉一女子足以能胜之。""我谓貂蝉之功，可书竹帛。"也许你会觉得惊讶：明初统治者不是大力推行程朱理学吗？女性地位在这一时期不是应该更低了吗？貂蝉为何还能获得英雄的形象？确实，理学的影响已经越来越深，但从后世遗留下来的众多文艺作品中，我们依然能看到少数没有沾染理学气的经典，这是文化的幸运。

3．清代：红颜祸水

貂蝉形象在清代有所改变。据《三国志·关羽传》注引《蜀记》称，关羽在同曹操一起攻打吕布时，战前就向曹操要求将吕布部将秦某老婆赐给他。哪知道城破之后，曹操见色忘义，竟把那女人留着自己享用了。此事在《魏氏春秋》里也有记载。民间艺人不用考证，相信秦妻就是貂蝉，因为关羽被人夺爱，火冒三丈，所以杂剧家据此作了《斩貂》的剧目，为关公出出气，聊表我得不到的，你也休想得。《关大王月夜斩貂蝉》一戏后来演变成：关羽敬重貂蝉，要释放她，不料倚墙的青龙偃月刀自己倒下来，将貂蝉误杀了；或者是关羽以刀斩貂蝉的影子以代真身，不料却把人斩死……总之，貂蝉终归是被杀掉了。

这时候的貂蝉明显又成了牺牲品。关羽是人人敬重的大英雄，"英雄不近女色"，为了保住关羽的英名，维护他完美无缺的英雄形象，把貂蝉视为红颜祸水，成就了关羽的圣名，却让"有功之臣"貂蝉无辜惨死，可悲可叹！

上述现象的出现很大程度上跟关羽地位的提高有关。清代十个皇帝，除康熙外，都对关羽予以封赐，从咸丰朝开始，正式将祭祀关羽列入国家祀典，跟祭孔一个级别！关羽，是中华文化里"忠义"的化身。他始终忠于刘备，因为刘备是皇统血脉。所以把忠于皇室血脉的关羽地位捧到极高，有利于通过文化的束缚，让任何企图反叛皇权的人，在文化舆论上遭到民众的围攻和打击。所以关羽的地位越高，皇权统治的稳定性越高。

4．当代：影视剧中的貂蝉

我们今天能在荧幕上看到的貂蝉，主要来自1994年版和2010年版的电视剧《三国演义》。两部剧中，貂蝉的形象较之前代有所不同，更符合当代主流价值观念。1994年版的《三国演义》中，对小说中没有交代的貂蝉的结局有了合理的安排。在"除贼"的任务完成后，貂蝉选择隐世离去，这个选择在情理之中：既已完成任务，报答了恩情；而吕布又并非是自己的真爱，那就离开，寻找属于自己的真正归属。这是当代女性独立意识的觉醒，也是社会主流价值观改变的反映。2010 年版的《三国演义》中，貂蝉与吕布已经从传统文艺作品中的虚情假意变成了真情实意，甚至可以说是现代爱情的模范，他们二人一见钟情，很快便私订终身。剧中吕布有情有义，貂蝉最终为情自刎。陈好饰演的貂蝉是一个全新的具有现代意识观念的独立女性形象。

貂蝉，一个女性从无到有，形象性格从单薄到丰满，从红颜祸水到现代独立女性，她的故事在历史长河中不断更新，她的形象也随着社会变迁而不断改变，承载的文化内涵是史学家、作家、剧作家、导演等所处时代环境的社会意识审美取向的体现。从过往的历史来看，貂蝉的形象不会就此停留，她还会走得更远。

第二节

被设计的人生

　　《三国演义》是一部以描写男性为主的长篇历史小说，在一千两百多个人物形象中，其中有姓名可以考证的有一千个，但是，描写女性的却只有五十人。这五十人中，刘备的夫人、孙权的妹妹——孙夫人又是比较独特的那一个。以她为代表的女性的出场，对增强小说的真实性和故事完整性、对推动情节发展都有很重要的作用。她既是东吴的郡主，又是蜀国的主母，虽然在整部小说中提及的不是很多，但确实是一位值得我们细细探讨的女性人物。

一、记录模糊的孙夫人

　　《汉晋春秋》中有记载："孙夫人者，汉破虏将军（孙）坚之女也，名仁献。"这是唯一的关于孙仁献这个名字的解释，但是这又显得不足。在其他有关三国的历史资料和文献中，又有不同的表述。正史《三国志》中，其中并没有提到她真实姓名的记载，只称其为孙夫人；而在小说《三国演义》中曾经提到孙坚正妻生四子，长子孙策、次子孙权、三子孙翊、四子孙匡，孙坚次妻生一子一女，子名朗，女名仁。按照这一记载，她的姓名应该是孙仁。至于后世广泛流传的"孙尚香"这个名字，最早是在戏剧《龙凤呈祥》当中出现的，在正史中并无记录。按照身份推断，这个孙尚香应该就是《三国志》和《三国演义》中的孙夫人。因戏剧的广泛流传使得"孙尚香"这个名字为大众所熟知，而其真实性则无从推断了。

　　从这样一个记录的不是很清晰的名字来看，这个人的历史地位似乎不是很重要，不然，对于其记载不会这么的少。但是，请不要忘记，她是一名女性，在男权社会之下，女性的地位本来就不高，对于女性记载的史料并不是很多。今天，我们能够更多地了解她，是源于后世对其人物形象在艺术方面的形象塑造。

　　三国时代的藩镇割据、战火纷飞，使人们在不同程度上都卷入了战争，各种事情几乎都与政治色彩沾上了边。其中数名美女在战争中用女性特有的手段和魅力发挥了特殊的作用，为统治者达到政治目的立下了汗马功劳。孙仁献，东吴郡主，在这个男权世界中的她，也不可避免地成了政治斗争的牺牲品，从她特立独行的性格特征中我们也能看出她命运的悲剧色彩。

人类婚姻的目的，本为结二性之好，应以人的感情欲望、爱情为基础。然而在孙权、周瑜这些所谓的政客眼中，她根本就是一个政治较量的筹码，在政治利益遭到破坏的时候，孙权甚至不惜牺牲自己的妹妹。两次精心设计的骗局，遭遇了哥哥的出卖与背叛，亲情的拆散、爱情的瓦解，剥夺了人性中最美好的情感信赖，将一个女性从闺房逼到了政治战场。

二、周瑜献计，孙夫人情定刘皇叔

赤壁之战后，刘备得到了荆州，孙权耿耿于怀。荆襄九郡的归属，成为孙刘双方矛盾的焦点。为了能够夺回荆州，她被当权者作为一枚棋子来设计，这一计，第一次改变了她的命运。

《三国演义》第五十四回记载："瑜曰：'刘备丧妻，必将续娶。主公有一妹，极其刚勇，侍婢数百，居常带刀，房中军器摆列遍满，虽男子不及。我今上书主公，教人去荆州为媒，说刘备来入赘。赚到南徐，妻子不能勾得，幽囚在狱中，却使人讨荆州换刘备。'……范曰：'若无妻，如屋无梁，岂可中道而废人伦？吾主吴侯有一妹，美而贤，堪奉箕帚。'……玄德曰：'吾年已半百，鬓发班白；吴侯之妹，正当妙龄，恐非配偶。'范曰：'吴侯之妹，身虽女子，志胜男儿。常言，若非天下英雄，吾不事之。今皇叔名闻四海，正所谓淑女配君子，岂以年齿上下相嫌乎？'"

她虽然是女儿身，却有男儿志。从这段描写中课件，她从小习武，性格刚烈，好舞刀弄枪，善于用兵，许多男子尚不及她，可谓英姿飒爽，有勇有谋之巾帼。其后在第五十五回开头时："管家婆曰：'贵人休得惊惧：夫人自幼好观武事，居常令侍婢击剑为乐，故尔如此。'"可以看出孙夫人与众不同之处，她从小不喜女红，却喜欢舞刀弄枪，学习武艺。同时，这里用刘备的胆小懦弱反衬出孙夫人巾帼不让须眉的英勇形象，可以说孙夫人是一个女中豪杰，巾帼英雄。

但是，她毕竟是一位女性，而且是政治权力集团的一员，这也就决定了其个人命运必然要和整个权力集团的利益绑在一起。周瑜设计本是想取得荆州，作为东吴势力进一步巩固和发展的政治资本。没承想，弄假成真，她与刘备情投意合、两情相悦，当刘备遇到危难之事，她许下了"妾已事君，任君所之，妾当相随"的誓言，性格刚烈的她执着对刘备婚姻的坚守，面对周瑜的围追堵截大称"玄德乃大汉皇叔，是我丈夫"，为夫三次解难，英勇机智。

当骗局揭晓的时候，也让我们看到了一个不一样的女性形象：在刘备与孙权的政治斗争中，她表明了自己的立场态度，面对亲情的背叛，死心塌地跟随刘备，拯救自己的婚姻；她三番四次保刘备化险为夷，解除了两个人在面对大难时的猜忌和异己思想，从而使两人的感情更加透明信任。在脱险中孙夫人表现出了异常卓越的勇气与魄力，俨然成了刘皇叔的贤内助。独立、自主性很强的性格与前面提及的"巾帼不让须眉"的性格是很吻合的。

三、张昭再献计，孙夫人离别刘皇叔

孙刘联姻，虽然是政治角逐的结果，但是，它让孙刘双方在很长的时间内保持了表面和平，这其中，孙夫人的作用自然不言而喻。但是，当刘备入川，东吴认为这是夺回荆襄之地的一个绝佳机会的时候，当权者首先想到的是政治利益而不是儿女情长。当权者可以不考虑，自然而然有人考虑，站出来加以阻止这一想法的是孙权的母亲——吴国太。

《三国演义》第六十一回有记载：

国太怒曰："吾一生惟有一女，嫁与刘备。今若动兵，吾女性命如何！"因叱孙权曰："汝掌父兄之业，坐领八十一州，尚自不足，乃顾小利而不念骨肉！"孙权喏喏连声，答曰："老母之训，岂敢有违！"

在陷入两难之地的时候，张昭献上一计，这一计，再一次改变了她的命运：

张昭曰："此极易也：今差心腹将一人，只带五百军。潜入荆州，下一封密书与郡主，只说国太病危，欲见亲女，取郡主星夜回东吴。玄德平生只有一子，就教带来。那时玄德定把荆州来换阿斗。如其不然，一任动兵，更有何碍？"权曰："此计大妙！"

为人子女，孝道第一：

周善拜诉曰："国太好生病重，旦夕只是思念夫人。倘去得迟，恐不能相见。就教夫人带阿斗去见一面。"夫人见说国太病危，洒泪动问。夫人曰："皇叔引兵远出，我今欲回，须使人知会军师，方可以行。"

从这一段可以看出，她是一个孝敬父母，识得大体的贤良女子。但是她的孝顺却被人给利用了，再一次成为政治较量的筹码。

回到东吴后的她，因为孙刘的仇怨，她再也没有机会得见刘备。《三国演义》八十四回记载："时孙夫人在吴，闻猇亭兵败，讹传先主死于军中，遂驱车至江边，望西遥哭，投江而死。后人立庙江滨，号曰枭姬祠。"

她的悲剧命运从第一次设计就注定了。她与刘备的联姻又区别于我们所熟知的和亲，她自以为可以"一身安两家，砥柱南天"，结果却只能是处处碰壁。孙刘间的利益冲突，却不是她的个人地位和情感可以改变的。

前一次设计，是以联姻为名，想将刘备骗到东吴，以此来夺回荆州；第二次设计，要她离开荆州，同时把刘备的儿子也带走。一方面，想表明，孙刘两家从此以后不再是亲戚了，打起来的时候也没有什么顾忌；另一方面，必要的时候，可以用刘备的儿子作为要挟，换取荆州。

但是，在她悲剧的生命中，我们又能够从她的身上看到她特立独行的性格特征，似乎这也是对她命运的抗争。

四、特立独行的性格

1. 对爱情忠贞不贰

她是少有的痴情女子。吴国的郡主，过着锦衣玉食的生活。嫁给刘备后，对刘备可谓忠贞不贰："妾已事君，任君所之，妾当相随。"与刘备生死与共，逃回荆州，苦苦追随多年，当听闻刘备军中而亡，她望江西遥哭，投江而死，为她所忠守的爱情献出了自己的生命。但是，刘备亲征东吴为关羽报仇时，放弃了吴蜀两国重新联合、共灭曹魏的大好时机，一句"兄弟如手足，妻子如衣服"，更表明他们对结发之恩的态度。她的爱情观换来的却是悲剧的一声，相比与同时期的女子，她对婚姻有自己的看法和追求，是有自己的主见的，这和当时的婚姻观念是不同的。

2.思维缜密，果敢刚毅

她是一个思维缜密、果敢刚毅的奇女子。在刘备的众多夫人中，论对蜀国的功劳，当属她最高。首先她助刘备回到荆州，当刘备想回荆州却苦无借口时，是在她的帮助下得遂所愿。在刘备回荆州过程中，孙权派兵一定要追回刘备。《三国演义》中，借程普之口，刻画出她果敢的形象。在封建社会中女子处于弱势地位，一般只有女子惧怕男子，而她能够让众将领惧怕她，除了她的身份地位以外，也与她本身的原因有关。当众将众将领骂退，可见她心思缜密，口才好，反应快。她一句"劫掠我夫妻财物"就把事件的性质变追杀为劫财，把责任推到了周瑜身上，既保全了孙权颜面，又拖延了时间，保住了刘备性命。整个过程中，她兵不血刃却已经打胜了一场心理战，兵行险招，只言片语退了追兵，足见其心思细腻，思维缜密，做事果断，颇有大将风范。

中国封建社会男权至上，妇女地位低下，这也许是其命运悲剧的根源。而封建社会的男性作家习惯于以男权价值为中心，站在自我性别的立场去描写女性形象。她虽然贵为刘备之妻，却因古代女性地位的低下一样受到轻慢，始终没有得到正确的待遇。因其政治身份的原因，一次次被当权者所利用，归根结底，她是一名女性，是生在权力集团的女性，这就注定了她的命运要被利用，不管她怎么抗争，始终都逃脱不了。

第三节

才气英英命多舛，至柔克刚蔡文姬

蔡文姬，东汉末年到三国时期的才女，名琰，字昭姬，又字文姬，是东汉文学家蔡邕的女儿。文姬生在乱世中的书香门第，童年受到良好教育，少年时期嫁为人妇，后被匈奴掳掠，几经周折归汉，因《悲愤诗》与《胡笳十八拍》名扬后世。她命途多舛，一生经历国破家亡，丧夫离子之痛，但又坚强隐忍，在乱世中弹奏出昂扬的琴音。

一、人生坎坷的才女文姬

1. 童年蔡琰辨琴

蔡琰出生于东汉末年的书香门第，他的父亲是东汉著名的文学家、书法家、音乐家蔡邕。蔡邕精通诗词歌赋，在书法方面更是颇有造诣，他擅长写篆书和隶书，并创造了"八分体"，与曹操私交甚好，曾做过曹操的老师。而蔡邕膝下无子只有一个女儿就是蔡文姬，从小文姬就在父母的呵护下成长，父亲更是将自己一身的才华传给了女儿。

唐朝诗人李翰在儿童启蒙诗《蒙求》中记"蔡琰辨琴"，这是关于文姬童年的故事。有一次文姬的父亲蔡邕弹琴，不小心断了一根弦，文姬隔着一间房屋便能辨认出是第二根弦。蔡邕深感惊讶，以为这是巧合，于是又故意弄断一根弦问她是哪一根，文姬回答第四根。蔡邕对此感到十分惊奇，蔡琰却说："从前季札在鲁国听音乐时，就能辨知列国的治乱兴衰；晋国的乐师旷能从音乐中辨知吉凶，女儿天天听您弹琴，难道哪根琴弦断了还听不出来吗？"这就是蔡文姬童年辨别音律的典故。

从蔡琰辨琴的典故中不难看出，童年时的蔡文姬虽然身处即将波云诡谲的时代大背景下，但她的生活是富足而美好的，良好的家教铸成了她的才华卓越，也让她身上烙下了不灭的文气与风骨。

2．少年文姬的命运转折

《后汉书·列女传》中记："适河东卫仲道。夫亡无子，归宁于家。"三国时期魏国的丁廙在《蔡伯喈女赋》中也记载了文姬的婚事"伊太宗之令女，禀神惠之自然。在华年之二八，披邓林之曜鲜。"文姬在十六岁时便出落得亭亭玉立，这一年她远嫁河东卫家，她的丈夫卫仲道是远近闻名的才华横溢之人，有着良好的文化修养，两人郎才女貌可谓绝配，那时的文姬无比幸福，新婚宴尔，丈夫对她百般疼爱。可惜好景不长，不到一年，卫仲道因病而亡。那一年文姬还不到17岁。两人没有子女，卫家认为她"克死丈夫"，新寡的文姬也正是年轻气盛之时，不愿过寄人篱下的生活，便回到老家生活。

蔡文姬回到老家时他的父亲蔡邕正被董卓赏识，他跟随董卓在长安做官。不幸的事正降临在这个书香门第，初平三年（192年），董卓被诛杀，蔡邕在王允座上提到董卓曾对自己的礼遇，引起了王允的猜疑，无辜被杀，母亲不久后也在悲痛中去世。一代才子冤屈而亡，文姬经历了失去父亲母亲的痛苦，从此孤苦伶仃，无依无靠。更加悲惨的事情在三年后发生了，《后汉书·列女传》中记："兴平中，天下丧乱，文姬为胡骑所获。"兴平二年董卓旧部发生叛乱，数月的攻伐使文姬的家乡也遭受罹难，混战中文姬被南匈奴虏获。蔡文姬在《悲愤诗》中做："斩截无孑遗，尸骸相撑拒。马边悬男头，马后载妇女。"极其写实地描写了战乱中匈奴人抢掠汉地时的野蛮场景。

童年生活优越、家教优良的文姬在经历丧夫之痛、父亲冤死后，再次饱受国破家亡，命运飘零之苦。

3．文姬归汉传佳话

被掳掠的文姬和其他妇女都被匈奴人当作战利品押送到塞外，那里风沙四起，霜雪萧瑟，文姬对家乡不禁升起无限思念之情。身处胡地，那里的风俗在从小家教优良的文姬眼中是极其不开化的，是野蛮的，匈奴人对待掳掠来的汉人妇女更没有任何的尊重，无异于是奴隶。每当月黑风高，文姬的心中便想起哀婉的琴音，可谁知人生是辨不出的琴弦，她只有不断地给自己打气，让自己在生命的谷底弹奏出有力的琴音。

终于年轻貌美又多才的文姬被匈奴左贤王看中，左贤王性格粗犷豪放，但向往汉文化，因此对文姬十分喜爱。他无疑是文姬在悲惨命途中一根稻草，万般无奈的情况下她嫁给了匈奴左贤王，在那里生活了十二年，并为他生下了两个儿子。十二年间，她开始适应塞外的生活，学会了吹奏"胡笳"，学会了一些异族的语言，她也将汉地的风俗传给左贤王及其部众，促进了胡汉民族交融，同时也为她后来创作《胡笳十八拍》打下了基础。

关于文姬被掳掠的经历在文学作品和影视作品中有很多表现。文姬归汉的故事更是被历代文人骚客传颂。

曹操北定中原之后，迎汉献帝到许昌，自己当上丞相，他心怀大志，筹划文治天下，又想到私交甚好的蔡邕，可惜冤死，当他得知蔡邕唯一的女儿被掳到了南匈奴时，他派使者，携带千两黄金，一双白璧，打算赎回文姬。文姬终于等来了朝思暮想的家乡消息，可这时的她左右为难，这里是生活了十二年的地方，不知梦中有多少次想要逃离，可现在她却为人母，怎舍得离开年幼的孩子，儿子搂住她的脖子舍不得她离开，文姬的心如刀割一般。无论如何这里终究不是她的家呀，她在这里感受到的更多是荒凉、是野蛮、是孤独、是恐惧！最终她决定要回到自己的家乡。

文姬归汉的这一路上，凄苦悲哀之情涌上心头，别子归乡的她有不舍有悲哀也有对家乡的憧憬和向往。文姬用《悲愤诗》与《胡笳十八拍》描述出自己的经历，为她在匈奴的生活画上了句号。

公元 208 年 4 月 4 日（汉建安十三年三月初一日）文姬回到汉地，这时的文姬在中原没有亲人，孤苦伶仃，曹操赎回文姬自然也考虑到这个情况，他替文姬安排了一桩婚事。文姬嫁给了仪表堂堂，又通晓书史，谙音律的田校尉董祀。这一年文姬三十多岁，不折不扣的中年妇女，而董祀二十出头血气方刚，这段婚姻并不对等，董祀并不是因为欣赏文姬才华才心生爱慕之情，他心中多少都有被强迫的无奈。

情况在一件事情后发生了转机，董祀因犯法被判死罪。文姬知道后心急如焚，她顾不上梳洗打扮，便来到曹操处求情。曹操恰巧在大宴宾客，朝廷里的一些公卿大臣、名流学士，满座一堂。曹操听侍从报告说蔡文姬求见，而且在座的大臣名士中很多人都跟蔡邕相识，于是就对大家说："蔡邕的女儿在外流落多年回来了。大家都久闻她是一大才女，今天和她见见面，怎么样？"大伙儿当然都表示愿意相见。曹操就命令侍从把蔡文姬带进来。蔡文姬披头散发，赤着双脚，一进来就跪在曹操面前，替她丈夫请罪。她的嗓音清脆，言辞恳切，又说得十分伤心。座上有好些人原来是蔡邕的朋友，看到蔡文姬的伤心劲儿，不禁想起蔡邕，感动得连鼻子也酸了。曹操又说："你的言辞动人，真诚可见，可是降罪的文书已经发出去了，怎么办呢？"蔡文姬说："你马厩里的好马成千上万，勇猛的士卒不可胜数，还吝惜一匹快马来拯救一条垂死的生命吗？"曹操终于被蔡文姬感动，赦免了董祀。

当时天气寒冷，曹操还赐给文姬头巾鞋袜来御寒。曹操问她："听说夫人家早先收藏了大量的典籍，不知道您还记得吗？"文姬回答说："早先家父确实赠予了四千多卷书籍，但战争让人流离失所，书籍都失散了。我现在还能背下来四百多篇。"曹操十分高兴，立刻说："我现在就派十个人帮助夫人写下来。"文姬回复："男女授受不亲，请给我纸笔，我会一一写下。"于是，文姬将背诵出的古籍写下来送给曹操，竟然无一处贻误。文姬从父亲那里学到的文化，化作了她的财富，将古籍默写出来，让更多的人受益，为保存古代典籍做出了贡献。自从文姬替丈夫求回性命后，董祀也对文姬敞开了心扉，据说两人后来过着隐居的田园生活。

文姬归汉后作《悲愤诗》与《胡笳十八拍》，在文化上有着很高的造诣，她背默古籍为古典文化的保存做出贡献，为世人所称道。

二、建安文学中的塞北笳音

以蔡文姬名流传下三篇作品。一首五言《悲愤诗》，一首骚体《悲愤诗》，以及琴曲《胡笳十八拍》，这三篇都是以蔡文姬为主角的自传体作品。学术界对这三篇作品的真正作者究竟是谁有着不同的看法。最早提出质疑的是北宋大文豪苏轼，他在《题蔡琰传》中写道："今日读《列女传》蔡琰二诗，其词明白感慨，颇类世所传木兰诗，东京无此格也。"他认为《列女传》中所载的两首《悲愤诗》与当时的文学风格不符。目前文学史界基本认可五言《悲愤诗》为蔡文姬本人所作，骚体《悲愤诗》和琴曲《胡笳十八拍》仍处于争论不休的状态。不论最终作者是否为蔡文姬，这三篇作品对文姬的描绘都深入人心，在文化殿堂中都有着重要地位。

特别是五言《悲愤诗》，它是我国诗史上文人创作的第一首自传体的五言长篇叙事诗，在建安文学史中留下了浓墨重彩的一笔，不仅有着极高的艺术价值还有着珍贵的史料价值。

建安文学由于其独特的历史背景，注重写实的艺术风格，建安文学家们直抒胸臆，表达出自己远大的抱负，形成了刚健质朴的抒情风格，展现出慷慨悲凉的社会风貌。蔡文姬的五言《悲愤诗》以自己亲身经历的悲惨遭遇，深刻揭示了汉末动乱中广大人民特别是妇女的不幸命运。全诗叙事波澜曲折，抒情如泣如诉，有强烈的感染力和隽永的艺术魅力。

五言《悲愤诗》共一百零八句，可以将它分成三个部分，前四十句为第一部分。这一部分描述的是东汉末年社会动荡的局面，在这种动荡之中，蔡文姬带入自身经历，回忆被匈奴掳掠后的悲惨经历。极其写实地体现出被掳后遭到的非人待遇。这是蔡文姬心中去国离乡的无奈，是对匈奴野蛮行径的愤怒，是隐忍和折服。

第四十一句到八十八句为第二部分，主要叙述的是蔡文姬客居他乡后的凄凉景象，以及文姬归汉时的复杂心境。一方面是亲生骨肉，另一方面是朝思暮想的家乡。看到儿子对自己的依恋，同来匈奴的朋友们的羡慕，她都不忍，只可惜能归汉的独有她一人。此时文姬的内心一定遭受着亲子离别的煎熬，她自责也内疚，不知何等撕心裂肺的疼痛。

第八十九句到一百零八句为第三部分，讲述文姬在归汉途中看到的萧瑟景象，这也是文姬内心的映照。

蔡文姬生于乱世，一生如浮萍随着时代的洪流飘荡，她命运坎坷，却又充满传奇。身为女子才华横溢，身陷囹圄却从未屈服，作为乱世才女的她坚强、隐忍、乐观，用自己的风骨留给后人一笔宝贵的精神和文学财富。

附：五言《悲愤诗》

汉季失权柄，董卓乱天常。志欲图篡弒，先害诸贤良。逼迫迁旧邦，拥主以自强。
海内兴义师，欲共讨不祥。卓众来东下，金甲耀日光。平上人脆弱，来兵皆胡羌。
猎野围城邑，所向悉破亡。斩截无孑遗，尸骸相撑拒。马边悬男头，马后载妇女。
长驱西入关，迥路险且阻。还顾邈冥冥，肝胆为烂腐。所略有万计，不得令屯聚。

或有骨肉俱，欲言不敢语。失意几微间，辄言弊降虏。要当以亭刃，我曹不活汝。
岂敢惜性命，不堪其詈骂。或便加棰杖，毒痛参并下。旦则号泣行，夜则悲吟坐。
欲死不能得，欲生无一可。彼苍者何辜，乃遭此厄祸。边荒与华异，人俗少义理。
处所多霜雪，胡风春夏起。翩翩吹我衣，肃肃入我耳。感时念父母，哀叹无穷已。
有客从外来，闻之常欢喜。迎问其消息，辄复非乡里。邂逅徼时愿，骨肉来迎己。
已得自解免，当复弃儿子。天属缀人心，念别无会期。存亡永乖隔，不忍与之辞。
儿前抱我颈，问母欲何之。人言母当去，岂复有还时。阿母常仁恻，今何更不慈。
我尚未成人，奈何不顾思。见此崩五内，恍惚生狂痴。号泣手抚摩，当发复回疑。
兼有同时辈，相送告离别。慕我独得归，哀叫声摧裂。马为立踟蹰，车为不转辙。
观者皆嘘唏，行路亦呜咽。去去割情恋，遄征日遐迈。悠悠三千里，何时复交会。
念我出腹子，胸臆为摧败。既至家人尽，又复无中外。城郭为山林，庭宇生荆艾。
白骨不知谁，纵横莫覆盖。出门无人声，豺狼号且吠。茕茕对孤景，怛咤糜肝肺。
登高远眺望，魂神忽飞逝。奄若寿命尽，旁人相宽大。为复强视息，虽生何聊赖。
托命于新人，竭心自勖励。流离成鄙贱，常恐复捐废。人生几何时，怀忧终年岁。

第十章　纷扰两晋史，女性展芳华

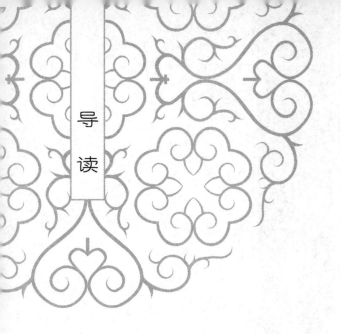

三国两晋南北朝时期被很多人看作是中国历史上最纷扰混乱的一个时代，也是政治社会最暗淡的一个时代，甚至有人把它比作欧洲的黑暗时代（Dark Age）。司马氏的两晋王朝则是这个混乱时代承前启后的过渡时期。

西晋武帝虽然结束了九十多年的三国纷争，使得中国复归统一。可是，晋王朝内部危机重重：一方面，士风消沉，世族大家生活糜烂；另一方面，晋初大封同姓诸王，拥兵自重，割据一方。同时，外部也是不得安宁，五胡杂居边地，对中原王朝虎视眈眈。西晋建立约十年，武帝崩而惠帝立。惠帝无力控制政局，皇后贾南风登上政治舞台，成为西晋中后期政治矛盾的主要焦点。八王之乱后，西晋政权的统治秩序，遭到极大破坏。匈奴人刘曜攻下洛阳，西晋亡，北方政局重新陷入混乱。

西晋后期，开启了中国历史上第一次大规模的北民南迁的浪潮。这些移民中的世族是东晋王朝建立的政治基础。正因如此，偏安江南的东晋政权也是飘摇不定。褚蒜子凭借其出色的政治才能，成为这个时代的"政治女英雄"，努力延续了东晋政权"政治生命"。

两晋时期的政治惨淡，并不是说这个时代百无一是，其他方面是颇有建树的，也是民族交融、思想活跃、文化灿烂的时期。其中，"书圣"王羲之可谓妇孺皆知，其启蒙老师卫夫人在中国书法史上也占据重要地位。

历经六代皇帝三次垂帘的东晋皇后

历史来到东晋。在历史上，一般把东晋说成是"王与马，共天下"的朝代。这是说东晋是一个由王姓世族与司马姓世族一起组建的利益共同体。当然，"王与马"也不可能永远"共天下"下去，而王室衰微后，又会有新的世族参与政治。这也造成了东晋司马政权一直受到当时世族势力的影响。正是这一政治背景才有了褚蒜子的传奇经历。褚蒜子是东晋第四位皇帝康帝司马岳的皇后，但是她一生经历了康帝司马岳、穆帝司马聃、哀帝司马丕、废帝司马奕、简文帝司马昱、孝武帝司马曜等六代皇帝，先后三次垂帘听政（一说四次），任用了谢安等名臣，凭着自己出色的政治敏锐性，屡次挽救危机四伏、动荡不堪的东晋政局，帮助司马王朝度过了重重危机，堪称一代杰出的女政治家。

一、初涉政坛露峥嵘

褚蒜子河南禹州人士。对其身世也有比较详尽的记载，其生存年代为公元323—384年，卒年六十一岁，在中国皇后中算是寿命很长并善始善终者了。禹州褚姓在当时的褚姓家族也算是名门望族了。褚蒜子的曾祖父曾在西晋武帝（西晋第一任皇帝）时曾任安东将军，其父亲也很有威望，时人对她父亲的评价也很高，《晋书·褚裒传》里有这样的评价："季野有皮里春秋。"也就是说，凡是不愿意轻易表态，也不好评价他人事情，但实际这种不漏声色中却做到了心中有数。褚蒜子受到家父的影响极深，对日后处理复杂的政局起到了关键作用。

因为褚蒜子出身高贵，并容貌过人且才华横溢，就与皇室司马家族攀上了姻缘。当时东晋成帝就做媒，把她许配给了当时还是琅琊王的司马岳，褚蒜子也就成了琅琊王妃。其父亲也飞黄腾达，因此出任了豫州太守一职。342年，晋成帝突然重病不起，临终前诏命琅琊王司马岳继承自己的皇位。这样，司马岳就成为东晋皇帝，是为晋康帝，同时，褚蒜子也被册封为皇后。从前文所述年龄看，褚蒜子在年仅十九岁的时候就成了一国之母。

褚蒜子的政坛之路格外顺利，家庭关系也算和睦。她与司马岳应该是非常恩爱的，并且还为司马岳生了一个儿子，即司马聃。可是，没有预料到的是，她的丈夫司马岳也英年早逝了，据记载，去世之年是二十三岁。这样，两岁多的司马聃继承皇位，也就是晋穆帝。年纪轻轻的褚蒜子继续升级，由皇后变为了皇太后。

其实早在晋康帝司马岳在世的时候，褚蒜子就曾经参与过朝政大事的抉择。她的见识和处理成效都令世族大臣们啧啧称赞。所以，后来褚蒜子成为皇太后之后，群臣们便以"皇帝年龄尚小"为由，请求皇太后临朝听政。褚蒜子垂帘听政后，没有任人唯亲。而是任命司马家族的会稽王司马昱为扬州刺史，随后又晋升司马昱为抚军大将军。后，又任命名仕殷浩为建武将军。从此，东晋政权在几位重臣的制衡中逐渐稳定，开辟了一个全新稳定的政治局面，也为东晋的进一步发展奠定了基础。

二、纵容桓温为家国

世人都知道，褚蒜子在数次执掌东晋政权的过程中，对其构成最大威胁的就是桓温。桓温是东晋时期的名将权臣，出身于豪门世族，还是东晋明帝（东晋第二代皇帝）的女婿。

桓温因为征伐蜀地而被封为征西大将军，权倾朝野。桓温权力的膨胀自然就成为褚蒜子的一块"心病"。为遏制桓温而重用上文提及的殷浩，并命殷浩北伐。然而，殷浩徒有虚名，北伐失败。殷浩北败回朝后，被褚蒜子撤职为民。之后，褚蒜子不得不再次重用桓温，也让桓温帅军北伐，哪知却旗开得胜，这进一步提升了桓温在朝野的地位。虽然，桓温也因起初的胜利而犯下致命错误，致使北伐失败并再次领败军回朝，但是褚蒜子依然重赏桓温，并升为征讨大都督。至此，桓温的权力欲望也得到满足，东晋局势也算安定。

公元 357 年正月，褚蒜子为自己十五岁的儿子举行了冠礼，表示司马聃已经成人。于是，褚蒜子也决定还政于皇帝，自己退居后宫。然而，褚蒜子还政之后，朝中的臣子们并没有褚蒜子精明能干，也就无从驾驭政局。所以，桓温的野心又一点点的膨胀起来，发展到难以控制的地步，最终导致了东晋历史有名的"桓温—桓玄之乱"。后来，桓温继续北伐，并在一次战争中光复了洛阳。洛阳乃是晋王朝的故都。这件事情让桓温在朝野的声望达到顶峰，无人能及。

就在桓温在朝野声望达到顶峰之时，司马家族却屡遭不幸。先是褚蒜子的儿子司马聃得了重病，并于十九岁那年离世。司马聃没有儿子，所以皇位继承人就成了很敏感的问题。褚蒜子忍住内心剧痛，选定了当时的琅琊王司马丕来继承大统。司马丕是褚蒜子的侄子，褚蒜子自然就成了皇帝的婶母。因为司马丕当时已经二十一岁了，所以作为婶母的褚蒜子不打算垂帘听政了。对此，司马丕很是感激，也继续保留了褚蒜子的皇太后之位。然而，司马丕的表现与褚蒜子的期望相差太远。司马丕不仅不理朝政，与桓温关系恶化，并且还迷恋方术，希望得到金丹而长生不老。然而，他不但没有长生不老，反而一病不起，并在二十五岁那年病逝。

在司马丕重病期间，朝臣们再次上书，希望褚蒜子能够临朝听政。于是，褚蒜子为了稳定政局，再次出山。也在这个时候，桓温有了篡位为帝的念头，并说出了"在当今，若不能流芳百世，就要遗臭万年"（《晋书·桓温传》："既不能流芳后世，不足复遗臭万载邪！"）的话语。

天不可无日，国不可无主。紧急之下，褚蒜子迎立了司马丕的同胞弟弟司马奕为帝。然而，朝野传闻，司马奕并非司马家族的皇家血脉。这让桓温抓住了把柄，并率兵逼宫，上书褚蒜子要求废司马奕。为了司马家族皇位的稳定，鉴于桓温的权势，褚蒜子无奈默许了桓温的提议，废司马奕为东海王。虽纵容了桓温，但是总算没有引起像西晋时期"八王之乱"的政治混乱。

三、重用谢安定江山

根据桓温的提议，司马皇室的正统之位应该由东晋元帝（即司马睿，东晋的开国皇帝）的小儿子、会稽王司马昱来继承，这也得到褚蒜子的默许，并且朝野之中也算认可。当时司马昱已经五十多岁了，巧合的是，像前几个皇帝一样，皇位还没有坐稳，继承皇位的第二年，又一命呜呼了。

其实，从司马昱即位到离世这一年左右的时间里，东晋王朝的政权一直都掌握在桓温手中。正如《资治通鉴·晋纪二十五》里曾有这样的记载，在司马昱病危之时立下遗诏："大司马桓温依周公居摄故事"，"少子可辅者辅之，如不可，君自取之"。也就是说，"我司马昱的时日已经不多了，我死后，皇位由太子继承，桓温可以像周公摄政一样辅佐朝政""太子如果值得辅佐就辅佐，不值得辅佐，桓温可以自取"。虽然这一遗诏没有实行，但却可见，当时桓温在朝中的权势之重。

对于朝中这一突发情况的出现，满朝文武自然会想到褚蒜子。当时的褚蒜子虽然没有直接参与朝政，但依然德高望重，被称为"崇德太后"。在褚蒜子与一些朝中重臣"视死如归"的进谏下，司马昱修改遗诏，说是"家国事一禀大司马，如诸葛武侯、王丞相故事"。这样，桓温想直接"依法"获得皇位的计划就落空了。桓温这一修改遗诏这一消息后，立即率领大队人马日夜兼程来到建康"兴师问罪"。

消息传至建康城内，一片哗然，群臣惊慌失措。褚蒜子早已经料到桓温的举动，并安排谢安等率领文武百官郊外迎接桓温。这也让桓温始料不及。加上，谢安镇定自若，从容不迫，又平静地问了一句语惊四座的话："明公何必要壁后藏人图谋不轨呢？"（详见《晋书·谢安传》）桓温没有想到谢安看透了自己的把戏，只得仓促地找借口说："我是怕朝中突发了什么事件，图个安全。"随后，立即下令撤走了帐后的所有武士。

第二天桓温入朝觐见司马昱，又看到了谢安，令他毫无心理准备，心里不免有些发毛，说了一些不痛不痒的小事就匆匆退下了。桓温回到自己的驻地，不久就离世了。他在弥留之际留下遗嘱让其弟弟桓冲统帅自己的军队。这样桓冲就掌握了桓温的兵权，朝臣们担心他又会成为下一个桓温。于是，谢安等人又率领满朝文武上表请求褚蒜子再次垂帘听政。

于是，已经年过五十岁的褚蒜子再次临朝，开始了她的第三次也是最后一次临朝听政。之后，国之大事，均已"皇太后诏令"的形式昭告天下。375 年 8 月，褚蒜子为孝武帝司马曜举行了婚礼。第二年正月，褚蒜子又为司马曜举行了冠礼，并还政于司马曜。383 年，在历史著名的淝水之战中，只有八万兵力的东晋在褚蒜子和谢安的筹划和指挥下，打败号称"百万雄狮"之称的前秦军队，也终于保住了东晋的江山。之后，褚蒜子和谢安也及时削弱了桓温六个儿子的权力，至此，东晋的政局也算基本稳定下来。384 年，褚蒜子病逝，终年六十一岁，与晋康帝司马岳合葬于崇平陵。

四、众人评说口碑佳

的确，褚蒜子是东晋历史，甚至是中国历史上的一位传奇女人。她天生丽质，雍容华贵，二十岁时成为皇后，二十二岁开始守寡。其实，丧夫后的她一心想隐退吃斋念佛，然而接下来的皇帝又接连死去，她不得不三次走到前台垂帘听政；每次还扮演着不同的角色：母亲、婶婶、堂嫂；从她做皇后开始，一生经历了六位皇帝，以毕生之力维持着风雨飘摇的东晋王朝。

东晋时期重臣蔡谟对褚蒜子的贡献进行了高度的评价，认为当时"社稷危急……臣等不胜悲怖"，幸得皇后"临朝摄政"，方才"万邦承庆，群黎更生"。《晋书》也有类似的记载："太后御宸，谅知非古。而明穆、康献，仍世临朝，时属委裘，躬行负扆……所幸实为多矣！"褚蒜子去世后，孝武帝还按"齐衰丧礼，服丧一年"。这也从侧面极大肯定了褚蒜子的崇高地位和历史贡献。

翻阅褚蒜子的历史资料，不禁会产生一个疑问，美貌与德才兼备的褚蒜子为何没有成为中国历史上的第一位女皇帝呢？一个重要的原因就是褚蒜子出身名门，家风纯正，良好的家教让褚蒜子没有称王称帝的想法。据记载，丈夫死后，褚蒜子更想吃斋念经、一心向佛。也就是说，如果不是丈夫英年早逝，留下一个烂摊子，相信以褚蒜子的意思也不愿意抛头露面，临朝摄政辅佐幼主。

东晋王朝大约经历了一百多年，而褚蒜子先后临朝听政前后历经约四十年，几乎在维系着东晋王朝一半的寿命。可以说，褚蒜子这一具有如此传奇色彩的女性，为东晋王朝的发展做出了不可磨灭的贡献。与很多名声不好的后宫霸主相比，并不是那么家喻户晓。但她以更正面的形象为人们所铭记，所称颂。

第二节

"书圣"王羲之的启蒙老师

与汉唐相比，两晋的政治生态逊色不少，所以有了贾南风、羊献容、褚蒜子等一些后宫之主的奇特经历。然而，两晋在文化发展上却独树一帜，故有"魏晋风流"的赞誉。两晋时期的大家世族在物质上"食肉百姓"，也就有充足的时间和精力在文化上"弄文舞墨"，在文化传承与创新上颇有建树。其中，书法艺术是两晋时期文化发展的一颗璀璨明珠。自然，我们会想到东晋的大书法家——"书圣"王羲之。王羲之可谓妇孺皆知，而他的启蒙老师却是一位女性书法艺术家、书法理论家，她就是卫夫人。

一、卫夫人其人其事

卫夫人，东晋著名女书法家（272—349年）。河东安邑（今山西夏县）人，名铄，字茂漪。汝阴太守李矩之妻，世称"卫夫人"。卫夫人族祖是卫瓘。卫瓘出身官宦世家，年轻时仕官于曹魏，历任尚书郎、散骑常侍、侍中、廷尉等职。西晋建立后，历任青州、幽州刺史、征东大将军等职，晋惠帝即位后，因与贾南风对立，终在政变中遇害，终年七十二岁。可以说，卫夫人也是名门之后了。更为重要的是，卫瓘善隶书及章草，不仅兼工各体，还能学古人之长，是颇有创意的书法家。唐朝张怀瓘在《书断》中评其章草为"神品"。也就是说，卫夫人出身于书法世家。

卫夫人的书法成就除了受到其家庭熏陶外，一个书法大家的影响也是功不可没。这个人就是钟繇。钟繇是汉末至三国曹魏时著名书法家。钟繇擅篆、隶、真、行、草多种书体，在书法方面颇有造诣，推动了楷书（小楷）的发展，被后世尊为"楷书鼻祖"，与王羲之并称为"钟王"。据说，卫夫人的书法师承钟繇，并在传承卫家的书法特点的基础上，积极吸收钟繇的书法优点，独成一家。如卫夫人在自己的著作《笔阵图》中描述："横"如千里之阵云、"点"似高山之坠石、"撇"如陆断犀象之角、"竖"如万岁枯藤、"捺"如崩浪奔雷、"努"如百钧弩发、"钩"如劲弩筋节。两宋人陈思在《书小史》中记载，说卫夫人的书法"如插花舞女，低昂美容；又如美女登台、仙娥弄影，红莲映水、碧沼浮霞"，可见卫夫人的书法功底。诗圣杜甫在《丹青引赠曹将军霸》中写道："学书初学卫夫人，但恨无过王右军。丹青不知老将至，富贵于我如浮云。"

卫夫人不但在书法艺术实践上有重大建树，还在书法艺术理论方面也有突出成就。她撰有《笔阵图》一卷，全面深入地参考了有关的书法理论，并提出自己的看法。她在书中首先提出，书法之妙"莫先乎用笔"，主张学习书法要上溯其源，向古人学习，向书法成就高的人学习。卫夫人还在《笔阵图》中提出书法初学者，"先须大书，不得从小"，"善鉴者不写，善写者不鉴"等原则，也都是宝贵的经验。此外，卫夫人概括她对书法艺术总体的认识，提出了"力筋"之说，认为"善笔力者多骨，不善笔力者多肉"。这些都代表了她对书法理论的总体认识，为后代书法家指出了努力方向和路径，对历代书法理论和实践的发展都产生了巨大影响。

二、卫夫人教王羲之书法

大书法家王羲之的书法启蒙老师居然是一位大家闺秀，这个事情应该让人大跌眼镜。当然，这件事情放在当今，常理之事。再说，多数幼儿园老师不都是女的吗？然而在中国古代，女人是"大门不出，二门不迈"的，何况是一个大家闺秀？也就是说正常情况下，王羲之和卫夫人是很难见面的，又怎么能授之以书法之技呢？再说，卫夫人家族显赫，丰衣足食，不可能有兴趣去当一名老师？王羲之也是当时东晋名门望族的琅琊王世，也是书法之后，怎么就和卫夫人联系在一起呢？其实，卫夫人是王羲之的姨母，关系很亲密。这种特殊关系是卫夫人成为王羲之的书法启蒙老师的天然条件。

据说，王羲之自幼聪明，勤于学问，深得家族中人的赏识，卫夫人也不例外。王羲之又酷爱书法，七岁时候，就开始学习书法，一开始就展现了过人的天赋，加上态度虔诚，谦虚好问。有一次，王羲之问卫夫人："姨母，我怎样才能尽快把字写好呢？"对于这个七岁孩子的上进心，卫夫人很是震惊。卫夫人看到王羲之可爱、着急的样子，便将其叫到身边，抚摸着王羲之的脑袋，对他说："好孩子，不要这么着急，我先给你讲个关于墨池的故事吧！那是在东汉的时候，有一个名叫张芝的人，他为了练好字，天天在自家门前的池塘边，蘸着池水研墨练字，从太阳出来就开始写字，一直练到太阳下山，等实在看不清楚纸张了，就在池塘里洗涮笔砚，日久天长，洗出的墨汁把整个池塘都染黑了，后来，他的字越写越好，写的草书笔势活泼流畅，变化多端，大家都敬称他为'草圣'。"

卫夫人的鼓励对王羲之的影响很大，让他懂得了任何成功都是长期努力、坚持的结果。每当王羲之练习写字时出现疲惫并想要放弃的时候，他就用卫夫人讲述张芝的故事来勉励自己。常常告诫自己：张芝为了练好字，洗笔砚的水竟把池塘都染黑了，他下的功夫多么大啊！要是自己也像张芝那样刻苦，一定能把字练好的。

之后，一有机会，卫夫人尽心教王羲之写字，还经常用前人练字的故事开导、鼓励王羲之。从此以后，在卫夫人的具体辅导下，王羲之练字更加努力了。他也像张芝一样，每天练完字，就到自家门前的池塘里洗笔砚。时间一长，原来清澈如镜的池塘，也变成了墨池。在当时的人看来，王羲之也就成了当时的"张芝"。后来，王羲之每搬一处，都要在门前的水池里洗笔砚，据说他留下的墨池比张芝还要多。北宋的文学家曾巩，十分钦佩王羲之的勤奋刻苦精神，特地写了一篇《墨池记》赞颂王羲之。

除此之外，卫夫人教王羲之书法，还教他知道天外有天，人外有人，不可骄傲懒散。因此，在王羲之随后学习了张芝的草书之后，卫夫人又教王羲之钟繇的楷书，可是卫夫人还觉得不够，又要求王羲之继续博览群书，向更多的书法家学习，尽量向更多的书法家学习技法，做到时时学习、处处学习。后来，王羲之长大了，先后到武昌、九江等地做官、出游。王羲之每到一地，总是记起卫夫人的教导，看看前人留下的碑文题字，他总要细心地临摹下来，一有空就拿出来看，认真地琢磨体会其中的特点，用心地悟出个中道理，提高自己的技艺。据说有一次，王羲之在临摹碑文后，仔细端详那些笔迹并着了迷，或停下来冥想，或坐下来的时候，也不忘揣摩字的间架结构、气势和运笔的方法。由于手指在自己身上横一笔竖一道地划，日子久了，连衣襟都划破了。

王羲之除了自己深记卫夫人的教诲外，还经常把卫夫人讲的故事讲给自己的儿子王献之听。王献之也按照卫夫人教的，要融合百家之长，得千变万化之神，才能有所提高和创新。之后，王献之在书法上也取得了不小的成就，与其父亲并成为书法史上的"二王"。

三、卫夫人的动人传说

在民间，有很多关于卫夫人的传说，有些也是家喻户晓的故事，是沉甸甸的历史留痕，也是情意浓浓的民族精神。

古代书法家的故事总是离不开墨池和砚台，道理自明。据说某地苏庄村东头有个十来亩大的泊池，叫卫夫人洗墨池。这个泊池颜色偏暗，如泼墨一般。说的是卫夫人幼时练习写字，态度十分刻苦，有时一写就是几个时辰，实在太累了，她就去门前泊池里把洗笔砚当作放松。有一次，她练字累了，就把笔砚放在桶中，又放在了泊池里，谁知泊池里的水从此染成了黑色，后人就把这泊池称为卫夫人洗墨池。还有一个关于卫夫人吃墨的故事。这个故事的情节和二十世纪九十年代小学课本里列宁吃墨的故事相似。是说，卫夫人常常是边吃边练习写字，一次竟用馍把墨沾吃光了。等到家人来看她吃了饭没有，但见菜原封不动还在桌子上，砚中的墨却没了。卫夫人这才知道自己用馍把墨沾吃光了，两人都惊讶地笑了。

有些故事也会为阐发古代书法的深厚造诣而神化故事情节。据说，有一次王羲之在练习绘画，画了一只鹅，大致轮廓完成，就画鹅掌、画鹅翅、画鹅喙，最后就是眼睛左也不成右不成，总感觉画得不好。王羲之向卫夫人求助，她接笔，端详一番，随手一点，谁知，这一点，鹅扑闪一下竟飞了。这个故事，是为给鹅点睛。还有一个故事，据说在一个炎热的夏天，卫夫人在自家附近的山上游走，书写情绪顿生，挥笔写字，把周围山上的石头、树皮、阔叶等能写的地方几乎都写满了字。之后，天气晴转雨，雨水和墨迹又混为一体变为黑水，黑水入河，惊动当地郡守。这就是"山上下过墨汁雨"的故事。

有些故事是把相关文物古迹与卫夫人联系起来，以借助卫夫人之名附赠历史意义和人文情怀。有一则关于"玉石白菜"的故事。据说，卫夫人完成《笔阵图》写作后，呈送皇上御阅。皇帝御阅后，连声称好，赶忙叫来近臣，把自己身边一尊稀世珍宝——玉石白菜赐给她。卫夫人在世时便把这个玉石白菜摆放案头，爱不释手。她去世后，家人为表示纪念，经皇帝恩准后，把玉石白菜作为卫夫人的殉葬品，随之入土，这也就是现存于台北故宫博物院的国宝——玉石白菜。还有一则玉石砚的故事。大致是这样的：在新中国成立后不久，也是在上文提及的苏庄村，村里有个私塾，在这里念过书的学生，没有人不知道老师桌子上放着一方奇特的大玉石砚。那方大玉石砚有半尺厚，一尺多长，椭圆形，四边雕有栩栩如生的飞龙。传说，这玉石砚是大书法家卫夫人用过的，土地改革时是农会从财主家搜出来后，捐赠给了学校。从那时起，都把玉石砚当作学校的"传家宝"。当学生给老师研墨的时候，老师都要求学生要爱护玉石砚，并学习卫夫从小苦学毛笔字时的优秀品质和精神。当然，现在据说这方大玉石砚的去向不明，不免可惜。

还有一则关于描述的卫夫人教诲王羲之学习书法的故事，虽然杜撰程度较高，但也从侧面证明卫夫人是王羲之的启蒙导师。据说，为了更好地教诲王羲之，卫夫人也是想尽办法。一天，卫夫人将自己化装成观音老母，到集市去卖饼，她打饼和别人不一样，她把案板放在脸前，烙鏊放在背后，擀一个饼从头上往身后一扔，并恰好落在烙鏊中，围观人水泄不通，啧啧称赞。知道消息后，王羲之也来观看，看到兴奋时，不由脱口而说，"这个手艺太妙了"。卫夫人听是王羲之的声音，便故意说："这还没有王羲之的字写得好哩。"王羲之心里高兴，但没有得意忘形，认为这只是神仙点化他。于是暗暗下决心，一定要练得像观音老母烙饼一样妙。从此又跟卫夫人苦学了一年，才告别恩师。之后，王羲之经过自身不断努力，集精艺于一身，自成一派，终成一代书法大家。

"林下之风"女名士

"山阴道上桂花初，王谢风流满《晋书》""旧时王谢堂前燕，飞入寻常百姓家"，这两句诗虽是诗人缅怀旧时之作，却都出现了一个词"王谢"。王谢是魏晋时期两大权倾朝野的家族，有"王与马（司马）共天下"的王家，还有后起之秀丝毫不逊色的谢家。我们今天的女主角，她便是出生于东晋名门望族，世代簪缨的谢家，被后人盛誉为"柳絮之才""林下之风"的魏晋女名士——谢道韫。

一、"咏絮"才情超凡出众

谢道韫所处的时代，是中国古代的魏晋南北朝。这是一个战乱频繁的时代，既有政权更迭频繁，还伴随着外族入侵，但随着君权控制的示微，两汉时期儒家思想、伦理纲常对人们思想控制的减弱，社会上逐渐掀起了一股思想解放的潮流。正如宗白华先生在《美学散步》（上海：上海人民出版社，1981年，209页）中所指出的，这个"中国政治上最混乱、社会上最痛苦的时代，然而却是精神史上极自由、极解放、最富于智慧、最浓于热情的一个时代"。这个时代，孕育了一个追求性格豪放、旷达玄远、洒脱不羁的世人群体，其中也不乏追求思想自由、人格独立的女性，而谢道韫以其富于"林下风气"的风骨、气度、才情，成为其中最亮眼的一位。

谢道韫，其父亲是东晋安西将军谢奕，其叔父是东晋"江左风流宰相"谢安。她是在淝水战中立下赫赫战功的名将谢玄的姐姐，是大书法家王羲之的儿媳，是江州刺史王凝之的妻子。出生于诗书富贵世家，长于礼乐簪缨之族，她从小受到良好家学的熏陶，在闺阁少女之时就展现出出众的才华，深得叔父谢安的肯定和赞赏。

《世说新语·言语》第71则记载了一个非常有名的故事：谢太傅寒雪日内集，与儿女讲论文义，俄而雪骤，公欣然曰："白雪纷纷何所似？"兄子胡儿曰："撒盐空中差可拟。"兄女曰："未若柳絮因风起。"公大笑乐。

在一日寻常的家庭聚会中，叔父谢安与他的众儿女在庭院中讲论文章，突然间下起了大雪，谢安突发兴致，问他的子女们："这纷纷大雪可以比喻成什么呢？"兄长说："就好像撒了一把盐在空中。"谢道韫接道："还不如说是风中随风飘扬的柳絮。"我们细细品味，同样是比拟雪花，"随风柳絮"比"空中盐花"更多了几分轻逸飘盈的诗意和美感，谢道韫对美的理解力和感受力明显超于常人。这也就是典故"柳絮之才"的来源，后人也常用它来形容非常有才华的女子。

而谢道韫不仅才华横溢，还是一蕙质兰心、冰雪聪明之女子，叔父谢安称赞其有"雅人深致"。《晋书·列女传》记载了这样一个故事：（道韫）聪识有才辩。叔父安尝问："《毛诗》何句最佳！"道韫称："吉甫作颂，穆如清风。仲山甫永怀，以慰其心。"安谓有雅人深致。

当叔父问她，《论语》中最推崇的是哪几句时，作为女孩子，她没有说"桃之夭夭，灼灼其华，之子于归，宜其室家"，也没说"昔我往矣，杨柳依依；今我来思，雨雪霏霏"，而是回答了"吉甫作颂，穆如清风。仲山甫永怀，以慰其心。"这四句选自《诗·大雅·荡之什》，吉甫和仲山甫都是西周时期深受周王信任的重臣，谢道韫此回答，实则在暗指叔父谢安好比西周的这两位重臣对江山社稷的贡献，暗表达自己对指挥淝水之战大获全胜的叔父的敬仰和钦佩。谢道韫此举，体现了她其超凡出众的文学才华与聪慧善言，也难怪叔父对她青眼有加。

二、"林下之风"俊朗清雅

如此才情高雅的女子，会嫁给一位怎样的公子呢？叔父谢安对谢道韫的婚事自然是十分上心的，多翻挑选，为她择了一门姻缘，嫁与王羲之的次子王凝之。王家在当时是与谢家齐名的簪缨世家，这怎么看都是一门门当户对的好姻缘。可是，婚后的谢道韫脸上经常挂着愁容。《世说新语·贤媛》第26条记载道：王凝之谢夫人既往王氏，大薄凝之。既还谢家，意大不说。太傅慰释之曰："王郎，逸少之子，人材亦不恶，汝何以恨乃尔！"答曰："一门叔父，则有阿大、中郎。群从兄弟，则有封、胡、遏、末。不意天壤之中，乃有王郎？"

谢道韫嫁过王家之后整日里不开心，非常的嫌弃王凝之，叔父问她："王凝之是大书法家王羲之的儿子，他人也不坏，你为什么这么讨厌她呢"谢道韫回答说："在我谢家，放眼望去，就有叔父、弟弟等一群才华出众之人，我从来没有想到，天下之大，怎么会有王郎这么平庸无趣之人，这样窝囊的人怎么就会成为我的丈夫！"

谢道韫再次语出惊人，可是这一次，对丈夫的嫌弃和数落，她的矛头直接对准的是自己的丈夫，也是两汉整个社会维持运转的纲常伦理"夫为妻纲"。我们仿佛可以看到一个才情横溢的女子，对婚姻的失望，和对"门当户对"的再次冷静的思考。在魏晋之前的历史，也甚至在整个中国古代的历史记载中，也鲜少看到有女子控诉自己丈夫的窝囊平庸。魏晋时期的女子，以谢道韫为代表的，在婚恋上有大胆表达自己想法的勇气，间接地让我们看到追求婚姻自由和婚姻精神平等而非单纯的门当户对的渴求，甚至可以将其视为女性思想解放、追求自由人格和男女平等意识的复苏，不失为谢道韫"成万世之名"的又一惊人举动。

我们也可以认为，对丈夫的嫌弃，不失为谢道韫恃才傲物的表现。是的，即使是到了人才济济的王家，也依然掩盖不住其卓尔不群的才学之光和率性好胜的个性。《晋书·王凝之妻谢氏传》就记载了她机智地为小叔子解围的故事："凝之弟献之尝与宾客谈议，词理将屈，道韫遣婢白献之曰：'欲为小郎解围。'乃施青绫步鄣自蔽。申献之前议，客不能屈。"

魏晋时期，士人们闲暇之余热衷于清谈，作为双方之间一较高下的方式。有次眼见着小叔子王献之在于客人的清谈中，即将理屈词穷，谢道韫非常着急，但是又不方便直接跑出来帮助他，赶忙让奴婢跑去告知她可以为小叔子解围，她躲在青绫布障后面，小声地教与王献之如何回答客人的言辞，最终使得客人招架不得，理屈词穷。这就是后人常提起的"步帏之障"。当时一个才学甚高的太守刘柳慕名而来，想与谢道韫一较高下，她也不拒绝。

《晋书·王凝之妻谢氏传》记载道："太守刘柳闻其名，请与谈议。道韫素知柳名，亦不自阻，乃簪髻素褥坐于账中，柳束修整带造于别榻。道韫风韵高迈，叙致清雅，先及家事，慷慨流连，徐酬问旨，词理无滞。柳退而叹曰：'实顷所未见，瞻察言气，使人心形俱服。'"

在两次与男性的清谈中，谢道韫均占据了上风，使得对方心服口服，让我们仿佛看到一个才识过人、机敏好强、俊逸爽朗的当代女子的风采。谢道韫不仅对自身的要求很高，对身边的弟弟妹妹也经常规劝勉励其上进好学。《世说新语·贤媛》第28条记载了她对弟弟谢玄的劝勉。王江洲夫人语谢遏曰："汝何以都不复进！为是尘务经心，天分有限！"这不仅看出她对自身和家人的才学要求之高，也可以窥见其超前的教育观念和对家族的责任意识，即使是富贵家族的后代，也需要靠教育和才学来稳固自身的地位。弟弟谢玄在姐姐的劝导下，在学业上也不断进取，后来也成为在淝水之战里立下赫赫战功的名将，也从而更加看重自己的这个姐姐。

久而久之，她的名气在圈子里逐渐大了起来，也有人慕名去探寻她的风采，也自然有人觉得奇怪，这个谢道韫真的有这么厉害吗？于是有人便去王家一探究竟。《世说新语·贤媛》第30则记载了："谢遏绝重其姊，张玄常称其妹，欲以敌之。有济尼者，并游张、谢二家。人问其优劣，答曰：'王夫人神情散朗，故有林下风气。顾家妇清心玉映，自是闺房之秀'。"魏晋时期有著名的"竹林七贤""林下之风"的称赞，即说谢道韫有着可以类比竹林七贤的超凡脱俗、不落风尘的风度雅致，那这相比于常人的"闺房之秀"，自然是不可同日而语的。

三、淡定从容巾帼风范

公元399年，孙恩叛乱，叛军直指会稽，恰好此时谢道韫已至晚年，丈夫王凝之就是会稽的内史。按道理，敌军叛乱，身为地方长官应该积极备军，准备参战。可是，此时懦弱无能的王凝之却迷信五斗米教（道教的一门），整日里求神问道。恰好外界传闻孙恩也是五斗米教的教徒，王凝之更加坚信，自家人不会打自家人，孙恩绝对不会攻打会稽的。

家国危难当头，谢道韫心急如焚，她百般劝说丈夫练兵御敌，修筑工事，可是王凝之依然不为所动。没办法，谢道韫召集家丁奴婢，亲自在家中操练，希望关键时候可以派上用场。

孙恩的农民军很快兵临城下，直到这时王凝之才不得不相信孙恩会攻打自己的事实。可是，他又自信满满，他说："我已经在城门口各个地方都已经布下了鬼兵了，孙恩是攻打不进来的。可是话说完多久，孙恩就攻进了会稽城，杀掉了王凝之和他的儿子，所到之处，烧杀抢掠，会稽城成了人间地狱。"

得知丈夫和儿子去世的消息，谢道韫已经来不及悲伤了，她马上反应过来，扛起了御敌的大旗。《晋书·列女传》记载道：（道韫）及遭孙恩之难，举措自若，既闻夫及诸子已为贼所害，方命婢肩舆抽刃出门，乱兵稍至，手杀数人，乃被虏。

其外孙刘涛时年数岁，贼又欲害之，道韫曰："事在王门，何关他族？必其如此，宁先见杀。"恩虽毒虐，为之改容，乃不害涛。

得知家人蒙难的消息，谢道韫镇定自若。她命令手下的奴婢与她一起出门抗敌。她扛着大刀，亲手杀了好几个敌军。可是还是寡不敌众，一席人还有外孙刘涛都被俘虏了。当时谢道韫的外孙刘涛还是个年纪很小的孩子，孙恩又威胁谢道韫说要杀掉这个孩子。她义正词严地反击道："这事是由我们王家引起的，关这个异家姓的孩子什么事？难道你们就是这样伤及无辜的吗？如果你一定要杀掉他，那你就先杀了我吧，从我的尸体上踏过去！"孙恩虽然狠毒，但是也为谢道韫的勇气所动容，最终没有伤害他们。

谢道韫年轻时才华横溢，光芒万丈，但是事实上她也并不是深锁幽闺、胆小怕事的一介孤弱女子。当家园面临困境之时，即使刚刚遭受丧夫与丧子之痛，她依然独当一面，持剑砍杀叛军，彰显出的"巾帼不让须眉"的气度和担当，令人深深敬佩与赞叹！事后，年老的谢道韫只身携奴仆、保弱小，回到会稽，自身支撑门户直至终老，身遭巨变而安守余生，气节操守之高、风骨见识之奇，实为后人所感叹。

红
颜
长
歌

第十一章　谁说女子不如男？

　　五胡十六国和南北朝时期是我国历史上著名的民族大分裂时期，南北朝对立。汉民族政权广泛分布在南朝，大多进入封建文明社会，政治、经济和文化深受儒家思想影响，形成了完善的纲常伦理、男尊女卑观念。而在北朝中主要是少数民族政权，北魏、北齐、东魏、西魏、北周等，政权多为鲜卑人或鲜卑化的汉人所建。和南朝相比，北朝文明开化程度较低，仍旧保留大量氏族制残余，封建礼教束缚较少，女性社会地位较高。

　　统治北朝的鲜卑人在进入中原地区之前，父权制刚刚确立，而母权制遗风尚存，因而北朝妇女表现出中国古代历史上罕见的自由、豪放特征，尤其是北朝上层妇女在国家政权、政治生活中发挥着重要影响。

　　这其中较为有名的就是后赵的天王皇后，郑樱桃。郑樱桃本人容貌出众，在浩渺的历史长河中，她的具体身世已经很难考证，但是出身贫寒的她最终从石虎的一名婢女成为后赵皇后，而她的种种生平事迹、故事传说都离不开她奇葩的丈夫和儿子。

　　还有冯有，即文成文明皇后，是中国历史上杰出的女性政治家、改革家之一，也许对很多人来说她比较陌生，相信大家对北魏孝文帝更熟悉一些。文成文明皇后就是北魏孝文帝元宏（拓跋宏）的嫡祖母，北魏中期一系列改革的实际主持者，并对孝文帝改革产生重要影响。

第一节

推动汉化的鲜卑皇后

南北朝时期，北朝北魏的冯太后是我国历史上又一个留下鼎鼎大名的女性。可以说北魏作为一个少数民族政权，正是因为她的出现而改变了历史发展的轨迹。甚至有人说她是"千古第一后"。

她出身贵族，但却在未满十岁时遭遇家庭变故，沦为奴婢；

她被罚没深宫为奴，但却凭借自己坚忍的信念和姑姑的照顾，成为皇后；

她丈夫早逝，但却能临危不乱，设计诛杀篡夺皇权的权臣，进而临朝听政；

她"形不正"，养男宠，但却非常重视先进汉族文化的学习与传播，是北魏一系列先进改革的实际主持者，维持了我国北方统一的局面；

她地位显赫，忙于政事，但却也擅长文墨，崇尚节俭，高质量地培养了自己事业的接班人。

一、从贵族到奴婢——冯氏的"突变"之路

我国古代是典型的男权社会，女性的地位比较低下，女性一般依附于男性家族，没有名字，只有姓氏。所以史籍上并没有对冯太后名字的确切记载，一概称之为"冯氏"。有人说她叫冯有，又有人称她为冯淑仪，但都找不到史料来佐证。她实际上是汉族血统，是鲜卑化了的汉族人。

北魏太武帝拓跋焘太平真君（拓跋焘的年号）三年（442年），冯太后出生于长安一个官宦家庭，她的父亲是北魏高官。

根据史料记载，冯太后出生时，冯家上空出现了一束异样的光彩，非常美丽。（《魏书》卷十三：后生于长安，有神光之异）也许是因为后来冯太后的辉煌显赫，后人才如此记载她出生时的"祥瑞"。

冯太后的童年生活过得十分安逸舒适。她的父母也非常重视对她的教育，加上她从小聪慧过人，小小年纪便掌握了很多文化知识。

然而好景不长，在冯氏还未满十岁的时候，其父亲得罪皇帝，被太武帝拓跋

恭诛杀，按照制度，罪臣之女要被罚没深宫做奴婢。一夜之间，冯氏从父母的掌上明珠变成了宫廷奴婢。在这个过程中，因为遭遇的变化，她渐渐明白了权力的重要性。身为皇宫中最下等的浣衣宫女，她需要小心翼翼才能活下去，她一直在观察，一直在学习，学习在险恶环境之下的生存之道。

而其实她在北魏皇宫中，还有一张可以值得依靠的"秘密王牌"。

二、从宫女到皇后——冯氏的"升级"之路

这张"秘密王牌"就是冯氏的姑姑，她父亲的亲妹妹——冯昭仪。"昭仪"为中国古代后宫嫔妃的一种，是仅次于皇后的位号。冯氏姑姑为北魏太武帝拓跋焘的左昭仪，很得太武帝宠幸。

根据《魏书》记载："世祖左昭仪，后之姑也，雅有母德，抚养教训。""太后性聪达，自入宫掖，粗学书计"。一方面冯昭仪抚养教导冯氏，不论是四书五经还是宫规戒律，冯昭仪都不断督促其学习；另一方面冯氏自己也非常聪明，学得非常快。在姑姑的帮助和自己不断的努力之下，小冯氏积攒了丰富的学识和在宫廷里的生存之道。这为她后面的不断"升级"打下了坚实的基础。

1. "升级"第一步：被封为文成帝拓跋濬的贵人

公元452年，文成帝拓跋濬继位为北魏新一任皇帝。

冯昭仪之前就有意安排小冯氏来到拓跋濬的身边，冯氏依靠她的学识，依靠她的能力，经常为拓跋濬出谋划策，深得当时的常太后（常太后为拓跋濬小时候的奶妈，拓跋濬继位后封她为太后）赏识。再加上冯昭仪的推荐，所以拓跋濬登基之后，马上就册封冯氏为贵人，贵人是仅次于昭仪的位号，这时的冯太后才14岁。

2. "升级"第二步：被册封为皇后

冯氏当贵人没多久，一个强大的"情敌"出现了。

这位情敌就是因美貌而深得文成帝宠爱的李氏。李氏不仅深得宠爱，还在公元455年，诞下一子，取名拓跋弘。文成帝很高兴，马上册封了李氏为贵人，与冯氏地位一样，并且拓跋弘还被立为太子。

按照我们常人的想法：冯氏被冷落，又没有为文成帝生个一儿半女，恐怕是要完。但冯氏却非常高兴，她知道李氏儿子被立为太子一事，对她来说一个千载

难逢的好机会。为什么呢？

一直以来，北魏皇宫沿用了自汉武帝就建立起的一项毫无人性的制度——"立储杀母"，也就是如果某个皇子被立为太子，那么他的生母就要被赐死。

为什么要有这个制度呢？

老皇帝担心自己百年之后，年幼的儿子登基做皇帝，儿子的生母成为皇太后，在幼年皇帝无法掌权的情况下，出现太后干政甚至是外戚专权的局面。

我们这里不讨论这个制度到底合不合理，但对于冯氏来说，这项制度是她再好不过的机会。文成帝拓跋濬即使再宠爱李贵人，也不能违反祖制，只好在拓跋弘被立为太子之后，赐死了李氏。冯氏没有耗费任何精力，就消灭了自己的"情敌"。

很快，文成帝拓跋濬要册立皇后了。

北魏册封皇后，又有一项古制：所有候选人都要手铸金人，若能铸造成功，则视为吉祥如意，若是铸而不成，则不能立为皇后。这可能是一种迷信的做法，但在北魏历史上却是定制。

手铸金人对于当时的女性来说是一项技术难度很高的活儿。冯氏因为很早就在冯昭仪的教导下学习过各种宫规戒律，所以早就知道了这个制度，她已经从一些宫中匠人那里学习了这项技术，没有意外的她手铸金人成功，顺利成为中宫皇后。她是开心的，从奴婢到一国之母，她实现了人生的飞跃。但她没有满足于在后宫的显赫，而是凭借自己的智慧和能力，逐渐走向了北魏政治的最前面。

3. "升级"第三步：诛杀权臣，临朝称制

公元 465 年，文成帝拓跋濬突然病逝。年仅十二岁（虚岁）的太子拓跋弘继位，是为献文帝，尊冯氏为皇太后。皇帝的驾崩引起了一些权臣对于国家最高权力的垂涎。车骑大将军、太原王乙浑在拓跋濬死了之后大权在握。

《魏书》记载乙浑先是"矫诏杀尚书杨宝年、平阳公贾爱仁、南阳公张天度于禁中。……侍中、司徒、平原王陆丽自汤泉入朝，浑又杀之。"没过多久，"太原王乙浑为丞相，位居诸王之上，事无大小，皆决于浑"。

乙浑的专权引起朝野上下，特别是一些王公大臣的不满，他们需要有一位重量级人物来牵头除掉乙浑，具有这种号召力和能力的自然就是冯太后。

《魏书》记载："显祖即位，尊为皇太后。丞相乙浑谋逆，显祖年十二，居于

谅暗，太后密定大策，诛浑，遂临朝听政。"

冯氏认为虽然乙浑被诛杀，但现在的局势依然动荡。而新皇年幼，为了避免专权，甚至谋逆的事情再次发生，她要亲自来处理朝政。她让年幼的献文帝坐于殿前，自己在皇帝身后，实际上朝堂上的大小事务都由她做主，历史上称之为临朝听政，又叫临朝称制。

可以说，冯氏有自己的私心：她好不容易从罪臣之女、宫中奴婢到母仪天下的皇后，肯定不想因为皇室的权力之争，失去自己的位置。但客观上来说冯氏在危难时刻挺身而出，稳定了北魏的政局。从历史发展角度来看，因为北魏刚刚结束北方五胡十六国的混乱局面，完成对黄河流域的统一，所以冯氏对政局的稳定也保证了黄河流域统一的延续，使老百姓能够安居乐业，免受战争动乱之苦，有利于北方经济的恢复和发展。

三、从太后到太皇太后——冯氏的"巅峰"之路

在文成帝拓跋濬的葬礼上，按照北魏的祖制，皇帝驾崩，其所御用之物都要焚烧之。冯氏面对自己丈夫旧物燃烧的烈焰，也许是悲痛，也许正是计策，她出人意料地跳入火中，意思是要追随丈夫而去。左右跟随的大臣宦官大吃一惊，手忙脚乱地把她救了出来。

正是她的这一举动，让忠于拓跋濬的王公大臣深受感动，也更信服于她，奠定了她在朝廷莫与之争的地位，使她能顺利的临朝称制。

冯氏这第一次临朝称制仅十八个月，但她培植了自己的势力，通过明升暗降等手段，解除了手握重兵的五位皇叔的兵权，将控制京师平城的军权交给了自己的亲哥哥冯熙。

拓跋氏一族不甘心就这样被一个女人夺去权力，祖宗制定"立储杀母"的制度不就是为了避免太后干政，外戚专权吗！在皇叔拓跋子推的怂恿下，献文帝拓跋弘开始暗暗与冯氏争夺权力。冯氏以退为进，公元 467 年，献文帝的儿子拓跋宏出生，冯氏表示要"躬亲抚养"，于是还政给了献文帝。

但没过多久献文帝做了一件事情，彻底激怒了冯氏。

拓跋濬死的时候，冯氏才二十四岁。守寡的生活难免寂寞，特别是白天处理政务，与一帮鲜卑贵族斗智斗勇，晚上回到寝宫都没有一个能说上话的人。

《魏书》记载："太后行不正，内宠李弈"，就是在后宫养了一个男宠，并给他封了官。

这件事使献文帝深以为耻，没过多久他便找了个理由把李弈杀了。李弈的死彻底激化了献文帝与冯氏的矛盾。

显然，年轻的献文帝不是经验丰富的冯氏的对手。冯氏一步步把支持献文帝的大臣贬斥或诛杀，然后又提拔任用一批自己的亲信。使得献文帝"独处无臣民"。作为一个皇帝，身边没有一个真正听自己命令的人，这样的皇帝做得太憋屈。于是献文帝"雅薄时务，常有遗世之心，欲禅位于叔父京兆王子推……群臣固请，帝乃止"。无奈之下，拓跋弘于皇兴五年（471年）把五岁的太子拓跋宏扶上帝位，是为孝文帝，自己被群臣尊为太上皇帝。

但当了太上皇帝之后，拓跋弘依然"国之大事咸以闻"，依然在过问国家大事，同时把更多的时间投入到军事行动中。

公元476年，献文帝突然暴毙，传言是冯太后把他毒死的。《魏书》记载："显祖暴崩，时言太后为之也。"而《资治通鉴》更是直接写道："魏冯太后内行不正，以李弈之死怨显祖，密行鸩毒，……显祖殂。"

拓跋弘死后，冯氏以太皇太后之名再次临朝听政。比起第一次临朝，她的地位得到了完全的巩固，真正站上了权力之巅。

四、从改革到培育新君——冯氏的雄才伟略

公元477年，孝文帝在冯太后的实际主持下，改年号为"太和"。这时的北魏面临着一系列的问题亟须解决：国库空虚、难民流离失所、官吏贪贿成风、阶级矛盾与民族矛盾异常尖锐等等。

冯太后展现了她超强的政治智慧和执政才能，她广开言路，重用包括鲜卑贵族和汉人在内的人才，突破重重阻力，推行了班禄制、均田制、三长制等改革，并取得了很大成功，北魏汉化进程明显加快，国力大大增强。这一系列的改革被称为"太和改制"。

冯太后主持的改革，促进了鲜卑族由落后的少数民族文明向先进的汉族文明过渡，加快了鲜卑族汉化的过程，发展了国家经济，也顺应了民族交融的历史潮流。比如"三长制"，增加了国家的赋税收入，加强了中央对于地方的管理；再

比如均田制，更是为后来隋唐的繁荣昌盛奠定了坚实的经济基础。

冯太后在进行全面改革的过程中，没有忘记对孝文帝的教导和培养。《魏书》记载："自太和十年已后诏册，皆帝之文也。"冯太后在讨论和处理政事时，一般都让孝文帝参加，而且渐渐以孝文帝为主角。正因如此，孝文帝逐渐成为冯太后得意的事业继承人。由于冯太后的亲自教育与监督，孝文帝手不释卷，刻苦读书，日复一日，孜孜以求，成了一位颇有才学的皇帝。

冯太后看着孝文帝一天天长大，亲自作了《劝诫歌》三百余章和《皇诰》十八篇，作为他学习的指南和行为准则，思想上向他灌输治理天下的原则。同时，冯太后还特别注意言传身教，以身作则地对孝文帝进行教育和示范。

冯太后在生活上十分注意厉行节约。她先是下令，禁止各级官员上贡奇珍异鸟，《魏书》记载冯太后"性俭素，不好华饰，躬御缦缯而已。宰人上膳，案裁径尺，羞膳滋味减于故事十分之八"。冯太后平时只穿一些没有花纹装饰的衣服，吃饭的菜式也比以前的规定少了十分之八。孝文帝在她的影响之下，"性俭素，常服澣濯之衣，鞍勒铁木而已"，衣服破旧了，洗补以后又重新穿上，骑马用的马鞍只是用铁木做的。

公元490年（太和十四年），冯太后走完了自己叱咤风云的一生，死于北魏都城平城，死后葬于永固陵。因为她的雄才伟略，后人封她谥号"文明太皇太后"。

孝文帝深受冯太后行事作风的影响，在冯太后死了之后，继续并深化了冯太后的改革，最终成为历史上的一代明君。

冯太后于朝政混乱之中两次临朝听政，稳定政局，维护来之不易的黄河流域的统一；拥有高超的政治智慧和远见，进行了对后世影响深远的制度性改革，为后世经济的繁荣打下基础；亲自培养了孝文帝这位优秀的接班人，把改革事业继续了下去，促进了我国北方民族的交融，推动了历史向前发展。所以"千古第一后"的名头，冯太后当之无愧。

巾帼英雄花木兰

花木兰是中国古代著名的巾帼英雄，她女扮男装、替父从军的故事，充满了传奇色彩，广为流传。《木兰诗》是北朝民歌，它记述的木兰形象不仅活跃在古代民歌、诗词、小说、戏曲、戏剧中，还频频出现在现代的电影、电视剧、电脑游戏中。可以说花木兰身上体现的文化内涵和传奇色彩让她的故事穿越千年而魅力不减。

一、木兰故事的起源

木兰最早出现在南北朝时期北朝的一首叙事诗《木兰诗》中，据推断，这首诗最初收录于南朝陈的《古今乐录》。但是《古今乐录》已经亡佚，现在只能从一些目录书和其他文献中进行了解。最初的故事情节十分简单，也没有说她姓什么。到明朝以后，木兰才有了姓氏，被叫作花木兰。

《木兰诗》叙述了少女木兰替父从军的故事：木兰在听闻可汗征兵后哀痛老父年迈多病，无法上战场厮杀，遂女扮男装替父出征。"唧唧复唧唧，木兰当户织。不闻机杼声，惟闻女叹息。问女何所思，问女何所忆。女亦无所思，女亦无所忆。昨夜见军帖，可汗大点兵。军书十二卷，卷卷有爷名。阿爷无大儿，木兰无长兄。愿为市鞍马，从此替爷征。"历经十二年，获得赫赫战功，并在凯旋还朝后获封"尚书郎"一职，但是木兰意不在高官厚禄，只想回家和家人团聚："万里赴戎机，关山度若飞。朔气传金柝，寒光照铁衣。将军百战死，壮士十年归。归来见天子，天子坐明堂。策勋十二转，赏赐百千强。可汗问所欲，木兰不用尚书郎，愿驰千里足，送儿还故乡。"木兰回家之后穿回女装，同行伙伴惊异万分："开我东阁门，坐我西阁床。脱我战时袍，著我旧时裳。当窗理云鬓，对镜贴花黄。出门看火伴，火伴皆惊忙：同行十二年，不知木兰是女郎。"故事在这个地方就结束了，我们不知道木兰后来是否嫁人、过着怎样的生活。

南北朝时期社会动荡、战乱不断，北方民族普遍尚武、民风开放，当时一些女性能在男权社会中争取地位和权力。木兰的形象代表了北朝人的勇武强悍，也表现了北方人民憎恶长期的战乱，渴望和平的意愿。

著名历史学家顾颉刚在论述中国古代历史记载和经史文献时，曾经提出过一个"层累地造成的中国古史"的观点。《木兰诗》是北朝民歌，在长时间流传过程中肯定也有了很多文人的润色和加工。现在见到的最早收录《木兰诗》的文献是宋代《乐府诗集》，不过《乐府诗集》没有具体说明《木兰诗》的作者、真实情况等详细的信息。《木兰诗》中没有提到木兰的家乡和战争地点，各种正史中也没有记录木兰这个人的存在，所以不免引起争论：木兰是不是历史上真实出现的人物？《木兰诗》是不是虚构的文学作品？这些问题无法解答，但我们看到历代文人和老百姓仍然愿意相信木兰这位女英雄和她的故事。

在最初的《木兰诗》中，木兰展现的是浓浓的"孝道"——儿女对父母的深爱。服兵役是男性的义务，木兰作为女子，本不用参军。但她心疼年迈的父亲，而弟弟还年幼不能替父从军，所以她的行为都是为了自己的家人。战场如此危险、生死难料，年轻柔弱的木兰还是决心替父从军，这样她就可以保全自己的家人。后来她在战场立功后，天子对木兰进行赏赐，她放弃做官和荣华富贵，只想回到故乡、回到家人身边。木兰还乡时，"爷娘闻女来，出郭相扶将；阿姐闻妹来，当户理红妆；小弟闻姐来，磨刀霍霍向猪羊"，从这些家人欢迎木兰的场景，能感受到家庭成员之间的和睦、幸福。这样的"孝道"正是被传统文化极力推崇的。

唐代时，木兰的故事开始被文人和民众不断地重述、传颂。木兰女英雄的形象逐渐丰富了起来。唐朝诗人韦元甫写的《木兰诗》，没有增添删改情节人物，但发出了许多感叹，描绘了木兰的英勇善战："驰马赴军幕，慷慨携干将。朝屯雪山下，暮宿青海傍。夜袭燕支虏，更携于阗宪。将军得胜归，士卒还故乡。"诗中还大力赞美木兰的忠孝："世有臣子心，能如木兰节。忠孝两不渝，千古之名焉可灭。"木兰从此被上升到了"忠孝两全"的高度，甚至可作为世间臣子的表率。木兰的形象从一个民间质朴少女发展为崇高的道德偶像，后世文人还给木兰的故事增加了许多英勇作战、妙计破敌的情节。

二、木兰的女扮男装

木兰故事的传奇性很大程度在于易装之奇，木兰敢于并且能够女扮男装替父从军，大胆刺激，令人惊奇，为后世津津乐道。中国古代重男轻女的思想和封建体制的禁令，许多公共领域对于女性是不开放的，所以女性想要做出这方面的尝试就得假扮成男性的身份，流传的故事中出现过女扮男装读书的祝英台、女扮男装经商的黄善聪和女扮男装从军的木兰。不过木兰在军中生活和战斗十几年，居然从来没有被人发现是女性，令人难以置信。有人认为，木兰没有上过战场、没有参加过真正的战争，她带上骏马参军，在军中是一名函使，"万里赴戍机，关山度若飞"就是描写她作为函使的形象。作为函使也不需要和其他男性士兵一起吃住，所以她的女性身份才没有暴露。

在木兰故事的演变中，明朝时期她女扮男装的细节和种种问题被添加进来，变得丰富兴盛。明朝中后期开始，出现了一些以木兰为主角的戏曲杂剧和涉及木兰故事的白话小说，木兰故事开始成为通俗文学中的重要素材。这一时期徐渭写的杂剧《雌木兰》成为木兰故事中的新经典，影响了后世的木兰故事情节走向。《雌木兰》故事情节大部分与《木兰诗》相同，但它有一些重要内容和情节的增加，强调了易装细节和保持贞洁的不易，叙述了木兰的姓氏为"花"，父亲名叫花弧，花木兰这一称呼成为后世流传最广、接受度最高的名字。

北朝时期没有女性缠足的习俗，所以一名女性只需要变个发型换个戎装就可以比较简单地扮演一个男性骑射驰骋。而在明朝，缠足已经是几乎所有女性必须经历的人生体验，所以必须考虑要怎样才能掩饰这么明显的性别特征。《雌木兰》中缠足的明代木兰经历了巨大的痛苦："生脱下半折凌波袜一弯，好些难！几年价才收拾得凤头尖，急忙得改抹做航儿泛。怎生就凑得满帮儿檀。回来俺还要嫁人，却怎生？"徐渭给木兰安排了一个传奇性的解决办法："这也不愁他，俺家有个淑金莲方子，只用一味硝，煮汤一洗，比偌咱还小些哩。（唱）把生硝摘提得似雪花白，可不霎时间漱瘪了金莲瓣。"在这里，木兰用简单的"漱金莲方"就解决了现实生活中难以解决的困难，体现了通俗文学故事里的传奇性。木兰还面临着如何与男性士兵相处、在男性军营队伍中保全自己的问题。木兰决定从军的时候，她的母亲就在担心女儿的安全问题："千乡万里，同行搭伴，朝餐暮宿，你保得不露出那话儿吗？"而木兰也实际地体验到了女性的生理难题："只愁这水火熬煎，这些儿要使机关。"

《岁寒集》卷《孝烈将军》诗中描写女扮男装的木兰小心翼翼："死生诀别去

亲侧，上马回头泪频滴。贴身衣带结不解，只恐戎行人察识。"等到回家后，木兰向他人表明了贞洁之身："女身爱惜重千金，只因父子恩情深。轻出闺门备行伍，誓将一死明我心。我心竟白人间口，孝烈褒封合公义。"只有这样，自己的名誉才不会受到非议。明朝女扮男装的故事普遍关注易装女主角的贞操问题，保住了贞洁才是符合道德规范的。

清朝《双兔记》和《闺孝烈传》故事中为了保护花木兰给她设置了较高的身份，花木兰一进入军队就得到了上司的赏识和较高的官职。《木兰奇女传》中，因为花木兰祖父的朋友李靖等人的关系，她一进军队就是高级军官身份，还有从自己家里带来了家将保驾护航。李靖认出花木兰为女子之身，被花木兰的孝心感动，于是决定竭尽全力好好保护这个少女。这些故事里的花木兰基本上不会遇到其他故事中出现的被性骚扰、与众多男性士兵一起生活等困境。

三、木兰的婚恋历程

在最初的《木兰诗》中，没有提到木兰的婚姻问题，有人认为北朝时期推崇早婚，经过十二年征战的木兰很有可能已经错过了婚期，返乡后成了失婚的老女人。元代侯有造的《孝烈将军祠向辨正记》改编了木兰故事的结尾，木兰最后被昏君逼婚而死。明朝朱国侦撰写的《涌幢小品》笔记卷二十一女将中"木兰将军"条记载的木兰故事中，木兰是隋炀帝时期的人，姓魏氏。隋炀帝后来想招木兰进入后宫，木兰以死拒绝，木兰死后被追赠为将军，后人立庙祭祀。

明朝杂剧《雌木兰》对《木兰诗》增添了另外一个重要的情节：战争结束后，木兰功成还乡后，恢复了女儿形象，嫁给了未婚夫王郎喜。王郎喜因为敬佩木兰替父从军的高尚孝道来向木兰求婚，木兰回归家庭后和普通女性一样过着比较美满的生活。

清朝的木兰故事增加了很多木兰女扮男装后的婚恋情节，还出现了木兰作为男性与敌方女性互动的内容。《双兔记》安排木兰在从军之前已经和王青云有了婚约，王青云的坚守与木兰的回归显得更合理，这个设置也被一些小说和曲艺作品继承。《双兔记》还在木兰的征战过程中设置了敌方的豹千金爱慕男性身份的木兰的情节，豹千金虽然没见过木兰，但是听说木兰年轻有位、本事高强，就心生爱慕，毅然地背叛了自己的军队试图嫁给木兰。这个不太合理的情节在《闺孝烈传》中得到了完善。在《闺孝烈传》中，敌方将领见木兰年少英勇，想要把表妹卢玩花公主嫁给木兰，好让木兰投降归顺。木兰将计就计，与卢玩花结婚，在新婚之夜对新娘说出了自己身份的秘密，获得了卢玩花的谅解和同情。木兰与卢玩花结为姐妹，约定将来一起嫁给王青云。木兰战场招亲、最后双美同嫁一夫的情节模式满足了一般男性读者的猎奇心理。

木兰的故事在古代完全符合中国传统社会的忠孝观念，她从军既是保家卫国，同时又是为父亲尽孝，是道德的典范，她的故事逐渐被塑造成了女英雄故事。木兰的女扮男装以及回归女性身份后的生活带有传奇色彩，被后世通俗文学不断挖掘、丰富。

在现代社会女性解放的大背景下，木兰故事被搬上大荧幕，也增加了新时代带来的新内涵，如1998年美国迪斯尼动画片《花木兰》。该动画片不仅塑造了一个巾帼英雄，表现了女性的能力未必弱于男性的观念，也突出了花木兰强烈的自主意识和实现个人价值的渴望。

木兰故事经历了一千多年的发展演变，木兰形象不断地发生变化，主要人物不断地增加，故事情节不断地丰富，最终成为我们的集体记忆和传统文化中重要的一部分。

红
颜
长
歌

第十二章 『不务正业』的隋朝女性

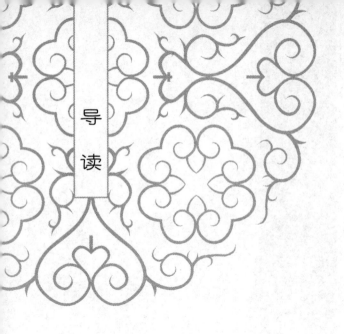

　　在仍以"男尊女卑"为主导思想的隋朝时期，女性虽未取得完全独立的地位，但是宽松的社会环境已经让生活于这一时期的女性主体意识不断觉醒，她们的人生观、价值观以及生活方式也随之发生改变，女性生活状况和社会地位都得到了前所未有的提高。这一时期的女性在两性交往及社会生活中的"角色意识"都有某种程度的变化，她们的个性也在这一时代得到了某种程度的张扬。在本章节中，读者将会看到张丽华、独孤伽罗、冼夫人和萧皇后等诸多女性，或直接、或间接地参与到了国家政治生活中，有的甚至成为国家命运的主宰。

　　当然，就其实质讲，隋朝时期的女性自由始终无法挣脱巨大的封建礼教之网。女性不可以参加科举，没有进入仕途的途径，这一时期出现的特例如独孤伽罗等也都是借助于自己特殊的身份才能进入政坛，而且，这也仅仅是特例而已，代表不了广大女性的普遍现象。传统儒家对女性的歧视深深地植入了历代人们的思想当中，而女性面对这种状况越来越多地是表现为麻木地接受，这种男女不平等的思想对中国古代女性毒害至深。

第一节

胭脂井的故事

南京市玄武区玄武湖南侧鸡鸣寺内有一个景点，叫作胭脂井，这口井从宋朝开始就成为文人骚客旅游打卡的热门景点。据说当年隋军伐陈，攻破城池后，陈后主陈叔宝和他的两个妃子——张丽华和孔贵嫔，就是在这里投井的。传闻因为井中留下二位妃子的血泪，所以里面的石头犹如胭脂，投入钱币，拿出擦拭，还有红紫色，故名"胭脂井"。但也有人把这口井叫作"辱井"，因为它是陈朝屈辱亡国的见证。不管叫什么，总之这口井自从与美人张丽华结缘，从此留给后世无限遐想。

一、陈叔宝与张丽华

张丽华与前面我们读到的很多"红颜"不同，她在正史中有明确的记载，我们可以肯定历史上确实存在这个人。关于她的事迹，在《陈书·卷七·列传第一》有较为清楚的记录。

张丽华出身低微，父辈是军籍，说白了就是当兵的，当时普通军人的社会地位不高。家境贫寒，没有仗可打的时候，父亲就在家编织草席，卖钱糊口养家。可能正是因为家里生活太过困难，张丽华最终选择进宫中当侍女，年仅十岁。

正所谓近水楼台先得月，当时的陈叔宝还是太子，见到小张丽华的第一眼，就被她倾国倾城的容颜深深吸引了（后主见而悦之）。《南史·卷十二·后妃传》中，描述过她的迷人风采："张贵妃发长七尺，发黑如漆，其光可鉴。特聪慧，有神采，进止闲华，容色端丽。……宫中遥望，飘若神仙。才辩强记，善候人主颜色。荐诸宫女，后宫咸德之，竞言其善。"看懂了吧？长得漂亮就算了，还聪慧过人；智商高就算了，情商也不差，宫里人都夸她贤能、善良。也难怪 29 岁的陈叔宝不可自拔地陷入情网，随即临幸了张丽华，丽华不久产下第一个儿子，取名为深。

陈叔宝即皇帝位后，张丽华自然被封为贵妃。在宫里一路顺风顺水，权倾后

第十二章 『不务正业』的隋朝女性

193

宫。张丽华成了贵妃之后，陈叔宝对她更是宠溺倍至，这从一件事儿上就能看出来。据《南史·后妃传》中记载，太建十四年（582 年），始兴王陈叔陵拥兵叛乱。在叛乱之中，陈叔宝被刺，受了重伤，后来在承香殿卧床休养。在他养伤期间，所有的嫔妃都不得前去参见（"诸姬并不得进"），唯独张丽华一个人被留在了床前侍候（"唯贵妃侍焉"）。

那么皇帝受伤了，也不允许皇后去探望吗？

沈皇后自进宫以来，始终没有得到过陈叔宝的宠爱。陈叔宝这次受伤之后，柳太后为了照顾自己的儿子，搬到了皇后的正殿柏梁殿（"柳太后犹居柏梁殿"）。沈皇后不得已，只得搬到一个无人问津的求贤殿居住（"别居求贤殿"），没有旨意也不能去参见皇帝（"不得侍疾"）。从这一段记载就能看出，陈叔宝对张丽华的宠溺程度，已经到了无以复加的地步。

陈后主治国不行，但是喜爱艳词，而且自己填词倒是一把好手，他在和宾妃们的游乐中兴趣盎然，写了著名的亡国之音——《喜爱玉树后庭花》：

丽宇芳林对高阁，新妆艳质本倾城。
映户凝娇乍不进，出帷含态笑相迎。
妖姬脸似花含露，玉树流光照后庭。
花开花落不长久，落红满地归寂中

可能写史书的人都不相信一个正常的女人能有这么大魅力和能力，所以专门提到张丽华好"厌魅之术"，跟妲己一样，用妖术迷惑了后主，使后主不理政事，国家大权也落到张的手里。最后国家被弄得乌烟瘴气，当隋朝军队打过来的时候，完全无力抵抗。很快隋军攻破台城，张丽华和陈后主双双投井，不过很快又被抓了上来，最后被杨广下令斩首。

二、杨广与张丽华

史书记载，隋军进城后，张丽华被斩首。但到底是不是杨广下令杀的，尚有争论。学者冀英俊有一篇文章叫《杨广与张丽华之死》，研究了这个问题。

《资治通鉴》对隋军破城后对张丽华的处置有这样的记载，隋军中，高颎掌握兵权，晋王杨广是统兵元帅，攻下建康后，高颎先入。晋王杨广派任王府记室参军的高颎之子高德弘跑到高颎那里："令留张丽华"。高颎却只说了十五个字："昔太公蒙面以斩妲己，令岂可留张丽华"（参考"妲己"章节的内容），于是斩张丽华于清溪。德弘回去汇报此事，杨广色变说："我必有以报高公矣！"（司马光《资治通鉴》，北京：中华书局，1956年）杨广由此开始记恨高颎。当杨广成为隋炀帝后，他便找借口杀了高颎。看来，张丽华的死与此事可能确有关系。

冀英俊文章中对这一观点产生了质疑，当时高颎虽然独揽兵权，但杨广为行军元帅，且为晋王。按理说，高颎在俘获陈后主及张丽华等人后，并不会私自对他们进行处决。即使高颎不同意杨广纳张丽华，也必然会有一个劝谏的过程再做处理。况且史书中单单只记载高颎杀张丽华一人，并不见处决其他人，其目的难道不会让人觉得可疑吗？

另一位学者韩隆福在《论南陈张丽华之死》中有进一步推论。《资治通鉴》的记载基本来自唐人编写的《隋书》，当时大多人都认为杨广想纳张丽华，高颎不同意，杀之。但《南史》《陈书》中又都说"晋王广命斩"张于清溪，地点相同，只是下令的人不同。到底哪种说法可信？

文章认为高颎杀张丽华，并非是杨广"令留张丽华"的产物，而是高颎认为留下张会"祸国"的结果。唐初，君臣极为重视历史的学习，力图通过对隋末亡国之君杨广的否定，形成前车之鉴，巩固统治。如果杨广不是荒淫好色之辈，又怎会在即位后迅速灭亡呢？隋朝不亡，又哪来李唐的江山呢？实际上，杨广统军灭陈时还只有20岁，正是春风得意、风华正茂、前程似锦的时候，处于积蓄实力的关键时刻，是杨广最富于进取和开拓精神的时期。明知道父皇隋文帝不准儿子们奢侈腐化，他又怎么可能一受重用就像其他兄弟一样不知克制而失去父母宠爱的机会呢？何况私留陈朝这位著名的美人，更不可能掩人耳目。实际上，从杨广在伐陈前后的所作所为来看，他当时是极有抱负和克制力的，不然，他也不可能在后来取得各方支持，顺利入主东宫。可见，当时杨广下令高颎留下张丽华，极有可能是唐朝政治家和史家故意贬低隋炀帝的不实之词。

所以，他认为美人张丽华并未误国，真正误国的是南朝末帝陈后主，那些杨广欲纳张丽华，并派人传令为自己留下张丽华的说法更属于子虚乌有，既不合实际，又不合情理；高颎杀张丽华，是在美女误国的封建正统思想支配下，直接下令斩杀张丽华的。

三、"商女"与张丽华

杜牧《泊秦淮》传诵至今，"商女不知亡国恨，隔江犹唱后庭花"两句更是耳熟能详。其中"商女"一词，大都解释为"歌女"，或者引申为"商人女眷"。迟乃鹏先生认为"商女"指张丽华。

张丽华是陈后主的宠妃，但出身却极为低微。《南史·后妃下》中说："张贵妃名丽华，兵家女也。父兄以织席为业。后主为太子，以选入宫"。《陈书·张贵妃传》所记略同："后主张贵妃名丽华，兵家女也。家贫，父兄以织席为事。后主为太子，以选入宫"。按照中国古代士、农、工、商四民的划分，张丽华的父兄既然以"织席"为谋生手段，那就可以看作商人了，张丽华作为商人的女儿，简称为"商女"似乎也说得过去。

《泊秦淮》是杜牧在金陵秦淮河上，有感于南朝陈后主的亡国，用艺术的语言，抒发的痛切之语。从历史来看，诗中所谓"隔江"是指隋军伐陈，大军压境，仅隔一条长江。《陈书·后主本纪》载云："是月，隋遣晋王广众军来伐，自巴、蜀、沔、汉下流至广陵，数十道俱入，缘江镇戍，相继奏闻……"所谓"商女不知亡国恨，隔江犹唱后庭花"，是说在隋军大兵压境，只隔着一条长江时，张丽华却不知亡国之痛，还在与宫女唱《玉树后庭花》这样的亡国之音。当然，作者表面指斥张丽华，实际上是讽刺陈后主，他到了国家危亡之时，仍耽于酒色，全然不顾国家安危。（迟乃鹏《"商女"指张丽华》，载于《社会科学战线》，1989年2期）

迟乃鹏先生的结论似乎确实有道理，但也有一个疑问：《陈书》中明确说到张丽华是"兵家女"，也就是说她父辈都是当兵的，在当时地位很低。在没有战事的时候，父亲就织席谋生，这能看作是商人吗？

四、红颜祸水的老把戏

唐代诗人杜牧在感慨陈后主的时候写了两句诗：门外韩擒虎，楼头张丽华！把张丽华看作是陈朝灭亡的罪魁祸首，这样的观点在后世是主流，原因有三。

首先，从后世史书来看，陈后主当政期间确实毫无作为，荒淫无度，有这样几件事能看出来。登基第一年，他就选诸多宫女进宫玩乐，第二年就为张丽华等美女建豪华的仙阁。《南史》记载，至德二年（584年），在光昭殿的前面建起了临春、结绮、望仙三阁，高几十丈，总共好几十间。其中的窗户、壁带、悬楣、栏槛之类，都用沉檀香做成，又用金玉装饰，点缀上珠翠，外面加上珠帘。里面有宝床宝帐，那些穿用和玩赏一类的东西，它们的瑰丽都是近代以来所没有的。每当微风到来时，香气就能在几里以外闻到，朝阳初照，光彩辉映后庭。它的下面用石头聚垒成山，引水做池塘，种上奇树，穿插进花和药草。后主自己住在临春阁，张贵妃住在结绮阁，龚、孔二贵嫔住在望仙阁，都有复道可以互相往来。

"高几十丈"一定是有夸张的成分，但可以肯定的是，这"三阁"豪华无比。陈叔宝只图自己享乐，耗尽了国库，弄得怨声载道。

其次，据史书记载，被张丽华迷得神魂颠倒的陈后主，居然将他的宝贝张贵妃搂在怀里、坐在膝上治理朝政，这真是历史上都绝无仅有的荒唐事！《南史》《陈书》都有相关记载："后主怠于政事，百司启奏，宦者蔡脱儿、李善度进请，后主置张贵妃于膝上共决之。由是益加宠异，冠绝后庭。"美人坐在皇帝腿上治国，表明陈后主已经荒淫无道到了极点。隋军破城之时所投之井被称为"胭脂井"，宋代曾巩曾在井栏上刻字："辱井在斯，可不戒乎。"

最后，便是中国"红颜祸水"文化的影响。看过之前历史中那些著名女性的遭遇后，大家不难明白，凡是亡国君主，身边必有红颜祸国。这其中可能有些确有其事，但也有很多是被冤枉的，她们成为男性君主洗脱罪名的借口，成为历史中的众多牺牲者之一。

第二节

霸道人妻贤内助

在我国男权当道的封建社会，有这么一个女性做到了让自己的皇帝丈夫一辈子只娶了她自己这一个老婆，这是连当上皇帝的武则天都不曾做到的，她是谁呢？她有什么特别之处？

她出身于高贵的门阀世家，父亲是朝廷重臣；

她刚结婚没多久，父亲被逼自杀，家道衰落；

她隐忍二十多年，低调谦恭，一路支持自己的丈夫成就帝王霸业；

她与丈夫盟誓不有异生之子，相约白头，永不变心；

她精心辅佐丈夫政业，一起上下朝，与丈夫形影不离，被宫中称为"二圣"；

她策动太子的废立，直接影响到国运的变化，导致后世对她褒贬不一；

……

她是隋朝开国皇后，隋文帝一身挚爱的女人，独孤伽罗。

一、出身

伽罗出生于公元544年，也就是我国南北朝的北朝西魏大统十年。她的父亲独孤信，是鲜卑人，受封西魏大司马、八柱国，是当时的关陇军事贵族集团核心人物之一。母亲出自清河崔氏，汉族，是北魏永昌太守崔稚长子崔彦珍之女。清河崔氏也是当时极具势力和影响力的汉族政治文化门阀，具有良好的汉族文化教养。

其实我国封建社会大部分女性都是没有名字的，一般都用姓氏代替名字。父亲给她取名"伽罗"，有本身鲜卑族"妇持门户"、女性地位比较高的原因，同时似乎也预示着小伽罗将来不同寻常的人生轨迹。

父亲是朝廷重臣，军事强人，母亲是汉族大家闺秀。受家庭影响，伽罗一方面拥有不亚于男性的豪迈志气和果敢坚毅，一方面又拥有汉文化的博雅谦和与文化底蕴。《北史》记载伽罗："后雅性俭约""后雅好读书，识达今古""见公卿有父母者，每为致礼焉"。

伽罗生活的年代，正是我国南北朝战争频发、政局混乱、社会极度不安定的时代。伽罗的家庭出身，让她在这样一个纷繁复杂的乱世之下具备了能够生存下来并不断发展壮大的视野和格局。

二、情缘

伽罗很快到了十四岁，在当时已经是到了嫁人的年龄，这个时候北周已经取代西魏。父亲独孤信替伽罗挑选了北周柱国大将军、隋国公杨忠的儿子杨坚做老公。《北史》记载杨坚："皇考（指杨坚）美须髯，身长七尺八寸，状貌瑰伟，武艺绝伦；识量深重，有将率之略。"可见杨坚不仅是长相非凡，而且文武双全。

可以说在当时看来，这是一桩门当户对的贵族联姻。结婚之后的伽罗与丈夫杨坚情投意合，感情日益升温，就像他们上辈子就是夫妻一样。在结婚之前甚至连面都没见过，完全靠父母之命，两个人才走到一起，不得不说这是上天给他们安排的最好的缘分。从此以后，夫妻二人成了彼此之间最大的幸运。在男权当道、贵族男性普遍妻妾成群的时代，杨坚却向妻子伽罗发誓："誓无异生之子"，即使后来杨坚成为皇帝，依然信守这个誓约，可见他们之间感情的深厚。

从各种史书的记载来看，也证明了杨坚对于妻子的爱，《隋书·外戚传》："帝未登庸，早俪宸极，恩隆好合，始终不渝！""恩礼绸缪，始终不易""高祖与后相得"。《资治通鉴》："高祖与独孤后甚相爱重。"唐朝人甚至还把已经快六十岁的独孤皇后称为隋文帝的"宠妇"。

三、隐忍

伽罗与杨坚结婚没多久，独孤信在与权臣宇文护的政治斗争中惨遭失败，被逼自杀，家人都被流放到了蜀地，独孤家的势力从此衰落。伽罗因为已经出嫁，没有受到处罚。但因为杨家本就是独孤家的部下，加上有姻亲关系，所以杨坚备受当权者的猜忌，连续八年原地踏步得不到升迁，甚至有的时候性命都会受到威胁。伽罗和丈夫只有相互提醒相互鼓励，来逃避宇文护怀疑的目光，特别作为妻子的伽罗更是一直保持着隐忍低调的做事风格，尽量为丈夫规避风险。

在父亲杨忠去世之后，杨坚接替了父亲的职位。北周这时的政局又发生了巨大动荡，一直作为傀儡的周武帝宇文邕突然发动政变，铲除了权臣宇文护，并且为了巩固自己的势力，有意拉拢当时备受宇文护猜忌的杨家。周武帝下旨让杨坚的长女杨丽华成了皇太子宇文赟的太子妃。

是不是杨坚顺风顺水、步步高升的机会就来了呢？在政治风诡云谲的北周，一个政治人物越是风光，背后的风险和别人的猜忌就越大。杨坚非凡的外貌就差点给他惹上杀身之祸。

周武帝的心腹大臣都认为杨坚长相有帝王之气，恐会成为皇权的威胁，建议周武帝除掉杨坚，《隋书》记载：齐王宪言于帝曰："普六茹（鲜卑姓氏）坚相貌非常，臣每见之，不觉自失。恐非人下，请早除之。"帝曰："此止可为将耳。"内史王轨骤言于帝曰："皇太子非社稷主，普六茹坚貌有反相。"帝不悦，曰："必天命有在，将若之何！"高祖甚惧，深自晦匿。幸得周武帝还是一个比较明事理的君主，没有相信这种面相之说。

但危险局面并没有结束。周武帝去世，周宣帝宇文赟即位后，凶狠残暴，行事乖张。他一口气册立了四位皇后，与原配皇后杨丽华同等地位。因为岳父杨坚位高权重，宇文赟总是想找机会打击甚至除灭杨坚。《隋书》对此记载很翔实：高祖位望益隆，帝颇以为忌。帝有四幸姬，并为皇后，诸家争宠，数相毁谮。帝每忿怒，谓后曰："必族灭尔家！"因召高祖，命左右曰："若色动，即杀之。"高祖既至，容色自若，乃止。

之后，宇文赟又想赐死皇后杨丽华，进而族灭杨家。在千钧一发之际，伽罗展现了她坚忍强硬的性格，独闯皇宫"诣阁陈谢，叩头流血"，向宇文赟求情。也许是考虑到伽罗平时作为杨家女主人，总是表现得谦和、与世无争的低调，宇文赟最终收回了赐死杨丽华的命令。伽罗用她女人少有的性格和做人方式挽救了女儿的性命，也挽救了丈夫杨坚及全家。

朝不保夕的隐忍生活，伽罗和丈夫杨坚过了二十二年。这二十二年他们始终都在政治险恶的环境下如履薄冰，这也让他们积累下了丰富的政治斗争经验。在危险的情况下他们懂得隐忍退让，但当机会来临时，他们也能迅速抓住，最终走到了权力的最高峰。

四、皇后

荒唐的周宣帝宇文赟先是让八岁的儿子当皇帝，自己当太上皇，行荒淫暴虐之事，导致人心不稳。没多久，宣帝暴病而亡，新皇帝年幼，中央权力出现真空，作为皇族外戚的杨坚被召进宫辅政。经过一番争斗，杨坚打败了反对自己的势力，最终控制了朝廷实际权力，年幼的新皇帝成了他的傀儡。

这时的杨坚面临着人生最重大的一个抉择：选择继续保存周朝统治，自己做一个掌握实权、位高权重的人臣；还是选择取代年幼的皇帝，代周自立。第一个选择可以让自己很平稳地度过下半辈子，第二个选择可以让自己开创一个新的朝代，走上权力巅峰，但必然会招致更多的反对，稍有不慎，就会身死族灭。

杨坚犹豫了，一方面，在那样一个时代，谁不想做皇帝呢？另一方面，他想着不能再因为自己而让妻子家人过担惊受怕的日子，这样的日子实在是过够了。

在这样关键的时刻，作为妻子的伽罗巾帼不让须眉，表现出了她果敢善断的气魄，帮助丈夫做出了正确的决定。伽罗派出自己最信任的下属悄悄入宫，带给丈夫自己的意见："大事已然，骑兽之势，必不得下，勉之！"

伽罗的话给了犹豫不决的杨坚做出选择最坚定的理由，也是最大的支持和鼓励。伽罗陪着丈夫一路走来，见过了太多因为政治动荡带来的生离死别，自己父亲的死还深深刻在她的心里。同时，她也是吸取了之前宇文护身为权臣，最终却身败名裂的教训，她知道，唯有自己掌握最高权力，才能真正掌控自己的命运。

公元 581 年，杨坚迫使北周小皇帝将皇位"禅让"给自己，改年号为"开皇"，定国号为"隋"，杨坚正式称帝，史称隋文帝。独孤伽罗自然就称为了大隋的开国皇后。

五、"二圣"

俗话说"打江山容易，守江山难"，走上权力巅峰之后的夫妻二人面临着巩固政权，建设国家的重大任务，他们呕心沥血为隋朝的发展壮大倾注了毕生的精力与心血。杨坚作为皇帝，德才兼备，处理政事的能力自然非常强。但独孤皇后作为贤内助，也一直对丈夫的各种决策有着巨大的影响力，她是历史上罕见地对君主终生保有强烈影响力的后宫人物。

《隋书》记载："上每临朝，后辄与上方辇而进，至阁乃止。使宦官伺上，政有所失，随则匡谏，多所弘益。候上退朝而同反燕寝，相顾欣然。"

从史书记载中我们知道，独孤皇后与隋文帝一同乘辇车上朝，到殿阁才止，如果文帝的决策有所偏失，她还会派宦官进去沟通，匡扶进谏，提出自己的意见。等到文帝退朝，她早已等候在外面，夫妻二人一起回宫，同起同居，形影不离。

有空闲的时候，独孤皇后手不释卷，学问不凡。文帝对妻子感情深厚，又特别信服。所以开皇年间的政治决策，很难说清楚哪些是文帝的主意，哪些又是独孤皇后的意见。《隋书》记载："后每与上言及政事，往往意合，宫中称为二圣。"

独孤皇后还积极向隋文帝推荐治世能臣，隋朝宰相高颎就是典型代表。高颎父亲本是独孤皇后父亲独孤信的幕僚，在独孤家落难之时，高家依然和独孤皇后保持着亲密的联系。独孤皇后对高颎的才干和品德都非常了解，故大力推荐给文帝。文帝在建立隋朝之初，就立即委以重任。因为有独孤皇后这一层关系，隋文帝一直把高颎当家人看待。

在独孤皇后的积极参与和协助之下，隋文帝迅速稳定了政局，带领着以高颎为首的一批能臣干将们开始了一系列大刀阔斧的全面改革。灭陈统一全国、实行"科举制""三省六部制"、撰写《开皇律》……这些都深远地影响了后来的唐朝以及未来一千多年封建王朝的发展，隋文帝通过这些举措，开创出"开皇之治"的治世局面。独孤皇后在这个过程中功不可没。

六、贤后

独孤皇后虽然深度参与了国家管理，但是她并没有如武则天一般的野心私欲，她总是以身作则、严格要求自己，堪称母仪天下的一代贤后。

《隋书》记载："有司奏以《周礼》百官之妻，命于王后，宪章在昔，请依古制。后曰：'以妇人与政，或从此渐，不可开其源也。'不许。"能够授百官之妻的头衔，确实能让独孤皇后大出风头，但独孤皇后非常注重以身作则，一方面，积极为隋文帝贡献她的政治才华，另一方面，则是牢牢把握尺度，并不违规干政。

开皇初年，有突厥人出售一筐价值八百万钱的明珠，有人劝独孤皇后买下来，但她却说："非我所须也。当今戎狄屡寇，将士疲劳，未若以八百万分赏有功者。"身为皇后，时时想着将士的辛劳，一下子赢得满朝归心，这为新生的隋杨政权树立了良好的政治形象。

独孤皇后还特别注重防止外戚干政的现象，整个文帝一朝，独孤皇后的娘家人没有一个身居高位。不仅如此，外戚犯罪，还要从重处罚。独孤皇后有一个表兄催长仁，犯了死罪。一向执法严明的文帝考虑到催长仁是皇后的表兄弟，想赦免他。独孤皇后知道这件事之后，虽然非常痛心，但她却坚决说道："国家之事，焉可顾私！"大义灭亲阻止了丈夫的徇私之举。

七、真情

作为皇后的独孤伽罗以自己独特的魅力，创造了中国古代帝王后宫生活的奇迹——六宫虚设，杨坚作为皇帝，基本坚持了一夫一妻。

很多评价都把杨坚说成是史上最怕老婆的皇帝，但如果不是对妻子的深爱和真情，拥有雄才大略、帝王气魄的杨坚怎么可能受皇后管制而六宫虚设？

隋文帝即位时已四十岁，根据史籍记载，之前夫妻间没有妾侍存在；开皇中，五十多岁的隋文帝不仅向群臣得意地宣称自己"旁无姬侍，五子同母"，而且还拒绝吐谷浑进献美女填充后宫的外交示好举动。直到开皇末年，他和皇后都近花甲之年时，他才动了一点"邪念"。

开皇十七年，隋文帝注意到了一个宫女，长相甜美，文帝一时意乱情迷就临幸了她。这件事让独孤皇后备受打击，她悲愤交加，盛怒之下杀死了这位宫女。文帝知道这件事之后，一气之下："单骑从苑中出，不由径路，入山谷间二十余里。"

一位皇帝因为这样的事情，气得离家出走，也是历史独一份。后来文帝在大臣们的劝说下回到宫中，而独孤皇后也向他主动道歉谢罪，两人和好如初。

也是因为独孤皇后坚持一夫一妻，重视嫡长、重视世家门阀联姻，而太子杨勇喜好声色，又没有嫡子，而且不善待太子妃，导致独孤皇后放弃了对太子的信任，最终废掉太子，改立次子杨广为太子，也就是后来的隋炀帝。

公元 602 年，独孤皇后病逝于永安宫，享年五十九岁。这对垂暮隋文帝的打击是毁灭性的，他醉生梦死，在国政处理上出现了很多失误，在用人问题上也开始多疑善变，不复当年明主之风。或许，结婚四十多年，当皇帝二十多年，隋文帝已经习惯依赖独孤皇后坚定的意志和敏感务实的政治智慧了，现在这个支撑一倒，隋文帝这座大厦也立刻开始倾颓。

独孤皇后去世才一年多，失魂落魄、精神不振的隋文帝也一病不起，临终前，他动情地对太子说道:"汝既曾葬皇后,今我方死,宜好安置。属此何益,但不能忘怀耳。魂其有知,当相见于地下。"到死都想着能与妻子在地下相会!

公元604年,隋文帝杨坚去世,根据其遗愿与皇后合葬。

独孤皇后的名字"伽罗",是梵语 Tagara 的音译,是一种名贵的香木。对于杨坚来说,这样的妻子,的确就像名贵的香木一样难得吧!

独孤伽罗出身名门,一生经历荣辱起伏,最终陪伴丈夫开创"开皇之治"的治世局面,在历史上争得了自己的一席之地。她的一些观念和做法以及她独特的魅力和鲜明的个性,即使在今天看来,也不得不令人佩服和仰慕。独孤伽罗和丈夫杨坚一起,创造了中国古代帝王生活的奇迹,她完全可以称得上是"一代贤后"!

第三节

爱国爱民的冼夫人

我国南朝梁、陈至隋朝前半期，在岭南地区出现了一位受世人敬仰和颂扬的伟大女性，她被周恩来总理赞扬为"中国巾帼英雄第一人"，历史学家吴晗说"她的一生是值得也应该写成历史剧的"，前国家主席江泽民称她为"我辈后人永远学习的楷模"。她是谁呢？

她就是被隋文帝封为谯国夫人，去世后被追谥为"诚敬夫人"的冼夫人。这样一位冼夫人为何会受到古今人士的推崇和赞扬？她经历了怎样不平凡的一生？让我们一起来了解她。

一、与人为善、促进民族团结的冼夫人

南朝梁武帝普通三年（522 年），冼夫人诞生于粤西地区高凉俚族冼氏的一个首领大家庭。她的家族世代都是南粤首领，在当地的势力很大，统领部落十几万家。

冼夫人并没有因为出生于显赫世家就娇生惯养，《隋书·烈女传》记载她"幼贤明，多筹略""能行军用师"。当时越人的习俗，喜欢相互攻击。冼夫人认为这是一种陋习，她爱好和平，常常劝告族人要与人为善，多做好事，不做坏事。因此，她渐渐得到了本地百姓的信任。

冼夫人的哥哥在做梁州刺史的时候，总是仗着自己的强大势力去侵扰掠夺周围郡县的百姓，岭南一带的百姓都深受其苦。冼夫人多次劝谏哥哥，希望他不要"恃其富强，侵扰旁郡"。哥哥听从了冼夫人的劝谏，不再侵扰百姓。这对岭南的影响很大，百姓的怨恨情绪渐渐平息，后来海南儋州地区就有 1000 多个峒归附梁州统治。

冼夫人的聪明才智和远大抱负在岭南地区广为流传。罗州（今广东化州）刺史冯融得知了高凉冼氏的芳名，于是派人到冼家替他的儿子高凉太守冯宝求婚。

冯融本是北方北燕皇族，汉族人。其祖父冯业在南朝的第一个朝代宋的时候

归附宋，被安置在新会。到冯融的时候已经三代充当岭南地区州郡的长官，但因为是外地汉族人客居俚越地区为官，所以冯家的号令往往不为当地人所执行。

冼夫人所在家族是俚族首领，冼夫人认为自己与冯宝结婚，是一件消除民族之间隔阂，实现俚汉团结的大事，于是欣然同意与冯宝的婚事。

冯冼联姻之后，冼夫人告诫本宗族的人，要接受汉族先进的礼仪习俗。她大力宣传汉族先进的文明，改善俚族人落后的社会习俗，发展封建文化，不断推动着社会的进步。

冼夫人还经常与丈夫冯宝一起评审裁决案件，俚族首领中有犯法的人，即使是亲族也不宽恕。渐渐地，许多俚族人也将冯宝视作自己的首领。自此以后，朝廷命官在地方上颁布的政令可以通行无阻，再也没有人敢违背，社会秩序得到安定，正如《隋书·烈女传》记载"政令有序，人莫敢违"。

冼夫人的这些做法，使祖国南疆民族团结的局面更加牢固，对当时俚人汉化和岭南社会的长期稳定，起了重要的推动作用。

二、反对地方割据、维护国家统一的冼夫人

1. 智挫高州刺史李迁仕，配合陈霸先评定侯景叛乱

梁武帝太清二年（548年），梁朝内部爆发了著名的侯景之乱。

侯景，怀朔（今内蒙古包头）人。他本是北朝北魏大将，后来依附于西魏高欢，镇守河南。548年，侯景背叛西魏，降于梁朝，受封为河南王。

侯景降梁之后，发现南梁王朝内部各统治集团之间钩心斗角、尔虞我诈，非常混乱。他很快就萌生了灭梁之心，想自己取而代之。于是侯景与梁宗室萧正德勾结，在安徽阜阳发动反叛梁朝的兵变。很快，侯景就攻破了都城建康（今南京），把梁武帝围困在台城内。梁武帝焦急万分，下诏命令各地发兵勤王。

西江督护、高要（今广东肇庆）太守陈霸先积极响应梁武帝，发兵勤王。他先是攻灭了一同反叛的广州刺史元景仲，迎定州刺史梁朝宗室萧勃为广州刺史，后又率兵前往京城建康救驾。当队伍行至始兴（今韶关），表面上积极征兵救援的萧勃却暗中命令自己的部下阻挠陈霸先。

高州（今广东阳江一带）刺史李迁仕认为这正是群雄并起，割据称雄的大好时机。他暗中勾结侯景，一面假装自己生病不去救援梁武帝，一面暗中招兵买马，

壮大自己的实力，准备随时发动兵变。

李迁仕认识到在岭南地区要想获得更大的成功，必须取得拥有强大政治与军事实力的冯冼家族的支持。他深知冼夫人在岭南俚汉人群中拥有很高的威望，甚至可以左右当地的政局，他必须想办法得到冼夫人支持，甚至控制冯冼家族的势力。

李迁仕派人到高凉衙署，请冯宝到他那里去，说是有军机要事相商，实际上他是想动员冯宝一起跟随他造反，如果冯宝不听从，**他就把冯宝扣押起来作为人质，胁迫冼夫人就范。**

冯宝不知危险，见是刺史召见，准备动身前往。冼夫人机警的判断冯宝不能前往，她对丈夫说："刺史无缘无故召见你，定是要你和他一同谋反，万万不能去。"

冯宝很惊讶："夫人你如何知道？"

"朝廷命刺史发兵救援台城，但刺史却以生病为由迟迟不发兵，是何道理？如今他私下里铸造兵器，还招兵买马，**现在又找你过去，一定是想劝你也参与。**你若顺从最好，你若不顺从，他肯定会将你扣押做人质，要挟你调动兵马一起造反。你认为你还能去他那里吗？为今之计，最好的办法就是**静观其变，再做打算。**"

冯宝听了夫人一番话，深以为然。冼夫人对时局精准的分析令冯宝叹服。

李迁仕一计不成，转而派兵入赣石（今江西）**修建城堡**，企图与广州刺史萧勃的军队一起阻挠陈霸先救援台城。在赣石，两队人马一时相持不下。

冯宝很快把这一消息告知了冼夫人。冼夫人认为维护国家统一稳定义不容辞，现在正是进击李迁仕，消灭叛军的大好时机。

她对冯宝说："现在李迁仕的主力在江西，我们可以趁机消灭他。"

冯宝说道："那么我们如何消灭他呢？"

"我觉得我们可以派人以送礼为名，以赎前次召见你未去之罪。就说你一时分不开身，由妻子代往。李迁仕听说是我过去，必定不会有任何的戒备。我带着千余人挑着礼物，内藏兵器，只说是去到高州谢罪，等我一进城，便杀他个片甲不留。"

冯宝觉得妻子的计策很好，很快依计而行。

李迁仕接报说是冼夫人来送礼了，很是高兴。但警觉的他还是派人暗中侦查，发现来的确实都是挑夫，前前后后挑了很多礼物，便放冼夫人一行进了城。冼夫人进城之后，趁人不备，发动突然袭击，把李迁仕打得大败，后来李迁仕逃到宁都，又被陈霸先击杀。

陈霸先与冼夫人会师之后，看到俚族中竟有这样一位有胆有识的奇女子，对她很是敬佩。而冼夫人也觉得陈霸先是一个能平定叛乱的优秀将领，两人很快结成了同盟。

后来陈霸先经过一系列斗争，终于平定了侯景之乱。557年，陈霸先废梁自立，建立了陈朝。

陈朝建立之后，岭南地区各州陆续发生骚乱，特别是广州刺史萧勃发动了叛乱。冼夫人以百越首领的身份，劝阻和号令附近各州县的长官不要参与叛乱。不久，萧勃战败。冼夫人派出其子冯仆（其丈夫已死）朝见陈霸先，表示愿意归附陈朝。

冼夫人安定了岭南，使岭南人民免受战争之苦。同时归顺中央王朝又加强了俚汉之间的往来，促进了岭南地区的发展。

2．先国后家，击败欧阳纥叛乱；维护国家统一，率部归顺隋朝

欧阳纥与其父在广州经营了十多年，他的两位叔父曾分别担任交州刺史和东衡州刺史，其家族势力很大。陈宣帝即位后，对欧阳纥心存顾虑，担心尾大不掉，决定调他来京城建康就职，来一个明升暗降。欧阳纥听到这个消息，决定发动叛乱。陈宣帝派车骑将军章昭达讨伐。

同之前的李迁仕一样，欧阳纥也想拉拢冼夫人一起参与反叛，冼夫人在岭南地区的影响力实在是太大了。

570年，欧阳纥派一得力心腹到阳春，以广州刺史、都督十几州军事的名义，把冼夫人之子冯仆召去。欧阳纥逼迫冯仆一同反叛，冯仆认为事关紧要，马上秘密遣使禀报冼夫人。冼夫人得到禀报后，义正词严地说："我为忠贞，经今两代，不能惜汝，辜负国家。"她全然不顾儿子的安危，率兵协助章昭达进击叛军。

在冼夫人和俚族地方武装的配合和帮助下，章昭达迅速进兵始兴（今韶关）。欧阳纥惊慌失措，仓皇迎战，结果被打得大败。欧阳纥也被送到都城建康处死。

在这次叛乱之中，为了国家的统一和百姓的安定，冼夫人置儿子的安危而不

顾，毅然决定配合中央朝廷，击败叛军，显示了冼夫人先国后家，为国为民的高尚情怀。

589年，陈朝为隋朝所灭。岭南一带因为离中央较远，无所归附。当地的百姓都推冼夫人为"圣母"，表示愿意服从冼夫人统治。可以说此时的冼夫人已经成了岭南之王，但是冼夫人并未称王，她主张国家统一，反对封建割据。

就在这个时候，隋文帝派大将韦洸进军岭南，陈朝遗将徐璒占据南康抵抗。韦洸因为岭南地形复杂，气候多变，加上对这里的民情也不了解，始终迟疑不决，不敢进击陈璒。

这时的冼夫人收到了隋朝晋王杨广命令陈朝亡国君主陈叔宝写给她的书信和信物，告知她陈朝已经灭亡，要求她归附隋朝。冼夫人确认此消息的真实性后，召集各地首领数千人，终日痛哭，追哭陈朝灭亡。哭罢，冼夫人又一次做出了对岭南地区发展和百姓和平有重大影响的决定：归附隋朝。

冼夫人派她的孙子冯魂带领军队打败徐璒，迎接韦洸进入广州。在冼夫人的带领下，岭南各少数民族都归附了隋朝，岭南地区正式纳入隋朝的版图。至此，中国结束了270多年的大分裂局面，重新归于统一。

为表彰冼夫人对统一国家的大力支持，隋文帝册封冼夫人为宋康郡（今广东省阳西和电白东部）夫人。

3．再次平定王仲宣的叛乱，耄耋之年批盔戴甲，护隋使安定岭南

590年，岭南地区又发生了王仲宣抗隋叛乱事件。叛乱的爆发是因为隋朝在岭南地区推行一系列新措施，触犯了当地豪酋的政治权力和经济利益。王仲宣是番禺俚王，事件爆发后，"岭南首领多应之"。

很快，韦洸战死，形势异常严峻，冼夫人"情在奉国，深识正理"，她像之前一样，坚决反对分裂，维护国家统一。冼夫人马上派出孙子冯暄讨伐王仲宣，冯暄却因为同叛军将领是好友，迟迟不肯进兵。冼夫人知道之后大怒，派人把冯暄囚禁起来，继续派另一孙子冯盎统兵讨伐叛军。终于，在冼夫人态度坚决，各方大力的支持之下，打败了王仲宣叛军。

为了安定叛乱之后的岭南，隋朝派大使裴矩经略岭南诸州。为了防止还有人不听从隋朝中央官员的号令，冼夫人以七十岁高龄，亲自批盔戴甲，骑着高头大马，率领骑兵，护卫隋使裴矩。各地首领见此情形，纷纷前来参拜。冼夫人命令

他们仍旧统治自己原来的部落，并且要接受隋朝的封爵。

从此，岭南又终于得到了和平、安宁。

隋文帝对此十分满意，对冼夫人赞赏有加。追封冼夫人的丈夫为广州总管、谯国公；册封冼夫人为谯国夫人，设置谯国夫人幕府，配备长史以下的官吏，给予印章，授权她调拨各部落和六州兵马，若有紧急军情可自行决定应对之策。隋文帝还下达诏书表彰冼夫人的功绩，赐丝织布匹五千缎。后来，独孤皇后又赏赐大量首饰和服饰。冼夫人的儿子、孙子也分别受到加封。

冼夫人把所有中央王朝赏赐的礼物，包括梁朝、陈朝、隋朝各朝代所赐物件，都分别收藏于库房，逢年过节的时候把这些礼物陈列展示出来，用以训示儿孙："我事三代主，唯用一好心，今赐物俱全，此忠孝之报也，愿汝皆思念之。"告诫自己的子孙后代，她所做的一切都是为国为民，冯家世世代代都要这样做。

三、维护百姓、以民为本的冼夫人

一直以来，冼夫人都特别重视老百姓的利益，她努力发展岭南少数民族地区的经济，积极传播汉族当时先进的生产技术；真正站在普通百姓一边，为百姓向皇帝请命。

早在冼夫人刚与冯宝结婚的时候，她就积极在岭南地区传播汉族先进的生产经验，教化百越各部落"尽力农事"，提倡男耕女织。经过数十年的开发，岭南地区的农业、手工业，如纺织、铸铜、制瓷、造船等都有很大的发展。特别是海南岛，她在梁朝时积极开发海南，加速了当地封建经济的发展。至今海南人民还对她感恩膜拜，奉若神明。

601 年，隋朝派赵讷担任番州（今广州）总管。此人十分贪财，经常巧立各种名目勒索搜刮百姓。久而久之，激起了当地各族人民的反抗，岭南地区又开始出现动乱的局面。

冼夫人得知后，并没有把暴力抗缴、苛捐杂税的老百姓定义为叛乱者。她派官员进京拜见隋文帝，禀明具体情况，把赵讷的罪行一一列出，并提出了安抚各族人民的办法。隋文帝随后派人查清了赵讷贪赃枉法、欺压百姓的罪证，将其抓捕并处死。

隋文帝下诏书，委派冼夫人招抚叛乱的百姓。冼夫人当时已经八十岁高龄，但她不辞辛劳，亲自捧着诏书，巡视十多个州郡，宣布朝廷的旨意，抚慰各地的俚族人。

在这场动乱中，冼夫人始终站在消除贪官苛政，维护百姓利益的一边，以八十岁高龄又一次安定了岭南局面。可以说她真正做到了为民请命，以民为本。

602 年正月十八日，冼夫人去世，享年八十一岁。隋文帝赐授冼夫人诚敬夫人的谥号，这样的荣誉在当时相当于国家最高荣誉。

冼夫人去世之后，她的孙子冯盎已拥兵五万多，占据岭南二十余州，势力遍及两广和海南，有人劝他自立为王，但他牢记祖母冼夫人的教导，坚决拒绝。后来隋朝亡于唐，唐将李靖率兵南下，冯盎亲自迎接，并归附新的中央王朝唐朝。

冼夫人经历了梁、陈、隋三朝，她以高超的智慧和实际的行动，长期维护国家统一、社会安定，坚决打击民族分裂势力，努力维护俚汉团结，发展农业生产，为人民的利益奋斗一生，实在难能可贵。冼夫人提倡忠君爱国，但并不执着地忠于一君一姓，而是通过忠君表达爱国的情操。她的爱国是基于爱民的基础之上的，我们要学习她的爱国主义精神和以民为本的思想。

冼夫人去世后，被岭南各地"立庙以祀"，以表示对她的崇敬之情。

第四节

坎坷传奇的萧皇后

萧皇后，她出身名门，是南朝梁孝明帝萧岿之女，名副其实的公主；她问鼎后冠，后来成为隋朝炀帝杨广的皇后。史书上没有确切名字记载，故史称萧皇后。眼看着风光无限，实际上从一开始，她的人生就注定是跌宕起伏，身后更是褒贬不一的历史评价。《隋书》《北史》把她描述为："（萧皇后）性温婉，有智识，好学解属文，颇知占候。"足见萧皇后是一位涵养深厚，才学横溢的女性。《隋唐演义》却把她刻画成"一个陪伴皇帝寻欢作乐的高级'帮闲'"。究竟，这位奇女子有着怎样的人生轨迹？

一、被占卜摇摆的名门公主

公元 567 年 2 月，萧皇后出生，由于江南风俗认为二月出生的子女实为不吉，因此萧皇后由萧岿的六弟东平王萧岌收养。萧岌夫妇收养萧皇后不满一年，便双双去世。萧皇后遂转由舅父张轲收养。张轲虽然为安平王萧岩僚属，但家境贫寒，因此贵为公主的萧皇后亦随之操劳家务。她从小事事亲为，深知生活艰辛，民生不易。原可以过上优裕生活的公主，因为占卜不吉，沦落到贫穷家庭里。

隋朝建立后（581 年），隋文帝立长子杨勇为太子、封次子杨广为晋王。之后隋文帝希望从向来关系良好的梁国选位公主为晋王之妃。在双方缔结婚姻后，隋文帝派人取萧岿之女的生辰与名字，然后在祖庙进行占卜，可结果却是"遍占诸女，诸女皆不吉"。萧岿不得已接回萧氏，占之，结果大吉。于是萧氏成为杨广之妻，封晋王妃。凭借这次大吉，仿佛被遗忘的萧皇后一跃成为萧氏家族的形象代言，而她自己也随着丈夫登上了权力角逐的舞台。此时，萧皇后年仅十四岁，杨广不过十二岁。

萧皇后入隋为妃，从隋文帝到晋王都十分认可，不仅仅因为她的公主身份，还有她的才华德行和智慧修养。舅父虽然家道中落，但良好的家学积淀和家风对萧皇后产生了潜移默化的影响，张氏一门都博学多识，有很好的家学修养。萧皇后从小好读书，再加上艰难生活的磨炼，她逐渐成长为富有智慧，成熟练达的女子。这份智慧与韧性使得她在将来的大起大落中多了一份镇定与沉稳。

二、才德兼备的贤内助

年轻的晋王夫妇婚后琴瑟和谐，夫妻恩爱。成婚不久，萧皇后便随丈夫前往晋阳赴任。开皇三年（583年），隋文帝梦见一位天神从天而降，说将会投生于杨家。不久，就传来了萧皇后在并州怀孕的消息。于是隋文帝便将萧皇后迎回大兴，安置在大兴宫的客省。萧皇后先后为杨广生下两子一女，分别是长子杨昭、次子杨暕、长女南阳公主，都十分受杨广的喜爱。开皇十五年（595年）左右，萧皇后突然生了一场大病，久久不能痊愈，杨广命令柳顾言写信给智者大师，请求他为萧皇后祈福。智者大师率僧侣建斋七日，行金光明忏，之后萧皇后便痊愈，晋王十分高兴并大肆庆祝。《隋书》记载："帝未登庸，早俪宸极，恩隆好合，始终不渝。""昔文皇潜跃之际，献后便相推毂，炀帝大横方兆，萧妃密勿经纶，是以恩礼绸缪，始终不易。"从这段记载来看，在婚姻早期，萧皇后与杨广的生活还是很幸福的。

晋王杨广决心夺嫡的时候，萧皇后全力支持，极力扮演晋王妃的角色。杨广想与心腹郭衍商讨夺嫡之计，又怕无故往来招人非议，便借口萧皇后为郭衍之妻治病，郭衍夫妇方能往来江都。杨广坐镇江南，大力拉拢江南士族和佛教高僧时，萧皇后梁朝皇室的出身和佛教信仰的背景为其在江南加分不少。在后宫及前廷，萧皇后也有着良好的口碑。萧氏家族本来就有崇佛的传统，萧皇后入隋后仍然虔诚礼佛，十分投合文帝夫妇的想法。每当独孤皇后派遣宫人前往探视晋王夫妇时，萧皇后往往与宫人同寝共食，表现出节俭勤劳的品质。杨广一步步争取到统治力量，也得到了隋炀帝和独孤皇后的认可。开皇二十年（600年），"皇太子勇及诸子并废为庶人……以晋王为皇太子。"经过多年的潜心策划，杨广被立为太子，萧皇后被立为太子妃。杨广被立为太子有萧皇后很大的功劳。萧皇后以智慧贤能的处事之风为杨广树立了良好的形象，为其上位做了极为有利的铺垫和衬托。

公元604年，杨广登基称帝。次年，萧皇后被正式册封为皇后。这时杨广三十七岁，萧皇后三十九岁。萧皇后非常关注百姓民生，隋炀帝每次出巡萧皇后都一一跟随。隋炀帝十分敬重萧皇后，对他们的子嗣非常宠爱，除庶子赵王杲以外，再也没有其他子嗣。侧面可以看出隋炀帝和萧皇后之间深厚的感情。

隋炀帝即位后，多有失德，昏庸无道，沉湎酒色，与萧皇后渐渐疏离。看到自己的夫君德行日益败坏，萧皇后知道这样不好，但又不敢直谏，只好写了《述志赋》委婉劝谏。

《述志赋》节选

夫居高而必危，虑处满而防溢。

知恣夸之非道，乃摄生于冲谧。

嗟宠辱之易惊，尚无为而抱一。

履谦光而守志，且愿安乎容膝。

珠帘玉箔之奇，金屋瑶台之美，

虽时俗之崇丽，盖吾人之所鄙。

愧絺绤之不工，岂丝竹之喧耳。

译文：想到水积满了，一定要防止它溢出来。知道放纵奢侈是无道的，才应在淡泊宁静中保养身心。叹息宠爱和羞辱都容易使人惊恐，提倡不做什么追求，保守住天然的本性。共性谦逊礼让的风度，矢志不渝，只希望在可以容下膝盖的小家中安居乐业。奇异的珠帘玉箔，华美的金屋瑶台，虽然世俗崇尚它们的华丽，可我却鄙视它们。世人为粗布的不够工巧而羞愧，难道只是丝竹乐器的喧闹声而已。

从《述志赋》中看出萧皇后才华横溢，对时局保持清醒的认识。虽然没有独孤皇后那样对隋文帝的政治影响力，但萧皇后仍力图做一个合格的皇后，尝试去影响刚愎自用的隋炀帝。

大业十二年（616年），杨广带领后妃、文武百官第三次下江都，至此，隋王朝统治陷入分崩离析之态，因杨广长期滞留江都，臣下大都怀有二心，有宫女禀告萧皇后说："在外听说人人都想要造反。"萧皇后说："你去奏报陛下。"于是宫女向杨广禀告了这件事，杨广大怒说："这不是你该说的话！"将宫女处斩。后来又有宫女来对萧皇后说："宿卫们三三两两的商议谋反。"萧皇后说："天下大事到了这个地步，大势已去，无法挽回。何必禀告呢，徒令陛下增添烦恼而已！"从这以后再没有人说这事。萧皇后对隋炀帝的荒唐行为感到焦虑，但却也无能为力。面对乱局，萧皇后深感大势已去，凄凉无奈，彻底放弃劝诫。她在无奈无为之时，对将来的变局与命运安排心中可否有数？

三、孤苦飘摇的亡国之后

大业十四年（618年），骁果军发生叛乱，右屯卫将军宇文化及弑杀隋炀帝于江都行宫，立秦王浩为帝，自称大丞相。诸多隋朝宗亲及位高权重之臣，如虞世基、裴蕴也在事变中被杀，后称"江都事变"。《资治通鉴》记载萧皇后亲自为隋炀帝入殓。江都事变后，隋朝名存实亡，萧皇后成为宇文化及叛乱势力的俘虏，时年52岁。从此萧皇后开始了长达二十多年颠沛流离的生活。

叛乱发生后，萧皇后随宇文化及的乱军到达聊城。宇文化及虽然杀死杨广，大权在握，但名义上仍是隋朝丞相。萧皇后凭借此时太后的身份，宇文化及也不敢过分苛刻，表面上的关系还是要维持的。此时萧皇后毅然成为杨氏子孙的庇护者，努力保护年幼的孙子杨政道。萧皇后没有卑微求生，她镇定自若，坚韧果断，体现了她出生贵族，又为一国之后的风范。

武德二年（619年），宇文化及一路兵败，被夏王窦建德擒获。萧皇后随窦建德前往洺州，时年五十三岁。窦建德是名副其实的英雄豪杰，知义而尚人，贵忠而爱贤，无暴虐于民，无淫凶于己。《资治通鉴》有载："建德入城，生擒化及，先谒隋萧皇后，语皆称臣，素服哭炀帝尽哀……建德每战胜克城，所得资财，悉以分将士，身无所取。又不敢肉，常食蔬，茹粟饭；妻曹氏，不衣纨绮，所役婢妾，才十许人。及破化及，得隋宫人千数，即时散遣之。"

萧皇后受到了窦建德的礼遇。

武德三年（620年），窦建德迫于突厥的压力，将萧皇后及其亲属送往突厥。促成这一行动的是远嫁突厥的隋朝义成公主。义成公主把萧皇后接到突厥，为杨家的延续提供保障。此后不久，处罗可汗立杨政道为隋王，在山西定襄建立政权，延续隋宗庙祭祀，史称"后隋"。因义成公主的缘故，突厥可汗对萧皇后以礼相待。萧皇后在突厥居住长达十二年。

萧皇后及隋室子孙被迫先后辗转于三个政权，他们都成为亡国之奴，而这些政权之所以竞相争取，无非是用"挟天子以令诸侯"的手段，以收服天下人心。

《旧唐书》记载，窦建德攻陷聊城后，对萧皇后毕恭毕敬，并"语皆称臣"，对一个亡国的皇后，窦建德如此礼待，不仅是出于对萧皇后的尊敬，更是为了占有隋室玉玺，名正言顺地继承隋的正统。

唐朝贞观四年（630年），唐太宗破突厥，迎萧皇后回京，这时萧皇后已经六十四岁。回京后的萧皇后得到了唐太宗的礼遇。贞观二十二年（648年），萧皇后崩逝，享年八十一岁。萧皇后逝世后，唐太宗以皇后礼将萧皇后葬于杨广之陵，与隋炀帝合葬，上谥愍皇后，全谥为隋炀愍皇后。

2013年3月，在扬州西湖镇曹庄发现了两座砖室墓，从墓室中出土了一方墓志，此墓志的主人恰为隋炀帝，而另一个墓室的主人就是萧皇后。随葬品有代表其身份的凤冠一件、铜器有编钟一套、编磬一套二十件、白玉璋一件及其他各类随葬品六百多件。从曹庄墓的规模来看，唐太宗以皇后之礼为萧皇后下葬，规格虽不及唐朝帝王，作为亡国遗后已是无上恩赐。

萧皇后集才学与智慧于一身，一生历经传奇。萧皇后倚靠南梁萧氏家族在江南的影响力与隋朝杨氏实现政治联姻，政治地位再次提升，即便后来辗转于各个政权也没有任人轻贱；凭借良好的文化修养和温顺谦恭的性格成为夫君的贤内助，辅佐夫君夺取政权，母仪天下，且不迷失于荣华富贵，不随波逐流；以沉着冷静和坚韧进取的品质，成为隋朝覆灭后子孙后代的庇护。

四、真假萧皇后

史书中关于萧皇后的记载主要见于《隋书》《北史》之传记，新旧唐书、《资治通鉴》亦稍有涉及。《隋书》《北史》把她描述为："（萧皇后）性温婉，有智识，好学解属文，颇知占候。""凤禀成训，妇道克修。"从史书记载来看，萧皇后是一个有才学、有责任、有传统妇德的形象。

唐代以后，萧皇后的形象开始从历史走向文学。宋元时期，以话本、戏曲为代表的俗文学兴起，为了迎合市民对宫闱艳史的猎奇，这一时期的文本开始具体细腻地虚构萧皇后等女性的后宫生活。在《大业拾遗记》等小说中，不仅隋炀帝对萧后的情感被弱化了，萧皇后也从温婉有责任心的皇后，变成一个只知享乐、且颇有嫉妒心的女子。她随隋炀帝下江都，极尽奢靡，洋洋自得，对隋炀帝的靡费之举毫无劝谏之意。《开河记》叙隋炀帝因看《广陵图》，勾起对扬州美景的回忆，萧皇后提议下江南游玩，由此隋炀帝决定开凿运河。萧皇后不仅是隋炀帝种种荒诞举措的支持者、参与者，更是祸国的源头。《大宋宣和遗事》更明确指出，隋炀帝开河只因萧皇后要看扬州景致，故隋朝之灭亡源于"萧妃之色"。在宋元文本中，萧皇后是隋炀帝开河行为的怂恿者及得利者。她不仅未能承担作为皇后的职责，更对隋炀帝的昏庸之举推波助澜。宋元文本丑化萧皇后，把萧皇后描述成一个"红颜祸水"的形象。

清代文本对萧后主要持批判态度，批判焦点在于她的不贞。萧后于"江都事变"后近三十年的经历，在《隋书》《北史》的后妃传记中交代得简单又模糊，这也为后世小说家对萧皇后的贞节提供了质疑的依据。尽管前代文本也提及萧皇后的失节，但多是含蓄暗示，如《隋炀帝艳史》叙萧皇后向宇文化及乞命，求"共保富贵"，宇文化及在萧皇后劝说下，立秦王杨浩为帝，以"彰大义"。清代文本则为萧皇后的失节提供了更多细节，将萧皇后塑造成一个只图享乐、毫无羞耻心的女子。

李翰韬等导演的电视剧《隋唐英雄》中的萧皇后，形象丰满，引人注目，给观众留下了深刻的印象。电视剧中的萧皇后出身名门，文化修养极高，具有大家闺秀风范，且貌美无比，号称隋唐第一美人，天下英雄无不垂涎三尺。萧皇后表现出了超乎男人的政治才能与胸怀天下的远大政治抱负，为杨广争得太子之位出谋划策，为了挽救处于悬崖边上的隋王朝，企图力挽狂澜。萧皇后在感情上占有欲极强，企图成为杨广唯一的爱人，在后宫中争风吃醋，工于心计。电视剧中的艺术形象，不仅有历史的影子，而且融合了现代文化心理与审美需求。

与生前的坎坷传奇相呼应，萧皇后身后的评价也经历了大起大落。我们既应该了解这形形色色的评述中所包含的别有用心和时代背景，尽量把萧皇后带回她身处历史时代的人生经历和真实处境中，方能获得对萧皇后全面的认识。

红
颜
长
歌

第十三章 盛世红颜，大唐气象

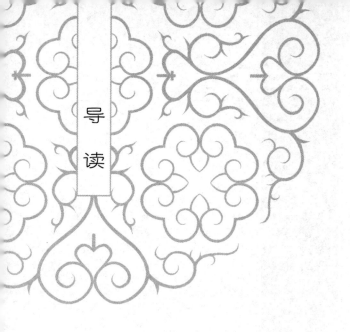

　　提及唐朝，人们往往会想到汉唐盛世，想到大唐气象，想到唐太宗，想到长安城，想到唐诗。的确，大唐盛世无论政治、经济、文化，还是疆域面积、社会风气，都是一个令人向往和自豪的朝代。大唐的经济繁荣、社会稳定、民族交流频繁，风气也比较开放，整个社会充满活力，人们多显示出一种昂扬自豪、积极向上的精神风貌。包容开放的盛世大唐留给了中国人一个集体称谓——唐人；留给中国人一个共同的精神家园——诗词文化；还留给了后世一些历史的背影，这些背影除了帝王将相、诗人才子，更有红颜佳人。

　　总体上，唐代的社会风气充满自信、文明和开放，人们的精神面貌奋发向上，妇女思想和行为受到的限制较少。她们走出封闭的闺阁，积极参与生产劳动、社会事务乃至国家政治生活。在个人生活上，勇于追求自己的婚姻幸福。唐朝的女性地位相比较于其他朝代是很高的，尤其是一些贵妇，她们可以接受文学、音乐等方面的教育，还可以发展个人兴趣。她们多喜好骑马、打球、拔河、射箭、弈棋等刚健豪迈、动脑益智的活动，也有少部分爱好胡服男装。

　　她们中有帮唐太宗李世民勤俭持家、生儿育女、弥缝君臣嫌隙，在背后默默"辅佐"他成千秋霸业、留万世美名的长孙皇后；有远嫁吐蕃，在高原传播中原先进技术和文化，促进吐蕃经济和社会发展，增进了汉藏两族友好关系的大唐"绿度母"——文成公主；有潜心向佛，却一生杀人如麻，篡夺大唐政权，可最后又还神器于李唐，并为大唐进入全盛时期打下坚实基础，只给后世留下一座无字石碑的武则天；还有在盛唐时代，天生丽质难自弃，集三千宠爱于一身的杨贵妃。

第一节
贞观长歌有"良佐"

如果说每一个成功男人的背后都有一个优秀女人的默默支持，那么唐太宗背后默默支持他走向人生巅峰的这个优秀女人就是长孙皇后。"贞观之治"的功劳簿上除了魏征、房玄龄、秦叔宝、尉迟恭（名融，后世误载名"恭"，字敬德，此处为方便读者理解，按照约定俗成用尉迟恭）等凌烟阁的文臣武将，也应当给她记上浓墨重彩的一笔，是她帮秦王李世民生儿育女，勤俭持家；是她帮唐太宗李世民安定后宫，弥缝君臣嫌隙；是她的"顾全大局，拾遗补阙"助一代雄主成千秋霸业，留万世美名。让我们拨开历史的面纱，走近长孙皇后，看一下这位被唐太宗誉为"良佐"的优秀女人，是如何在背后默默"辅佐"他走向人生巅峰的。

一、皇后生平

长孙皇后的名字在史册里没有记载，多称其为长孙氏，或尊称太宗文德顺圣皇后长孙氏。关于其出生地，《新唐书》中记载长孙皇后是河南洛阳人，《旧唐书》则说她是长安人。黄河周在《长孙皇后籍贯小考》（载《人文杂志》，1986 年第 2 期）中确定长孙皇后籍贯是长安而非洛阳："长孙皇后家族的活动情况和居住地，脉络清晰。稽其祖居，当系代地；考其出生处，应为长安。"或可信之。关于其家世，《新唐书》记载："太宗文德顺圣皇后长孙氏，河南洛阳人。其先魏拓跋氏，后为宗室长，因号长孙。高祖稚，大丞相、冯翔王。曾祖裕，平原公。祖兕，左将军。父晟，字季，涉书史，仕隋为右骁卫将军。"《旧唐书》中说："太宗文德顺圣皇后长孙氏，长安人，隋右骁卫将军晟之女也。晟妻，隋扬州刺史高敬德女，生后。"通过这些史料，我们可知长孙皇后乃北魏皇家宗室之后，是当之无愧的将门之女，大家闺秀。无论是出生在长安还是洛阳，在魏晋南北朝和隋唐之际，这两座城市都是国家的政治经济文化中心，在当时的世界上也是国际性大都市，其地位甚至超过今天的北京、上海、广州、深圳。

俗话说，比你聪明比你漂亮比你优秀的人比你更努力，长孙皇后就属于这种"别人家的孩子"。如此显赫的家世和优渥的成长环境，不仅没有使长孙皇后养出飞扬跋扈的性格，反倒令她更加自律，更加努力，《旧唐书》记载她自幼喜好读书，行为规范也严守礼仪制度："少好读书，造次必循礼则。"这种勤奋自律最终使其成长为知书达理、举止得体，具有远见卓识且通识大体的贞观年间国家第一夫人，也是帮助唐太宗开创贞观之治的"贤内助"。

隋炀帝大业九年（613年），十三岁的长孙皇后嫁给了十五岁的李家二郎李世民，一个是豆蔻年华，一个是束发之岁；一个温婉明丽，一个风流倜傥；一家是将门之后前朝宗室，一家是关陇勋贵当朝皇亲（李渊的母亲和隋炀帝的母亲是亲姐妹，按母族辈分，李渊是隋炀帝的表哥）。这桩亲事倒是门当户对，郎才女貌，长孙皇后和唐太宗也算是在最美的时间遇到了对的人，日后他们也的确相亲相爱，感情笃深。

五年后，李世民受封为秦王，长孙氏被册封为秦王妃，翌年，生下长子李承乾，李世民登基后便立他为太子。武德三年（620年），次子李泰出生，史载他"宠冠诸王"，是唐太宗最宠爱的儿子，没有之一。公元626年，唐太宗登基，长孙氏被立为皇后。两年后，幼子李治出生，这就是日后开创了"永徽之治"的唐朝第三位皇帝——唐高宗，顺带说一句，他还有个皇后叫武则天。除了三位皇子，长孙皇后还为唐太宗生育四位，收养一位公主。贞观十年六月（636年），皇后崩逝于太极宫立政殿，终年三十六岁。

纵观长孙皇后的一生，她与太宗少年结发，中年相知，一起互相扶持，走过了二十三载。于情伉俪情深；于政相辅相成；于家则相夫成就盖世英名，福及子孙；于国则佐君成就千秋大业，恩泽天下。

二、规谏补阙，治内良佐

李世民登基后，轻徭薄赋，休养生息，迎来了政治清明，君臣和睦，国泰民安的初唐盛世，史称"贞观之治"。关于这段历史，最为人津津乐道的当属唐太宗的虚心纳谏和魏征的直言净谏，然而从善如流的唐太宗却差点杀了进谏忠言的魏征，最后还是长孙皇后及时规劝、机智疏导，才使太宗皇帝转怒为喜消除杀心。

这个故事在《资治通鉴》中是这样记载的："上尝罢朝，怒曰：'会须杀此田舍翁。'后问为谁，上曰：'魏征每廷辱我。'后退，具朝服立于庭，上惊问其故。后曰：'妾闻主明臣直；今魏征直，由陛下之明故也，妾敢不贺！'上乃悦。"龙有逆鳞，触之即死。魏征的直言不讳，屡犯逆鳞，大概已多次让唐太宗在朝堂之上感觉颜面扫地，尽失天子威严。以至于唐太宗这次在后宫中大喊："应该杀了这个乡巴佬"。皇后问清原委后，就转身换上只有在重大且正式的场合才会穿着的朝服出来。在唐太宗惊讶和迷惑不解的目光中，长孙皇后说："臣妾听说只有君主贤明，臣下才敢直言，现在魏征直言进谏，说明陛下已经晋级为圣明的君主了，臣妾必须要隆重地恭喜陛下。"此话说完，皇上龙心大悦。（这个故事最早见于唐人所撰《独异志》和《大唐新语》，正史无记载，但宋代司马光所著《资治通鉴》对这个故事有记载。不过长孙皇后对魏征的肯定和赞扬，《旧唐书·长孙皇后传》有记载。）这一番赞扬皇上圣明的话，既肯定了魏征的忠心，更博得了皇上的欢心，也达到了皇后规劝太宗要保持虚心纳谏、从善如流的初心，还起到了救人和弥缝君臣嫌隙的效果，可谓一箭四雕。天子之怒、刀光剑影就这样消弭于皇后的三言两语之中。由此看来，长孙皇后不仅聪明睿智，而且情商极高，更难能可贵的是她能存善心、不骄扈。这一点我们可以在她对后宫事务和下人问题的处理上窥见一斑。

《新唐书》里说她："后廷有被罪者，必助帝怒请绳治，俟意解，徐为开治，终不令有冤。"每次太宗因烦恼而无端斥责宫人时，皇后都会暂时顺着他的性子，假装生气并要求亲自对这些人审讯处理。不过被斥责的宫人一般只是被拘留而不刑讯，等到太宗气消了，情绪缓和了，她再慢慢替宫人申诉，总归使后宫没有冤屈和怨恨。对生病的妃嫔，长孙皇后也体贴照顾，她将自己所用的饮食药物转送给她们服用（后宫人员的吃穿用度等一切供给，都随等级的高低有贵贱之别），后宫上下都感怀她的仁德。《新唐书》里说她："媵侍疾病，辄所御饮药资之。下怀其仁。"李仕修在《中国封建社会杰出的女性——长孙皇后》（载《中华女子学院学报》，1995 年第 3 期）一文中说："长孙皇后对后宫事务的妥善处理，一改武德年间宫廷混乱、妃嫔倾轧的糜烂之风。"这既体现出她母仪后宫的才能，也令唐太宗少了许多后宫烦忧，使得他可以全心全意地处理朝政，开创"贞观之治"。

长孙皇后总能在唐太宗任情使性，不再冷静睿智时，用巧妙的方式规劝，拾遗补阙，使唐太宗继续保持虚怀纳谏的良好作风。难怪《旧唐书》中记载皇后去世后，唐太宗悲伤地对身边近臣说："我岂不达天命而不能割情乎！以其每能规谏，补朕之阙，今不复闻善言，是内失一良佐，以此令人哀耳！"

三、抑退手足，护举贤臣

长孙皇后的胞兄长孙无忌，在唐太宗起义前便与太宗关系极好，他们之间算是布衣之交。长孙无忌后来随唐太宗一路征战，功勋累累，尤其是在"玄武门之变"中力保太宗胜出，事后论功行赏，长孙无忌功列第一。《旧唐书·长孙无忌传》中是这样说的："少与太宗友善，……常从太宗征讨，累除比部郎中，封上党县公。武德九年，隐太子建成、齐王元吉谋，将害太宗，无忌请太宗先发诛之。于是奉旨密召房玄龄、杜如晦等共为筹略。……入玄武门讨建成、元吉，平之。……及即位，迁左武侯大将军。贞观元年，转吏部尚书，以功第一，进封齐国公，实封千三百户。太宗以无忌佐命元勋，地兼外戚，礼遇尤重，常令出入卧内。"从这则史料中我们可以看出长孙无忌对唐太宗忠心耿耿，唐太宗对长孙无忌也是信任有加，将其视作"佐命元勋""委以腹心"，更可随便出入太宗的卧室与之议事。后来唐太宗还要委任其宰相之职。但对此，长孙皇后却不断地"拆兄长的台"。

她多次表示坚决反对，并以西汉外戚干政的后果说服唐太宗打消这种想法，《旧唐书》中记载了她的劝言："妾既托身紫宫，尊贵已极，实不愿兄弟子侄布列朝廷。汉之吕、霍可为切骨之诫，特愿圣朝勿以妾兄为宰执。"但是太宗不为所动，坚持对自己好兄弟的信任。后来有大臣上密表称长孙无忌权宠过盛，有揽权之嫌，唐太宗对群臣说："朕今有子皆幼，无忌于朕，实有大功，今者委之，犹如子也。"在满朝文武面前，唐太宗再次力挺自己的铁哥们，表示自己相信他绝对是忠于自己的。最后不顾群臣和皇后意见，还是任命长孙无忌为左武侯大将军、吏部尚书、右仆射。无奈之下，长孙皇后只得私下央求哥哥主动请辞。长孙无忌拗不过皇后，上表太宗再三辞让，唐太宗不得已，只好改授长孙无忌为"开府仪同三司"。（这是一个隋唐至元文散官的最高官阶，但无实权，是对有功大臣功劳的重赐）至此，长孙皇后才放心。

我们不禁要问，对雄才大略的唐太宗而言，防范外戚干政有必要如此苛刻吗？在这个问题上长孙皇后是不是有点太迂腐和不近人情了？

答案当然是很有必要，长孙皇后的"迂腐"和"不近人情"也正是他的远见卓识所在。唐朝有宦官专权和藩镇割据，大唐甚至因这二者而亡，但有唐代唯独没有外戚专权，对于这一点，长孙皇后的坚持和防范不得不说居功甚伟。他的坚持既是对李唐王朝的负责，更是对兄长的保护。历来外戚擅政多是结局悲惨，多年以后长孙无忌也正是因这个罪名被诬杀而死。

虽然对自家兄弟极力防范，但对另外两人，长孙皇后却极力保护和举荐，他们就是魏征和房玄龄。

长孙皇后对魏征的保举除了前面提到的一例，史书中还记载了这样一件事：长孙皇后所生的长乐公主是唐太宗特别喜爱的女儿，在她将要出嫁之时，太宗让下人们准备了比长公主丰厚两倍的嫁妆。魏征再次进谏，说这样做既不符礼法也不合情理。太宗将魏征的原话转述给皇后，皇后感慨地说："臣妾以前常听陛下称赞魏征，不知道是何缘故，如今见其引征礼义来抑制君王的私情，这真是辅佑陛下的栋梁大臣呀！我与陛下是多年的结发夫妻，情深意切，每次讲话还都要察言观色，不敢轻易冒犯您的威严。何况大臣与陛下较为疏远，还能如此直言强谏，陛下不能不听从其意见。"最后还不忘提醒唐太宗忠言逆耳利于行。事后，皇后还派人给魏征送去五百匹绢帛作为赏赐和鼓励（关于长乐公主出嫁之事，《旧唐书》《资治通鉴》均有记载，对魏征的赏赐数额记载虽有不同，但均有赏赐。唐代货币是钱帛兼行，以帛为本的。所以太宗朝赏赐多用绢帛）。

长孙皇后病重时，房玄龄因受斥责被免职归家。皇后与太宗临终诀别之际对太宗说："房玄龄侍奉陛下时间最长，凡事小心谨慎，奇谋秘计，都是他参与研究的，自始至终没有泄露一个字。没有大过，就不要抛弃他。至于我的娘家亲属，他们得到俸禄靠的是亲戚关系，无功而受禄，容易致祸，请不要对他们委以重任，只让他们以皇亲外戚身份进宫朝拜，就算是幸运的了。"（关于此事，《旧唐书》《新唐书》《资治通鉴》均有记载）

临终之际，长孙皇后念念不忘的仍是举荐贤良，抑防外戚。房玄龄和魏征也不负众望，他们为李唐王朝的建立和贞观之治的开创立下了汗马功劳，可以说他们分别是助唐太宗创业和守成的代表人物。

四、谦虚自制，厉行节俭

在权力方面，长孙皇后不仅严格限制母族亲属，力避裙带之嫌，对自己更是要求甚严。《旧唐书》曰："太宗弥加礼待，常与后论及赏罚之事，对曰：'牝鸡之晨，惟家之索。妾以妇人，岂敢豫闻政事？'太宗固与之言，竟不之答。"哪怕是夫妻之间的闲聊，只要涉及朝堂赏罚之事，皇后便不再发表意见。虽然这里谈到的只是"赏罚之事"而非其他国策政事，但赏罚是皇帝把控和管理群臣的一个权柄。《旧唐书》中记载唐太宗曾说"国家大事，唯赏与罚。"虽然长孙皇后有着远见卓识和聪明睿智，但皇后不能上朝听政。不调查就没有发言权，因此对赏罚之事就不便妄言。这份谦虚自律与历史上吕后、武后等后宫干政者比，便显得对国家、社稷和他人更有责任感。

在物质生活方面，长孙皇后对自己和子女的要求同样严苛。《旧唐书》记载："后性尤俭约，凡所服御，取给而已。"《新唐书》说她："性约素，服御取给则止。"虽贵为皇后，母仪天下，但吃穿用度却厉行节俭，从不奢靡浪费。当太子的乳母向长孙皇后说起东宫生活用品太少，要求增添时，皇后拒绝说："为太子，所患德不立而名不扬，何忧少于器物也！"意思是说作为太子，每天想的应该是如何养德扬名，充实和提高自身能力与修养。而不是追求物质生活享受，沉溺于灯红酒绿、纸醉金迷。（这个故事在《旧唐书》《新唐书》《资治通鉴》中均有记载。）

这份爱惜民力的坚守，她至死都在践行。《新唐书》记载她临终前对唐太宗说："妾生无益于时，死不可以厚葬，愿因山为垅，无起坟，无用棺椁，器以瓦木，约费送终，是妾不见忘也。"太宗遵从了皇后生前遗愿，凿九嵕（zōng）山为陵，不藏金银玉器，人马、器皿等陪葬品只用木工。皇后此举既是对唐太宗提倡的俭约寡欲理念的践行，更是对改革当时厚葬之风，崇尚简朴起到了很好的示范作用。在君主专制时代，一个国家的皇后能有这样的思想，实在是百姓之福、万民之幸。

长孙皇后贵为一国女主，尊荣而不骄扈，富贵而不奢侈，受宠而不忘形；她内助太宗，成其大业；敢于进谏，拾遗补阙；宽厚明达，贤惠善良；约束外戚，以身作则；她对贞观诤谏之风、崇德尚俭之风等政风的盛行及贞观政局的繁荣稳定产生了重大影响，做出了不可磨灭的贡献。虽然长孙皇后的一生是短暂的，但其人格魅力永存。从她身上折射出的自强不息的民族精神与中庸和谐的生活理念，构成了她特有的人格魅力，塑造着她英名永垂、光照千秋的伟大形象，对我们今天建设社会主义精神文明，弘扬中国精神，仍有很好的启示作用。

第二节

千古女皇武则天

　　她潜心向佛，却一生杀人如麻，刀下冤魂无数，被人指作杀人恶魔；她是一位母亲，可儿女在她身上却难以感受到母爱的温暖，甚至被她亲手送进坟墓；她是女儿身，却在封建社会走上了权力的巅峰，成为中国历史上唯一的女皇帝；她重用酷吏、滥施刑罚、炮制冤狱、大肆株连，可她的朝堂上却人才济济、英才辈出。她发动"武周革命"，篡夺大唐政权，可最后又还神器于李唐，并为大唐进入全盛打下坚实基础。她就是千古女皇武则天，历代对其褒贬不一，连她自己大概也不知该如何总结自己的这一生，索性就留下一块无字碑，在历史的风尘中，任由后人评述她的传奇。

一、从武媚娘到女皇帝

　　女皇的传奇是从被选召进宫开始的，那一年她十四岁，据《新唐书·后妃传》记载，当时她的母亲哭的像是生死别离，小姑娘却满不在乎地说："见天子庸知非福，何儿女悲乎？"小小年纪便能说出："进宫见天子也许是好事，何必哭哭啼啼儿女情长？"这样的惊人话语，可见这个女子不寻常。进宫面圣后，她被封为正五品的才人，赐号武媚，人称武媚娘。这个不寻常的女子在宫中还有一次语出惊人，那是在帮太宗驯服烈马"狮子骢"时。据说太宗有匹好马，但无人能驯服，武才人知道后，说她只需三样物品便可驯服这匹烈马：先用铁鞭抽，不服，就用铁锤重击马头，再不服，就用匕首直接割断它的喉咙。太宗听后大为震惊，对武才人的这股英豪之气更是大加赞赏，但也仅止于赞赏。这位武才人大概并未受到太宗的宠爱，否则也不会从其进宫到太宗驾崩的十二年间，地位始终没有得到提高，且未能为太宗生下一儿半女，史书对武媚娘在太宗朝的事迹也仅有此寥寥几笔的记载。

　　太宗驾崩后，按惯例，武媚娘和其他无子嗣的嫔妃要入感业寺削发为尼，从此青灯古佛长伴一生。但这个不寻常的女子在太宗病重期间认识了另一个男人，这个男人就是唐高宗李治。《新唐书·后妃传》记载"高宗为太子时，入侍，悦之。"皇帝病重，太子侍疾，作为才人的武媚娘负责皇帝的饮食起居，在此期间二人有了机会相遇。二人或日久生情，或一见钟情，或眉目传情，总之是有了感情。高宗即位后，在感业寺再见武媚娘时旧情复燃，准备把她从感业寺接回皇宫。《新唐书·则天皇后纪》是这样记载的："高宗幸感业寺，见而悦之，复召入宫。久之，立为昭仪，进号宸妃。"但皇宫不是想回就能回，武媚娘的回宫之路还需要一个人的助力，这个人就是王皇后。

王皇后帮忙是因为她需要武媚娘帮自己巩固正宫皇后的地位。王皇后出身名门，且是太宗亲自挑选的晋王妃（李治登基前封号是晋王），品性贤淑端庄，足以母仪天下。但唐高宗不喜欢，他喜欢的是萧淑妃。为了和萧淑妃争宠，皇后想到了接回武媚娘，让她去和萧淑妃争斗，自己则坐收渔翁之利。正五品的武才人回宫后，很快就被立为正二品的武昭仪，她也确实帮王皇后令萧淑妃失宠，但皇帝的宠爱却没有落在王皇后的头上，而是被武媚娘照单全收了。随着形势的变化，昭仪已不再是武则天的最终目标，她开始图谋后宫之主——皇后的位置。回宫之路不易，上位之路更难，想要取王皇后而代之，武媚娘首先要搞定后宫。

后宫的争斗是靠阴谋取胜的，首先来看"杀婴案"。《新唐书·后妃传》记载"昭仪生女，后就顾弄，去，昭仪潜毙儿衾下，伺帝至，阳为欢言，发衾视儿，死矣。又惊问左右，皆曰：'后适来。'昭仪即悲涕，帝不能察，怒曰：'后杀吾女，往与妃相谗媚，今又尔邪！'由是昭仪得入其訾，后无以自解，而帝愈信爱，始有废后意。"案情很简单：武昭仪生下了小公主，王皇后前去探望，并逗玩或是抱过孩子，等皇后离开，武昭仪就悄悄地将婴儿杀死在棉被下。等高宗兴致勃勃地来看女儿，看到的却是襁褓里已断气的小公主，他吃惊地问这是怎么回事？瑟瑟发抖的宫女们都只是说皇后刚才来过，武昭仪也开始悲伤的啼哭。此情此景，大概是个男人都会忍无可忍，何况李治还是皇帝。然而勃然大怒的皇帝却不能因此而废掉皇后，因为皇后身份特殊，加之证据不足案件离奇，但废后之意的种子在皇帝心中已落地生根。接下来只需用更多的阴谋来灌溉其生长，催开这朵花的是"厌（yā）胜案"。厌胜，即厌而胜之，是旧时汉族民间一种具有迷信色彩的巫术。系用法术诅咒或祈祷以达到制胜所厌恶的人、物或魔怪的目的。具体做法是将目标的形象绘制成图画或刻成木偶，然后扎针念咒。关于此案，《旧唐书·高宗废后王氏传》说是王皇后和她母亲柳氏的阴谋；《资治通鉴》卷一百九十九据《则天实录》称是武昭仪诬陷王皇后；《新唐书·王皇后传》则称武昭仪"诬后与母挟媚道蛊上"。无论真相怎样，那扎满针尖的人偶都是在皇后寝宫当场搜出，王皇后百口莫辩，盛怒之下的皇帝将柳氏赶出了皇宫，也准备要"废王立武"。此时是永徽六年（655年）六月，距离武媚娘进宫四年零一个月，至此，武昭仪在后宫的争斗已是胜券在握，距离皇后之位也只有一步之遥，但朝堂之上有人不同意。

反对声音最强烈的是以长孙无忌和褚遂良为首的元老派顾命大臣，《新唐书》《旧唐书》《资治通鉴》《唐会要》等史书都记载了这场争论。高宗召见长孙无忌、褚遂良、于志宁、李绩四人秘密讨论废王立武，李治说不孝有三无后为大，国有储君社稷之福。皇后无子嗣，因此要立有儿子的武昭仪为皇后。褚遂良则针锋相对，细数皇后不可废的理由：出身名门，先帝所选，并无过错。三句话讲得有理有据，李治无言以对，会议不欢而散。第二天再议此事时，褚遂良说就算要另立皇后，也应妙选名门望族之女，武昭仪是先帝的女人，如果立她为后，如何能遮蔽天下人的耳目，后世又会如何评价陛下？总之一句话——武则天不能做皇后。其他三省长官（唐朝实行三省六部制，三省长官都是宰相）的立场也都和褚遂良一样坚定，如此看来，武昭仪的上位之路已被宰相们堵死。但有一个人态度暧昧，他在第一次召开废后事宜的御前会议时就请了病假，他就是官拜正一品，任司空之职的李绩。后来当唐高宗犹豫不决无所适从时，更是他一句"此陛下家事，何必更问外人！"一语惊醒梦中人，坚定了皇帝废王立武的决心和勇气。最终武媚娘顺利上位成为武皇后。

摆平后宫的武皇后现在要把她的智谋计策用在朝堂了。因为李治的头痛病越来越严重，朝臣们的表奏只好交由武后处理，之后她更是和李治一起临朝听政，一时之间，皇后的权威与皇帝无异，史称"二圣临朝"。公元674年，高宗称天皇，武后称天后；675年李治病情加重，准备让武则天摄政，被宰相劝止。武则天听说后，就召集大批文人学士以进宫修书为由，借机参与朝政分割宰相权力，当时人称"北门学士"。同年太子李弘病逝，他是武则天与高宗所生的第一个儿子，不过也有史书记载他是被武则天所杀。（《新唐书·则天皇后传》称"后怒，鸩杀弘"，《资治通鉴》也有类似武则天毒杀太子的记载）李治改立自己与武则天所生的次子李贤为太子，680年，李贤又因谋逆罪被废为庶人，武则天改立她的第三个儿子李显为太子，三年后李治驾崩，李显即皇帝位，武则天被尊为皇太后。次年武则天又将李显废黜为庐陵王，另立第四子李旦为帝，不过这个皇帝被安排在别的宫殿，不准参与朝政。武则天以皇太后身份临朝称制，自专朝政。九月份，又改年号为光宅，旗帜统一改用金色，东都洛阳改名神都，政府机构名称同样被改：中书省改为凤阁，门下省改为鸾台，尚书省改称文昌台，御史台改名肃政台。自此到武则天退位，是她掌握全部皇帝权力，圣心独断的二十一年。经过一系列的准备，690年，武则天又改国号为周，称圣神皇帝，改元天授，意为自己的皇权乃上天所授，她还为自己起名"武曌（读照的读音）"。曌，就是日月当空，也可以理解为日月星辰都为之一空，武便是天！武媚娘正式进化成武则天。

现在来回顾一下女皇的传奇一生。自十四岁进宫到六十六岁称帝，武则天一步步拾级而上，从才人、昭仪、皇后、天后、太后、圣母神皇，直至圣神皇帝，武则天凭借惊人的毅力和手段以女儿身登上了皇帝的宝座。但皇位白骨垒就，龙袍鲜血染成。在此期间流血最多的是684年以徐敬业为首的扬州兵变、688年的李唐宗室起兵和自683年开始至697年结束，延续十四年之久的酷吏政治。

扬州兵变主要以失意官僚（以徐敬业为代表）和落魄文人（以骆宾王为代表）为首，起兵人数约十万。武则天调集三十万大军迅速平定了此次兵变，徐、骆二人的首级也被送到洛阳。武则天为独揽大权，开始不断剪除李唐宗室，这让李姓诸王深感不安，他们决定起兵反抗，这场动乱同样被武则天顺利平息。但武则天并不打算轻易放过这两个机会，而是借机重用酷吏，大兴告密之风，大肆网罗冤狱，根据易中天《女皇武则天》（杭州：浙江文艺出版社，2016年，131、132页）一书所述，687年至690年的三年间，共有十九个重要案件，其中十四个为冤假错案，还牵涉到五位宰相，两位都督。凡下制狱者，几乎无一人生还。武则天也因此落得"千古未有之忍（残忍）人"的恶名。不过在酷吏政治最猖獗时，她也保护了徐有功、魏元忠、狄仁杰等一批直臣，等到皇权稳固之后，武则天开始慢慢地放弃酷吏政治，以周兴、索元礼、来俊臣等为首的大部分酷吏先后被杀。看来女皇虽然残酷却并不昏庸，她也深知权力争斗可以用酷吏，但治国理政还要靠能臣。

二、政启开元，治宏贞观

事实证明武则天不仅在权力争斗方面手段高超，在治国理政方面同样成效显著。从武则天接触政权开始，就大兴科举，进一步打通寒门士子的晋升之道，使得朝堂之上英才辈出，也使她在用人方面有"当代谓知人之明，累朝赖多士之用"的声誉。同时，她继续推行贞观以来减轻人民负担的政策和措施，重视发展生产，使经济持续发展，人口不断增长。她在位期间还注重缓和与周边少数民族的关系，使边疆得到巩固和拓展，这些都为"开元盛世"的出现奠定了基础。

前面提到的后宫易主之争，背后折射的就有门第之争。王皇后、长孙无忌、褚遂良是门阀士族最后的代表，武则天和李绩则属于新晋的寒门贵族。明白了这一点，也就不难理解为何褚遂良最后说，即使要换皇后也要选名门望族之女，而不能立武则天。也可以理解几乎整个宰相团都态度坚决地支持王皇后时，为何李绩却态度暧昧，甚至倾向于武昭仪。之后四年，武则天乘胜追击，将王皇后和长孙无忌一党斩草除根。王皇后和萧淑妃惨死于冷宫之中，长孙无忌、褚遂良、韩瑗、来济（韩瑗、来济上疏反对过立武则天为皇后）和王皇后的舅舅柳奭（读是的发音）先后被贬到偏远蛮荒之地，最后客死他乡。于志宁被免官，长孙氏、柳氏、于氏和褚氏一批亲属子弟或杀或贬，他们在朝中的势力也被摧残殆尽。胡戟在《正史中的武则天的正面与侧面》（载《北京日报》，2015 年 1 月 19 日）一文中是这样评价这场争斗的："武则天的胜利，终结了魏晋以来士族门阀地主控制中央政权四个半世纪的历史。"然而破旧立新不能只靠杀戮，新崛起的寒门士子要取代旧的门阀士族，还需有科举制的助力。

史书记载，武则天统治时期，大力发展科举，创立殿试制度，亲自面试考生，并且首开武举，不拘一格选拔人才。每年取士的人数也比贞观年间扩大了一部，而且更加重视以文章取士，武周时期的著名宰相狄仁杰、帮唐玄宗建立开元之治的名相姚崇、宋璟、张九龄，还有文坛巨擘陈子昂、刘知己等，都是这一时期通过科举制度选拔出来的杰出人才。从此门第授官被科举取士所取代，士庶之间的严格界限也逐渐消失，自魏晋南北朝以来皇权受制于门阀士族的情况得到改善。

在发展经济方面，武则天强调"建国之本，必在于农"，她曾在 674 年谏言高宗"劝农桑、薄赋徭；省功费力役"，并编写《兆人本业》农书颁行各地，指导农业生产。并以"田畴垦辟，家有余粮"作为官员考核擢升的基本条件，对"为政苛滥，户口流移"者加以惩罚。武则天统治时期，朝堂政治虽然恐怖高压，但社会还是相当安定的，农业、手工业和商业都有了长足的发展，全国户口据胡戟在《正史中的武则天的正面与侧面》（载《北京日报》，2015年1月19日）一文考证："在神龙元年（705年）即她退位去世那年达到六百一十五万户，比贞观时期增加一倍。"可见，武则天统治时期可谓是民殷国富，经济上的富强又使得军事和外交也得到相应增强。

唐朝最大的边患来自突厥和西域。692年，武则天派兵击败吐蕃，收复西域，重置安西四镇，从而结束了自高宗后期以来唐蕃双方在此烽烟不断的争夺局面。后又派三万汉军在此镇守，702年，设置北庭都护府管理西突厥故地，从而保证了此后中央王朝对西域的有效控制，也维护了东西方丝绸之路的畅通。武则天对来降的突厥首领都给以极大的耐心和宽容争取和平，东突厥首领默啜可汗遣使请降，武则天册封他为左卫大将军、归国公，后因其帮助中央平定契丹有功，又封他为"颉跌利施大单于""立功报国可汗"。西突厥继往绝可汗斛瑟罗率众内附，武则天改封他为"竭忠事主可汗"，后来更是用他镇守碎叶，保卫边关。

神龙元年（705年），面对大臣们的逼宫，武则天禅让帝位给恢复太子身份的李显，唐朝复辟，百官、旗帜、服色、文字等皆复旧制，神都亦改称东都。当年，武则天病逝，享年八十二岁，遗诏去帝号，称"则天大圣皇后"，死后与高宗合葬乾陵，并赦免王皇后、萧淑妃二族以及褚遂良、韩瑗、柳奭三人的亲属（长孙无忌的官爵已于之前恢复，故不在名单之内）。风平浪静，一切又重新换上了大唐的标签，仿佛武周不曾存在过一样，甚至连武则天陵墓前的墓碑也是空无一字。

的确，从历史的长时段来看，武周更像是连接初唐和盛唐的一个纽带，而不像是大唐之外的另一个朝代。武则天的统治也被后人誉为"政启开元，治宏贞观"，此一时期，既是对贞观之治的继承和发展，也为其后的开元盛世奠定了基础。从社会标准来看，武则天执政期间，社会安定、文化复兴、百姓富裕、经济和国力持续发展，赵文润在《武则天的"荒淫"与"残忍"辨析》（载《唐都学刊》，1999年第1期）一文中认为武则天统治时期"是唐朝290年历史中最强盛的时代"。从道德标准对其评判，武则天多被指认为生活荒淫，性格残暴。私生活荒淫主要是指唐高宗驾崩后，她在宫中设置控鹤监（后改名奉震府），先后宠幸包括薛怀义、张易之、张昌宗兄弟在内的众多面首（男宠），并且许他们以高官厚禄，甚至默许他们参与和把持朝政。给社会和民生造成了极为恶劣的影响，这也成为引发宫廷政变的导火索。性格上残暴主要体现在她打击政敌时的残忍与无情手段，正如前文所述，在争取皇后和女皇期间、在镇压反抗时以及重用酷吏罗织冤狱时的种种残酷行为，哪怕是对自己的儿孙也不例外。正如易中天在《女皇武则天》（杭州：浙江文艺出版社，2016年，89页）一书中所说："武则天首先是政治动物，然后才是女人和母亲。私情之于她，从来就不是最重要的。"

历史的舞台上，武则天退场了，身后只留下一座无字石碑，千百年来静静地立在乾陵，任由风吹雨打，随人褒贬评说。无论怎样，武则天顺应了历史时代，又对中国历史的发展起了促进作用，她是封建时代当之无愧的杰出女政治家。正如易中天先生在《女皇武则天》（杭州：浙江文艺出版社，2016年，179页）一书中对她的评价："事实上，正是这位女皇帝丰富了中华文明的层次和色彩，让男性中心的世界不那么单调和乏味，也让后人在解读历史时多了一个选择的视角。"黄土高原的风从未停止，封建社会前无古人的女皇帝在武则天之后却再无来者。或许只有大唐这种在精神风貌方面刚健豪迈、风气开放、积极向上、昂扬进取的社会，才会有武则天这样的人物出现。

第三节

从大唐来到高原的"绿度母"

今天游历西藏，不得不到拉萨，到了拉萨便不得不去布达拉宫。这座依山垒砌，群楼重叠的藏式古建筑，是中华民族古建筑的精华之作，也是第五套人民币五十元纸币背面的风景图案。它是由吐蕃（7—9世纪时古代藏族建立的政权，是一个位于青藏高原的古代王国）的王为一个人所专门营建，这个人就是从大唐嫁到吐蕃的文成公主。史书中对文成公主的祖籍、出生地、名字、父母均无记载，只记载了她是唐朝远支宗室女，吐蕃尊称其为甲木萨（藏语中"甲"的意思是"汉"，"木"的意思的"女"，"萨"的意思为神仙）。

文成公主是在公元641年嫁到吐蕃的。入藏时，她带去了谷物种子、茶叶、药材、工艺品以及历法、科学技术方面的书籍，和亲队伍中随行的还有很多手工工匠。据记载，文成公主薨于公元680年。她在吐蕃的三十九年间，致力于传播中原先进的技术和文化，促进了吐蕃经济和社会的发展，也增进了汉藏两族的友好关系。因此，她又被藏族人民视为是绿度母菩萨的化身（绿度母菩萨是藏传佛教二十一度母之首，度母又称救度母，是救苦救难观世音菩萨的化身）。

一、唐蕃联姻盟，茶马古道通

贞观三年（629年）秋，唐太宗灭掉了长期威胁唐帝国的东突厥。至此，大唐边患暂平，天威隆盛，"四夷"尊太宗皇帝为"天可汗"。当时，朝中又有魏征、房玄龄等名臣贤相倾力辅佐，大唐政治清明、经济繁荣、社会安定，一派欣欣向荣之相，"贞观之治"已现雏形。五年后，一支从雪域高原而来的使臣队伍到了长安，他们是吐蕃赞普（赞普是吐蕃首领的称谓）派来提亲的，这也是唐蕃之间第一次接触。《旧唐书·吐蕃传》记载："贞观八年，其赞普弃宗弄赞（松赞干布）始遣使朝贡。……太宗遣行人冯德遐往抚慰之。见德遐，大悦。闻突厥及吐谷浑皆尚公主，乃遣使随德遐入朝，多赍金宝，奉表求婚，太宗未之许。"也许是初次接触，对吐蕃情形尚不了解；也许是当时来大唐求婚的各国使者太多，无暇兼顾，唐太宗并未应允吐蕃使者的请婚要求。无论为何，大唐的拒婚都给唐蕃关系的发展蒙上了一层阴影。

史书记载使臣返回后给吐蕃赞普汇报："初至大国，待我甚厚，许嫁公主。会吐谷浑王入朝，有相离间，由是礼薄，遂不许嫁。"松赞干布听后怒而攻破吐谷浑，顺道灭了党项、白兰羌等小国，兵锋直指大唐松州。同时遣使再入长安贡献金帛，说要来迎公主。《旧唐书·吐蕃传》中记载吐蕃使臣说："若大国不嫁公主与我，即当入寇。"

威胁，赤裸裸的威胁！

面对吐蕃的武力逼婚，唐太宗还之以雷霆手段，命四路大军迎敌，"先锋自松州夜袭其营，斩千余级，弄赞大惧，引兵而退，遣使谢罪。因复请婚，太宗许之"。四路大军主力尚未会师发动总攻，只是一路大军的先锋部队，便让松赞干布认识到吐蕃与大唐军事和国力差距，立即谢罪、求和、请赐婚。唐太宗对边疆的少数民族问题，一向是以怀柔为主，力避刀锋纷争的，既然松州之战，唐朝已达到武力使吐蕃顺服的目的，松赞干布又多次求婚于大唐，太宗就顺水推舟答应了，并把文成公主许配给他。《旧唐书·吐蕃传》记载："弄赞乃遣其相禄东赞致礼，献金五千两，自余宝玩数百事。贞观十五年，太宗以文成公主妻之，令礼部尚书、江夏郡王道宗主婚，持节送公主于吐蕃。弄赞率其部兵次柏海，亲迎于河源。见道宗，执子婿之礼甚恭。"也许是慑于大唐天威，也许是终于娶到了心心念念的大唐公主，松赞干布这次对送亲队伍的态度极为恭敬。不仅在拉萨（当时叫逻些）专门为公主修筑了布达拉宫，还亲赴黄河源头（在今天青海省境内）相迎。

和亲队伍自长安出发，由礼部尚书、江夏郡王、唐皇叔李道宗持节护送。如此高的规格，表明大唐对此次和亲的重视，也可能一路上困难重重。既要面临大自然的险山恶水，还有周边可能会破坏和亲的不安分民族，因此才要皇亲重臣一路护送。和亲队伍跋山涉水，过荒漠走戈壁，经由蜿蜒山路，来到雪域高原。一路之上，文成公主也许看到过"大漠孤烟直，长河落日圆"的壮阔奇景；也许听到过折柳曲，勾起过故园情；也许黯然垂泪，思念起诀别时父母的音容；也许惊叹过祖国山河的壮美，自然的鬼斧神工。《文献通考·四裔考》中记载吐蕃："其国风、雨、雷、雹，每隔日有之，盛夏节气如中国暮春之月，山有积雪，地冷瘴，令人气急，不甚为害。"一个十几岁的小姑娘从风景秀丽，气候温和的中原，到气候变化无常的苦寒之地，一路上的所见所闻、所思所想，对她而言必是一次涅槃成长。

关于文成公主入藏的路线问题，汉、藏史籍中都记载甚少。黄显铭在《文成公主入藏路线初探》（载《西北民族大学学报》，1980 年第 1 期）中认为："从东道康区而去的路线比较合理，即由长安经宝鸡、天水、文县、松潘、金川、丹巴，沿鱼通河谷，到康定、木雅，皆沿河谷，或西行又沿河谷，终于到达金沙江河谷，经邓柯、玉树，而经通天河河谷，再逾唐古拉山口，经过黑河而至拉萨。"这条道路与后世著名的茶马古道路线也大致吻合，无论是向西走丝绸之路还是向南走东道康区，公主入藏对开拓高原与汉地的交通联系都起到了重要作用。

文成公主的嫁妆中带有茶叶，饮茶之风开始在吐蕃盛行。在藏北草原，至今流传着文成公主将茶饼带入吐蕃，并教藏人碾茶煮茶的动人故事。在山南地区流传着的民歌《公主带来龙纹杯》中唱道："龙纹茶杯呀，是公主带来西藏，看见了杯子就想起公主慈祥的模样……"这些传说表明公主在带去茶叶的同时，还将饮茶器具和中原的茶文化传入西藏。虽然有学者对茶叶的传入时间提出了不同意见，但文成公主入藏肯定是大大推动了饮茶之风在吐蕃的盛行，因为茶叶在吐蕃有需求和市场。

吐蕃人民生活在雪域高原之上，喜食肉食，由于海拔高、气温低、压强小、降雨少，日常饮食缺少蔬菜水果，食物又难以烹煮软烂。饮茶不仅可以去除吃肉的油腻，有助消化，还补充高原饮食结构中缺乏的维生素，有利于人民的身体健康和体质增强。有如此神效，茶叶很快就成了广受好评的"高原红款"，甚至成为一些人眼中的"圣药"。时至今日，酥油茶已成为藏族文化的代表符号之一。但高原不产茶，普通人若想紧跟时尚品尝"圣药"，便只能与产茶的汉地进行贸易。杨阿维、何铁军、张建伟在《文成公主进藏对于西藏经济的影响》（载《时代经贸》，2013 年第 12 期）一文中考证："松赞干布时期还设了'汉地茶商之官'，专门负责东区汉地采购茶叶，赤岭还是唐蕃商定的结交转运茶马贸易的定点。"

随着唐蕃盟姻，两地关系逐渐缓和，沟通与交流也日益增多。闻名后世的茶马古道，开始沿着公主进藏的路线迎来送往，生意兴隆、日渐繁荣起来。

二、自从贵主和亲后，一半胡风似汉家

公主出嫁外邦，仪仗必是浩浩荡荡。以至于前来迎亲的松赞干布不断叹服大唐帝国的服饰礼仪之美，俯仰之间不自觉地流露出仰慕和自惭形秽之色。《旧唐书·吐蕃传》中记载了双方见面后松赞干布的言行："叹大国服饰礼仪之美，俯仰有愧沮之色。"换句话说就是，对比之下，感觉自己的衣品太土了弱爆了！其实这不能全怪松赞干布的衣品，青藏高原乃苦寒之地，多风沙又物资匮乏。在此生活的吐蕃人民只能穿皮袍戴毡帽，衣服设计以挡风御寒为主，美观时尚元素难以兼顾。松赞干布初见衣着华丽、神态端庄、气度文雅的文成公主，被她不同于吐蕃女子的风韵而击中小心脏也是正常。《旧唐书·吐蕃传》中说此后松赞干布："释毡裘，袭纨绮，渐慕华风。"显然文成公主入藏后，在高原上刮起了一股汉服风。然而受制于地理、气候等客观条件限制，藏族同袍的服饰在结构方面并未出现大的转变。不过公主带去的技术工匠和纺织工具，帮助藏地同胞发展了纺织和刺绣技艺。吐蕃服饰在材质和装饰花色方面均有改变，制作技术也愈发成熟，成品质感有所提升。

文成公主入藏和亲，除在衣着方面帮吐蕃提升之外，吐蕃人民的饮食也发生了很大变化。《旧唐书·吐蕃传》里记载藏地人民："接手饮酒，以毡为盘，捻扶为碗。"落后的生产能力，原始的生活方式，限制了当地餐具、炊具的发展。文成公主入藏后教会吐蕃人民制陶技术，这种情况才有了改观。饮食方式的改变还有赖于生产方式的进化。吐蕃之前以游牧为主，文成公主带去了各种谷物种子和农耕技术，帮吐蕃地区发展和改进农业。《西藏歌谣》至今在传唱："从汉族地区来的王后文成公主，带来不同的粮食共有三千八百类，给西藏的粮食打下了坚实的基础。从汉族地区来的王后文成公主，带来不同牲畜共有五千五百种，使西藏的乳酪酥油从此年年丰收。"在唐朝的影响下，吐蕃一些地区甚至已开始使用"双牛耦耕"的方式耕作。松赞干布还在藏区登记属民人数和耕地面积、固定赋税、广拓荒地、合理安排生产畜牧等，为方便贸易还统一了度量衡。除此之外，唐朝的冶金、农具制造、碾米、酿酒、造纸等技术都在吐蕃地区得到流传推广。

《史记》有云"仓廪实而知礼节，衣食足而知荣辱"，文成公主的到来，除在衣食生活方面对吐蕃产生重大影响，还推动了当地的"汉学热"。《旧唐书·吐蕃

传》记载："仍遣酋豪子弟，请入国学以习《诗》《书》。又请中国识文之人典其表疏。"在文成公主的影响和松赞干布的倡导下，吐蕃人学习唐朝文化蔚然成风，不仅派遣贵族子弟入长安国学研读《诗经》《尚书》等儒家经典，而且还聘请中原儒者帮吐蕃整理文献典籍，掌管文书奏章。文成公主带去的天文历法书籍，对藏历的完善和发展也起了重大作用。

文成公主入藏，使吐蕃在衣食生活、生产方式、精神文化和社会习俗等方面都深受汉族影响。正如唐代岭南诗人陈陶诗中所叹："自从贵主和亲后，一半胡风似汉家。"

三、公主传佛法，寺塔镇罗刹

文成公主是虔诚的佛教信徒，据说在和亲队伍离开长安之前，她请求大唐皇帝赏赐一件开元寺的宝物——释迦牟尼十二岁等身像，她要将这件皇家寺院的镇国之宝一起请入吐蕃。唐太宗虽然万分不舍，但想到此次和亲，文成公主所肩负的使命和责任重大，还是答应了她的请求。与这尊金佛一起入藏的还有大量佛经和寺院建造法式及寺院法规，这将促进佛教在吐蕃的传播与兴盛。

王辅仁在《西藏佛教史略》（西宁：青海人民出版社，2005 年，24 页）中考证："随着文成公主嫁到吐蕃，佛教寺庙开始在吐蕃兴建，当时在吐蕃中部建立的四座大寺称为四如寺，四如寺之外建立了四厌胜寺，四厌胜寺之外又建立了四再厌胜寺，起码有十二座寺。这些寺庙都是些小庙，佛教史籍记载说，它们是为了'制服藏地鬼怪，镇伏四方'而兴建的，其中并无僧人，只是一座庙中供养一尊佛像。"关于修建寺庙镇压鬼怪之说，第五世达赖喇嘛所著《西藏王臣记》（郭和卿译，北京：民族出版社，1983 年，35、36 页）中有如下记载："文成公主一行人来到了拉萨，……特别是她从北方来的时候，由于她精晓星算、风水等术，她观察西藏的地形，如一罗刹魔女仰卧的形状。她知道须得在龙宫的上面，奉安释迦牟尼佛像来作镇压才好。于是公主也就在那里暂时安置佛像，四面竖起柱子，周围围绕以庄严的绫幔，并且不断地奏起如千阗婆（天界乐师）琵琶的妙乐来供养释迦佛像。"根据文成公主的推算，松赞干布在所有恶劣风水的地面上建立了许多佛寺、佛塔，以镇住魔女的四肢和关节。这其中最著名的就是大昭寺和小昭寺，据说大昭寺的选址为魔女心脏，文成公主提出应在此填湖建寺以镇之。小昭寺由文成公主亲自设计和主持修建，她带来的释迦牟尼十二岁等身像也安放在此，不过这尊金佛后来被安置在了大昭寺。另据《玛尼宝训》（是托名松赞干布口授的有关吐蕃佛教、历史和松赞干布本生传及教诫的一部著名文集）记载，文成公主还将汉地"十四种寺院法规施行法"传入了吐蕃，由于和亲队伍中随行工匠的参与，这一时期的吐蕃寺院大都受到汉族建筑风格的影响。

今天的"拉萨"一词也是从大昭寺演变而来，拉萨最早叫"逻些"，古书亦有"惹萨"（ra—sa）的记载，"ra"在藏语里的意思是山羊，"sa"是土地，意思是山羊建的地方（极有可能因当时用山羊等牲畜作为运输工具驮沙土而得名）。后因大昭寺其他佛殿的陆续建成，从四面八方来朝圣的信徒增多，便形成了拥有吉祥和无量功德的"佛地"，也就有了"拉萨"（lha-sa）这一称呼，"lha"在藏语里是佛的意思，"sa"是土地，"lha-sa"即佛地。

虽然今天藏传佛教主要以密宗为主，但松赞干布时期，在文成公主的大力扶植下，青藏高原开始兴建一些寺庙，翻译了部分佛教经典，一时佛寺大兴，佛法隆盛。这些为佛教早期在西藏的传播，和后世藏传佛教的形成打下了坚实的基础。

四、汉藏千年，和同一家

文成公主和亲之际，正是松赞干布统一青藏高原，建立吐蕃王朝之时，吐蕃的政治、经济、文化、科技都亟待发展，同当时的"全球最强帝国"大唐联姻无疑是最佳选择。这样既可求得外部稳定，又能够向先进国家学习。靳坤在《浅析中原文化在吐蕃的传播影响——以文成公主和亲为例》（载《四川民族学院学报》，2015 年第 4 期）一文中写道："据统计，在文成公主和亲到吐蕃灭亡的 200 多年时间内，唐蕃之间使臣来往多达 200 余次。"双方平均一年一次使臣往返，这在交通不便的古代已算很高的频率了，交流频繁的背后必然有长时间的和平局面保证。

贞观二十三年（649 年），唐太宗去世，新君继位，授松赞干布"驸马都尉"，封"西海郡王"。松赞干布欣然接受册封，并派专人赴长安吊祭太宗，献金十五种供于昭陵，上书高宗表示对大唐新帝的祝贺和支持。封王说明皇帝已将吐蕃视为大唐的一部分，吐蕃也在政治、经济、文化等方面有意或无意地向大唐靠拢，除了前文提到的茶文化、衣食生活、生产工具、儒家典籍、佛教、历法等，文成公主还将大唐的音乐、医药典籍传入吐蕃，吐蕃文化中的马球运动、梳妆方式等也传入了大唐，为中原文化注入新的活力。汉藏文化开始在你来我往中互相交融。

时光跨越千年，今天汉藏两族有了一个共同的名字——中华民族。文成公主，无疑是两族人民团结和友好的象征。至今，在拉萨的布达拉宫和青海玉树的文成公主庙里，公主的塑像前香火四季不断，酥油灯昼夜常明。前来朝拜的藏汉群众络绎不绝，亲如一家。以一人之力，促成唐蕃百年友好和平，以一人为纽带，增进汉藏两族文化大交融。大哉，文成公主！伟哉，从大唐来到高原的"绿度母"！

第四节

不太平的太平公主

唐朝创造了著名的"贞观之治""开元盛世"，唐朝的政治、经济、文化发展到相当的高度，伴随经济文化大发展的同时，女性得以很大程度的自由发展，生活在唐朝的广大女性也努力尝试从封建礼教的束缚下解放出来，精神生活面貌焕然一新，众多杰出的女性闪现在唐朝政治生活中，太平公主就是其中一颗璀璨的女政治明星。

一、模范孝女自求驸马

太平公主是唐高宗李治的幼女，女皇武则天所生，史籍上对她的确切出生年月记载不祥。她是女皇武则天最宠爱的一个女儿，在唐代，皇族的公主和王子根据等级可以享有一个地方的所有租税财富，称为封户，高宗永淳年间以前，亲王的实封户为八百，最多的也不过一千，公主出嫁则为三百户。然而太平公主的"汤沐邑"（封户）则高达到一千二百户，后来更加到三千户，比一般亲王的待遇还要高，可见唐高宗和武则天对她十分宠爱。

为什么武则天和高宗这么宠爱太平公主呢？首先太平公主出生特殊。武则天和高宗所生的两个女儿中，武则天为了陷害当时的竞争对手王皇后，把自己的大女儿掐死，因而对自己唯一的亲生女儿太平公主倍加疼爱；其次太平公主是个模范孝女。公元670年，武则天的母亲杨夫人去世，杨夫人是武则天重要的精神依靠，武则天对此非常伤心，为了表达哀思，武则天让年仅七岁的太平公主出家当道士，根据道教的思想，后人出道可以给死去的亲人带来福气，让她在阴间过得更好，太平公主顺应母亲的意思，成为一名道士，道号"太平"，自此人们就习惯称她为太平公主。《旧唐书·外戚传》载："公主丰硕，方额广颐，多权略，则天以为类己。"太平公主很有智慧，武则天认为她很像自己，更是"爱之倾诸女"。

作为武则天的掌上明珠，武则天自然非常关心太平公主的婚姻生活，按照唐朝婚俗，太平公主长大后自然会嫁给当朝皇族公子，继续高贵的生活，然而事实上，太平公主的婚姻充满波折，还差一点嫁给吐蕃人，这又是怎么回事儿呢？

吐蕃是今天藏族人的祖先，与唐朝大概同时期崛起，唐朝为了维持彼此的关系，曾派文成公主与吐蕃首领赞普和亲（前文已提及）。到唐高宗时期，这个传统又要发挥作用了，吐蕃赞普认准了唐高宗和武则天最宠爱的太平公主，要求与太平公主和亲。按照道理讲，和亲是一件好事，边疆可以安宁，战士可以回家，但是吐蕃实在太远了，当时也没有青藏铁路，嫁过去可能再也见不着了，武则天怎么舍得让唯一的亲生女儿嫁那么远呢？在国家统治与慈母情怀之间，武则天选择了宠爱女儿，干脆让太平公主正式入道，修建一座太平观，道教崇尚独身主义，这样很守礼节地拒绝了吐蕃。

作为皇帝的女儿，太平公主当然不可能当一辈子的道士，随着年龄的增长，她开始寻找机会把握自己的幸福，可是作为女孩子，怎么好意思直接说想要个驸马呢？她想出一条妙计：有一天，唐高宗在宫中设宴，太平公主忽然从天而降，一副青年武官的打扮，走到唐高宗和武则天面前，深施一礼，说："父皇母后，我给你们跳舞助兴吧。"看到女儿英姿飒爽，唐高宗和武则天哈哈大笑："你一个女儿家，又不是武官，怎么打扮成这样？"太平公主马上说："既然我不适合这样的打扮，那把我这身行头赐给我的驸马好吗？"高宗夫妇一听，恍然大悟，女儿十七八岁了，该帮忙招纳驸马。最终，在唐高宗和武则天的张罗下，太平公主嫁给了出身显贵的薛绍，高宗夫妇还为太平公主举行了唐朝第一个超豪华婚礼。根据《新唐书公主传》记载："假万年县为婚馆，门隘不能容翟车，有司毁垣以入，自兴安门设燎相属，道樾为枯。"意思是婚礼的礼堂设在万年县的县衙。当时首都长安一共有两个直辖县，一个叫长安，一个叫万年。因此，万年县衙就类似于今天北京东城区区政府，这规格已经够高了，但是，太平公主的婚车太豪华，太庞大了，万年县衙的大门根本进不去，皇帝决定直接把墙拆了。按照唐朝风俗，婚礼都在晚上举行，可是当时街道没有路灯，只能点火炬，结果从长安城最东北的大明宫出来，一直到城东南的万年县衙，一路上火炬点成了一条火龙，把道路边的槐树都给烤焦了。这种规格的婚礼在现在是肯定想也不敢想。

豪华婚礼一过，太平公主的少女时代就结束了，按照常理，太平公主会与薛绍过着恩爱辛苦的家庭生活，终老到死。但事实上太平公主运用自己的智慧能力搅动着大唐的政治风云，也不停地改变自己的命运。

二、登台朝堂，政通人和

唐高宗死后，武则天称帝已经进入倒计时，李唐皇室部分成员担心被武则天团灭，决定提前密谋造反，结果被武则天提前发现一网打尽，很不幸的是武则天查出女婿薛绍也参与了谋反，将薛绍投入监狱最后饿死。丈夫死后，太平公主带着四个小孩生活，作为公主她不可能一辈子守寡，并且唐朝社会风气本身非常开放，夫妻离婚后再嫁再娶非常正常。武则天觉得有必要为太平公主找一个武姓的驸马，来巩固自己的皇位。起初，武则天选择自己的侄子武承嗣为新任驸马，婚期都定好了，没想到临结婚前太平公主变卦，当了"逃跑新娘"，最终选择了武则天小侄子武攸暨。根据史学家分析，太平公主认为武承嗣身患疾病，且与自己结发夫君薛绍的死有间接关系，心理难以释怀，最终选择了既符合武则天意愿又符合太平公主眼光的武攸暨。可是，当时武攸暨有结发妻子，唐朝容许一夫一妻多妾，堂堂皇帝的女儿太平公主总不能去当小妾吧，武则天为了满足女儿的心愿，直接派使臣到武攸暨家中，给他妻子奉上三尺白绫，让武攸暨妻子自尽，"君要臣死臣不得不死"，武攸暨的妻子只好从命。这样武攸暨又成了单身汉，太平公主也可以风风光光的嫁给他。

据史学家分析，薛绍之死与再嫁武攸暨对太平公主一生产生了重要影响。她开始丢掉了对生活的浪漫幻想，明白自己作为政治核心的公主，不可能真正脱离政治，去做一个贤妻良母，感情在政治面前是脆弱的，如果没有政治权力，婚姻、生命甚至都是难以保障，她决定将她政治家的潜能释放出来。

史料记载太平公主"多权略，每预谋议"。那她都谋议了什么事情呢？根据现存史料记载，她至少干了两件大事。

第一件事是处死冯小宝。冯小宝得宠后恃宠而骄，放火烧了武则天得天命的象征——明堂。还勾结不法分子整天舞刀弄枪，搅得武则天心神不宁，可是又不能公开审判处死，只能秘密暗杀，武则天选择了太平公主执行这个任务。太平公主制定了周密的计划，引诱抓捕了冯小宝，随后乱棒打死他，直接送到白马寺粉灰造塔，几个小时之内灰飞烟灭。整个事情办得干脆利落，武则天十分满意。

第二件事是给武则天推荐了张氏兄弟。冯小宝被处死后，武则天生活上自然孤独寂寞，太平公主就把张宗昌推荐给武则天，张宗昌又引荐了自己的亲哥哥张易之一起伺候武则天，把武则天迷得神魂颠倒。这件事让太平公主在武则天心目中的地位更高了。

太平公主在母亲武则天的庇护下发挥自己的政治才干，参与政治的程度日益加深，政治经验更加丰富，更有权势，成为唐朝前期举足轻重的政治人物，也即将迎来她政治人生的巅峰。

三、两易主君权倾朝野

公元 705 年，武则天神龙元年，太平公主参与了唐朝太子李显兄妹主导的皇室兵变，这场政变杀死了二张兄弟，逼迫武则天退位，拥立李显复位，史称"神龙政变"。

武则天晚年长年卧病在床，由二张兄弟服侍左右，二张兄弟逐渐掌握大权，而且二人还想联合武家废掉太子李显，让大唐江山改名换姓，这对太平公主是极为不利的。根据唐朝皇族文化，太平公主始终是李家女儿，是李家人，只有李家重掌大唐政权，她的地位才能稳固，为此她积极响应皇太子李显政变的号召，拥护李家"诛杀二张、还政李唐"的主张。首先，太平公主负责监控武则天的动向。武则天因身患疾病，心情烦躁谁也不愿意接见，武则天身体状况到底如何，对传位的态度有没有改变，政变阵营里只有太平公主有机会知道，因为太平公主是女儿，没有继承权，感情上又比较亲近，她在武则天身边既不会引起武则天的猜忌，又能推心置腹地说几句心里话。其次，太平公主利用自己武家媳妇的身份，第一时间掌握武家最新的动向。武则天晚年时期，武家最有权势的是梁王武三思，这个人"性倾巧便僻，善事人"，善于谄媚巴结，武则天非常喜欢他，晚年武则天不轻易出门，但几次都是去武三思家里，政变阵营迫切需要了解武家动态，太平公主则很好地扮演了这个角色。

神龙政变后，太平公主风光无限，新上任的唐中宗李显册封太平公主为镇国公主，享受皇子亲王待遇，可以开府，设置官署，政治地位"一人之下万人之上"，同时，让太平公主享受五千户实封，相当于唐朝整个国家六百分之一的收入。至此太平公主的政治与经济势力有了长足的增长。

公元 710 年，唐中宗去世，韦皇后立温王李重茂为帝，又密谋诛杀心腹之患太平公主与相王李旦，一心想"遵武后故事"，当第二个女皇。相王的第三子临淄王李隆基（即后来的唐玄宗）提前得知此消息，决定兴兵靖难，拯救父亲与自己。但自觉力量有限，就派人与其姑母（太平公主）取得联系，以征得她的支持。而此时的太平公主也在考虑自己的安危处境，二人一拍即合，结成联盟。《旧唐书》卷八《玄宗纪》谈到这件事时说："（李隆基）与太平公主谋之，公主喜，以子崇简从。"经过一段时间的精心准备之后，景云二年六月庚子夜，发动政变，杀韦后、安乐公主及其党羽。《新唐书·卷133》记载，太平公主以姑母的身份入宫对少帝说："天下事归相王，此非儿所坐。"四天后，由太平公主出面说国家出现大乱，要立年长的皇帝主持大局，要少帝李重茂退位，立相王李旦为帝，《旧唐书·卷133·太平公主传》也有记载："乃提下幼主，因与玄宗，大臣尊位睿宗（李旦）。"太平公主也因拥戴之功，加以封赏，此卷记载："乃加实封五千户，通前满一万户。"这是大唐开国以来，首次加以如此高的实封。而睿宗对这位胞妹更是尊重，视为辅弼，让她干预朝政，商议军国大事。由是太平公主势焰熏天，此卷记载："主权由此震天下，其时宰相七人，五出公主门。"唐朝当时在位宰相七个人，有五人出自太平公主门下。此卷还记载："公主所欲，上无不听，自宰相以下，进退系其一言。"意思是每次宰相奏事的时候，睿宗先问有没有同太平公主商量过，然后才问有没有同太子商量过，最后才发表自己的意见。太平公主在这时已达到了她一生政治权力的巅峰。

四、再攀高峰巨星陨落

月盈则亏，水满则溢。太平公主得权后期望拥有更大的权力，开始更加注重培植自己的势力。李隆基虽被立为太子，但处理政事的时候，却经常受到太平公主的掣肘。而太平公主也"惧玄宗英武"，《资治通鉴》记载"（太平公主）欲更择闇弱者立之以久其权"，意思是她散布流言说"太子非长不立"，请更立太子（玄宗为李旦的第三子，非嫡长子）。不仅如此，她还在太子的东宫安排了耳目，《旧唐书·后妃·玄宗元献皇后》载："时太平用事，尤忌东宫，宫中左右持两端，而潜附太平者，必阴伺察，事虽纤芥，皆闻于上。"意思是在东宫安排人手，每天汇报太子的动向。这使得李隆基深深感到了太平公主对自己的威胁，李隆基也重用宰相姚崇、宋璟与太平公主对抗。

712年，睿宗传位李隆基，改元先天，是为唐玄宗。太平公主深知唐玄宗迟早会对自己下手，决定策划政变。她先是派私党与宫人元氏在玄宗常吃的赤箭粉中下毒，未能成功，随后决定于次年七月举兵叛乱，夺取皇位。就在她们紧锣密鼓的准备时，唐玄宗也在暗中探知太平公主的谋乱日期，玄宗提前发难，利用羽林军"万骑"的力量，先杀太平公主的党羽羽林军将领常元楷、李慈，然后捕杀宰相萧至忠、岑羲等，一举消灭了太平公主的核心力量。太平公主本人在平叛之时住在宫外，听到政变后逃到钟南山，最终得知自己大势已去，无力回天，三月后出山，被处死在家中。唐代历史上，存在长达半个世纪的太平公主政治势力，至此土崩瓦解。曾煊赫一时的太平公主，落得了被杀的结局，结束了她并不太平的一生。

太平公主出生在盛世唐朝，社会开放，在女皇武则天的影响下，不少女性得以参与国家政治生活，太平公主充分利用自己出身的优势，从被动到主动参与国家政治，辅佐武则天，诛杀二张，参与神龙政变，扳倒韦皇后，拥戴唐睿宗，与李隆基权分天下，几乎达到封建王朝的权力顶峰。她充分展现了中国古代女性对自己理想抱负的追求，她辉煌的命运和灿烂的人生在历史上留下了浓墨重彩的一笔。

第五节

盛世悲歌杨玉环

盛唐时期的女子和中国历史上其他时期的女性有着明显不同，她们以胖为美，雍容华贵；她们昂扬进取，积极向上；她们骑马射箭、弈棋打球（马球）；她们军装宫娥扫眉浅、慢束罗裙半掩胸；她们思想开放，追求自由平等。盛唐的自信豪迈、天朝气象在她们身上得到了完美的诠释和展现，当然，这个群体中最为人称道的还是轻舞霓裳的杨贵妃。

一、杨家有女初长成

杨贵妃小名玉环，正史并未详细记载她的名字，两《唐书》（《新唐书》和《旧唐书》）只是说"玄宗贵妃杨氏"或"玄宗杨贵妃"，因此后世多称其为杨贵妃或杨玉环，又因她出家为女道士时道号为"太真"，故也有杨太真的称呼（此称号多见于文艺作品，如《杨太真外传》）。贵妃生于开元七年（719年），据记载，杨家乃官宦世家，贵妃的高祖父杨汪是隋朝的上柱国，曾任吏部尚书；父亲杨玄琰，曾担任大唐的蜀州司户；叔父杨玄璬曾任河南府士曹参军。另据《隋书·杨汪传》记载，杨汪是弘农华阴人，弘农杨氏是北周时期崛起的世家大族。这样的身世背景也印证了《册寿王杨妃文》中所说的"公辅之门，清白留庆"，意思就是说她出身官府，门第很好，家身清白，吉祥高贵。在门阀思想严重的隋唐之际，这是玉环能够嫁入皇家，成为王妃的基本条件。

但杨玉环却并非出生于弘农，关于其出生地。钟东在《杨玉环事迹述略》（载《广州师院学报（社会科学版）》，1997年第4期）一文中考证："杨玉环既不是生于弘农也不是生于蒲州，而是生于蜀州。唐人李肇《唐国史补》卷上说'贵妃生于蜀，好食荔支（枝）'应当是事实。"杨玉环的生父大约是在开元年间从蒲州赴任蜀州司户，因此杨玉环是在蜀州出生的。开元十七年，杨玄琰去世，杨玉环被寄养在洛阳的叔父杨玄璬家。从此，直到嫁入皇室，她基本都待在洛阳。

洛阳，大唐的东都，当时繁华的国际大都市，也是杨玉环命中的"贵城"。首先，杨玉环精通音律、擅长歌舞琵琶的才艺是居住在洛阳的时候习得。其次，开元二十三年（735 年），唐玄宗李隆基的女儿咸宜公主在洛阳举行婚礼，此次婚礼还有一个目的，那就是为咸宜公主的胞弟寿王李瑁物色妃子。当时帝国的名媛闺秀大都到场，天生丽质，名声在外，又在洛阳长大的杨玉环自然也在受邀名单之列。李瑁对才貌出众，性格温婉的杨玉环一见倾心。在武惠妃（寿王李瑁和咸宜公主的生母，唐玄宗的宠妃，武则天的侄孙女）的强烈要求下，唐玄宗当年就下诏册立杨玉环为寿王妃，婚后这对新人甜美异常，但这种美好生活并未持续多久。

开元二十五年（737 年），武惠妃去世，玄宗因此郁郁寡欢。《新唐书·后妃传》记载："武惠妃薨，后廷无当帝意者。或言妃资质天挺，宜充掖廷，遂召内禁中。"武惠妃当时是玄宗最为宠爱的妃子，在宫中的礼遇等同皇后（皇后已经去世，玄宗一直未再立后）。惠妃逝世，后宫佳丽三千，竟无一人能得玄宗欢心，善于逢迎上意的下人就将寿王妃杨玉环召进了皇宫。从伦理上来讲，唐玄宗这种行为属于霸占自己的儿媳妇，但对于有三分之一胡人血统的李唐皇室来说，这好像并不算什么。太宗皇帝曾占有自己的弟媳妇（李元吉的妃子杨氏），高宗皇帝则娶了自己父亲的女人（武则天）。不过霸占儿媳之事毕竟名不正言不顺，为掩天下人耳目，唐玄宗也只得明修栈道暗度陈仓。

玄宗修的栈道是先让杨玉环出家为女道士，道号"太真"，对外宣称此举是为成全杨玉环为玄宗母亲窦太后祈福的孝心。这样就解除了她寿王妃的身份，李隆基和杨玉环开始半公开地生活在一起。据钟东在《杨玉环事迹述略》一文中考证，杨玉环出家的时间是在"开元二十八年末到开元二十九年初之间"，当时杨玉环二十三岁，李隆基五十七岁。四年后，唐玄宗终于立杨太真为贵妃，杨玉环开始名正言顺地"集三千宠爱在一身"。

二、三千宠爱在一身

其实，在被正式册封为贵妃之前，杨玉环在宫中已是恩宠异常，《旧唐书·后妃传》记载："不期岁，礼遇如惠妃……宫中呼为'娘子'，礼数实同皇后。""娘子"是当时民间对家庭主妇的称谓，这样称呼杨玉环大概是由于她当时尚无名分，但饮食起居又享受皇后的待遇。加"贵妃"尊号后，玄宗更是爱屋及乌，赏赐给整个杨氏家族无上荣光。

《资治通鉴·卷215》中说："赠其父玄琰兵部尚书。"《旧唐书·后妃传》记载："妃父玄琰，累赠太尉、齐国公，母封梁国夫人。"除了对已去世的贵妃父母追封追赠，唐玄宗对在世的杨家诸人也皆有封赏，《新唐书·后妃传》记载："天宝初，进册贵妃……擢叔玄珪光禄卿，宗兄铦鸿胪卿，锜侍御史，尚太华公主。主，惠妃所生，最见宠遇。而钊亦浸显。钊，国忠也。三姊皆美劲，帝呼为姨，封韩、虢、秦三国，为夫人，出入宫掖，恩宠声焰震天下。"贵妃叔父杨玄珪，被提拔为光禄卿（从三品），此人后来累迁至工部尚书（正三品）。她的堂哥杨铦，开始是从四品的殿中少监，后来被提拔为从三品的鸿胪卿，再授三品上柱国，私第立戟（唐代官阶三品以上在私宅门口立戟，表示尊贵）。另一位堂兄杨锜，本来任侍御史，杨玉环被册立为贵妃之后，唐玄宗就将武惠妃的幼女太华公主下嫁于他，杨锜成为驸马都尉。杨钊是和杨玉环共曾祖父的远房堂兄，因为是三代直系之外，起初并未推恩封赏，后来他也攀附着杨贵妃这条线青云直上，一直做到宰相，唐玄宗还为其赐名"国忠"。杨玉环还有三位貌美如花的姐姐，玄宗将她们一并封赏为国夫人，大姐为韩国夫人，三姐为虢国夫人，八姐为秦国夫人。每月各赠脂粉费用数十万钱，同时准许她们出入内宫，唐人有诗云："虢国夫人承主恩，平明骑马入宫门。却嫌脂粉污颜色，淡扫蛾眉朝至尊。"一时间，杨家的宠贵地位显赫至极。《新唐书》记载："每命妇入班，持盈公主等皆让不敢就位。……建平、信成二公主以与妃家忤，至追内封物，驸马都尉独孤明失官。"在聚会之时，皇家公主甚至要为杨家姐妹让座。当皇家与杨家起争执时，公主被追回赏赐，驸马都尉因此丢官。

贵妃与玄宗更是形影不离，《旧唐书·后妃传》记载："玄宗凡有游幸，贵妃无不随侍，乘马则高力士执辔授鞭。宫中供贵妃院织锦刺绣之工，凡七百人，其雕刻熔造，又数百人。"贵妃骑马出行，由皇帝最宠信的宦官高力士为其执鞭坠镫，宫中有八百人专门为贵妃一人打造穿戴饰品，此等宠遇恐怕连皇后也望尘莫及。不过杨玉环能享有此等待遇，除了天生丽质，还靠自己的一身才艺。杨贵妃自幼便擅长歌舞琵琶，她跳起《霓裳羽衣舞》时体若游龙，身姿轻盈，将仙女形象演绎得惟妙惟肖。此舞据说是由唐玄宗根据印度舞曲，结合中原舞蹈改编创造而来。唐玄宗除了在政治上有雄才大略，在艺术领域也确是才华横溢，天分非凡。《旧唐书·玄宗本纪》说他："性英断多艺，尤知音律。"他还在宫中开设"梨园"教坊，培养艺术人才。有时甚至亲自坐镇指挥梨园弟子演奏，当时名震大唐的李龟年，也在"梨园"教坊之列。历向荣在《杨贵妃的人生沉浮与舞蹈成就》（载《兰台世界》，2013 年总第 36 期）一文中说："在后宫和'梨园'教坊中，她（杨贵妃）是最有权威的舞者和导演。杨贵妃每天教'梨园'弟子演练《霓裳羽衣舞》，使此风靡一时。"从音乐艺术层面来看，杨玉环和唐玄宗可以说是互为知音。

爱一个人就要给她最好的。唐玄宗先是给了杨玉环最奢侈的物质生活，贵妃喜食荔枝，玄宗皇帝就命人从岭南或是蜀中设法运送新鲜荔枝到长安，杜牧《过华清宫绝句》中说："一骑红尘妃子笑，无人知是荔枝来。"虽有想象与夸张，但玄宗穷天下物力，以满足贵妃喜好之状，还是描绘得很贴切。贵妃擅长音律，玄宗就为她谱写了《霓裳羽衣舞》，并且让当时的音乐名流李龟年大师为其伴奏。现在还差一首赞歌，那就让最负盛名的诗仙来写吧：

"云想衣裳花想容，春风拂槛露华浓。"
"一枝红艳露凝香，云雨巫山枉断肠。"
"名花倾国两相欢，常得君王带笑看。"

李白的三首《清平调》说尽了杨贵妃的倾国倾城，后世诸多描写杨贵妃题材的诗歌，恐怕唯有白居易的《长恨歌》可与其比肩。白居易说："后宫佳丽三千人，三千宠爱在一身。"然则盛极而衰，乐极生悲。当杨贵妃在梨花苑内轻舞霓裳之时，当杨贵妃在华清池中温泉水滑洗凝脂时，盛世之下暗流涌动，北境，安禄山的渔阳鼙鼓已悄然响起。

三、香消玉殒马嵬坡

大唐盛世的最后繁华是被安禄山的战马踏碎的，安禄山是个混血胡人，他的父亲是以精于经商而著称的粟特人，母亲是以骁勇善战而闻名的突厥人。安禄山大概是遗传到了父母的精明和勇猛，他既身强力壮又善于钻营。这一点我们可以从他进宫面圣时的表现窥见一斑。《资治通鉴》记载唐玄宗会见安禄山时，见他身体肥胖，肚圆如球，就打趣问道："你的肚子这么大，里面都装的是什么？"

安禄山回答："全是对陛下您的赤胆忠心！"

皇帝听后龙颜大悦，让他拜见太子。

安禄山却问道："太子是什么官？"

玄宗说太子就是储君，是朕的接班人。安禄山听后跪倒在地，一脸无辜地说："臣是胡人，只知天朝有陛下，不知有太子，还请恕罪！"

安禄山当然知道有太子，此时他已是平卢、范阳两地节度使兼御史大夫，早就不是未开化的戎狄和粗鄙不堪的武夫，对朝中的官制礼仪更是了如指掌。但他就是在装傻卖萌，因为这样既能博得皇帝的欢心，又能让朝廷放心地把地方大权交给他。安禄山后来还认了杨贵妃做干妈，每次进宫，他都是先拜贵妃，然后才拜皇帝。玄宗问他为何如此？

安禄山再次故技重施，憨态可掬地答道："胡人都是先敬母亲，后敬父亲。"

唐人姚汝能在《安禄山事迹》中还记载了杨贵妃"三日洗儿"的闹剧，事情经过大致是在安禄山三十三岁生日之时，贵妃为其主持"洗儿礼"，宫女们将安禄山像婴儿一样放进华清池洗刷，然后用巨大的襁褓包裹起来，在宫中游行展示。此事过后，安禄山再次得到晋升，成为平卢、范阳、河东三镇节度使。唐朝的节度使集军、民、财三政于一身，权力极大，主要负责镇守边疆地方。玄宗时期全国共设十镇节度使，安禄山一人独领三镇。易中天在《安史之乱》（杭州：浙江文艺出版社，2016年，69页）一书中指出："三镇的兵力加起来近二十万，占全国边防军的百分之四十，是中央军的两倍有余。"不管有没有反心，现在他确实有造反的资本了。不过有资本未必就要反，因为造反总需要理由和动机。这个理由和动机是贵妃的那位远房堂兄杨国忠给的。

安禄山本来是依附于前任宰相李林甫的，杨国忠小人得势后垂涎相位，李林甫又是气量狭小嫉妒心极强的人，因此二人矛盾重重。于是杨国忠处处排挤安禄山，等李林甫死后，杨国忠继任相位，更是多次在皇帝面前说安禄山要谋反，建议皇帝早点杀掉以绝后患！唐人李肇在《唐国史补》中谈到安禄山与唐代政治关系时说："林甫养育之，国忠激怒之。"最终安禄山真的反了，口号是诛杀祸国殃民的奸相杨国忠。叛军一路势如破竹，很快就攻下了洛阳和潼关，唐玄宗只得带着杨贵妃仓皇出逃。

逃亡的队伍走到马嵬驿时便不再前进，此时是出逃长安的第二天。《资治通鉴》记载："将士饥疲皆怨怒"，怨怒的对象是杨国忠。护送皇帝的禁军将士发生哗变，以谋反叛国的罪名，诛杀了杨国忠父子。玄宗听闻消息惊愕不已，但还是很快就接受了事实，他出门安抚将士。说他们诛杀杨国忠，是为君分忧没有罪，也不会追究他们的责任，让他们解散回营。但六军将士却无人领命，玄宗派高力士前去询问原因，得到的答复是"贼本尚在"。所谓"贼本"，就是杨玉环，禁军统领陈玄礼提醒玄宗："国忠谋反，贵妃不宜供奉，愿陛下割恩正法。"玄宗反问："贵妃常居深宫，安知国忠谋反？"玄宗的话没错，但形势所迫，不杀贵妃六军不发。高力士也劝谏道："贵妃诚无罪，然将士已杀国忠，而贵妃在陛下左右，岂敢自安！愿陛下审思之。将士安则陛下安矣。"最终玄宗还是没能护住自己的女人，只好让高力士前去处置。《旧唐书·后妃传》记载："帝不获已，与妃诏，遂缢死于佛室。时年三十八，瘗于驿西道侧。"《资治通鉴》记载："上乃命力士引贵妃于佛堂，缢杀之。"

盛世美人的最终归宿是用三尺白绫缢死于佛堂，在逃亡途中，草草葬于马嵬驿的路旁。等到安史之乱结束，玄宗从四川回长安时，想要重新安葬贵妃，但开棺之后肌肤已坏，只找到了一个陪葬的香囊。杨玉环最后连一个明确的埋骨之处也没有留给后人，只余一曲盛世悲歌供后人千古传唱。

四、千古传唱《长恨歌》

历史中的杨玉环在天宝十五载（756 年）走完了她三十八年的传奇一生，但她的故事和文学形象却并未结束，千百年来后人不断用想象和情感将她"层累造成"我们今天熟悉的模样；因为杨玉环的事迹涉及帝王将相和国运兴衰，更成为人们茶余饭后的谈资。自唐朝以来，有关杨贵妃题材的诗歌戏剧、小说演义，乃至当下的影视作品都是层出不穷，其中对杨贵妃的评价看法大致可分两类：祸国乱政与痴情红颜。

前者多认为是杨玉环迷惑了缔造开元盛世的唐玄宗，正所谓"春宵苦短日高起，从此君王不早朝"。杨家诸人的无功受赏和蛮横霸道更是"遂令天下父母心，不重生男重生女"。包括发动叛乱的安禄山也是杨贵妃的干儿子。如张思恩在《杨贵妃参与国政的史实与影响》(载《陕西学前师范学院学报》,2013 年第 29 卷第 4 期)一文中所说:"杨贵妃利用皇帝对她的专宠,以其特殊的身份参与政治活动,对当时唐朝社会政治的发展产生了严重的消极影响和破坏作用。"

后者则认为杨玉环不过一介女流之辈,论心计手腕和政治天分远不及武则天,就算她有心想要祸乱国政,恐怕也没有这个能力,因为她从未真正掌握任何实权。杨国忠、李林甫、安禄山这些大唐盛世的掘墓人都是唐玄宗一手培养和任用的,贵妃只不过因为伴随皇帝左右,刚好和这些人都有联系罢了。杨贵妃和唐玄宗在音乐方面都有出色的天分和表现,算是艺术知音和神仙眷侣,但玄宗后期不理朝政,用人失当的锅不能让一个女人来背,以至于王君彦在《漫谈"长恨"话玉环》(载《中国校外教育》,2015 年 9 月下旬刊)一文中感叹:"安史之乱的责任完全在唐玄宗而不在杨贵妃,……中国素有'女人祸水'的理论,政治昏庸了,国将不国了,不指责执政者沉溺女色,失政于民,却推说是女人惹的祸。"两种看法孰是孰非,笔者在此不做评价,由读者自行判断定夺。最后用蒙曼在《杨贵妃之死的千古之谜》(载《北京农业》,2010 年第 5 期)一文中观点来做结尾:

"杨贵妃是一个悲剧人物。杨贵妃本无心政治,她并不像长孙皇后那样有政治城府,更不像武则天那样有政治欲望,她只是一个爱好唱歌跳舞、爱好享乐的单纯女子,如果能够始终和寿王生活在一起,她本来可以过一种平凡而幸福的生活。但是,现实却是,她始终难以把握自己的命运。无论是成为玄宗的贵妃,还是最后横死马嵬驿,都不是她自己的选择。她本来不是一个政治人物,最后却被裹挟在政治的漩涡中,被暗流吞没。所谓红颜薄命,恐怕更多还是一种时代的悲剧,一种文化的悲剧吧。"

君不见盛世悲歌杨玉环,自古薄命是红颜。

君不见千古传唱长恨歌,有梨园弟子,有文人骚客。

第十四章　乱世红颜岂等闲

中国古代历史中，每一个统一强盛的封建王朝陨落之后，都会出现较长时期的分裂混战。907年，统治了古代中国289年的唐朝覆灭，中国进入大分裂时期，《新五代史》将五代（907—960年）和十国（902—979年）合称为五代十国。

五代指的是唐灭后依次统治中原地区的五个政权，分别为后梁、后唐、后晋、后汉和后周。而在唐末、五代和北宋初，中原地区周边存在着众多割据政权，前蜀、后蜀、吴、南唐、吴越、闽、楚、南汉、南平北汉等被统称为十国。

五代十国时期政权更替频繁，割据势力间互相制衡，本质上是唐末藩镇割据的延续，开国皇帝大多出自中下层平民，因而统治者大多重武轻文，战争频繁，导致民间兵役徭役负担沉重。同时由于受到少数民族风习的影响和感染，五代十国时期冶游之风盛行，传统的清规戒律和婚姻制度对女性束缚有所减轻。唐朝中后期形成的较为开放的民风民俗更导致五代十国时期男女两性关系开放自由，民间延续了晚唐的奢靡社会风习，导致女性在政治生活中逐渐发挥着更大作用。

战火纷飞、骄奢淫逸并存的年代，男人厮杀疆场，女人在背后也发挥着重要作用。有被后世敬奉为"妈祖天后"的林默，与之有关的妈祖信仰成为中国东南沿海地区一道独特的文化景观，妈祖信仰也深深地影响着今日台湾和东南亚的文化风俗；也有契丹族杰出的女政治家萧绰，她是辽王朝著名的女统治者，她辅佐儿子辽圣宗治理辽王朝，使辽王朝的经济和文化达到鼎盛。

第一节

海上女神，天上圣母

在中国悠久的历史演进中，逐渐出现了远播世界，对华人有重要影响力的中华三大国家祭典。这三大祭典分别是每年农历"三月三"在河南新郑的黄帝拜祖祭典，每年九月份开始到十月初的祭孔大典和每年农历三月二十三日的妈祖祭典，这三大祭典已然成为中国文化的精神内核、民族得以延续的精神动力。在这三大祭典中，妈祖祭典却只存在了一千多年，那么，妈祖又是何人？为什么妈祖会从一位普通女性晋升为女神，和黄帝、孔子并驾齐驱，成为海内外华人的精神支柱呢？

首先，应该了解的是妈祖不是虚拟的偶像，她本身是福建沿海的一位渔女，是千百年来在我国东南沿海以及台湾地区被船工、海员、旅客、商人和渔民口耳相传塑造成的"海上女神"。妈祖又被称为天妃、天上圣母、天后、天后娘娘、天妃娘娘、湄洲娘妈等，她随着中国人的足迹传遍世界各地，进而发展为中国最有代表性的民间信仰——妈祖信仰。这信仰对海内外华人产生深远影响。台湾地区、新加坡有七成的人信奉妈祖，马来西亚也有近八成的人信奉妈祖。

今天，踏着先人的足迹，来探寻一下这位海上女神的事迹。

一、赤霞满天，林家有喜

妈祖原名林默，世人尊称林默娘，宋初莆田市湄洲岛人，生于北宋建隆元年，是福建晋代晋安郡王林禄的二十二世孙女。

有史料为证，据《天妃显圣录》载："妈祖姓林，名默，也叫默娘，宋建隆元年（960 年）三月二十三日生于福建莆田湄洲湾的一个渔村。"

林默的父亲是林愿，母亲王氏，林愿曾经担任福建兴华府的巡检使，身居高位，乐善好施，为官清廉，因为看不惯宋代官场的种种弊端，毅然决然地辞官回到家乡福建莆田市的湄洲岛，继承祖业，从事海上商业活动。

林愿和他的妻子王氏生有一个儿子和五个女儿，长子名洪毅，林默在家排行第六。由于洪毅身体比较虚弱，林愿和妻子都盼望能再生一个儿子继承家业，因而朝夕焚香，甚至不远千里去了著名的佛教圣地普陀山，请求菩萨再赐给他们一个儿子。终于得偿所愿，林愿的妻子很快怀孕。据说，孩子出生的那天，林家四周红光闪闪，赤霞满天，邻里乡亲甚至还看见流星化作一道红光从西北天空射来，晶莹夺目，把岛屿上的岩石都照耀得发红了，虽然林愿很失望这一胎仍是女儿，但感觉到这个婴儿出生时的祥光异香，日后必成大器，所以夫妻俩特别疼爱她。

相传林默从出生到满月都不哭不闹，林愿就给她取名叫"林默"。

林默从小就表现得比她五个姐姐还要聪明，读书更是过目不忘，八岁"从塾师训读，悉解文义"，十岁余"喜净几焚香，诵经礼佛"，十三岁又师从学道，尤其是对医术产生浓厚的兴趣，十六岁"窥井得符，逐灵通变化，驱邪救世，屡显神异"。

二、救护百姓，大爱无言

她长大后，经常到海边，为出海的父亲和渔民祈求平安，时间久了，大家都叫她林默娘。

林默生长在海边，熟悉水性，大海深不可测，风浪又无情，渔民出海频频遇险，年轻的林默练就一身好本领，自愿担起海上救援任务，哪里有呼救，哪里就会出现海上女侠的身影，经她救起的渔民无数。一次，有几条渔船刚出海，海上突然刮起大风，把渔船掀翻了，死了好多的人，林默十分难过，她暗暗在心里发誓，只要能制服风浪，她愿意付出一切代价。

林默联想起九月初父兄出海的那一天，早晨出太阳时天空出现的一条条暗蓝色条纹，莫非这一条条暗蓝色条纹就是大风浪即将来临的前兆？想到这里，林默心中豁然开朗，她突然悟出了一条该如何走向认识海天、预测风暴的人生道路了。

通过刻苦学习，林默掌握了天文气象知识，她会预测天气的变化，甚至还掌握了大风大浪到来后将持续几天才能消失的规律，这样，林默就可以事前告诉船户是否适宜出航了。在风暴来临后，林默还会驾船出海，为海面上遭遇风暴之困的船只引航，所以，又有一种说法是她能"预知休咎事"，称她为"神女""龙女"。现存最早的关于妈祖身世的文献材料，是南宋高宗绍兴二十年（1150年）

廖鹏飞所撰写《圣墩祖庙重建顺济庙记》，文中记载：妈祖"姓林氏，湄屿人，初以巫祝为事，能预知人祸福。"宋绍定三年（1230年）丁伯桂在《顺济圣妃庙记》中写道："神，莆阳林氏女，少能言人祸福，殁号通贤神女。"

夏季风雨连续不止，海上风暴不止，林默已经连续十几天在海面上为商船和渔民们引航。有一天晚上，林默实在是疲倦至极，就趴在桌上睡着了。半夜，突然被呼啸的海风惊醒，听到远处隐隐的呼救声，于是，林默把油灯扔向屋顶，瞬间，自家的房子熊熊燃烧，火光冲天，迷失的船只看到岸上的火光，急忙调转方向，把船开进港口，于是，船队的所有人都平安获救。事后才知道，遇险的是一个罗马的船队，这只罗马船队的商人为了感谢林默"烧房引航"的义举，纷纷解囊要给林默建造新的房屋。但林默并没有收，她认为能救人于危难是一件特别幸福的事情。从这一件事上足以充分体现林默的侠义精神，真可谓是"拯救苍生赓普渡，和风甘雨乐安然。"

林默不仅在海上为船只引航，她还利用自己所学的医术救助贫苦的百姓生命，黄玉石的《林默娘》中提到"莆邑，向来是信巫不信医"。所以，林默为了改变这一局面，刻苦学医，专研医药，并勇敢地与恶巫做斗争。有一年，家乡瘟疫横行，恶巫趁此机会利用百姓的无知疯狂敛财，完全不顾百姓的死活，林默不忍大家受病痛的折磨，冒着被传染瘟疫的危险，住在疫区照顾病人。林默看着感染疫情的百姓越来越多，心如刀割，她日夜不停地研究药物，终于找到了解决疫情的办法。当地的县尹得知后，请林默先为自己家人看病，但林默拒绝道："所有的病人都一视同仁。"疫情控制住后，林默再次受到百姓的爱戴，黄公度《题顺济庙》诗云："平生不厌混巫媪，至死尤能孝国功。"宝祐五年（1209年）《仙溪志》："（神）本湄洲林氏女，少能言人祸福，殁而人祠之。"

林默十六岁这一天，父亲和哥哥出海未归，林默梦中预感到父亲和哥哥在海上遇到了危险，遂马上开船出海寻找父兄。结果，父亲被她救了回来，但哥哥却不幸遇难。林默将父亲救回后，又奋勇划船破浪前行寻找哥哥，终于在茫茫大海中，把哥哥的遗体捞回安葬，乡亲们对林默救父寻兄的行动，无不举手称赞林默的孝道，皆言"生女当如林默娘"。

林默在当时选择独身主义，终身未婚，据《三教源流搜神大全·天妃娘娘》称妈祖："年及笄，誓不适人，父母亦不敢强其醮。"清朝陈池养《林孝女事实》

记述妈祖："自是矢志不嫁，转以行善济人为己任，尤多于水上救人。"林默虽终身未嫁，她却挽起出嫁女儿的"帆船发髻"，表示把身心都嫁给大海，后来湄洲女子都效仿她在出嫁时梳"妈祖髻"，今天的湄洲岛的女子仍然梳此发髻以纪念妈祖，妈祖未婚，因而没有子嗣，但她充满母性，不仅替兄姊照顾孩子，还收养了很多孤儿、流浪儿和弃婴，是中国古代著名的一位慈善家，她把大海一样宽阔的母爱，都献给了人间。因此，即使林默终身未嫁与当时的社会道德相违背，但还是赢得世人的普遍敬仰，被尊称为"妈祖"。

遗憾的是，在一次海上救援中，她不幸被桅杆击中头部，落水身亡，这一年她二十八岁。消息传来，乡亲们悲痛欲绝，都无法接受她去世的事实。"人行善事，死后为神"，人们更愿意相信二十八岁的林默已经羽化成仙，成了一名海神，永远保佑他们在海上平安顺利。于是，一代海神——林默，就在人们千百年来的传颂中被晋升为海内外华人的精神偶像。

从此以后，人们说常常会看见林默娘身着红装飞翔在海上，救助遇险呼救的人。后来，人们为了感谢和怀念默娘，把她尊奉为妈祖，并修建了妈祖庙，祈求航行平安顺利。

福建沿海的古代渔民"每年春节过后，第一次出海要占卜择日，一般是到妈祖庙进香，求问时机良辰，由神意定夺出海佳期"。

三、羽化成仙，精神信仰

古代由于科学技术不发达，在海上航行经常受到风浪的袭击导致船只沉没和人员伤亡，所以船员把希望寄托于神灵的保佑，在船舶起航前要先祭妈祖，出海的船只还供奉着妈祖神像，祈求保佑顺风和安全。甚至对妈祖的崇拜已经到了无以复加的地步，特别是明代对外交往的发展，伟大的航海家郑和曾先后七次远洋航行，足迹遍布三十多个国家和地区，郑和船队的船员大多是福建人，每次远洋航行遭遇风暴时，郑和总会向妈祖祈求保佑。据说，郑和每到一个地方，必先建庙拜祭妈祖，郑和的船队到哪里，妈祖文化就传播到哪里。有人统计发现，全世界妈祖庙的场所约一万六千座，妈祖信众达两亿五千人之多，几乎凡是有华人的地方都有妈祖宫，都信奉妈祖。澳门的英文名"Macao"，据说就是因为岛上的"妈祖阁"而得名。

在后人编撰的妈祖故事里，有很多神话式的描写，甚至接近于荒诞离奇，例如，有一种说法是宋代有位皇帝兵败落难，逃到了福建，又被敌兵追逼至海边，前方大海茫茫，身后大队追兵，绝望道："天亡我也！"就在敌兵想要开弓放箭射杀皇帝时，突然一个红衫绿裤的妙龄渔姑划着一条渔船向他驶来，于是皇帝躲过劫难，后来皇帝想下旨寻找渔姑要报答救命之恩，当地人却说爱穿红衣绿裤的妙龄渔姑在一次出海捕捞时就已经沉船遇难了，皇帝听后惋惜不已，下旨封林默为"天妃娘娘"。

所以清朝赵翼《陔余丛考·卷三十五·天妃》发出质疑："窃意神之功效如此，岂林氏一女子所能？"当然，妈祖作为一名普通的女性，并非是无所不能，甚至有神话的成分在里面，但是妈祖身上所展现的人格魅力，如立德、行善、大爱精神已成为永久的佳话。妈祖文化堪称女性文化的典范，特别是在中国古代男权社会意识下，女子的活动受到诸多道德制约的情况下，妈祖作为女性能够承担一定的社会责任，救人于危困，实现人生的自我价值，从这一点来看，妈祖是值得我们崇敬、尊重的！

当今，我们从性别平等教育的角度出发，女权意识下的女性形象塑造，必须要能唤起妇女对人生的积极态度和对自身价值的正确认识。而妈祖，就是我们的精神皈依和文化传承。

文韬武略的萧太后

在中国历史上，有作为的女政治家不乏其人，前有西汉的吕后和唐朝的武则天，后有清朝的慈禧。她们在政治上都有一定的才华和手段，她们都曾掌控国家的大权。但是，论文韬武略，她们都不及这样的一位女性：她辅佐丈夫、监护幼子，以皇后、太后的身份临朝摄政、代行皇帝的权力；她亲临前线，两败北宋，是中国历史上著名的军事家。她就是被后世民间广为流传的契丹女杰——萧绰。

一、含着金钥匙出生的姑娘

辽国是由历史上的契丹族建立的，她怎么会用汉族的姓氏呢？通过对历史典籍地翻阅和查找，《辽史·后妃传》能够给我们一定的答案。据载："太祖称帝，尊祖母曰太皇太后，母曰皇太后，嫔曰皇后……后族唯乙室、拔里氏，而世任其国事。太祖慕汉高皇帝，故耶律兼称刘氏，以乙室、拔里氏比萧相国，遂为萧氏。"从这段记载中，可以知道的是，辽太祖耶律阿保机建立辽国之后，因为追慕汉高祖皇帝，便将自己的姓氏兼称刘氏；又认为乙室、拔里氏两个氏族任国事功劳极大，可比汉开国丞相萧何，所以将后族一律改称萧氏。从这个角度说，她出生在这样一个的部族中，就注定了她显贵的一生。更重要的是，这样一种传统的存在，为她日后能够成为皇后提供了更有力的支持。

萧氏部众这么多，为什么偏偏是她成为皇后而不是别人呢？这得益于她的家庭和自身条件的优秀。她的父亲是辽朝北府宰相及驸马萧思温（皇亲），她的母亲则是辽太宗耶律德光的女儿燕国公主耶律吕不古（皇族），她是妥妥的一个皇亲国戚。父母相亲相爱，且都是很有内涵和学识渊博的人，出生在这样的一个家庭，这是让多少人所羡慕的呀！再说她本人，据《辽史·后妃传》记载："早慧。思温尝观诸女扫地，惟后洁除，喜曰：'此女必能成家'。"从寥寥数语中，我们可知她很聪明，做事很认真，这些优点足以能够让她得到比其他人更多的宠爱。显赫的家世背景，自身条件的优越，为日后的她在历史的舞台上施展才华奠定了基础。

二、华丽转身，母仪天下

她人生的第一次转变发生在公元 969 年。公元 969 年 2 月，辽穆宗去黑山狩猎，萧思温跟随前往，身边的几个仆人由于没有完成差事，担心被责罚。在当夜，趁着穆宗又喝醉的时候，几人联手将穆宗杀死，然后逃亡。

皇帝被杀，接下来的问题是：谁来当皇帝？皇帝谁来当，在这个非常时期就要看萧思温了。他能够及时通知谁来继位，谁就会是下一任的皇帝。在众多的王爷中，萧思温看中了和自己在政见思想上一致的晋王耶律贤。他当机立断，一边封锁消息，一边秘密派人通知晋王耶律贤立刻来到灵前继位。因此，当其他王爷还没有回过神来时，耶律贤已经登基继位了，是为辽景宗。

继位后的辽景宗，对萧思温感激不尽。为了报答拥戴之功，封萧思温为北府宰相，后又加封为魏王，地位之高，一时无出其右。为了进一步加强关系，景宗下令，将时年十六岁的萧绰选入宫中为贵妃，三个月后，又正式册封为皇后。

三、从后宫走到前殿的皇后

她人生的又一次转变是因为父亲萧思温被杀。这件事对她的触动比较大，她很清楚，这一切都是权力斗争的结果。这让年轻的她变得成熟起来，她明白只有自己掌握大权，才能够掌握自己的命运。

她能够掌权，还有一个更重要的因素，那就是辽景宗。景宗继位后，想一改穆宗时期混乱的局面，重塑朝纲。当皇帝是一件体力活，需要有充沛的精力。但是，景宗从小身体就比较弱，连上朝听政都比较难，景宗皇帝是心有余而力不足。《契丹国志》记载："……先是，火神淀弑逆之时，述轧之害世宗，并及于后，复求帝杀之。帝时年九岁，御厨尚食刘解里以毡束之，藏于积薪中，由是得免。及即位，婴风疾，多不视朝……"再加上，政治权力的斗争充满着尔虞我诈和腥风血雨，这让景宗皇帝有了更多的担心（辽国前几次的皇位交替，都充满着血腥杀戮）。为了让自己的权力更加稳固，也为了自己的子嗣将来继承皇位能够顺利平安，景宗皇帝需要找到一位完全信任和可靠的人，这样的人，只有一位，就是他的皇后——萧绰。

在景宗皇帝的刻意安排下，萧绰开始深入参与朝政。《契丹国志》记载："戊辰保宁元年。宋太祖开宝元年。辽大赦境内。刑赏政事，用兵追讨，皆皇后决之，帝卧床榻间，拱手而已。"这就为她施展政治才华创造了条件。

为了使她能够名正言顺的行使权力，景宗还特意做了安排。《辽史·景宗本纪》记载："（保宁）八年春，二月壬寅，谕史馆学士，书皇后言亦称'朕'暨'予'，著为定式。"把她放在同皇帝同等的位置上，就是为了树立她的权威，使得处理朝政变得合法合理。十七岁的她就这样从后宫走到前殿，开始了她的政治生涯。

四、太后当国，革新理政

她的人生再一次发生转变是在公元 982 年。《辽史》记载："乾亨四年九月庚子，幸云州。甲辰，猎于祥古山，帝不豫。壬子，次焦山，崩于行在。年三十五，在位十三年。遗诏梁王隆绪嗣位，军国大事听皇后命。"景宗皇帝的驾崩，让她从皇后变成了皇太后。

此时的她心里非常的清楚，皇帝的驾崩对国家会产生多大的震动，继而到来的皇位争夺又将是多么的惨烈（景宗的儿子耶律绪此时才十二岁），毕竟历史上有过太多这样的例子。为了不让国家再次陷入动荡，也为了让自己的儿子能够平安继承皇位，她再一次展示了自己卓越的政治智慧。一方面，严密封锁景宗驾崩的消息；另一方面，立刻召见景宗驾崩前的顾命大臣韩德让和耶律斜轸，当着这二人的面就哭了起来："母寡子弱，族属雄强，边防未靖，奈何。"一个刚刚失去丈夫的女子，还带着几个孩子，孤儿寡母的，当着两个男人的面哭了起来，请求给予一定的帮助。面对这样的情境，是个男人都会答应的，更何况这两个人和她还有着不一般的关系（耶律斜轸是她的侄女婿，而韩德让一说是她的旧情人）。二人连忙说"信任臣等，何虑之有！"。听到二人的这样答复，她内心好似吃了一颗定心丸。十几年辅助丈夫治理国家的经验，再加上她本人做事沉着果断，处变不惊，让她这个皇太后有了更多的信心。接下来她所做的事情，充分展现了一位智慧和文武兼备的女政治家的风范。

1. 蕃汉并用，扩大人才选拔

辽是一个少数民族的政权，在用人上，重要的职位多是契丹人担任，旧的选官制度排斥汉人。随着辽国疆域的扩大，国家事务和民族成分更加复杂，这就需要更多有能力的人充实到官员队伍中。她提出了"惟在得人"的人才思想，坚持从契丹、汉和其他民族中选拔称职的官员，其中更偏向于汉人。她大胆任用一批才智过人的汉人为官，如张俭、马德臣、王建忠等。这些人为她的改革献策出力，做出了不小的贡献。

2．崇文重教，推行儒学教育

她深知，戡乱征伐可以靠武力，但是治理国家必须要靠文化。她大力兴办学校，在学校中推行儒学教育；为了改变契丹以前"君臣昧于礼制"的教训，她对各级官员灌输儒家思想；她特别强调"忠"与"孝"，各级官员要把研读诗书当作必修课，这也成为当时契丹的一种蔚然成风的社会现象。她还是一个教子有方的严母，养育四子三女。其中，对长子耶律绪要求特别严格，在他少年时，她就教他如何处理政务，劝他"宜宽"法律，每次亲征，都让他随行，让他在实践中受到教育和锻炼。耶律绪在她的培养和教育下，逐渐成长起来。公元1009年，耶律绪正式亲政，国大治，故史称"圣宗称辽盛主，后教训为多"。

3．轻徭薄赋，发展农业生产

契丹原先是以游牧为生，但自辽建国以来，历代统治者都重视农业的发展。她执政期间，进一步推动农业的发展，减免租税，鼓励开垦荒地，兴修水利，保护农田。据不完全统计，在她执政的二十七年中，减免赋税，赈济贫民、流民、灾民的诏令达三十次之多。她还实地考察农业生产，遣使劝农，以各种方式调动各族人民从事农业的生产积极性。

4．结盟澶渊，助推两国和平

1004年，五十一岁的她，在行将退出政治舞台之际，干了一件影响后世的大事。为保疆土完整、边境安宁，在对宋的虚实进行了一系列的试探之后。以收复瓦桥关为名，亲率二十万大军倾国南下攻宋。

战前，她分析了双方的优劣，制定了此次南下攻宋的军事战略：扬长避短，快速制敌。辽军一路南下，避实就虚，势如破竹，直抵澶州城下，直接对宋朝都城汴梁构成威胁。她亲自登上战车，指挥进攻，在进攻受挫，主将被射杀的情况下，她审时度势，认为在多次战争中，尽管辽国胜多负少，但除军事以外，辽在各方面都远不如宋，特别是经济落后，这样长久相持下去，对辽未必有利。在这种思想的指导下，她做出了一个重大的决策：以大军压境为前提，让惧战的宋真宗不战而降。她一方面派出业已降辽的宋将王继忠为信使，联络议和事宜；另一方面又猛攻澶州城。几经周旋，她派飞龙使韩杞与宋朝代表曹利用正式进行和谈。最后，双方签订了历史上著名的"澶渊之盟"。

订了盟约后，两国各守其界，结束了双方长期战争的状态，此后一百多年没有发生过大的战争。百姓得以免受战争的屠戮，两国都有了一个比较安定的环境，经济都得到长足发展，呈现了两国历史上经济最为繁荣的时期。双方的经济交往也日益繁密，中原的茶叶、粮食、丝织品、漆器等农产品和手工制品大量输入辽国，而辽的牛、羊、马匹等也源源运到中原，起到了相互调剂的作用。这种于国于民都有利的大好形势，正是由她首倡，充分表现出了她的高瞻远瞩，既顺应了历史的发展，又符合了人民的要求。

五、巾帼英主，千秋美名身后留

当一切障碍都已扫除，政权稳如泰山，国势蒸蒸日上，在苦心经营了二十七年之后，她终于放心地把权力交给她一手培养起来的儿子——辽圣宗。也许是归政后感到一种巨大的失落，原本相当旺盛的生命一下子失去了活力。归政不到一个月，即公元 1009 年 12 月，在南巡的路上，一场偶感风寒，就结束了她那波澜壮阔充满传奇的一生，年仅五十七岁。

《辽史》记载："明达治道，闻善必从，故群臣咸竭其忠……赏罚信明，将士用命。"十六岁入宫立为皇后，辅佐景宗十三年，后又以太后的身份临朝称制二十七年，前后执掌辽国江山四十年。她以其聪明的才智、过人的胆识、伟大的魄力和政治家的头脑，把国家治理得井井有条，为辽圣宗统治时期的强盛奠定了基础，也加快了契丹社会的历史进程，促进了北方的开发和民族大交融。她的军事韬略也为世人所公认。特别是在与宋的战争中，以国母之尊驰骋沙场，堪称一代巾帼英主，她的一生为契丹族和中华民族的进步与发展做出了巨大的历史贡献，不愧是中国历史上一位出类拔萃的少数民族女政治家和军事家。

第十五章　赵宋王朝里的女性世界

　　在复杂尖锐的阶级矛盾和民族矛盾下，宋朝从建国后就一直处于不断的战争中，动荡不安的社会环境，兵火所经之处，广大人民饱受战争之苦，其中女性也不能幸免于难。置身于这一特定的时空场景之下，宋代女性除了参与战争并在其中发挥作用外，为数更多的女性在战争中处于弱势地位。身处危难之际，一些女性选择对命运进行抗争，主要包括忠义爱国的女性、舍命救助家人及殉亲的女性、贞烈守节的女性。

　　宋代是我国理学发展的重要时期，宋代理学以儒学为主，崇尚积极入世的世俗价值观念，同时倡导三教合一，迎合社会各种思潮，在儒学的基础上吸收道学、佛学中"内圣"的修身养性之法，使理学成为宋代官方的社会思潮。在此背景下，女性的身体、精神以及行为都被加强了控制，女性只能更加遮掩自己的身体、禁锢自己的思想、在更小的空间里活动，现实表现为对社会秩序的迎合。理学思想大大影响了人们的行为模式，制约人性中最本质的东西，对人性的发展起到了消极的作用。这也大大禁锢女性伦理的发展，使女性守节观念日益加深。总体上讲，宋代女性的社会地位呈下降趋势。

　　当然，在历史的舞台上，也还有不少"杰出"的女性，在政治舞台上尽情展现自我，挥洒权力、纵横捭阖；也有的巾帼不让须眉、"不爱红装爱武装"，保家卫国上阵杀敌；也有的笔下生花、文字才情引领风骚……

　　总之，在本章的宋代女性人生里，我们既看到了女性权力人物的纠结，也看到了赵宋王朝的风风雨雨，更看到时代女性的影子。

第一节

"女中尧舜"任评说

后宫临朝称制，也被称为垂帘听政，是男权社会中一种特殊的政治现象。在两千多年的封建帝制时代，临朝称制的皇后有多达四十余人。古代女子临朝称制的女性有一手遮天的吕后、改弦推动汉化的北魏冯太后、女皇武则天等，尽管她们中有的人政绩斐然，给后人留下的印象却都不怎么光彩，但她似乎例外。

她是中国历史上唯——位获得后人称赞为"女中尧舜"的垂帘太后，北宋宣仁圣烈太皇太后——高滔滔（语出《宋史·英宗宣仁圣烈高皇后传》）。

她的一生既可谓命运垂青，出身名门，一路从皇后到皇太后再到太皇太后。从幕后到台前，垂帘听政，一路长青，影响北宋政坛几十年，实际执掌也有数年之久。另一方面，这位宣仁圣烈太皇太后也可谓命运多舛，一生争议颇多。虽有十三团练（宋英宗的别称）的爱情垂青，但丈夫却英年早逝。儿子神宗登基没几年也追随其父去见了太宗，留下的是风烛残年之躯和尚未成年的孙子。面对朝局和赵氏王朝，宣仁圣烈太皇太后该何去何从？

一、天子娶媳，皇后嫁女

高滔滔（1032—1093 年），安徽亳州蒙城（今安徽省蒙城县）人。高滔滔出身名门，是勋贵之后，身世显赫。《宋史·卷二百四十二·列传第一》中说："曾祖琼，祖继勋，皆有勋王室，至节度使。母曹氏，慈圣光献后姊也"。据司马光所著《高氏世宝传梓后》记载："宋英宗皇后高氏，讳正仪。亳州蒙城人，兵部尚书太师、食开封邑三百户遵礼女也！"其曾祖是北宋初年名将高琼，祖父是名将高继勋，与太祖太宗共同打下了赵氏基业，都是有功于北宋王朝的人。其父也官至北作坊副使。高滔滔的母亲是开国元勋曹彬的孙女，而曹彬的另一个孙女——慈圣光献皇后，也就是高氏的姨妈——嫁给了宋仁宗。

曹后无子，高氏很受姨妈喜爱，从小就被曹氏养在宫中，视若己出，大家都称高滔滔是"皇后女"。在宫中长大的高氏，得以接受良好的教育，经历了许多重大政治事件，见识不凡。显赫的出身，也为她日后成为北宋政坛"铁娘子"打下了坚实的基础。

这段爱情的另一位主角叫赵宗实（1032—1067年），即宋英宗（1063—1067年在位），后改名赵曙，他是宋太宗赵光义曾孙，濮王赵允让第十三子，宋朝第五位皇帝。

宋仁宗由于膝下无子，便将当时年仅四岁的侄子赵曙接进宫中作为继承人加以培养，在宫中，被称为"官家儿"。

两个人同岁，青梅竹马，随着年龄的增长，两人的感情升华，仁宗见二人恰似天生一对，十分喜欢，就对曹皇后说："异日当以婚配。"在高氏十六岁的时候，宋仁宗和曹皇后亲自为两人在濮阳行宫举行了婚礼，时人将这一段佳话称为"天子娶媳，皇后嫁女。"

赵曙与高氏鹣鲽情深，高氏为他诞下四子四女。皇帝所有子女皆由皇后所出不是常见的事。但对赵曙来说也不奇怪，因为他很可能没有妃嫔。在《宋史》《长编》《续资治通鉴》乃至其余宋代笔记里都没有他晋封妃嫔的记载，在蔡京之子蔡绦所著的《铁围山丛谈》中也曾提及英宗"左右无一侍御者"，足见其对高氏的感情。但关于此事，很可能并非是因为爱情忠贞这么简单。当时曹太后似乎也觉得不妥，就让亲信悄悄劝皇后："官家即位已久，如今身体又已痊愈，怎么可以左右无一侍御者呢？"高皇后听后颇不高兴，回答说："去跟娘娘说，我嫁的是十三团练，又不是嫁他官家。"足见其对爱情的强势，也预示着日后在权力上的占有欲。

造化弄人，可惜他们未能白头到老。宋英宗一直体弱多病，于治平四年（1067年）驾崩，英年早逝，谥号为宪文肃武宣孝皇帝，庙号英宗，葬于永厚陵（今河南巩义孝义堡）。宋神宗也就是赵顼继承了皇位。

二、稳定朝局，定海神针

宋神宗在位期间，面对宋王朝的"积贫积弱"、内忧外患的形势，对太祖、太宗皇帝所制定的"祖宗之法"产生了怀疑。于是决定启用变法派王安石，推行变法。然推行变法岂是易事？每一步都举步维艰，阻力重重，而高太后也在这股反对力量之中，令神宗耗尽心血。元丰八年（1085年）正月初，雄心大志的宋神宗在与西夏战事中惨败，这成为压垮宋神宗的最后一根稻草。自此，神宗一病不起，到了二月，宋神宗的疾病日趋恶化，甚至到了口不能言的地步！

朝局危也！

此时是立宋神宗之子赵煦，还是立高后之子为大统，朝廷内部暗流涌动。宰相王珪请神宗早日立延安郡王赵煦为皇太子。赵煦原名赵佣，宋神宗赵顼第六子，母亲为朱德妃。然而尴尬的是赵煦既非嫡出，又非长子，且此时赵煦才10岁，这就很可能成为宫廷动荡的隐患。而宋神宗的两个弟弟雍王赵颢和曹王赵頵都是30多岁，年富力强，且都是高太后亲生，论地位出身和政治才能，这两人也都具备了做皇帝的资格。而北宋又有"兄终弟及"的先例，继位大统之争一触即发。

大臣蔡确见王珪打算拥立赵煦为皇太子，便与另一个大臣邢恕密谋在雍王和曹王选立一人，这样才可以有拥立之功。在这场皇储之争中，高太后的立场立即变得非常重要：一边是她的孙子，一边是她的儿子。

高太后面临一次艰难的抉择。

高太后的两个行动堪称完美。一是下令禁止两个儿子再进入神宗的寝宫。这个"禁令"释放了一个明确的信号：两位王爷不要有非分之想，皇帝之位非赵煦莫属。二是当着群臣的面夸奖赵煦聪明，喜好读书，已能背诵七卷《论语》。自神宗病后一直侍弄在侧，并且把赵煦为父亲祈福所抄写的佛经拿给大臣们看。高太后就趁机把赵煦叫出来，当着群臣的面，宣读神宗的诏书，立赵煦为太子。

宋廷皇储之争由此而平，避免了另一场"烛影斧声"。可以说，高太后在平定这场立储危机中起了决定性作用。元丰八年，宋神宗病逝，其子赵煦继位，是为宋哲宗（1085—1100年在位），次年改元元祐，尊高太后为太皇太后。

面对主少国疑，此时的高氏再一次走向历史前台，五十四岁的太皇太后高氏开始临朝称制，执掌朝政大权，军国大事由太皇太后暂时处理。

三、女中尧舜，堪称典范

高氏一生节俭朴实，人称"恭勤俭度越前古"。高太后衣饰除朝会典礼穿着奢华礼服之外，在宫中常着补衣。据说宫中膳食，只用羊肉，因为羊吃草，不需用粮食。但牛因能耕田，严禁食用。高太后寿诞，御厨别出心裁地用羊乳房和羊羔肉做成两道美味菜肴给太后享用，高太后说："羔羊在吃乳时期，杀母羊取其乳房，羔羊就要断乳饿死，羔羊幼小，烹而食之有伤天道，"即命将菜撤去并下旨不得宰羊羔为膳。她常对神宗比喻："一瓮酒，醉一宵；一斗米，活十口。在上者要尽量减少浪费，提倡节俭。"

高氏的政治品德更表现在其对娘家外戚的约束上，对防止宋朝外戚专权做出了榜样，避免了汉唐的悲剧。

她当皇后时，史载"后弟内殿崇班士林，供奉久，帝欲迁其官，后谢曰：'士林获升朝籍，分量已过，岂宜援先后家比？'辞之"。试问今天又有几人能做到！

宋神宗曾三番五次要提高母亲家族的待遇，打算为高氏家族修建豪华的宅第，高氏始终不肯答应。最后，还是由朝廷赏赐了一片空地，建造了房屋，但费用却是高氏的私房钱，没用国库一文钱。"帝累欲为高氏营大第，后不许。久之，但斥望春门外隙地以赐，凡营缮百役费，悉出宝慈，不调大农一钱。"

"从父遵裕坐西征失律抵罪，蔡确欲献谀以固位，乞复其官。后曰：'遵裕灵武之役，涂炭百万，先帝中夜得报，起环榻行，彻旦不能寐，圣情自是惊悸，驯致大故，祸由遵裕，得免刑诛，幸矣。先帝肉未冷，吾何敢顾私恩而违天下公议！'确悚栗而止。"神宗元丰四年（1081 年）冬，高遵裕奉神宗皇帝之命率军西征，同西夏军作战，在灵武城下遭到惨败，而遭神宗撤职贬官。宰相蔡确拍马屁以固位，就奏请恢复高后伯父高遵裕官职。高太后听后："给高遵裕复官一事断不可行，他灵武一仗几乎导致全军覆没，军民死伤近百万，财物损失更不可计。神宗由此积病不起。神宗按军法处置，免杀头已是万幸，现神宗尸骨未寒，我怎么能因私恩为他复官，而违反天下的公议！"蔡确自感触怒高氏，怕太后怪罪，战战兢兢告退。高太后听政年间，都没给高遵裕复官。

高氏临朝不久，三省根据旧例，上奏章请"加恩高氏"，给高氏族人封官晋爵。但是，高氏不仅坚决拒绝，而且还将先朝定给高氏族人的私恩赏赐减去四分之一。

据《宋史》记载，高太后严于律己，宽以待人，谨守礼法，忠心为国，不谋私利，辅政三朝，一切为了国泰民安，一反"一人得道，鸡犬升天"的恶习。"临政九年，朝廷清明，结夏绥安，杜绝内降侥幸；文思院奉上之物，无问巨细，终身不取其一，人以为女中尧舜。"南宋史学家李心传、吕中等对"元祐之治"的评价甚至高于"仁宗盛治"，称"盖我朝之治，元祐为甚"。

四、往事越千年，谁与评说

高氏在垂帘之初曾说："我生性好静，只因皇上年幼，权同听政实在是出于不得已。况且母后临朝，也非国家盛事"。然而多年过去了，宋哲宗已成婚，早该亲政，但丝毫看不出她有还政于哲宗的意思。人们能看见的是她将那些希望她还政于哲宗的大臣接连逐出朝廷。赵煦曾对人感慨说："只见臀背"！

高氏曾对左右说："要一心为国，不要拉帮结派"，不要像李唐那样搞党争，党争只会造成朝廷分裂，非国家之幸。但高氏"一朝权在手，便把令来行"，"以复祖宗法度为先务，尽行仁宗之政"。遂将司马光、文彦博、范纯仁等保守派尽数启用，全力打击变法派。司马光入朝拜相后的第一道札子就是《请更张新法》。他把新法比成毒药，认为必须全部废止。后来，司马光称"王安石不达政体，专用私见，变乱旧章，误先帝任使"；接着全盘否定了新法，认为新法"舍是取非，兴害除利""名为爱民，其实病民，名为益国，其实伤国"。新法大部废除，许多旧法则一一恢复。一场彻底清算神宗新法的运动轰轰烈烈的展开来，史称"元祐更化"，也称"元祐党争"，无论怎样冠冕堂皇，都不过是一场违背时局的倒行逆施。整个朝廷分裂为洛、蜀、朔三党，你赞成的我必反对，你反对的我必力争。面对党争，她没有忧心忡忡，而是将党争当成是一种权力控制的政治手段。到高氏薨，宋哲宗又掀起了"绍圣绍述"，驱逐守旧势力，重新启用变法派。"哲宗亲政，有复熙宁、元丰之意……于是专以绍述为国是，凡元祐所革，一切复之。"（《宋史·奸臣传一·章惇》）元祐党争对北宋的打击是毁灭性的，北宋末年的党争更是进入不可收拾的余地，专为意气与仇恨之争而非国家百姓之事，专为私心而非公义，直至北宋灭亡。

除此以外，高氏对西夏的政策也完全没有了汉唐"凡犯我大汉天威者，虽远必诛"的气势与远略。认为安疆、葭芦、浮图、米脂四寨毫无意义，空耗国家财货，遂将无数将士血洒疆场换来的四寨割让给西夏以图怀柔远人，图安一时。

元祐年间的一些大臣利用高氏对蔡确等变法派的不满，捕风捉影，对整个新党集团进行了一次斩草除根式的清算。"车盖亭诗案"是北宋开国以来打击面最广、打击力度最大的一次文字狱案。

宋哲宗元祐八年（1093年），高太后薨，终年六十二岁。谥号为宣仁圣烈皇太后，与宋英宗同葬永厚陵（今河南巩义）。"女中尧舜"虽有溢美之意，但纵观高氏的一生，不事铺张、定鼎之功与抑制外戚，"女中尧舜"也可当得。玩弄权术导致党争的政治污点也是值得探讨。斯人已逝，功过后人评说。

第二节

挂帅而不让须眉的穆桂英

在古代中国，大男子思想根深蒂固，人们认为，这个社会是男子主导的社会，国家兴亡的职责，还是由男子来承担。不可否认，人类历史从有农业和大规模的战争开始，男子的体能优势就凸显出来，一直处于主导地位。我们翻开历史书，特别是在战争史上，几乎是没有女子的身影。甚至，在两军相遇之际，为了激怒对方，另一方会把女子的服饰挂出来，嘲笑对方军事统帅像个女子一样软弱。当年诸葛亮就用过这个方法来刺激司马懿。那么，我国女子真的就那么被动、软弱吗？非也！中国古语里就有"巾帼不让须眉"的说法。在一段相当长的压抑年代，巾帼英雄层出不穷、数不胜数。比如穆桂英就是她们的杰出代表。

穆桂英美貌与智慧并存，温柔与英勇并举，她就像荷塘中一株含苞待放的荷花，亭亭玉立而又娇艳饱满，傲立于风雨之中。在那个战乱纷呈的年代，她敢于挺身而出，用她的英勇与果敢，为国、为家做出了巨大的贡献；用她的柔情与善良，演绎了一段凄美而悲壮的故事。

一、不爱红妆爱武装

宋朝是中国古代边事最为复杂的朝代。早在赵匡胤黄袍加身，代周建宋之前，东北、西北甚至西南的少数民族都在崛起，要么建立起了政权，要么磨刀霍霍准备建立政权。其中，以东北的契丹、西北的党项最为强大。而赵匡胤为了他赵家的江山永固，用"杯酒释兵权"解除了武将的兵权，以后多以文官来统帅军队应付边疆游牧民族的侵犯。文官怀柔有余，强硬不足，致使游牧民族中一些野心勃勃的权贵以为中原王朝软弱可欺，于是得寸进尺、咄咄逼人。

宋朝到宋太宗赵光义当政时，契丹很强盛，不断南侵。这个时候，有一个名垂青史的家族军队出现了，就是赫赫有名的"杨家将"。杨业（也叫杨继业）以其家族——一口金刀八杆枪的力量，率领着军队顽强抵抗着辽国的入侵，保护了大宋的安全。在宋太宗雍熙三年（986 年），杨业率军夺取寰、朔、云、应四州，辽国大震，随即派十万大军反击，因为敌我力量悬殊，加上援军不得力，杨家将几乎全军覆没，仅剩杨六郎也就是杨延昭突围成功。这为杨家将继续抗辽保留了火种。

在辽宋交战之际，大概是982年，一个女娃出生在一个叫作穆柯寨的地方（穆柯寨位于今山东省肥城市，也有在山西繁峙一说）。穆柯寨是建在山头上的一个小寨子，山下临川，地形险要，易守难攻。这个时候有人会问：村庄、寨子不是都建在交通便利农业发达的平原地区吗，怎么会建到地形陡峭的山上？这是跟当时的特殊历史时期分不开的。宋初，北面游牧民族经常南侵，他们所到之处烧杀掳掠，无恶不作，这给人民的生命财产带来了巨大的威胁。而当时的朝廷面对游牧民族南下扰民，也没有什么好的解决方法，于是很多北方的人民不堪其扰，纷纷举族迁往南方。而有一些不愿背井离乡的义士留了下来，朝廷无法给他们提供安全的保障，一切只能靠他们自己，于是他们只能选择有战略意义的地形定居下来。自古山东出好汉，而作为山东好汉的穆羽原是北汉政权的一名将军，北汉被宋朝征服后，他一不甘屈服于宋，二要抵抗辽的侵扰，于是带领着族人在山上建立了一个寨子，名为穆柯寨。在寨子中，寨民入则为民，出则为兵。穆桂英就是出生在这样的环境里。

在小桂英出生那一刻，穆羽看到是一个女娃，眉头一皱。倒不是他的重男轻女思想在作祟，而是他意识到在这个战乱的年代，战乱的边境，女娃的存活率会比男娃低许多。虽然穆羽心里有一小嘀咕，但是做父亲的快乐超过了对不可知未来的担忧。穆羽一直视小桂英为掌上明珠，对她万般疼爱。但现在毕竟不是太平盛世的时候，他们这个小寨子不仅仅是一个村落，还是一个作战单位，时刻提防着胡人也就是游牧民族的入侵。平时捕鱼种地，闲来时练拳演操。穆羽作为寨主，也是这个作战单位的指挥官，教习拳术，排练战阵，成为他的日常。当小桂英摇摇晃晃学走路的时候，穆羽把她带在身边去训练部众，没想到她居然蹒跚走进队列当中，扎起了马步，和众人一起挥手踢腿，惹得众人哈哈大笑。穆羽一想，这也是一个加强自我保护的方法，于是开始教小桂英拳术。当年纪稍长，还给她讲解兵法。

日子一天天过去，在穆桂英成长的岁月中，胡人也多次进攻穆柯寨，但是在穆羽领导下，都能完美击退敌人的进攻，所以寨子一直都能完好无损。在穆羽的悉心教导下，小桂英正在快速成长，拳脚刀枪，样样精通，还得到骊山老母的指点，飞刀射箭，百步穿杨，一杆梨花枪耍得出神入化。在整个寨子中，穆桂英已经没有了对手。眼看着自己亲手把一个如花似玉的大姑娘训练成武林高手，穆羽喜在眉梢，忧在心头。喜是桂英虽然是女子，但是能够凭一身武艺，保证自己在这乱世中的安全已经绰绰有余；忧是这一大姑娘，整日耍枪弄刀，不工女红，整个寨子年轻小伙子都打不过她，如何才能嫁出去呀？每年母亲都给小桂英缝制了裙子，但是穆桂英都把这些裙子深深地压在箱底，穿上方便的戎装。母亲也常常劝诫小桂英，女孩家家的，虽说世道乱，练练拳脚有必要，但是达到强身健体，保护自己就可以了，没有必要整天打打杀杀的，打架、战争这些事情有男人们去做就可以了，最后女孩子还是要回归家庭，做一个相夫教子的贤妻良母。

年方二八的穆桂英可不管这些，在练功之余，经常向长辈询问，胡人经常从哪来，人马多少，以何种队形进攻寨子，寨子又如何应对？有时，她把寨子里的同龄女子集合起来，组成战斗队伍，和同龄的男子组成的队伍进行一场战斗演习。即使只是一个游戏，但是穆桂英还是十分认真的筹划。哪些人做先锋，哪些人护两翼，哪些人作为后援，利用什么样的地形，采取什么样的战术，都要认真规划，在穆桂英的精心指挥下，女子队伍总能大获全胜。寨中长者，都称穆桂英为奇女子，感慨道："假如穆桂英是男子，将来率兵打仗、建功边疆，必定能成就一番伟业。"这话小桂英就不爱听了，说道："谁说女子就不能率兵打仗，建功立业？古有钟无艳，前代有樊梨花，他们都是一等一的女子，都能够挂帅出征，都能英勇杀敌，说到带兵打仗，我们女子未必输与你们男子！"

二、大破天门阵，英名震三军

话说正当穆桂英成长之际，正是辽国攻击大宋最猛烈之时。当时辽国的当政者是萧太后，一方面她要报当年夫君被杀，城池被占之耻，另一方面她想通过用战争来向宋朝勒索更多的利益。

萧太后派大军侵入大宋，宋朝边关守将杨延昭也就是杨六郎率兵抗辽。杨六郎毕竟是久经沙场的老将，用兵如神，多次交锋，宋军都把辽军给打退了。辽兵元帅萧天佐也是一位熟读兵法的老将，在高人指点下，他在泰山脚下布下了一百零八个阵法，该阵的布局如迷宫一般，阵内狼烟滚滚，杀气腾腾，称为迷魂阵，也就是天门阵。宋军先头部队陷入该阵，有来无回。杨六郎多次率兵掠阵，损兵折将，就是找不到破阵的方法。在天门阵里冒出来的滚滚狼烟，不单单是迷惑敌人的烟雾，而且这种烟雾里掺杂有让人迷幻的迷香，军士一吸入口中，就会迷失自我，不辨东西，不分草木。正当杨六郎愁眉不展，忧心忡忡之时，有人献策说在附近的穆柯寨里有一种叫作降龙木宝物，它可以克制迷香。杨六郎大喜，马上召集军事会议。杨六郎问："谁能为我三军去借取降龙木？"杨宗保应声说："小将愿担此重任。"杨宗保是杨六郎的儿子，也是一位年少有为的少年英雄。这样，杨六郎下了军令状，派杨宗保率一队人马前往穆柯寨。

穆柯寨在泰山西边一百余里。杨宗保一队人马马不停蹄，不一日赶到了寨下，就被寨上的哨兵们发现，禀报给了穆羽。穆柯寨这个时候并不属于大宋管辖，是一个像水泊梁山一样的独立王国。穆柯寨也未曾与宋军有过冲突，穆羽这时候倒想看看宋军中有没有能人。于是派了几个得力大将下来向杨宗保挑战，都被杨宗保几个回合打败回去。穆羽看着几个败下阵来的将士，也不恼怒，因为杨宗保虽然打败了这几个人，但却没有伤及他们的性命，觉得宋军与辽军相比，兴许没那么糟糕。问到打败他们的人如何时，个个都对这位宋军小将佩服有加，赞叹不已：是一位英俊少年英雄，枪法了得。穆羽心里暗喜，马上派穆桂英下山挑战。

穆桂英得令，披甲提枪上了战马，直奔山下。穆桂英来到阵前一看，只见是一位身穿白袍的小将，大喝一声问道："来者何人，怎敢闯我山寨？"杨宗保见他是个女流之辈，也不曾把她放在眼里，当即答道："我乃宋朝大将杨延昭之子杨宗保。"二人互报姓名，便上前厮杀起来。穆桂英手舞梨花枪，杨宗保挥挺银枪，两支枪有如两条蛟龙在空中缠斗，令人眼花缭乱，看的双方将士大声喝彩。二人大战几十个回合不分上下。突然，穆桂英佯装力竭败阵，掉头就跑，少许经验的杨宗保哪知有诈，紧追不舍，只见穆桂英肋下闪出一道光，杨宗保慌忙提枪格挡，下盘不稳，翻下马来。山寨的喽啰们蜂拥上前把杨宗保捆起来。

被捆上山后的杨宗保一股怒气，气呼呼地说："你们使诈，这非大丈夫所为，把我放开，再战三百回合。"穆羽哈哈大笑，说："兵不厌诈，再说，打败你的也不是大丈夫哦。"这把杨宗保羞得面红耳赤。穆羽端详了杨宗保一会儿，觉得差不多了，喝道："快快给杨将军松绑。"接着把杨宗保请上座，这让杨宗保丈二和尚摸不着头脑。"杨将军，小女如何？"这个时候杨宗保才认真地看了一眼一直站在旁边的穆桂英。该女子一身戎装，俊秀挺拔，鹅蛋脸庞，眉宇间透着一股英气。杨宗保赶忙收回慌乱的心思，说："令千金武艺超群，小子甘拜下风。"看到杨宗保面目俊朗，一身英气，武艺也不弱，穆桂英已心有所属。郎有情，妾有意，杨宗保在山寨住了几日，在穆羽以及山寨将士的张罗下，杨宗保和穆桂英在穆柯寨拜天地成亲了。但是毕竟杨宗保带着军事任务而来，不可过久逗留，匆匆带着夫人穆桂英下山了。在山下久等多日不闻消息已经准备拼上山的宋军将士们，看到杨宗保和穆桂英牵手下山，惊得下巴都快掉下来了。

杨六郎正在着急等着杨宗保带回降龙木解救阵前危急，未曾想到杨宗保带回来的是新婚妻子，而且没经过自己同意，甚至自己毫不知情的。没有带回降龙木，却私自在山寨成亲，况且有军令状。杨六郎不分青红皂白，大喝道："杨宗保目无军纪，贻误战机，理当军法处置，快快把杨宗保拿下！"左右将士一拥而上，把杨宗保捆了起来。穆桂英看在眼里，疼在心里，马上上前叩拜道："杨将军息怒，我夫君虽在山寨稍待几日，但也未曾贻误战机，降龙木不日会送到，我与夫君愿请为先锋，一同助将军破天门阵，将功赎罪。"杨六郎大惊，自己历经沙场，破过的阵法有千百种，但是对于眼前的破天门大阵还是不得其法，一个黄毛丫头竟敢口出狂言。看着穆桂英，再瞟了一眼被反手捆住的杨宗保，看到杨宗保微微点头，疑惑地说："疆场无戏言。""愿立军令状！"穆桂英斩钉截铁地说。

这样，杨六郎任命穆桂英和杨宗保为先锋，开始调兵遣将，还上了五台山去请出了曾经一怒出家的杨五郎，佘太君（杨业夫人）也率领了杨门女将来助阵，一时间，兵多将广，好不威武。降龙木送来后，穆桂英命人做成吊坠、手链等，一旦迷魂烟烧起，只需将降龙木凑到鼻前嗅一嗅，降龙木发出的异香马上可以消除迷魂香对人的毒害。在杀入阵的前一天，穆桂英登上山岗，远眺天门阵。天门阵是按五行八卦所摆，讲究无极生太极、太极生两仪、两仪生四象、四象生八卦。每个阵都有阵门、阵眼、阵脚、阵胆，而且大阵套小阵，子阵套母阵，阵连阵，阵接阵，阵挨阵，阵靠阵，纵横交错，星罗棋布，共是一百单八阵。但是五行相生也想克，只要找对阵门，做出相应克制方法，那么破阵不难。观察半天，沉思半晌，穆桂英的破阵之计已了然于心。

一切准备就绪，穆桂英率领穆柯寨的将士和杨家女将首先冲杀入阵，杨宗保率一队人马紧跟其后，士气高昂，一下子连破数阵。杨六郎得报大喜，命令大部队按计划全力猛攻。穆桂英手握梨花枪左突右刺，还不时左右开弓，在敌阵中如入无人之境。辽军统帅萧天佐见到宋军有如此巾帼英雄，气得咬牙切齿，摧马挥铜直冲穆桂英而来，大喊："别坏我阵。"穆桂英武艺高强，斗志正盛，萧天佐老当益壮，经验丰富，枪来铜往，缠斗十几个回合不分胜负。穆桂英在缠斗中，卖了个破绽，两把飞刀不知何时飞出，萧天佐未及预料，慌忙用铜来格挡，哪知穆桂英快如闪电，一枪刺来，可怜一代辽军统帅就被一个初出茅庐的女将刺于马下。见到主帅已死，辽兵大乱，四处逃窜，最后被宋兵打得落花流水。不一日，天门阵告破。

天门阵一役以后，穆桂英的英名从此在宋国大地上传播开来，在以后宋辽的冲突中，辽国渐渐失去了优势。宋朝也不是一个穷兵黩武、好大喜功的朝代，后来宋辽议和，签订了"澶渊之盟"，换来了两国上百年的和平。

三、挂帅西征，英雄血洒疆场

辽宋和议之后，宋辽边境基本少有战事，但是宋朝的边境问题还是没有得到解决。在民族问题上看，宋朝是一个不幸的朝代。周边的游牧民族非常的野蛮彪悍，而且都非常的好斗嗜血，都希望用武力来给宋朝施压，向宋朝勒索一些钱财，比如西夏国就是这么想的。

西夏国地处今天的宁夏一带，由党项族的杰出青年元昊建立。西夏立国后，不断向宋朝边境侵扰，掠夺人口和财产。宋仁宗派范仲淹率兵御敌，在大敌当前，许多宋朝将士不是贪生怕死，就是缺乏作战经验，致使宋军在与西夏的战争中屡屡吃亏。特别是西夏国有一员猛将名为殷奇，使二柄大杆刀，有万夫不当之勇，又能呼风唤雨，号称"殷太岁"。殷奇兵锋所到之处，宋军望风而逃，范仲淹不得不奏请朝廷，把在抗辽战争中屡立奇功的杨家将西调过来支援。当时杨六郎已去世，率领杨家将的是杨宗保。不幸的是，作为先头部队的杨家将中了敌人的埋伏，深陷重围，不得已派人回朝搬取救兵。宋仁宗得知此事大惊失色，朝中已无将可派，只好发下榜文，招募将帅。白发苍苍的佘太君得知杨宗保被困顿足痛哭，年届半百的穆桂英主动请缨，愿挂帅印，出征去救宗保，杨家其他女将也齐声表态，愿意一同前往。佘太君看着眼前这一群女将，除了穆桂英，清一色的寡妇，而杨宗保生死未卜，不禁悲从中来，杨家为大宋付出的实在太多了。但是留给她们考虑的时间已经不多。佘太君请奏朝廷，朝廷准许她们出征。这样，百岁佘太君挂主帅印，穆桂英挂先锋帅印，一队人马，浩浩荡荡往西来，秋风一扫，悲壮一路！

杨家女将们个个武艺超群，在穆桂英指挥下，一路过关斩将，直杀到杨宗保被围困的地方。这时殷奇正提着那两柄大刀，挡住了去路。这个殷奇一身黑袍，满脸通黑，看到一队人马杀来，大怒，喝道："来者何人？""大宋先锋穆桂英。"穆桂英一袭红披风，一杆梨花枪，威风凛凛。"哈哈……宋国已经朝中无人了吗？竟然派尔等女流之辈来送死。""我大宋人才济济，儿女皆是大丈夫，对付尔等，我来足矣。""那就快快来受死吧。"殷奇赶马提刀，杀将过来。穆桂英毫不畏惧，挺枪迎上。两将一红一黑，斗得天昏地暗，难分难解。毕竟是穆桂英精细，看到殷奇虽力大无穷，但是缠斗中破绽百出，假装力竭败退，殷奇举刀穷追，未曾想穆桂英的飞刀可是神人相受。只见几段寒光从穆桂英背后闪出，殷奇已毙于马下。见到主帅毙命，西夏兵作鸟兽散，杨家女将们蜂拥而上，砍菜切瓜般追击敌军，很快进入了杨宗保被包围的地方，救出已经奄奄一息的杨宗保，可惜受伤太重，已无力回天。

西夏大军知道这一小队人马，马上大兵压过来。穆桂英突围无望，率领女将们攀上山崖，与敌军进行殊死搏斗，最终寡不敌众，穆桂英与所有女将们壮烈殉国。据说穆桂英死后，她和其他几位女将的首级被西夏人割去请赏，无头尸体则抛到山崖下。后来杨家从另一路进攻的援兵赶来，将穆桂英等人的无头尸体收殓安葬。佘太君闻讯赶来祭奠，追悼亡灵，悲恸而哭，声震山岳，感动了鹰嘴山崖，山神流泪不止，泪滴化作山崖石子沿崖滚下。后来，此崖就被人们叫作"滴泪崖"（位于河西走廊东端的古浪峡，被人们称为金关银锁）。滴泪崖山下有一座坟，称为"杨家坟"，是埋葬杨家女将忠骨的地方。

古人有诗云：古今多少事，都付笑谈中。但是穆桂英的故事让人不忍卒读。穆桂英的一生是轰轰烈烈的，是英勇的，也是悲壮的。纵览她的英雄事迹，让人荡气回肠，感慨拍案。为国、为民、为家，何须分男女？

第三节

忍辱负重的孟皇后

她的一生充满了坎坷与辛酸，是政治和后宫争宠的牺牲品，就算她端庄贤淑，温婉如玉，但政坛的政治斗争始终把她裹挟在风口浪尖之上，一生可谓命运多舛。一个因政治斗争被北宋皇室多次遗弃的女人，在北宋皇室遭到灭顶之灾的时候，得以幸免。此后以德报怨，以女人的柔弱之肩将宋室从北方挑到了南方，使得南宋避过了灭顶之灾。即使南渡之后的她，也半刻没有停歇，风雨飘摇中的南宋王朝，遭遇了"苗刘兵变"，使得刚刚诞生的南宋朝廷岌岌可危，她如定海神针，稳坐中军帐，稳住了南宋小朝廷的政局，化解了这次危机。她的一生正应了那句话："这人贤淑，可惜福气太薄。"

她，就是南宋昭慈圣献皇后（1076—1135 年）。

一、婚姻，不幸的开始

昭慈圣献皇太后，本名孟婵，出身并非高贵，其祖父孟元仅仅官至眉州防御使兼马军都虞侯，父孟彦弼，其名不显。就是这样一位出身"卑微"的女子，一生极尽辉煌，但也阅尽人间沧桑。

元祐七年（1092 年），宋哲宗赵煦已经十七岁了，宣仁皇太后高滔滔觉得应该给赵煦立个皇后了。于是向全国官宦之家发出"求贤令"，全国选送适龄少女入宫备选，孟氏因此入宫，虽然史书上说孟氏颜值并不出众，但端淑幽娴，大家闺秀，深得高太后和向太后的喜欢，是母仪天下的合适人选。史载二位皇后亲自"教以女仪"，足见其才艺及待人接物方面的风范。谕令宰相："孟氏子能执妇礼，宜正位中宫。""命学士草制。又以近世礼仪简略，诏翰林、台谏、给舍与礼官议册后六礼以进。至是，命尚书左仆射吕大防摄太尉，充奉迎使，同知枢密院韩忠彦摄司徒副之；尚书左丞苏颂摄太尉，充发策使，签书枢密院事王岩叟摄司徒副之；尚书右丞苏辙摄太尉，充告期使，皇叔祖同知大宗正事宗景摄宗正卿副之；皇伯祖判大宗正事高密郡王宗晟摄太尉，充纳成使，翰林学士范百禄摄宗正卿副之；吏部尚书王存摄太尉，充纳吉使，权户部尚书刘奉世摄宗正卿副之；翰林学士梁焘摄太尉，充纳采、问名使，御史中丞郑雍摄宗正卿副之。"（《宋史·后妃列传·哲宗昭慈圣献孟皇后》）组建的这套主持六仪的专班，成员都是来自内阁的各部长官，这阵容是非常强大的。皇家的大婚典礼，自是盛况空前。卤簿仪仗，导舆簇拥，百官宗室，列班迎候。笙乐喧天，钟鼓和鸣，以古礼迎之，不可谓不隆重。皇帝亲自到文德殿册封她为皇后。宣仁太后对皇帝说："得到贤惠的内助，不是件小事。"进封皇后父亲孟彦弼为崇仪使、荣州刺史，皇后母亲王氏为华原郡君。

但高后喜欢的人物，赵煦是否喜欢呢？

赵煦与孟氏的婚礼日子定为五月十六日，这可是高太后命太史局大量查阅资料，经过精心挑选的日子。但信奉道教的赵煦却认为五月十六日不吉利，因为这一天是天地交合之日，夫妇应该分居，违反者会折寿。高太后和太史局（掌管天文历法的官员）辩说：皇帝和太后一阴一阳，就是乾坤，就是天地，这天大婚正好！虽然在高后的威严下，赵煦还是接受了，但心结已然种下。推举她的是谁不好，偏偏是赵煦最不喜欢的高太后；选什么日子不好，偏要选择赵煦最忌讳的日子。尤其是掀开盖头的那一刻，看到孟氏并没有沉鱼落雁之貌，甚至不如刘青菁，心顿时沉了下来。总之，赵煦心结是种下了。

看到此景，宣仁高太后语重心长地对赵煦："得贤内助，非细事也。"

这位贤淑的皇后，开始了一生的传奇经历。

二、女儿，孟氏幸与不幸之所系

据《宋史·后妃列传·哲宗昭慈圣献孟皇后》载，婚后虽然赵煦不太宠幸孟氏，但毕竟贵为皇后，母仪天下，高贵如此，不能不理。第二年，孟氏便诞下一位小公主——福庆公主。可惜福庆公主福薄，得病早夭，却因此事引发的连环案件，使孟氏遭到第一次废黜。"公主药弗效，持道家治病符水入治。后惊曰：'姊宁知宫中禁严，与外间异邪？'令左右藏之；俟帝至，具言其故。帝曰：'此人之常情耳。'后即艺符于帝前。宫禁相汀传，厌魅之端作矣。"面对女儿的病情，孟氏病急乱投医，竟然允许北宋宫廷严厉禁止的符咒带入宫中，后此事为赵煦所知，孟氏也解释了原因，虽然赵煦没有追究。但孟氏并没有吸取教训，在福庆公主死后竟然让道士等宗教人士在宫中为女儿设法祭坛，"未几，后养母听宣夫人燕氏、尼法端与供奉官王坚为后祷祠。"。这让赵煦十分不满，于是"入内押班梁从政、管当御药院苏珪，即皇城司鞫之，捕逮宦者、宫妾几三十人，榜掠备至，肢体毁折，至有断舌者。"很明显，赵煦是铁了心要找孟氏的麻烦，凡接近孟氏的宫女宦官全都经历了严刑拷打，酷刑以至于让宫女宦官肢体折断，割掉舌头，甚是悲惨。

尽管朝廷派了侍御史复审此案，董敦逸看到宫女、太监如此惨烈情境，多年的官场阅历告诉他这是一桩屈打成招。正当他疑惑持笔未下之际，刘贵妃的亲信郝随等向他施加压力，用言语威胁他。董敦逸畏惧祸害及己，于是沿用原奏章呈上。

赵煦立刻降下诏书：废黜孟氏皇后荣誉称号，"出居瑶华宫，号华阳教主、玉清妙静仙师，法名冲真。"这瑶华宫，可不是什么宫殿，而是几间透风漏雨、天上大雨屋内小雨的破院子。

女儿福庆公主在她被赵煦冷落之际，给她带去了人生的幸福与安慰。然而不幸的是，女儿福庆公主的死，却也是孟氏不幸的开始。

三、刘青菁，孟皇后的一生之敌

这位刘氏，"明艳冠后庭，且多才多艺"。因此得到哲宗的盛宠，嫉妒心强烈的刘氏仗着宋哲宗对自己的宠爱，一再不顾后宫礼仪对皇后孟氏屡次冒犯，一再不顾后宫不得干涉朝政的家法，与奸臣勾结残害忠良，虽然她爬上了皇后的宝座，但是最终众叛亲离，人人不耻，她是北宋王朝唯一一个自缢而死的皇后。总之，人品不太好，下场很可悲。

孟氏第一次被废黜，就是因为刘氏从中挑拨。孟氏的姐姐为福庆公主画符水之事赵煦本来已经认为这是人母之常情，已原谅，可刘氏偏偏从中作梗，到处散播这是孟氏在诅咒赵煦折寿，使得赵煦才联想到结婚之事，导致孟氏被废。

绍圣三年，孟皇后率诸嫔妃等朝拜景灵宫，礼毕，依礼只有孟皇后可以就座，诸嫔妃只能站在一边恭敬地侍立。当时还是婕妤的刘氏不但不肯侍立，反而独自退至帘下拈花。侍女陈迎儿高声喊道："帘下何人不肃立？"刘婕妤听了，不但不过来，反而还以颜色，接着转过身，竟然背对着孟皇后。公然藐视之态，形之于色。明明是自己违背皇宫的礼数，反倒怪罪善良谦厚的孟皇后。

"元符末，钦圣太后将复后位，适有布衣上书，以后为言者，即命以官；于是诏后还内，号元祐皇后，时刘号元符皇后故也。"孟氏第二次复立皇后，但并非长久。

赵煦病死后，宋徽宗赵佶继位大统，向太后垂帘听政，掌握权力的向太后执意要接回孟皇后，恢复她皇后的名分。因为那个时候刘婕妤已经做了皇后，而且被尊为元符皇后，孟皇后只得被尊为元佑皇后。但好景不长，孟氏恢复皇后之位仅仅两年，整个朝廷的政治气候又一次发生了改变，尤其是向太后去世之后，刘太后掌后宫，孟氏的处境更加艰难。

"崇宁初，郝随讽蔡京再废后，昌州判官冯澥上书言后不得复。"一个边远小臣，怎会知孟氏之言行，怎知孟氏不配复立？很显然有人从中作梗。元符皇后刘氏更是在旁煽风点火，勾结蔡京等人。1102 年 10 月，昏庸的宋徽宗又将孟皇后废去，加赐号"希微元通知和妙静仙师"，并再次让她移居瑶华宫。凡参与复立孟氏的官员皆被治罪，韩宗彦、曾布被降职，李清臣、黄覆等十七人被贬。此事不过是北宋末年党争的一个缩影，孟氏不过是做了一次牺牲品，也算是为北宋灭亡献祭而已。

四、塞翁失马焉知非福

在此后的二十多年时间里，孟皇后一直居住在瑶华宫内，过着凄凉的生活，无人再想起。北宋王朝在徽钦二宗昏庸无能的治理、黑暗的党争和金朝的打击下也摇摇欲坠了！

好景不长，瑶华宫也住不下去了，靖康元年（1126 年），瑶华宫居然莫名其妙的着火了，一场大火使孟氏失去了栖身之所。她只好迁居到延宁宫，不久延宁宫也着火烧毁，她只好暂时住进了弟弟孟忠厚的家中。靖康二年（1127 年），宋钦宗赵恒欲再次将孟氏接回宫中居住，再复后号。但还未来得及，金人攻破汴梁城，徽钦二宗及所有皇室成员皆成阶下之囚，受尽折磨与凌辱，唯独这位废居"冷宫"的孟皇后幸免于难。"金人围汴，钦宗与近臣议再复后，尊为元祐太后。诏未下而京城陷。时六宫有位号者皆北迁，后以废独存。"

历史总是这样喜欢开玩笑，俗话说："塞翁失马焉知非福"，这位被废许久的孟氏反倒以庶人身份保全了自己，并且在之后的岁月中成为宋室的救命恩人。这位之前经历"两立两废"的"废后"真的要感激丈夫宋哲宗的无情无义和刘氏的无情争锋。

五、中流砥柱，再造宋室

金人北去之后，立了降臣张邦昌为"伪楚"政权皇帝，"张邦昌僭位尊号为宋太后，迎居延福宫，受百官朝。胡舜陟、马伸又言，政事当取后旨。邦昌乃复上尊号元祐皇后，迎入禁中，垂帘听政"。张邦昌深知金人北去之后，靠山已无，自己无法服众，听取了同僚的意见，遂将幸免的孟氏请出，垂帘听政。孟氏从小所读的圣贤之书此时发挥了巨大的作用，在生死存亡之际，在民族大义面前，孟氏尽弃前嫌。一方面垂帘听政，号令群臣，抵御金人，整治河山；一方面积极派尚书左丞为奉迎使寻找因出使而同样幸免的徽宗子康王赵构，请他立即皇帝位，主持大局。"后闻康王在济，遣尚书左右丞冯澥、李回及兄子忠厚持书奉迎。命副都指挥使郭仲荀将所部扈卫，又命御营前军统制张俊逆于道。寻降手书，播告天下。王至南京，后遣宗室士及内侍邵成章奉圭宝、乘舆、服御迎，王即皇帝位，改元，后以是日撤帘，尊后为元祐太后。尚书省言，'元'字犯后祖名，请易以所居宫名，遂称隆祐太后。"

1128年8月，孟氏离开了生活五十六年的开封，踏上了南下流亡的道路，"再回首已是百年身！"这一去，孟氏再没有回过故土，更没有落叶归根，哪怕是魂归故里。

即使到了杭州的孟氏也未能安享晚年。建炎三年（1129年）3月，外有金人打击，内部将官苗傅、刘正彦发动"苗刘兵变"，南宋危在旦夕。叛军打着为民除害的大旗，要求赵构下台，立赵构之子为帝，孟氏垂帘听政。"请太后听政。又请立皇子。"

此时的孟氏再一次成了宋室的救世主！在赵构惊慌失措之际，孟氏稳如泰山，几十年的风雨飘摇，孟氏已然对此见惯不惊了。一方面与赵构和大臣朱胜非商议应对之策，一方面采取措施稳住叛军，依靠镇守在外的大将张俊、韩世忠有惊无险的渡过了难关，使宋室转危为安。

长期被贬的经历，使得孟氏养成了生活节俭的生活习惯，本可以随意支取府库钱财，但她每月只领一千缗。不久诏令文书应奏避太后父亲名讳，太后不许；群臣请上太皇太后尊号，她也不许。孟忠厚在显谟阁当差，台谏、给舍连连上奏论其过，太后听见后，就命令易武，让学士院降诏，戒令忠厚等不得参与朝政，勿通贵近、到私宅谒见宰相。因为太后恩泽应当得官的近八十人，太后从未请求过。

绍兴五年（1135 年），一生经历神奇、两立两废的孟太后离开了人世，年仅五十九岁，谥号"昭慈圣献皇太后"。葬于宋六陵，相比那些被金人掠走的北宋后妃，孟皇后虽然经历很多磨难，但她至少还活着，没有受亡国奴、阶下囚之屈辱。如此说来，孟氏是否应该感谢丈夫赵煦和后妃刘氏的无情无义呢？

第四节

才女李清照

李清照，宋朝女子，自号易安居士。她是"婉约派"词人、一代才女，独创了"易安体"。李清照凭借自己的词、诗、文在文学史上有着举足轻重的地位。她和丈夫赵明诚的情投意合、赵明诚故去后李清照的再嫁风波……这些也都成为后人津津乐道的内容。

一、元气少女李清照

李清照老家在齐州章丘（今山东省济南市章丘），家世显赫，父亲李格非是朝中官员，也是苏轼的门生，颇有声望和才学。李清照的母亲非常优雅贤惠、富有文采，据学者陈祖美判断，李清照的外祖父是当过十几年宰相的王珪。可见两家都是书香门第，不过李清照的生母很早就去世了。

李清照虽然从小失去母亲，父亲又经常在外做官，但庆幸的是她有伯母的悉心照料和堂兄的关爱呵护。李清照自幼开始学习读书写字。她十多岁的时候从老家章丘来到汴京，开始尝试写作诗文，用她自己的话说就是"学诗三十年"伊始。研究者们认为她一些著名的早期词作就是创作于来到汴京之后。

李清照的《如梦令·常记溪亭日暮》是非常著名的郊游词："常记溪亭日暮，沉醉不知归路。兴尽晚回舟，误入藕花深处。争渡，争渡，惊起一滩鸥鹭。"这首词作写于李清照十五六岁时，主人公可能是一群少女或一位少女，在一个夏天的傍晚去溪亭游玩，玩了很久，已经喝醉了，醉得都找不到回家的路。不知不觉夜幕降临，得赶紧划船回家了。小船来到了荷花深处，在奋力掉转船头的时候却惊到了一群白鹭，突然间白鹭呼扇翅膀飞向天空。整个场景是如此生动有趣，主人公也充满了朝气和活力。也许这就是李清照少年时代的样子：潇洒、快乐、元气满满。

"昨夜雨疏风骤，浓睡不消残酒。试问卷帘人，却道海棠依旧。知否？知否？应是绿肥红瘦。"这首《如梦令·昨夜雨疏风骤》可能是李清照最出名的词了。

少女宿醉在春天的夜晚，也许是昨晚风雨大作，弄得人心绪难宁，所以她多吃了一点酒。她睡得昏昏沉沉，隐约听见风雨声"噼噼啪啪"落在窗外的花草叶子上。一觉醒来，天已大亮，但是昨晚的心情还没褪去，坐在被窝里的她听见外间侍女卷帘收拾的声音。便问道："院子里的海棠花怎么样了？"侍女回答说："海棠花还好啊！"女子听了后感叹道："你知道吗？一场大雨过后，海棠叶是更加茂盛了，可是海棠花恐怕要见少了。"

有背景，有人物，有情节，有对话，像是一幅图画，也像是我们现代电影里拍摄的某个镜头。少女细腻、敏感，为花而悲，这是为何呢？风雨吹打了红花，岁月亦会消磨了芳华。青春易逝，伤感至此。

二、明诚之妻李清照

李清照的《如梦令》一出，轰动朝野，引得士大夫文人连连称赞，宋人陈郁在《藏一话腴》中说"李易安工造语，《如梦令》'绿肥红瘦'之句，天下称之"，还有很多文章记录了文人士绅对李清照这首词非常高的评价。而赵明诚也正是因为这首词对李清照赞赏有加。元宵节时相国寺里赏花灯，赵明诚与李清照相识，爱慕之意油然而生。《琅嬛记》中所引《外传》中有一段赵明诚和他父亲的对话，赵明诚告诉父亲自己最近睡不好觉、心神不宁，给父亲出了一个字谜委婉地说了这件事。父亲点破了他的小心思，答应为他求娶李清照。后来赵家很快就向李家下了婚帖，李家欣然应允。

赵明诚和李清照的姻缘之所以为后人津津乐道，成为千古佳话，首先是它不同于往常的"才子佳人""郎才女貌"，而是夫妇俩志趣相投，是夫妻亦是知己。宋徽宗建中靖国元年（1101年），李清照十八岁，嫁给了二十一岁的赵明诚。当时赵明诚还是太学生。

世间有很多关于李清照和赵明诚的传闻，同时期的文人周辉曾在他的笔记中写了一个故事，可信度比较高。这个故事是周辉从李清照的家人口中听到的：李清照不仅文才了得，她寻找灵感的方式也十分独特。每逢下大雪，李清照都会戴着斗笠披着蓑衣外出，沿着城墙散步、远眺，寻觅到好的句子后就邀请赵明诚往下续写。可见李清照婚后仍然热衷于诗词创作，她的世界是充满诗意与文学的。

宋徽宗大观元年（1107年），赵明诚的父亲赵挺之在政治斗争中失败，后故去。赵明诚和几个兄弟差点因此遭到诬陷。约1107年年末，李清照和赵明诚离开了京城，回到青州故居，在此居住了十几年。

李清照把她青州的居室称为"归来堂"，自号"易安居士"。赵明诚没有做官，前三年在家服丧，后讲学博古，广泛收集金石碑文。其实赵明诚从小就对金石之学十分感兴趣，通俗地说就是喜欢研究碑石字画及上面的古文字，他是一个文物鉴赏家和收藏家。1121年秋天，赵明诚才复职出仕，先后在莱州和淄州做官，直到金兵入侵。

李清照和赵明诚在青州以及后来在莱州、淄州期间相濡以沫，两人虽然日子清苦，但是共同钻研学问，颇为美满幸福。

《金石录后序》中有一段李清照的文字，记叙了李清照和丈夫赵明诚在青州时的趣闻。当时两人赋闲在家，饭后坐下来准备喝喝茶时，喜欢玩一个比试读书的游戏。一般是就着身边堆积如山的书籍进行提问，对方要指出某件事被记录在某本书的第几卷第几页第几行，而猜中的人可以先饮茶。最有意思的是，李清照从未提起丈夫在游戏中获胜，记录的都是自己赢得游戏后开怀大笑的情形。可见李清照对家中的文献史籍很熟悉，可以说是过目不忘。李清照的才学也是令丈夫赵明诚钦佩不已。

遗憾的是，两人一直没有后嗣。而在宋代的社会，男人特别是这种士大夫阶层的男子纳妾是稀松平常的事，有人试图研究赵明诚是否纳有小妾、两人是否因此存在嫌隙，但是这些都没有办法进行直接的考证。

三、国破奔波

北宋宋钦宗靖康年间（1126—1127年），金军南下入侵大宋，攻破了当时的都城东京（今开封），俘虏了宋徽宗和宋钦宗，烧杀劫掠。北方战火蔓延，李清照和其他千千万万的北方人一样开始了南迁和逃亡的生活。当时徽宗唯一没有被抓走的儿子赵构逃出了首都，很快被拥立为新的皇帝，史称宋高宗。北宋就此灭亡。宋高宗向南躲避金军，他不止一次逃离临安（今杭州），直到1132年才定都临安。

在南宋最初的几十年里，外有金兵穷追不舍地入侵，内有地方豪强的暴乱，十分动荡。1127年，当赵明诚和李清照正准备南逃时，传来了赵母去世的消息，赵明诚只好先走一步去办理丧事。李清照独自一人收拾整理家里的文物典籍，拉了十五车的东西走，留下了十个房间的卷帙书册没办法带走。她从青州携带这些金石书画南下的过程中，遇到盗匪，被抢走了许多文物。1129年，赵明诚在复职赴任的路上染病去世，终年四十九岁。赵明诚的死让李清照变成了一个在动乱中彷徨无助的寡妇。她不仅要保全自己的性命，还要想尽办法妥善保管自家的收藏。这些收藏对她来说意义非凡，丈夫曾叮嘱过她要随身携带，甚至要"与身俱存亡"。这些收藏价值不菲，也很容易成为盗贼和其他人的目标。可以想象她带着这么多的贵重文物四处逃亡，必定时常身处险境、胆战心惊。

李清照在这个时期写下了著名的绝句诗《夏日绝句》："生当作人杰，死亦为鬼雄。至今思项羽，不肯过江东。"楚汉战争中，项羽被刘邦打败后带领将士突围，来到了乌江边上。乌江是长江的一段，乌江对岸就是项羽的故地江东地区。乌江的亭长劝项羽坐他的船赶紧渡江，他对项羽说，哪怕不能一统天下，也可以割据一方，或可东山再起。但是项羽却笑着说："我哪里还有脸面回去见江东父老？"项羽说完就自刎而死。项羽悲壮激昂的英雄气概和宋朝皇帝的仓皇南逃正好是两种截然不同的对比。宋室不思进取，偏居江南一隅，没有一点收复故土的决心和魄力，李清照正是借由此诗表达自己对现实的不满。

四、再嫁离异

也许是这几年的逃亡生活让她倍感衰弱和孤苦无依，也许是追求者的狡诈和娘家不断施加的压力，四十九岁的李清照在为赵明诚服丧结束后再嫁给了一个叫作张汝舟的人。李清照的改嫁应该是在绍兴二年（1132年）的三月或者四月，地点在临安。李清照在自述中说这次婚姻持续了不到"十旬"，也就是不足一百天。过了几个月，她就去公堂上状告了张汝舟。不多久这个案子结了案，张汝舟被免职，流放到了柳州。他们的婚姻关系也随之解除。

在宋朝，妻子控告丈夫，无论对方是否有罪，原告本人都要遭受两年的拘禁。李清照控告张汝舟在科举上弄虚作假，虽然张汝舟罪名属实，但是李清照也因此要身陷囹圄。不过，有一位叫作綦崇礼的人帮助了她。綦崇礼是已故赵明诚的亲戚，刚好这个时候晋升当了翰林院学士，他凭借自己的地位替李清照求了情。李清照得以无罪释放，免受牢狱之灾，她为了表示感谢写了一封信给綦崇礼，这封信《投内翰綦公启》收录在南宋赵彦卫的笔记《云麓漫钞》中。

李清照在信中提到作为寡妇的她在当时想要自立非常不易，自己眼睁睁地看着收藏的书画渐渐散落、遗失，她不得不去投靠自己的弟弟。当时的她身体状况不佳、境遇堪忧，自己和弟弟都被前来追求的张汝舟欺骗了。张汝舟有意隐瞒自己的真实身份，冒充官职，想霸占她的收藏。李清照十分后悔自己答应的这门婚事，因为婚后她很快就发现对方是个骗子。两人相处得很不愉快，李清照在书信中没有明确指出但是引用了家庭暴力的典故，有人认为这是夸大其词，也有人推测她确实受到过类似的粗暴对待。所以忍无可忍的李清照明知自己要被拘禁两年，也要控告张汝舟。此时的李清照是一个绝望而决绝的女人。

我们不能站在今天这个时代去看待这件事和李清照本人。在宋代，女子应当顺从于丈夫，妻子怎么可以起诉丈夫呢？法律甚至规定了两年的拘禁。可见这对于当时的女性是件非常"不本分"、不寻常的事。张汝舟以为自己娶了李清照，就可以随便占有她的收藏，但是他低估了他的新婚妻子，他不知道她拥有如此独立和果断的个性。非议也罢、牢狱之灾也罢，她不可能因此忍气吞声。

绍兴十七年（1147年），六十四岁的李清照写作了《声声慢·寻寻觅觅》："寻寻觅觅，冷冷清清，凄凄惨惨戚戚。乍暖还寒时，最难将息。三杯两盏淡酒，怎敌他、晚来风急？雁过也，正伤心，却是旧时相识。满地黄花堆积。憔悴损，如今有谁堪摘？守着窗儿，独自怎生得黑？梧桐更兼细雨，到黄昏、点点滴滴。这次第，怎一个愁字了得！"这首词道尽了国破家亡之悲惨、孀居落寞之凄凉。所以很多人认为李清照晚年境遇凄凉，甚至是郁郁寡欢、含恨而终。

其实，尽管李清照这番经历十分坎坷、悲凉，但是离异独居的这些年正是她文学创作的高峰期。她继续填词作诗，还写下了很多重要的文章，如《金石录后序》《打马赋》等。这段时间成了她人生中最富有创造力和最高产的阶段。从文学的角度看，她通过自己的努力，把自己重新塑造成了一个独立的女性。

她有她的婉约、愁绪，也有她的不甘、抗争和坚守。

绍兴二十六年（1156年），李清照去世，享年七十三岁。

第五节

来历不明的皇后

她是南宋的"杨贵妃",她是一位奇女子,多才多艺,出身卑微,身世扑朔迷离,甚至不知父母何在,出身何处。她没有背景,没有依靠,但工于心计,"独闯龙潭",在"佳丽三千"的后宫中脱颖而出,终成一代皇太后!作为后宫之主,参与朝廷多起重大政治事件,在风波中屹立不倒。她的一生既充满争议,也实在有趣,她就是南宋恭圣仁烈皇后——杨桂芝(1162—1232年)。

一、民间来历不明的奇女子

这位杨皇后几乎与历史上任何一位皇后都不一样,她扑朔迷离的籍贯和身世让许多历史学家趋之若鹜,但无一例外的是都没有达成共识。杨氏出身卑贱,连姓名都不知道,隐约记得是会稽人。后来杨氏认会稽人杨次山为兄,遂以杨氏为姓。这个杨皇后究竟姓什么,何许人也,史家也并未得出一致意见。

"恭圣仁烈杨皇后,忘其姓氏,或云会稽人。庆元元年三月,封平乐郡夫人。三年四月,进封婕妤。有杨次山者,亦会稽人,后自谓其兄也,遂姓杨氏。"(《宋史·卷二百四十三·列传第二》)

在权威正史《宋史·后妃传》中对这位杨皇后的身世、籍贯等记载均含糊其词,似有难言之隐,其他民间史书或者资料就更是让人不得要领,这就让人不得不遐想连篇。

何忠礼及吴业国两位先生据史料认为,杨皇后与杨次山并非来自同一地方。吴业国认为,杨次山父子的籍贯"是严州遂安县(今属浙江淳安县)无疑",而杨皇后则有可能是蜀人;何忠礼则以众多史料佐证,认为杨次山父子来自浙江上虞,而杨皇后是严州遂安县人。

但这些考证无一例外的均不能作为共识而存在。这位杨皇后的身世还需要更多的后世史学家通过更多的证据去考证了。

二、貌相和才能具备的杨皇后

但有一点是确定的，这位杨皇后貌相应该是极好了，"少以姿容选入宫"小时候就应该是出类拔萃的漂亮了。如果仅凭姿色便当上皇后，我们未免太小看这位"杨皇后"了。

杨皇后的养母张氏，俗称张夫人，才艺颇佳，被召入皇宫演奏器乐，杨桂枝便随同养母一起入宫服侍吴太后。这位吴太后是宋高宗赵构的皇后吴氏，开封人。1143年（绍兴十三年）被册立为皇后。八十三岁去世，谥曰宪圣慈烈皇后，葬于永思陵。吴氏一生历经高、孝、光、宁四朝，在后位（含太后）长达五十五年，是历史上在后位最长的皇后之一。所以这位吴太后的一言一行举足轻重。

从小受到养母张氏和其他演员的言传身教，再加上杨氏聪明伶俐，很快这位杨氏的才华逐渐显露，后来，张夫人生病，演奏乐器不行了，被允准放出皇宫，嫁给一个姓李的，可没多久就死了，葬在西湖小麦岭下放马场。

吴太后经常因为乐队演奏不协调而不满意，问左右说："我记得那张夫人，她如果在这儿该多好，她哪里去了？"乐队负责人回答说："已经死了，不过，她有个女儿颇聪慧，也熟悉音律和词曲。"

吴太后派人将张夫人这个女儿找来一看，也就是十一二岁，就把她留在自己的身边。这个孩子会演能唱，宫中将她称为"杂剧孩儿"。据说她"举动无不当后意"，很快就得到吴太后宠爱。吴太后能诗擅画，颇有文化修养。她看到桂枝聪明伶俐，好学勤奋，不觉产生怜爱之心，对她加以指点和培养。

高枝儿已攀上，只等有缘人！

吴太后到了八十多岁，当时已被尊为"太太后"，对曾孙赵扩最为宠爱。当时还是太子的赵扩，经常去太后宫中问安，求教治国理政之道，一来二去，就和杨桂枝产生了感情，暗通款曲。绍熙五年（1194年），宋光宗禅位太子赵扩。

赵扩，即宋宁宗（1194—1224年在位），宋朝的第十三位皇帝。这位宁宗皇帝，即位后，政治上无所作为，朝廷乌烟瘴气。任用赵汝愚和韩侂胄为相，赵、韩两派斗争激烈。定理学为伪学，发生了"庆元党禁"，开禧北伐失败后与金国签订"嘉定和议"，宋朝皇帝与金朝皇帝的称谓由以前的侄叔改变为侄伯，比"隆兴和议"更为屈辱，这是后话。

当了皇帝的赵扩，后宫佳丽数不胜数，但他仍对杨桂芝念念不忘，隔三岔五以探视太后的名义和杨氏勾勾搭搭。

吴太后知道了内幕，虽然生气，但关系到皇家体面的事，还是大大方方把杨桂芝赏赐给了皇帝。庆元元年（1195年），二十七岁的宋宁宗赵扩迎娶杨桂枝，后封为贵妃。有情人终成眷属，是年杨氏三十三岁了！

"庆元元年三月，封平乐郡夫人。三年四月，进封婕妤。有杨次山者，亦会稽人，后自谓其兄也，遂姓杨氏。

五年，进婉仪。六年，进贵妃。恭淑皇后崩，中宫未有所属，贵妃与曹美人俱有宠。韩侂胄见妃任权术，而曹美人性柔顺，劝帝立曹。而贵妃颇涉书史，知古今，性复机警，帝竟立之。"（《宋史·卷二百四十三·列传第二》）

按照这本官方正史《宋史》的记载，会涉及两个问题，一是这位杨桂芝虽然没有背景没有靠山，但在晋级之路上可谓一帆风顺，速度之快让人咋舌。二是立皇后之位似乎是小有风波，但也终遂人愿。

"而贵妃颇涉书史，知古今"，或许能解释为什么这位杨皇后晋级之路的一帆风顺。

这位杨皇后是中国历史上比较著名的才女，她精通诗词、绘画、书法和音律，是我国古代一位全能的皇后。她有一部诗集，以宫廷生活为题材，名为《宫词册》，共五十首。历经元代诗人汪元量，明代收藏家钱允治、毛晋，清代藏书家黄丕烈等所收藏。汪、钱有印记、毛、黄各有一篇《跋》。及至清代末年，该册为两江总督端方所得。

至今淳安里商乡杨家村还保存着《弘农杨氏宗谱》,刻录了杨皇后的诗作30首。其中政治诗"思贤梦寐过商宗，右武崇儒汉道隆。总览权纲术治理，群臣臧否疏屏风"，表明了她求贤若渴、唯才是举的政治理想，正是她治理国事的生活写照。

善诗词还关心国家大事，了解皇帝心事，为皇帝分忧，这样的女子谁能不爱！

除了作诗才能外，这位杨皇后对于书法和绘画也颇有心得，书写的《道德经》至今还在，行家赞她的书法是"波撇秀颖，妍媚之态，映带漂湘"。

一幅现藏吉林省博物馆的《宋杨婕妤百花图卷》长卷，曾为我国近代著名收藏家张伯驹所收藏。画为素色绢本，着色，无题款，共十七段。每段以楷书标明花名，并附记年、月和诗句。总的题识为《今上御制中殿生辰诗》。第一段题《寿春花》，下注己亥庚戌。记七绝二首："上苑风和日暖时，奇葩色染碧玻璃。玉容不老春常在，岁岁花前醉寿卮"；"一样风流三样妆，偏于永日呈芬芳。仙姿不与群花并，只向坤宁荐寿觞"。

三、皇后之路彰显杨氏之手段

当时的皇后是韩氏，出身名门，北宋名臣韩琦的六世孙女，权相韩侂胄的侄孙女。事属凑巧，韩皇后当了六年的皇后，却在这个时候生病去世了。中宫之位空虚，当时具有竞争实力的人，除了杨贵妃，还有一位是曹美人。"恭淑皇后崩，中宫未有所属，贵妃与曹美人俱有宠。"

那么问题来了，在人人争宠的后宫中，杨贵妃与曹美人都是得宠之人，究竟立谁为皇后呢？形势对杨氏非常不利。"韩侂胄见妃任权术，而曹美人性柔顺，劝帝立曹。"权臣韩侂胄感觉杨贵妃太过聪明，精于权术，而曹美人性情柔顺，便于控制。便上书皇帝请立曹美人为后，形势对于没有背景的杨氏而言岌岌可危。但杨氏非等闲之辈，杨氏的智慧在此时开始崭露头角。

有一天，杨贵妃对曹美人说："姐姐听说皇帝打算册立皇后，我觉得人选不过就是你和我，咱备下酒宴，请皇帝来，探探他的口风可好？"曹美人也没多想，爽快地答应了。杨贵妃又表示，自己是姐姐，可以让曹美人先设宴。曹美人不知是计，还非常高兴。很快，赵扩便来到曹美人处赴宴，酒到酣处，曹美人正想请皇帝册立自己为皇后，可是还来不及说，杨贵妃便突然出现了。杨贵妃借故将赵扩接到了自己的住处。此时，宁宗已经半醉，见到杨贵妃娇媚的模样，竟是情不自禁。杨贵妃眼见时机已到，逼着宋宁宗在床上写了"立杨氏为皇后"的字据，才心满意足投入皇帝怀抱。

不久，杨氏就这样被确立为皇后。就这样，曹美人成了背景板，成了杨氏登上后位的一颗棋子，杨氏手段和心机足见一斑。

四、诛杀韩侂胄，立威朝堂

"次山客王梦龙知其谋，密以告后，后深衔之，与次山欲因事诛侂胄。"杨贵妃从杨次山处得知此事后，对韩侂胄恨之入骨，但还未到诛杀韩侂胄的地步。

真正的问题在于杨皇后是一个有政治抱负的人，而韩侂胄"自置机速房于私第，甚者假作御笔，升黜将帅，事关机要，未尝奏禀"。这相当于架空了宁宗的权力，也意味着剥夺了杨皇后参与政治的机会。这样一来，冲突是不可避免的。

但诛杀韩侂胄岂是易事，韩侂胄当时的职务是枢密都承旨，加开府仪同三司，执掌朝政大权，权位在左右丞相之上，加上拥立宁宗上位，曾有定鼎之功，深得宋宁宗信任！

而杨氏仅仅是后宫之主，如若要除掉一个权臣，她需要帮手！这个帮手，除了她的"哥哥"杨次山，还需要一个跟韩侂胄水火不容的权臣。"俾次山择廷臣可任者，与共图之。礼部侍郎史弥远，素与侂胄有隙，遂欣然奉命。"

而韩侂胄在缺乏充分准备的情况下，竟轻易地发动对北方强敌金国的战争——史称"开禧北伐"，结果为敌所制，一败涂地。这就为杨氏和史弥远找到了扳倒韩侂胄的机会。"开禧三年十一月三日，侂胄方早朝，弥远密遣中军统制夏震伏兵六部桥侧，率健卒拥侂胄至玉津园，槌杀之。"据说刺客的凶器是一柄大锤，韩侂胄死时血流满面，脑浆崩裂，惨不忍睹。而后，史弥远带着韩侂胄的首级到金营和谈，签订了进一步丧权辱国的嘉定和议，可怜一代权臣就这样悲惨的谢幕，杨氏也因为扳倒了韩侂胄而可以放手揽权。但她未想到的是史弥远狼子野心，史弥远当国之后，权倾朝野，杨氏捉襟见肘。

五、废立太子，与虎谋皮

从嘉定和议开始，南宋历史进入了史弥远专权的时期，"弥远为丞相，既信任于后，遂专国政，竑渐不能平"。

赵竑太子实在看不惯史弥远嚣张跋扈，回到东宫发泄了一下胸中的闷气，有一次竟指着地图上的琼崖地区（今海南岛）对身边的宫女说："有朝一日我掌了权，一定要把史弥远流放到这个蛮荒的地方去！"就是这句话让他陷入了万劫不复的悲惨境地。赵竑万万没有想到的是，他的贴身宫女居然是史弥远安排在他身边的卧底，于是，他的愤激之语传到了史弥远耳中。"初，竑好琴，弥远买美人善琴者纳之，而私厚美人家，令伺皇子动静。竑嬖之，一日，竑指舆地图示美人曰：'此琼崖州也，他日必置史弥远于此地。'美人以告弥远。竑又书字于几曰：'弥远当决配八千里。'竑左右皆弥远腹心，走白弥远。弥远大惧，阴蓄异志，欲立他宗室子昀为皇子，遂阴与昀通。"

1224年8月，宋宁宗病故。杨皇后遵照皇帝遗嘱让史弥远宣召皇太子赵竑入宫即位，然而，史弥远叫来的不是赵竑，而是宗室赵昀，同时派杨次山的儿子杨谷、杨石兄弟向杨皇后说明废立之事。杨皇后认为这是"先帝所立，岂敢擅变"，坚决不同意。当晚杨谷、杨石七次往返苦劝，杨皇后总是不答应。最后杨谷只好流着眼泪威逼说："内外军民，皆已归心，苟不立之，祸变必生，则杨氏无噍类矣！"杨皇后见处境险恶，她也只好默许。一场废立风波总算有惊无险的渡过，宋室总算挺过一场"浩劫"。

六、不恋权位，急流勇退

赵昀继位后，为感谢杨氏深恩，请杨氏一同"听政"。虽然杨氏也"垂帘听政"了，但并未像高滔滔一样真正的"听政"，只是挂名而已。"宝庆二年十一月戊寅，加尊号寿明。绍定元年正月丙子，复加慈睿。四年正月，后寿七十，帝率百官朝慈明殿，加尊号寿明仁福慈睿皇太后。"而后主动提出退出政坛，祭告天地，大赦天下。"五年十二月壬午，崩于慈明殿。寿七十有一，谥恭圣仁烈。"杨氏死后葬绍兴攒宫（在今"宋六陵"内）。

第十六章　民族交融下的元朝女性

　　和唐宋妇女相比较，元代妇女的状况有些新的变化，其地位在某些方面较唐宋妇女高，和明清妇女相比较，元代妇女，尤其是蒙古族妇女在社会、家庭中所处的较高地位。这种现象再未普遍出现过，可谓是妇女自由之风的黄昏。

　　崇尚游牧自由习俗的蒙古贵族由于受儒家学说、程朱理学和中国传统的婚姻礼俗影响较少，所以在婚姻、家庭、妇女保护、妇女继承和财产处置等方面的立法上都做出了一些有利妇女的规定。比如，元代妇女享有一定的婚姻自主权，且是承认良贱不婚的为数不多的朝代；家庭里丈夫不得无故殴打妻子、不得强迫妻子堕胎、公婆不得虐待媳妇、禁止买卖妇女、严禁溺亡女婴、"奴女"可以有条件的得到"解放"、家庭妇女拥有一定的财产继承权等。

　　元朝女子以刚健勇武、粗犷豪放为美，这种审美观念的形成与其社会环境有着密不可分的联系。蒙古族为元朝的统治者，他们英勇善战，征战半个多世纪而完成了多民族国家的统一。正因为元朝的战事颇多而人数有限，为了扩充人数，女性在一些情况下变成了劳动力和军事力量，这就要求女性有健硕的身体、强健的体魄，因此慢慢地便形成了女性以健硕为美的审美观念。

　　本章将围绕元代熠熠生辉的两位女性展开叙述。她们在政治军事领域和技术革新领域，推动了历史的向前发展，彰显了女性魅力。

草原上的女野心家

《元史·卷一百一十四·列传第一·后妃一》："太宗昭慈皇后，名脱列哥那，乃马真氏，生定宗。岁辛丑十一月，太宗崩，后称制摄国者五年。丙午，会诸王百官，议立定宗。朝政多出于后。至元二年崩，追谥昭慈皇后，升祔太宗庙。"

《元史》短短八十一个字，惜字如金地介绍了窝阔台昭慈皇后脱列哥那的一生，但是，关于这位对蒙古族崛起有重大影响力的女性，远远不是这八十一个字所能介绍清楚的。

脱列哥那，亦作朵列格捏、秃剌乞纳。元太宗窝阔台皇后，脱列哥那。原为蔑儿乞部脱黑脱阿儿子忽突之妻，成吉思汗铁木真灭蔑儿乞部，赐予窝阔台（太宗）为妻，是为窝阔台第六个妻子，并生有五子：贵由、阔端、阔出、哈剌察儿、合失。1241年太宗窝阔台死，称制摄政。执政期间，打击旧臣，玩弄权术，干预朝政。1246年，主持召开忽里台，选贵由为汗。世祖至元二年（1265年），追封昭慈皇后。

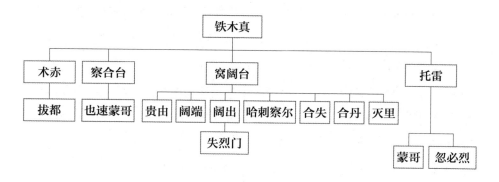

一、草原的婚俗，脱列哥那的崛起

作为草原民族，蒙古族显示了与当时汉族不一样的草原风情。十二世纪中期，蒙古族婚俗与汉人有着很大的不同——抢亲，一种独特的司空见惯的婚俗在草原这个弱肉强食的社会里非常流行。无论是男方女方，抑或是抢人一方和被抢一方，都默认着这种野蛮的风俗，黄金家族也逃脱不了宿命。

传说在一个风和日丽的日子，如同每个上午的草原一样，铁木真的父亲也速该和他的兄弟们正在草原逐猎，发现一只猎物跑到草丛中，他们下马查看，居然发现了有人刚刚小便的印迹，而且也速该根据经验判断，是妇女的小便，也速该斩钉截铁地说："根据尿迹，这个姑娘一定善于生儿子。"

他们边说边追逐而去，却看见蔑儿乞部的青年赤列都领着刚从弘吉剌部娶来的美丽妻子柯额伦在赶路。也速该赶紧派人回去叫人，一场恶仗之后，也速该打跑了赤列都，抢来了柯额伦。被抢的柯额伦也毫无怨言，很乐意的嫁给了也速该，后来生下了铁木真。

世道轮回，《世界征服者史》的作者志费尼曾有一句著名的话："谁要种下枯苗，谁就绝无收获，可是，谁要是种下仇怨的苗，那大家一致认为，谁就将摘取悔恨的果实。"当铁木真长大成人，从弘吉剌部娶回了自己美丽新娘孛儿帖的消息传遍草原的时候，跟铁木真父亲也速该当年有夺妻之恨的赤列都的哥哥脱黑脱阿——蔑儿乞部的首领，从未忘记过这一耻辱，决定报仇雪恨！

脱黑脱阿暗发奇兵，夜袭了在睡梦中的铁木真营地，铁木真势单力薄，只得带领部众逃到山里。但铁木真的妻子却被生擒！脱黑脱阿很满意，并将孛儿帖嫁给了赤列都的弟弟赤勒格儿。铁木真闻听妻子被掳去，倍感耻辱："巍峨的不儿罕山啊，你像保护虱子一样保护了我，我实在惊恐不已。从此我每天早晨向你祈祷，每天祭祀你，子子孙孙永志难忘。"

1204 年，铁木真联合父亲的安答王罕和自己的安答扎木合，打败了蔑儿乞部的脱黑脱阿，夺回了妻子孛儿帖，降服了他的部众，并虏获了脱黑脱阿儿子忽秃的两个妃子：秃该和脱列哥那。大仇得报！铁木真为奖励在作战中英勇冲杀的三子窝阔台，便将脱列哥那乃马真氏赐给了他，成为窝阔台第六个妻子。

虽然脱列哥那是敌部之人，但蒙古风俗对于再嫁之妇并不歧视，甚至由于脱列哥那的善解人意和心机，更使得窝阔台对她宠幸有加。当铁木真 1227 年死后，窝阔台 1229 年继承了汗位，使脱列哥那有机会接触权力中枢，为后来参与宫廷权力之争提供了条件。

二、窝阔台的昏庸

脱列哥那虽然是抢婚而来，但是却倍受窝阔台宠幸，脱列哥那也不负窝阔台期望，给窝阔台生育五子：贵由、阔端、阔出、哈剌察儿、合失。在古代那种重男轻女，母凭子贵的年代，脱列哥那是有底气，有实力的。子凭母贵，所以窝阔台最初选择的继承人便是脱列哥那的第三子阔出。然而，阔出福薄，未能等到荣登大位的那一天，就在 1236 年死于征宋战争中，先于窝阔台而去了。由于爱屋及乌的关系，所以窝阔台便指定阔出之子——年幼的失烈门为可汗继承人，虽然诸王皆知此事，但并未在王公贵族聚会上正式公布，也没有歃血为盟，要求诸王遵从意志，服从安排。没有正式宣布，便不算圣旨，不算圣旨，便可不遵守，这就为脱列哥那能在后来违背窝阔台意志，改变继承人埋下了隐患。

蒙古的政俗是部落首领死后，由长妻主政，一直到新的部落首领选出来为止。脱列哥那虽然不是窝阔台长妻，但她有别人无法具备的优势——一是窝阔台长妻无子，且在窝阔台死后不久也随窝阔台去了；二是脱列哥那生有五子，且继承人皆为其后；三是有察合台等宗王的支持。于是宣布称制，开始摄政，公元1241 年到 1246 年其子贵由登基，脱列哥那摄政长达五年。

三、后宫乱政，万劫不复

自古以来，女性摄政者不在少数，许多女性摄政者为国家发展做出了杰出的贡献。但翻开蒙元统治，后宫摄政者多有，但治国有方者却难觅踪迹。反而是败坏朝政，误国误民者多有出现。脱列哥那就属于后者！

亲近奸臣，打击贤臣。脱列哥那摄政以后，亲近波斯女巫法蒂玛和回回商人奥都剌合蛮，脱列哥那利用二人排挤打击耶律楚材、丞相镇海、契丹之地的大臣牙老瓦赤等人。并且还罗织罪名，打击杀害反对者。窝阔台在世时，耶律楚材定中原课税最多也不超过一百一十万两，但 1238 年，元太宗将中原课税卖给奥都剌合蛮后，并命他为提领诸路课税所官，他将课税提高到两百二十万两，严重加重了中原人民的负担。

脱列哥那更是将御宝空纸交给奥都剌合蛮，由他随便代写。脱列哥那及其亲信都是昏庸无能之辈，在她执政期间，成吉思汗的《札撒》被搁置，造成法度不

一。诸王"人人都向四方派遣使臣，滥发诏旨牌符；他们四下结党，各自为政"（志费尼《世界征服者史》）

脱列哥那最喜欢长子贵由，认为舍子立孙是不对的，便打算趁势将贵由推上汗位。终于，在窝阔台汗去世五年后，脱列哥那积极派遣使者召集各地宗王贵族回蒙古汗庭哈剌和林参加忽邻勒塔。（忽里勒台是蒙古帝国和元朝的诸王大会、大朝会。又作"忽邻勒塔"或"忽里台"，蒙古语"聚会""会议"的意思。最初，蒙古人的忽里台是部落和各部联盟的议事会，用于推举首领，决定征战等大事。大汗相当于部落联盟的首领，虽然拥有至高的军事权力，但在礼仪上与各部落酋长仍然以兄弟相称，不存在严格的君臣上下之分。拜汗礼的实施是对中原礼制的继承，它表现了大汗至高无上的地位和不可超越的权力。）1246年，在哈剌和林附近的达兰达葩，忽邻勒塔大会（又做"库里勒台"）召开，贵由"毫无争议"的被推举上位，成为大蒙古国第三任大汗。

四、母子失和，窝阔台家族湮灭

脱列哥那皇后一定对自己选择贵由作为新任大汗非常后悔。贵由汗虽然是在母亲一手操纵下继位大汗的，但却并不是个甘心被母亲操控的弱势君王。

贵由继位后，首先要做的就是除掉母亲的宠臣法蒂玛和奥都剌合蛮，重新启用老臣镇海和牙老瓦赤等人。贵由汗还查收了宗王贵族们滥发的牌符。眼看儿子从母亲手中夺回了统治权，脱列哥那皇后又气又急，贵由汗继位不过一年，她便悲凉的去世了。

贵由汗在位时间非常短暂，只有两年，而在这两年中他最主要的动作是收拾大蒙古国内部的反对势力，稳固自己的汗位。他先对大蒙古国的左翼宗王，也就是成吉思汗兄弟的封国下手，其主要对手是东部宗王实力最强的斡赤斤。贵由汗还废黜了察合台汗国第二任汗哈剌旭烈，改立与自己友善的察合台第五子也速蒙哥为察合台汗国之汗。而最大的动作，是贵由汗以到西部养病为名，率大军西进，准备偷袭反对自己称汗最激烈的术赤之子拔都。然而，拔都很快接到了拖雷遗孀唆鲁禾帖尼的警告，先下手为强，贵由汗在行军途中神秘死去。

贵由汗的死使得窝阔台家族顿时陷入了混乱，1251年7月，托雷的长子蒙哥在诸王的推戴下，成为大蒙古国第四任大汗。窝阔台家族也因为贵由汗的死而永远失去了蒙古大汗的宝座。

在崇尚力量的草原，在男人的战争游戏之中，脱列哥那凭借区区女子能荣登大位已实属不易，在窝阔台死后更是摄政多年，把持朝局更是难得。但此人醉心权力斗争、心胸狭隘，临朝多年，并未给草原带去半点进步，反而让黄金家族四分五裂，让窝阔台一脉从此衰落，让草原人民重陷危机之中，足以说明脱列哥那其人非杰出女性，最后在众叛亲离中悲凉地死去也算是死得其所。

第二节

温暖天下的黄道婆

在明清之前，中国的科技一直领先于世界，比如四大发明（造纸术、印刷术、火药、指南针）。这些成就主要归功于我们先辈的勤劳与智慧，也得利于各个朝代政策的开明与开放，让民族自信心绽放出来，大力传播我国优秀文化也谦逊接纳外来的文化与技术。事实上，也只有与外界交流，才能促进文化与科技的发展。明清以前，中国各朝各代都是开放的，所以我们的科技、文化能在世界上熠熠生辉。而在我国古代的发明家中，鲜有女子的名字出现，这是中国旧社会的道德观念和社会风气造成的。在古代，大多女子被束缚在生儿育女、传宗接代上，说好听是相夫教子，实际上是挣扎在锅碗瓢盆、油盐酱醋之中，哪里有机会接触到科技方面的东西？可以说在传统的中国，绝大多数女子都只能是家庭妇女。只有极少数的女子，因为有特殊的时代背景以及极不普通的际遇，再加上她对命运的不屈服与顽强的抗争，才能在男人主导的世界里绽放光彩，在历史长河中闪现出耀眼的光芒。我们今天要讲的黄道婆，正是这些奇女子中的一位。

马克思在十八世纪珍妮纺纱机（英国纺织工人哈格里夫斯于1764发明）前曾说过这样一句话：要找一个能够同时纺出两根纱的纺织工人并不比找一个双头人容易。但是在我国十四世纪时就有一位劳动妇女能够同时纺出三根纱，这反映我国古代的纺织技术比欧洲要先进至少四百年。而让欧洲的纺织技术难望中国项背的就是黄道婆，她用她的勤劳与智慧，为中国科技走在世界前列做出了巨大的贡献。

一、悲苦与梦想的开始

孟子说："故天将降大任于斯人也，必先苦其心志，劳其筋骨，饿其体肤，空乏其身。"黄道婆的经历正是这句话的生动写照。

黄道婆于1245年出生在松江府乌泥泾镇（今上海市徐汇区华泾镇）一个黄姓家庭，这个时期正处于宋朝末年，北方游牧民族不断入侵，连年战争，宋朝的经济遭到了严重的破坏，而受到影响最直接的自然是老百姓。江南的劳苦大众，不仅受到宋朝地主阶级的压榨剥削，还遭到蒙古铁骑的践踏，加上旱灾蝗灾，曾经"苏湖熟，天下足"的富庶的江南地区，竟在宋朝末年成了"人家如破寺，十室九家空"的破败景象。黄道婆的原名没有任何记载，当时的世道，普通老百姓能吃饱饭就不错了，哪能谈得上读书写字，更何况黄道婆是一个女子，所以她的名字没有受到重视。如果是男子，在历史上很有成就的话，不但会有名，还会有字，文雅一点的还要有号。如果家境好，出身于书香门第的女子也可以，比如同样也是宋朝的女子李清照，她不但有名，而且有号曰"易安居士"。很明显，黄道婆的家庭情况不允许她有更高层次的精神追求，她的父母也是为了生计而终日劳作的劳苦大众的一员，生活在这种兵荒马乱的朝代更迭之际，能苟延地活下去已经是最高的追求了，哪有什么更高的奢望。我们古语有句话说得很形象：宁做太平犬，不做乱世人。黄道婆应该是没有接受教育，可能最起码的文字启蒙都没有经历过，有可能她连字都不认识，所以她叫什么名字可能她自己都不知道了。村里人都称之为黄小姑。

黄小姑的家乡松江府不但盛产水稻，而且也普遍种植棉花，这个时候的松江地区真的出现了男耕女织的局面。黄小姑家几亩薄田，部分种粮食，部分种棉花，父母辛苦劳作一年，收成好的，缴了各种苛捐杂税，也只能勉强度日。如果流年不利，遇到天灾人祸，生活就捉襟见肘。黄小姑很是懂事，自幼就跟父母一起劳作，白天到地里耕田劳作，晚上在家里纺纱织布。她心灵手巧，勤学好问，肯动脑筋，善于琢磨。大人干的活计，她看了便能举一反三，迅速通路入门。特别在纺织上，十一二岁的她已经成为一名比妈妈还能干的纺织能手。只可惜，时代弄人，随着家里有了弟弟妹妹，再加上因为天灾，农作物连年歉收。黄小姑家日子过得越加困难了。为了家庭的生计，也为了黄小姑的生计，父母忍痛把心灵手巧的黄小姑卖到了一户经济还算过得去的家庭做童养媳，父母以为自己的女儿从此能够过上衣食无忧的幸福生活，但没想到却是把自己的女儿推向了火坑。

在古代有这么一句话：多年媳妇熬成婆。它的意思就是在婆婆面前，媳妇永远是低人一等的，婆婆对媳妇任打任骂在大家看来是合情合理的。有人会问：总会有讲道理的婆婆吧。所有婆婆都是从媳妇过来的，自己曾经的经历，她会变本加厉的在自己的媳妇身上复习一遍。所以，在古代社会，和谐的婆媳关系不常见。

豆蔻年华是我们最美好的青春时光，但是黄小姑却被卖做了童养媳，在她的婆婆看来，这是花钱买来的，一定得让她实现她的价值，所以黄小姑就过起了牛马般的生活。白天刚露出鱼肚白就必须下地劳作，晚上还要织布到夜深人静，稍有怠慢，打骂不止。原来在家时，虽然也是白天下地干农活，晚上织布，但还有母亲的体谅、父亲的关怀，如今苦海难游啊。黄家在把她卖与人家作童养媳之后，家境并没有很大的改善，甚至日子越过越不堪，在灾难与疾病面前，穷人家庭有如蝼蚁般脆弱。短短几年里，黄小姑的血亲相继离世。这样，黄小姑就更加孤苦伶仃了，遭到婆家人的虐待，连回娘家吐诉苦水的希望都破灭了。每每对月纺纱，那沉闷而枯燥的纺纱声在冰冷的月光照影下更显得孤独与凄凉。

生活虽然如此的艰辛，但是黄小姑并不在苟且中迷失自己，她心里一直揣着梦想。那是源于在被卖为童养媳前，她与妈妈拿着自家纺出来的棉布到布行老板处交货。在布行，她看到一匹非常精美的棉布，这匹布纱条紧致，图案精美，手感柔软舒适，价格自然是富贵人家才承担得起的。她问了老板，老板告诉她，这是从琼州（今海南岛）运来的棉布，那里的黎族纺织技术很高超。这样，黄小姑不由得对海南岛心驰神往，暗想：若是能学到那里的纺织技术该多好啊！

二、抗争与收获

当生活不易的时候，我们不应该坐以待毙，我们可以奋力拼搏一把，出路很有可能就在自己的脚下。黄小姑正是用她的行动告诉我们这样的一个道理。

1263 年寒冬的一天，天刚放亮，黄小姑就早早下地干活了，太阳落山才拖着疲惫的身躯回家，劳累了一天的她又累又饿，一进门躺在床上就和衣睡着了，忘了做晚饭。凶狠的公婆不问青红皂白，恶骂不止，黄小姑挣扎着爬起来分辩几句，马上被拖下床来毒打一顿，丈夫不但没有劝阻，反而对她棍棒相向，打完后一家人把她锁进了柴房，不让她吃饭，也不让她睡觉。黄小姑痛苦到了极点，再也不甘忍受这地狱般的折磨，决心挣脱封建礼教枷锁，离开这个黑暗的家庭。她知道，长江岸边，没有她的活路，便确定就此弃乡远航，一方面远离这个只给她留下苦难回忆的故地，另一方面决心去访求先进纺织技术，实现夙愿。半夜，她挖穿了柴房屋顶，逃了出来，奔向黄浦江边，躲进一艘商船舱底。第二天，当商船准备起锚出海的时候，老船主发现了船舱的异样。下去一看，原来船舱里躲着一个蓬头垢面的青年女子。船主说声晦气，就叫来水手准备把这个疯婆子赶下船。黄小姑赶忙跪在船主面前说自己并不是一个疯婆子，并一五一十说出了自己的经历。老船主是一个饱经风霜，阅历丰富，见多识广之人，对于如今时代的苦难他深有感触，对面前这个女子的遭遇深表同情，但是对她的志向又十分敬佩。所以他决定帮助这个样貌虽弱不禁风但却有一股铮铮骨劲的小姑娘，他告诉小姑娘，在琼州纺织水平最高的是黎族人民，他们生活在崖州一带，他可以把她送到崖州。这样，黄小姑就踏上了远离故乡的闸板。望着远去的村庄与树木，看着那滔滔海水，黄姑娘百感交集，离开了火坑，她不知道她将面对着什么样的未来。她摊开自己的双手，看着上面与年龄极为不相称的老茧，想着，不管未来如何，自己应该用这双手来改变些什么。这一年，黄小姑十八岁。

　　冲破层层汹涌的波涛，越过一个个岛屿，船只终于来到了崖州（今三亚一带）。好心的船主把黄小姑送上了岸并赠送了些盘缠给她以备不时之需，这让我们的黄小姑倍感温暖，原来人与人之间，并不是冷冰冰的。到了崖州，这里的黎族人民也是热情好客，他们热情地款待黄小姑，帮她找住所，帮她制备生活用品。看到黄小姑还是单身一人，热心的黎族大姐还张罗着给她说媒，种种热情让黄小姑难以招架。虽然黄小姑没什么文化，但是传统的观念还是根深蒂固，她虽然是逃跑出来，但她毕竟还是有丈夫的。所以为了阻止好心的黎族姐妹给她说媒，她只好寻了一家道观作为栖身之所，身穿道袍，以示断了一切尘缘，专心向黎族姐妹学习纺织技术。从此，人们称之为黄道姑，晚年的时候人们又称之为黄道婆。

　　崖州属热带海洋性季风气候区，这种气候很适合落叶大乔木木棉树的生长，所以崖州一带的棉纺织业的原材料就是木棉。黎族的纺织业可以追溯到春秋战国时期，最著名的就是"黎锦"，史书上称其为"吉贝布"。黎锦种类繁多，绚丽多彩，它精细、轻软、洁白、耐用，中原的棉麻都无法比拟，至今仍然是海南的一绝。可以说，黎锦是中国纺织史上的"活化石"。

　　黄道婆深入到黎族人民中间，有如鱼儿跃进了大海，找到了属于她的天地。拿起了富有民族风情的黎幕、鞍搭、花被、缦布，瞅着那绚丽多彩的黎单、光彩夺目的黎饰，黄道婆看得眼花缭乱，爱不释手，赞美不绝。为了早日掌握黎家技术，她刻苦学习黎族语言，耳听、心记、嘴练，努力和黎族人民打成一片，虚心地拜他们为师。她和黎族姐妹一起摘棉花、轧棉、纺纱、染色、织布，能参与的工序她都积极地投入，黎族人民也是大方友善，只要黄道婆愿意了解的东西，大家都毫不吝啬地教她。黄道婆还研究黎族的纺棉工具，仔细研究它与家乡纺织机的区别，把两者的优点结合起来，改进纺织工具，黄道婆的聪明智慧以及她的废寝忘食、争分夺秒让黎族人民肃然起敬，把自己的技术毫无保留地传授给她。灿烂的友谊之花，终于结出了丰硕的科技之果。黄道婆学会了黎族的先进纺织技术。但是因为过度的冥思苦想、劳心费力，黄道婆的一头青丝都染上了白霜，原本丰润的脸上刻下道道岁月的褶皱。已成为一个技艺精湛的棉纺织家的黄道婆还是精神抖擞，深钻细研，锲而不舍，刻苦实践。

秋去春来，大雁北归的时候，黄道婆望着那人字形的雁群，心里有一种无名的落寞。闲来掐指一算，离开故乡已经三十年了。虽然千里之外的故乡没有给黄道婆留下许多美好的回忆，甚至梦中还是那些苦涩往事在萦绕。但是，咱们中国人心中那种"根"的观念是无法割断的，即使你远在他乡，不论你有多大的成就或者多么的落魄，在夜深人静时你会想想家乡的一些人或者那棵老树、那口老井。黄道婆想起故乡人民的苦难，想起当年老船主的仗义相助，想起这里的老乡淳朴善良，想起自己来学技术的初衷……她再摊开自己的双手，这双手老茧更厚了，她应该用这双手改变点什么了。

三、纺织技术的改进与传授

1295 年的某一天，黄道婆和已经有深厚感情的黎族父老乡亲洒泪告别，登上驶往阔别三十余年的故乡的商船。回到了故乡乌泥泾镇，这个时候不再是宋代，已经是元朝了。时过境迁，物是人非，经过了改朝换代的战乱，黄道婆的公婆和丈夫早已先后死去。在这片曾经洒满泪水的土地上，黄道婆百感交集，以往的悲苦与人情冷暖已成为历史，那就让它随风而去吧。何况来看望自己的乡亲都是那么的热情，看着乡亲们熟悉而亲切的笑容，哪里还有离开家乡时的那种悲愤与决绝。现在要做的是把自己在黎族老乡那里学来的纺织技术传给故乡的老百姓，取之于民，用之于民，也算是一件功德无量的善事啊。

在这个时候，元朝在江南各地区设置了"木棉提举司"，有效管理棉纺织业，松江府一带的棉纺织业也得到发展起来，但是依旧用传统的工艺，效率还是不高。所以即使家家户户都在辛勤的劳作，日子过得还是很艰苦。黄道婆不顾舟车劳顿，马上投入到棉纺织业的传艺、改良和创新活动中来。她不辞辛苦，东奔西走，热心地向乡亲们讲述黎族的优良制棉技术，妇女们成天围着她听得入神。她便把自己在海南的所得倾囊相授。同时，还把黎家先进经验与上海的生产实践结合起来，努力发挥自己的聪明才智，积极发明创造。对棉纺织工具与技术进行了全面的改革。制造了新的擀、弹、纺、织等工具，刷新了松江府棉纺业的旧面貌。

　　黄道婆改革的第一个是擀籽工序。这个时候家乡还是用手指一个一个地剥去籽净棉。黄道婆便教大家一人持一根光滑的小铁棍儿，把籽棉放在硬而平的捶石上，用铁棍擀挤棉籽，一下子可以擀出七、八个籽儿，再也不用手指头挨个儿数了。大家兴奋不已，黄道婆见大伙高兴，心里也十分快活，但她觉得还是太慢，而且比较费力，于是继续寻求新办法。经过反复的观察思考，多次的试验，黄道婆又发明了去棉籽的机器。一个人向入口喂籽棉，两个人摇曲柄，棉絮、棉籽迅速分落机器两侧。这种机器称为"搅车"或"轧车"，它把脱棉籽的效率提高了几十倍。

　　第二是弹棉花技术的改进。黄道婆把沿用多年的小弓，弓身由一尺半长改为四尺多长，弓弦由线弦改为绳弦，将手指拨弦变为棒槌击弦。这结实有力的大弓，弹起棉来，铮铮然节奏鲜明，仿佛响起一支好听的劳动乐曲，棉花弹得又松又软，又快又干净。

　　第三是纺车的改进。原来的纺车都使用手摇，弄得手忙脚乱效率又不高。黄道婆从黎族脚踏车中找到了灵感，做成脚踏式纺车。脚踏的劲头大，还腾出了双手握棉抽纱，同时能纺三根纱，速度快、产量多，这在当时世界上已经是最先进的纺车了。

　　第四是织布机的改进，黄道婆改进的织布机称为提花机，这个机器不但可以把布匹织出来，还具有错纱、配色、综线、挈（qiè）花等功能，所织成的被、褥、带、手巾等，上面都有折枝、团凤、棋局、图案字等花饰，十分鲜艳美观。她还把黎族物产的棉织品——崖州被的织造方法传授给镇上的妇女，从而产生了大批的"乌泥泾被"。后来"乌泥泾被"闻名全国，远销各地。

　　黄道婆的纺织技术，大大促进了我国纺织业的发展，是她让我国的纺织技术领先于世界几百年。短短几年间，黄道婆的技术就在松江、太仓和苏杭等地传播开来。到元朝末年，松江一带已经有一千多家居民从事纺织业，那些过去单单依靠贫瘠土地过日子的人，生活都有了改善。

为了改进技术，黄道婆呕心沥血，而且，她把自己所掌握的技术毫不保留地传授给了乡亲们，老百姓对她是无比的爱戴与敬重。1330年，黄道婆逝世，人们悲痛伤心，自发的捐资把她安葬在她的家乡（今天华泾镇北面东湾村），还专门建造了祠堂，塑了她的像，逢年过节都要为她举行祈祷仪式。多少年来，人们感念黄道婆的歌谣，一直传颂不止：黄婆婆，黄婆婆，教我纱，教我布，两只筒子两匹布。

黄道婆身世凄苦，但是她并没有因此而甘心认命。为了自由，她敢于冲破封建家庭的压迫与禁锢；为了学习技术，她敢于跋山涉水，勇闯千里之外的天涯海角。最终她实现自己的梦想。更值得我们学习的是她那种无私奉献的品质，她把她的技术毫无保留传授出来，泽被故里，造福一方。她当之无愧是中国的"棉神"。

第十七章　明朝女人两重天

导读

想要了解中国女人在帝制时代的生活，当以明代为校样。

她是仁慈、善良、俭朴、爱民的一代贤后；她敢于在明太祖施行暴政时进行劝谏，保全了许多忠诚良将的性命；她善待后宫妃嫔，开创了明朝后宫和外戚不干政的风；深受民众爱戴，被后世誉为"中国第一贤后"。

而她，是中国历史上非常著名的一位美女，集才貌于一身，是明末清初的"秦淮八艳"之一；她容貌才艺双绝，名动江南，自幼冰雪聪明，艳惊乡里；她出身于货郎之家，母亲早亡，在江南年谷不登的时候，被重利轻义的姨夫卖到了苏州梨园。她容辞娴雅，额修颐丰，每一次的登场演出都是明艳出众，在当时是一举独冠，甚至可以说得上是"观者为之魂断"，但是她作为梨园女子，也是难以摆脱以色事人的命运。那么她的一生又是什么经历呢？

她们都出身低微，一个做到了封建女人所能达到的最高度，母仪天下，被后人赞扬；一个却沦落到社会的最底层，被后世之人拿来作为茶余饭后的闲谈之语。她们的一生到底经历了怎样的跌宕起伏，以至于后人常常将她们挂在嘴边？她们就是明朝马秀英和陈圆圆。

大脚皇后马秀英

俗话说：一个成功男人的背后往往有位伟大的女性。在历史的长河中，唐太宗能够成为千古一帝，离不开长孙皇后这位贤良恭俭、严于律己的贤内助。在明朝，也有这样的一位贤内助：她生于乱世，有胆有识，在艰难逆境中帮助丈夫成就大业，在大富大贵时，不奢不骄，不忘民间疾苦，不改勤俭本色，并用自己的言行来规劝影响丈夫，做出了极不平凡的贡献。她就是明太祖的皇后——马秀英。

一、出身寒微，幸遇真命天子

马秀英（1331—1382年），宿州（今安徽省宿州市）人，她的祖上是当地富豪。父亲马公，为人仗义，乐善好施，后来家道慢慢中落。母亲郑媪，在生下她不久后就去世了。由于没有儿子，父亲视她为掌上明珠，宠爱有加。她自幼聪明，能诗会画，尤善史书，性格也颇倔强。按当时习俗，女子都要缠足（缠足是中国古代一种陋习，是指女性用布将双脚紧紧缠裹，使其脚畸形变小，以为美观），在那个以"三寸金莲"为贵、为美、为时尚的朝代，她坚决不缠，"马大脚"的名号就是这么来的。后来父亲因为杀人避仇，逃亡他乡，临行时将她托付给生死之交郭子兴，郭子兴将她视同己出。后来听闻马公客死他乡，可怜她孤苦无依，收她为养女加以抚养。郭子兴教她书写习文，夫人张氏则手把手教她针织刺绣。十几岁的她聪明无比，凡事一经指导，马上知晓。年近二十的马秀英，模样端庄，神情秀越，还有一种温婉的态度，无论何等急事，她总举止从容，并没有疾言厉色，所以郭子兴夫妇很是钟爱马秀英，一直想给她找一个好夫婿，使她终身有托，不辜负马公遗言。

她并非出生于大富大贵之家，但是因为身世可怜，反而被给予更多的关爱。她天资聪颖，能书会画，还读了不少的诗书。可以说，那个时代对于女子的各种要求，她都了然于胸。日后帮助朱元璋夺取天下，成为后世敬仰的"一代贤后"，跟她具有的这些条件有着密不可分的关系。

朱元璋，这个中国历史上大名鼎鼎的草根皇帝，这个时候出现在她的身边。正值元朝末年，政治腐败，社会黑暗，阶级压迫和民族压迫使老百姓处于水深火热之中，又遇黄河大决口，连年黄水横流，大规模的农民起义爆发了。郭子兴在濠州（今安徽凤阳）起兵，朱元璋来到他的帐下投靠。朱元璋作战十分勇猛，而且颇有智略，数次出战，都立下了大功，深受郭子兴的赏识。在夫人张氏的撮合下，在征得朱元璋的同意后，郭子兴将马秀英许配给了朱元璋。从此夫唱妇随，由此成就了一位千古贤后。

二、创业艰难，患难与共

此时的朱元璋，摇身一变成了郭子兴的乘龙快婿，在义军中的地位非同一般；再加上之前就已经崭露头角，在军中深得人心，风头一时无两。正所谓，人红是非多。此时的朱元璋遭到了各方面的嫉恨，这差点就断送了他的大好前程。郭子兴是个性情暴躁、猜忌多疑的人，当初拉拢朱元璋就是看重他能够为自己的事业提供帮助。现在，很多人在他面前挑唆、离间他们的关系；再联想到先前朱元璋在每次分得财物后没有给自己送一份，心里就越发的不高兴，开始对朱元璋加以猜忌和贬斥。心细如发的她，知道这其中的利害关系，想方设法地去弥合他俩的嫌隙。据《明太祖实录》记载："时诸将各有所献，太祖所至，禁剽掠，有得即分部下，无所献。子兴甚不悦。马皇后悉所有遗子兴妻张氏。张喜，由是疑衅渐释。"正是在她的努力之下，朱元璋才不断得到郭子兴的提拔和信任。

关系不好，还可以想尽办法去弥合，但是如果是关乎性命的事情，就没有那么容易了。随着朱元璋声望日盛，郭子兴的几个儿子心生妒忌，便把朱元璋关禁闭并且吩咐不准送茶饭给朱元璋。马秀英就趁别人不注意的时候偷了蒸笼里的煎饼，由于害怕被人发现就把滚烫的煎饼藏在怀里，等拿出煎饼给朱元璋时才发现胸口皮肤被烫伤了。后来，在朱元璋率众出征作战，每每遇到灾荒缺粮时，她都会贮存一些干粮腌肉，以便朱元璋能随时充饥。

朱元璋在起事之时经历的这些坎坷，要不是马秀英一一填平，朱元璋未来的事业是不堪设想的。关于朱元璋的这段经历，后人这样评论："太祖居孤立尊子地位，无日不在忧患之中，又可知也。二三年间，地位本极寒微，而又谗言交集，苟不善处，则全身非易，虽欲肆无赖之行，逼放环境，其何能为？……于高后则有患难相扶持之谊。"

在暗流涌动的内部，在处理危机时，马秀英想方设法地保护朱元璋，使得朱元璋能够站得更稳，不断壮大自身的势力；在战火纷飞的外部，在随军做战时，马秀英勤于协力，努力做好后勤保障工作，使得朱元璋能够不断取得军事上的胜利。《明史·太祖孝慈高皇后马氏》中记载："太祖有札记，辄命后掌之，仓卒未尝忘。太祖既克太平，后率将士妻妾渡江。及居江宁，吴、汉接境，战无虚日，亲缉甲士衣鞋佐军。陈友谅寇龙湾，太祖率师御之，后尽发宫中金帛犒士。"可以说，朱元璋能够最终取得天下，马秀英功不可没。

三、功成守业，良妻在旁

《资治通鉴》中有这样的记载："……自古帝王，莫不得之于艰难，失之于安逸，守成难矣！"正所谓，打江山容易，守江山难。

1368 年，朱元璋于南京称帝，册封马秀英为皇后。为了巩固自己的统治，确保朱家江山万世一系，朱元璋着手制定各种宫廷制度。朱元璋吸取汉、唐后妃擅权专政的教训，命翰林儒臣纂修《女戒》，严禁后妃干政。《明太祖实录》中记载"……皇后之尊，止得治宫中嫔妇之事，即宫门之外，毫发事不预焉"。后来，朱元璋敕撰的《祖训录》及《皇明祖训》，又对天子后妃、嫔嫱、女使人等所应遵守的事项，逐一做出严格的规定。这样，严禁后妃干政便成为明朝皇室的一条家法而被确定下来。马秀英深知此举的用意是为了朱家天下的长治久安，这也正是她自己追求的目标。这样规定，她只有率先垂范，才能令身边的妃嫔、宫人乃至后世的后妃、嫔嫱、女使认真执行。因此，她严格执行，坚决照办，从不抛头露面，参与宫外的政务，更不拉帮结派、结党营私。

不干预政事，并不代表马秀英不过问政事，而所问的也是关心百姓疾苦和朱元璋个人过失的事情。而正是她过问的这些事情，为朱元璋治国出良策、选贤才，规劝他的个人过失起到了很大的作用，"洪武之治"局面的出现，和她的过问政事是分不开的。

1．了解民情，关心民间疾苦

她和朱元璋都是从社会最底层通过奋斗上来的，对百姓的生活状况，她有很深的体会。以农业为本的封建社会，国家能否长治久安，在很大程度上取决于农民和农业是否安好。《明史·后妃传》记载："今天下民安乎……陛下天下父，妾辱天下母，子之安否，何可不问。"从这短短的数语中就能看出她是真的关心百姓的疾苦。1372年，春旱严重，秧苗不能入土，百姓忧心如焚，马皇后照例带着妃嫔吃麦饭、蔬菜。一天夜里，下了一场喜雨，第二天，她亲自上朝庆贺。《明太祖实录》中记载"妾事陛下二十年，每见爱民之心拳拳放念虑之间"。朱元璋也感动地说："皇后能同心忧勤，天下国家所赖也。"

2. 善意劝谏，张弛有度

我们都知道唐太宗的长孙皇后在位期间，就多次的通过不同的方式来向唐太宗进谏，使得唐太宗避免了许多的过失。朱元璋是一个烈性子人，好发脾气。特别是在当了皇帝后，手握生杀予夺大权，龙颜大怒弄不好是要杀人的。她只要见朱元璋面有怒色，就婉言劝谏，使得许多人免遭杀戮。

《明太祖实录》记载有这样的一件事，有人向朱元璋报告说，参军郭景祥父子有矛盾，儿子要杀父亲。朱元璋大发雷霆，要杀了这样的儿子。她劝到："吏言恐不实，况老郭止一子，杀之不实则枉矣，又绝其后"于是朱元璋派人调查，果然不实。"非汝见之明，吾几杀其子矣"。

宋濂是明初的功臣，又是太子的老师，朱元璋原先对他恩遇有加，宋濂告老还乡后，他的孙子宋慎，参与胡惟庸案，宋濂也受到牵连，朱元璋要杀他，她则竭力劝谏《明史纪事本末》记载："民间延一师，尚始终不忘恭敬，宋先生亲教太子诸王，岂忍杀之！且宋先生家居，宁知朝廷事耶？"她的话入情入理，但是朱元璋还不肯采纳。到进御食时，她特意不置酒肉，朱元璋问是何故？她说要用皇上吃的酒肉祭祀神祇来保佑宋濂，这样朱元璋才赦免了宋濂的死刑，改为流放茂州。要不是她努力劝谏，宋濂就含冤被杀。

3. 富贵在身，初心不改

成由勤俭败由奢。古往今来封建王朝的兴亡史告诉我们：但凡统治者的奢侈无度，常常伴随着帝王的昏聩和统治的腐败；反之，勤俭治国，政治相对清明，社会安定。马秀英出身低微，深知富贵来之不易。《明太祖实录》中记载："盖奢侈之心易萌，崇高之位难处，不可忘者勤俭，不可恃者富贵也。……生长富贵，当知蚕桑之不易，此虽荒颣遗弃，在民间尤为难得，故织以示汝，不可不知也"。

她不仅以身作则，还时时规劝朱元璋不能忘本。朱元璋即位之初，尚能厉行节俭，但有时也会因为服御太小而抱怨动怒，她都提醒他不能忘记以前的贫苦日子，更不能忘本。朱元璋在她提倡节俭的影响下，成为中国封建帝王中注重简朴的代表。《明太祖实录》："……但求安固，不事华丽，凡雕饰奇巧，一切不用。……夫衣帛当思织女之勤，食粟当念耕夫之苦。朕为此故，不觉恻然于心也。"马皇后的经常提醒，对朱元璋在政治上的励精图治有一定的影响。

四、贤后美名，万世表率

在她生命的后期，她的所做更让我们看到了一位光辉贤淑女性的形象。她想到的不是自己，而是对朱元璋的规谏，对国事的关心。《明史》记载："洪武十五年八月寝疾。群臣请祷祀，求良医。后谓帝曰：'死生，命也，祷祀何益！且医何能活人！使服药不效，得毋以妾故而罪诸医乎？'疾亟，帝问所欲言。曰：'愿陛下求贤纳谏，慎终如始，子孙皆贤，臣民得所而已'。"1382年，马皇后病逝，葬于孝陵，谥孝慈皇后，享年五十一岁。《明史》记载："宫人思之，作歌曰：'我后圣慈，化行家邦。抚我育我，怀德难忘。怀德难忘，于万斯年。毖彼下泉，悠悠苍天'。"

她出身布衣，创业之时，跟随丈夫尽心竭力，为大明皇朝的建立下汗马功劳；她荣华富贵时，辅助夫君安邦定国，为明朝的兴盛做出了丰功伟绩；她勤勤恳恳，深受民众爱戴，被后世誉为"中国第一贤后"。

第二节

孤芳自赏冯小青

《红楼梦》是我国四大古典名著之一，其中的女主角就是林黛玉，金陵十二钗之首，所谓"天上掉下个林妹妹，好似轻云刚出岫"，林黛玉的轻盈风流、倾城倾国、旷世诗才是我国传统文化作品中最具灵气的经典女性形象。很多人以为林黛玉这个人物形象是曹公自行想象创造出来的，其实林黛玉在历史上是有原型的，无论是从形象、出身还是才学、气质方面，林黛玉和明代万历年间的冯小青都有异曲同工之妙，同样的悲惨人生、同样的诗人气质，同样的浪漫色彩，恰似临波照影，孤芳自赏，留给后人无限的唏嘘和叹息。

一、早慧命薄，一语成谶

在《红楼梦》中林黛玉是世家小姐，作为历史原型的冯小青同样也是世家千金。她自幼居住在广陵，生活富足，父亲祖辈跟随明太祖朱元璋南征北战，立下了汗马功劳，更为大明江山的创建和稳固做出重要贡献，因此明朝在南京建都后，冯家历代享高官厚禄，冯小青的父亲就是广陵（今扬州）太守。冯小青的母亲也是大户人家的女儿，不仅见多识广而且端庄贤惠，善于抚琴弄弦、挥毫泼墨，冯小青在这样的家庭氛围中成长，自小就被父母严格教养，从懂事起就开始学习诗词歌赋、琴棋书画。父母对她寄予较高的期望，希望把她培养成一个才貌出众的世家小姐。冯小青没有辜负父母的期望，懂事聪颖，学习知识很快。

据清初张岱的《西湖梦寻》之《小青佛舍》记载：冯小青十岁时，家里来了一个化缘的老尼，这老尼穿一身一尘不染的灰布袈裟，慈眉善目，气质脱俗淡定。

她见冯小青聪明可爱，就将她唤到身边。冯小青觉得这老尼慈祥可亲，也就非常乐意地站在她面前。老尼抚着冯小青的头，缓缓开口说："小姐满脸颖慧，命相不凡，我教你一段文章，看你是否喜欢？"冯小青好奇心正强，听她说要教自己文章，饶有兴致地点点头，专注地抬头看着老尼。老尼清了清嗓子，闭目合手，念了一大段佛经。老尼念完后，睁开眼睛看了看冯小青，冯小青知是在考自己，当即也闭了眼，把刚才老尼念的佛经复述了一遍，竟然是一字不差。老尼脸露惊诧之状，随即摇了摇头，口诵一声"阿弥陀佛"，转身对着冯小青母亲郑重地说道："此女早慧命薄，愿乞作弟子；倘若不忍割舍，万勿让她读书识字，也许还可有三十年的阳寿。"

但是冯小青是家中独女，父母对她极为疼爱，怎么会舍得让小小年纪的小青跟老尼走，自此青灯黄卷陪伴一生呢？小青的母亲并没有将老尼的话放在心上，仍旧专心致志地培养小青才学。小青长大之后不仅好读书，更善音律、弈棋，再加上容貌清秀脱俗，十分惹人喜爱。

在《红楼梦》里，林黛玉也是出生在扬州，父亲是扬州的巡盐御史，林黛玉同样是家中独女，母亲贾敏同样是大户千金，林黛玉自娘胎就带病，整日娇娇弱弱，行动处似弱柳扶风，西施捧心，即便是用上好的药浆养着，大部分时候也不见好。而在她很小的时候，家里来了一个化缘的和尚，给她带了一个药方，从此后林黛玉的病才好了一点。

虽然一个是化缘的尼姑，一个是化缘的和尚，但是都是方外之人，林黛玉的出身生平和冯小青有着异曲同工之妙，也许曹公在创作林黛玉这一人物时真的参考了冯小青的故事也未可知呢。

老尼姑的话听起来比较玄乎，但是中国自古就有"情深不寿，慧极必伤"的说法，感情太过投入容易产生各种忧伤情绪，从而伤身伤神，头脑过于聪明容易思考问题过多，看待事情总是看得很深，思虑过多，最是劳神伤身。纵观冯小青的一生，不恰恰是印证了老尼姑的说法？如果她自小认老尼姑当弟子，钻研佛经古卷，或许就不会为尘世之情所伤，如果她没有那么多的才华，智慧没有得到开发，也就不会产生过多的思虑，简简单单平平淡淡，或许就不会英年早逝，空留余恨了呢。

二、身若浮萍，雨打风吹去

建文四年，燕王朱棣发动"靖难之变"，将建文帝从皇位上赶下去，自己做了皇帝，并且迁都北京。而冯家是历代忠臣，冯小青的父亲更是建文帝身边的重臣，在燕王发动叛乱时，他曾经带兵坚决进行阻挡。朱棣攻入南京之后，那些曾经带兵阻挡过他的忠臣哪有好下场！因此冯父被夺职问罪，冯家家族若干人等都被牵连，抄家斩首。而当时的冯小青因为恰好和远方亲戚杨夫人外出，避开了这场灾祸。杨夫人在慌乱之中带着冯小青逃到了杭州，暂时寄居在本家的冯氏富商之中。冯员外和冯小青是本家，但是关系比较远，曾经和冯父有过一回往来，而且冯家是做丝绸生意的，家大业大，见冯小青一人孤独无依，就收留了她。

《红楼梦》中，林黛玉寄居在舅舅外婆家尚且整日哭哭啼啼，用她的诗句形容："一年三百六十日，风刀霜剑严相逼。"林黛玉寄居在自己外婆家日子尚不好过，更何况冯小青寄居在本家远亲家中呢。

住进冯家后不用颠沛流离了，吃穿也不愁，但是吃穿用度自然和之前的太守千金不能比，何况冯小青还是寄人篱下的孤女。家人的惨死让冯小青一直沉浸在悲伤痛苦中，她经常把自己关在屋子里大门不出二门不迈，转眼到了元宵灯节，冯家上下张灯结彩，热闹非凡。带冯小青到杭州避难的杨夫人见小青一人孤身坐在房中就硬把她拉出来赏灯。而正是这个机缘，冯小青认识了冯家的大少爷冯通。

冯通虽然是个商人但是精通文墨，在元宵灯节，他做了很多灯谜大展身手。等冯小青出来的时候很多灯谜已经被猜中了，冯小青信步走到一个灯谜面前：

话语巴山旧有家，逢人流泪说天涯；
红颜为伴三更雨，不断愁肠并落花。

冯小青一下子就猜中了这个灯谜的谜底，而更吸引她的是这首诗本身，因为这首诗用来描述她的遭遇实在再适合不过了，因此她站在灯谜面前发呆。

冯通却被冯小青发呆的样子吸引了。其实冯通早就知道自己家中住进了一个逃难的千金小姐，更是听人说此人才貌双全，但是自己已经结婚，男女有别，不敢随意拜访，今天第一次见到冯小姐，果然是传说中漂亮且极有才情，气质更是出众。因此冯通瞬间就对冯小青心生好感。

但是爱情有时候是出路，有时候是劫难。古话曾说"男怕入错行，女怕嫁错郎"，这是因为古代女子地位低下，婚姻大事往往由父母做主，自己无法选择，大多数女子，一旦嫁错了人，终身无法解脱。冯小青的境遇更为悲惨，她连为自己婚姻大事做主的亲人都没有，正如水面浮萍，雨打风吹，从此天涯是故乡！

元宵灯节后，杭州城里下了雪，到处银装素裹，冯小青的房间外面有几株梅花，迎风开放，吐蕊芬芳。冯小青在扬州家中就喜爱梅花，每到梅花开放期间就喜流连其中，享受那份淡雅。漂流到异乡，再见到梅花映雪，不禁心中晴朗了许多，而恰在这时，同样喜爱梅花的冯通走进了小院，两人一起收集落雪煮茗，畅谈诗词歌赋，一来一往间，感情迅速升温，彼此互诉衷情。冯小青的心中因为爱情而有了勃勃生机，冯通也向自己父亲提出了纳妾的想法。冯小青虽然是寄人篱下的孤女，但她本身是太守之女，如果不是家族突遭变故，是绝对不可能下嫁冯通的，而且她本人也聪明可人，文雅知礼，因此冯父一口答应了儿子的请求。

三、大妇善妒，爱情的劫难刚刚开始

冯小青一个世家千金，嫁给商贾人家做妾，虽然有些委屈，但是冯通对她百般爱恋，她已经很满足了。但是镜花水月的背后却远不如冯小青想得那般美好，冯通的正妻崔氏十分嫉妒冯小青，性情彪悍，她不仅对冯通的行动严加约束，更是对冯小青的生活习惯挑挑拣拣，十分严苛。

冯小青口味清淡，吃不惯冯家饮食的油腻重口味，因此经常让厨子烧一些清淡的菜专门送进她房里，不料一日恰巧被崔氏看见，崔氏故意斥责厨子，说冯家家大业大，有鱼有肉，烧这些没有油腥的菜说出去丢了冯家的脸。说罢，就将冯小青的饭菜倒进了污水中。

冯小青迫于嫡庶之分，不敢反抗崔氏，甚至曲意逢迎她，然而崔氏依旧不给她好脸色看。而冯通本人竟也十分懦弱，被正妻的强悍压得抬不起头，根本无力保护冯小青。

张岱《西湖梦寻》之《小青佛舍》一篇：

误落武林富人，为其小妇。大妇奇妒，凌逼万状。一日携小青往天竺，大妇曰："西方佛无量，乃世独礼大士，何耶？"小青曰："以慈悲故耳。"大妇笑曰："我亦慈悲若。"乃匿之孤山佛舍，令一尼与俱。小青无事，辄临池自照，好与影语，絮絮如问答，人见辄止。故其诗有"瘦影自临春水照，卿须怜我我怜卿"之句。后病瘵，绝粒，日饮梨汁少许，奄奄待尽。乃呼画师写照，更换再三，都

不谓似。

后画师注视良久，匠意妖纤。乃曰："是矣。"以梨酒供之榻前，连呼："小青！小青！"一恸而绝，年仅十八。遗诗一帙。大妇闻其死，立至佛舍，索其图并诗焚之，遽去。

崔氏借着上香拜佛一事让冯小青搬离了冯家，住进孤山佛社中。从这开始，冯小青的性格就变得自怨自怜，她经常临水自照，看着自己的影子自言自语，别人看到了就立即停止，曾经作诗："瘦影自临春水照，卿须怜我我怜卿。"从她的诗句里可以看出她有典型的自恋特征，后来她病倒了，整日水米不进，每天只喝一小盅梨汁，自觉不久于人世，于是让人叫来画师给她画像，画师给她做了几幅画，她都不满意，说和自己不像。后来画师注视她良久，以及其细腻的笔触终于画成了一副冯小青依梅而立的画像，简直就像真人，小青这才认为画的是自己，把梨酒放在病榻前，连声疾呼："小青！小青！"哀恸辞世，年仅十八岁，留下了平生所作诗词和画像。崔氏听说她死了，立即赶到佛社，拿走她的画像和诗作一并焚毁。

十八岁一个才女在孤山别墅香消玉殒，后人有说冯小青死于爱情，有说死于正室的嫉妒，也有说她死于自恋，各种说法不一而同。也许杀死冯小青的正是寂寞，因为孤绝寂寞是折磨一个人最好的方法，被孤独笼罩的人，往往会做出匪夷所思的事情，一方面源于对孤独的恐惧、绝望，另一方面则源自对自己的垂怜和同情。纵观冯小青的一生，从太守千金沦落到商贾妾侍，本身就是巨大的身份落差，而冯小青本人又通晓文墨、知书达理、性情清高、目无下尘，家庭变故、人生磨难更容易对她的心理造成巨大冲击。

或许对于一个女人来说，完美的爱情可以将冯小青从悲伤抑郁的情绪中拯救出来，可以弥补她生命中的不平衡，但是冯通显然不是一个合格的爱情对象，他性格懦弱，不敢反抗自己的妻子，无法对冯小青伸出援助之手。冯小青的爱情崩塌，唯一的知己也没了，只能望着水中自己的影子自言自语。人生，有时候就是这么匪夷所思。冯小青的一生正如那个老尼而言，早慧福薄，倘若不问世事，远离俗世尘埃，或许可以活得更久，但冯小青并没有远离俗世，她高贵的出身、脱俗的外貌、优秀的文采都没有换来更好的生活，反而一生都在不安、流离和孤苦中度过，这样的人怎么才会高兴起来呢？

　　但是也有学者经过考据认为历史上并没有冯小青这个人，是有一个叫谭生的文人和朋友作诗创造出这样一个人，并说小青，实际上代表离情，"忄"外形上像是"小"字，也有人说她本姓钟，名字合在一起是钟情二字。当然也有学者考据之后认为小青确有其人，在《妙楼山集》的《西泠闺咏》中曾说："（紫云）扬州人，小青女弟，会稽马斿伯姬。姿才绝世，既精书史，兼达禅宗。惜与小青俱早殁。"该种说法认为小青有一个女徒弟，叫冯紫云，精通书史、禅宗，才貌双绝，可惜的是和冯小青一样英年早逝。这种说法从侧面证明了冯小青的真实存在。

　　总之，不管历史上冯小青是否真实存在，都不影响她的才情，在冯小青的身上寄托着中国古典才女的特性：命运坎坷、性格孤僻、清高、幽怨。典型的特征为瘦弱、清秀和才华出众，禁不住让人想起李清照的词句："帘卷西风，人比黄花瘦。"冯小青顾影自怜的独特个性使得她对明清两代文人产生了深深的吸引力，众多文人学者探讨她的来历、身份，重构她的形象，赞美她的文人气节和气韵，关注她的婚恋悲剧。曹雪芹在《红楼梦》中创造林黛玉这个角色时，很可能将冯小青的个人遭遇、心性和结局进行改编和创造，使得林黛玉本人的性格和心性很大一部分来源于冯小青。

　　当然由于冯小青的故事各种版本传说众多，人们无法明确冯小青是否确有其人，她的故事经历是否真实，在《小青传》中，戈戈居士评价，"读小青诸咏，虽凄婉，不失气骨""李易安词中无此情话也"。把冯小青的诗句、著作和李清照进行对比，肯定她的文人气节、坚持，所以冯小青绝非普通的红颜薄命，而是代表了文人在残酷现实下的感怀和伤心，代表了文人怀才零落，个性思潮被压制、扼杀的无可奈何，最后让我们用冯小青的一首绝句为她的人生献上一首挽歌：

　　　稽首慈云大士前，不升净土不升天，
　　　愿为一滴杨枝水，洒到人间并蒂莲。

第三节

亦母亦妃万贞儿

万贞儿，明朝宪宗皇帝朱见深的贵妃，宠冠宪宗一朝的后宫。她幼年入宫为宫女，后照顾当时年仅两岁的太子朱见深，共同度过了一段因皇权更替导致的艰难日子，抚育陪伴朱见深长大成人。朱见深即位，史称宪宗，年长宪宗十七岁的万贞儿以宫女身份诞下皇长子后晋封贵妃，虽其子早夭但仍因盛宠晋封皇贵妃。在明清两代的史料中，万氏一直被描述成一个工于心计且罪大恶极的女人。在史官的笔下，她的主要"罪名"有擅宠、残害皇嗣、谋害孝宗生母孝穆皇后纪淑妃、勾结奸臣、挥霍浪费等。

一、相依为命——宫女与太子

万贞儿是青州诸城（今山东潍坊）人，生于明宣宗宣德五年（1430年），她的父亲叫万贵，原本为山东诸城县吏，因亲属犯罪被贬至霸州为民。为了日后能有所依靠，他委托同乡把万贞儿带进皇宫当宫女，此时为宣德八年，万贞儿进入宫廷时年仅四岁。与她同年入宫的宫婢高氏成了英宗淑妃，而万贞儿有着不同的境遇，进入宣庙孙太后宫中为宫女，万贞儿虽然年幼，但父亲的被贬、生活的坎坷使她十分懂事乖巧，口齿伶俐的她深得孝恭孙皇后的喜爱。

明宪宗初名朱见濬，生于正统十一年（1446年），为明英宗朱祁镇的长子，生母是周贵妃。当时英宗准备亲征，而且钱皇后没有生育嫡子，出于稳定朝政的需要，刚满两岁的朱见濬作为皇长子被立为太子，他的生活起居和安危变得至关重要。但就是在这时，孙太后把已经及笄、时年十九岁的万贞儿派去侍奉太子。由此可见，万贞儿当时很受孙太后器重与信任，作为宫女的她个人能力非常强，孙太后认为她一个未婚少女，能胜任照顾抚育皇太子的重担。从此以后，幼小的太子与正值妙龄的万贞儿朝夕相伴、形影不离。

宫女低微的出身让万贞儿在宫廷生活中感到朝不保夕，她在经受身体上的劳累和心理上痛楚挣扎的同时，审视着后宫中后妃们内部残酷的斗争，她学会了利用错综复杂的关系，掌握了巧言令色的本领。万贞儿形成了强烈的嫉妒心理和向上爬的欲望，她将年幼的太子视为自己梦寐以求的晋身之阶，把自己全部美好理想都倾注在这个比她小十七岁的男孩身上，同时，她又像母亲般体贴温柔，把孤寂的宫女生活中无法排遣的全部热情都给了朱见濬。

　　太子朱见濬的童年并没有像一般太子那样养尊处优，而是几经挫折。就在他被立为太子的同年，蒙古瓦剌部首领也先率大军向明朝进攻，大同的明朝守军失利，边境军情急报一天数至。为解决忧局，明英宗在宦官王振的撺掇与挟持之下，仓促之间统兵亲征，致使发生"土木堡之变"，二十万明军伤亡过半，战败投降，明英宗朱祁镇被俘。这一重大事件不仅成为明朝的转折点，也给年幼的朱见濬蒙上了一层挥之不去的阴影。在这国难当头之际，为了避免国无长君的政治危机，于谦等大臣纷纷与皇太后商议，决定拥立皇帝的弟弟、郕王朱祁钰为皇帝，遥尊英宗为太上皇。于是朱祁钰登基，是为明代宗景泰帝。同时朝廷下令边关将领，不得私自与瓦剌接触，即便是瓦剌用太上皇的名义，也不用搭理。

　　瓦剌恼羞成怒，挥师攻打北京，于谦等明朝文武群臣奋起反抗，在北京保卫战中击败瓦剌。瓦剌见无法从明英宗身上讨到好处，无奈之下，在第二年遣使与明朝议和，表示愿意送回英宗。但景泰帝已经在朝臣的拥戴下做了快一年的皇帝，他忧虑自己皇位不保，不愿接回英宗，在于谦的劝说下，羁留塞北一年的朱祁镇踏上回乡之路。回京的太上皇，从此被锁在南宫，在惊恐不安之中度过了七年软禁生涯。七年里，景泰帝加派锦衣卫严密看管，将南宫大门上锁灌铅，甚至连食物都只能通过小洞递入。为免有人联络他，景泰帝甚至把南宫附近的树木砍伐殆尽，让人无法藏匿。

　　也许对于两岁的儿童朱见濬而言，战争、国家危机和皇权更替他并不能理解，在他脑海里也没有很强的记忆，但是随着后续事件的发生及年龄的增长，他将面对愈加残酷的政治斗争，心理上的创伤越来越显现出来。在父亲"太上皇"英宗被囚禁的同时，景泰帝皇位的日益巩固，朱见濬的太子地位即将不保。终于在景泰三年，景泰帝废侄子朱见濬为沂王，立自己的儿子朱见济为皇太子。这一年的朱见濬只有六岁，他被逐出皇宫，不能与自己的生母周氏轻易相见，缺乏父母的陪伴，难以体会到家庭的温暖与关怀，年仅六岁的朱见深产生孤寂的心理阴影。

　　面对这一突来的变故，《明实录》中对于朱见濬的反应是这样记载的："年虽幼，已岐嶷如成人，视瞻非常，不轻言笑。"意思是说，他的年纪虽然很小，但是十分聪慧，顾盼间的神态不同于常人，从不轻易笑语言谈。当时的朱见深虽然不懂权力政治，被上位者任意摆布，但是周遭的人情冷暖他还是能感知到的，家庭亲情的缺失和郁郁寡欢的童年使得朱见濬经常陷入孤苦无依的状态，他身边唯一一直伴随他的只有一个人，此人就是成为宪宗皇帝的他后来终生迷恋的万贵妃。史书所载，万贞儿"谲智善媚"，说明她是有勇有谋的，生就一种富于担当的气概，再加上其自幼长于后宫环境中，熟悉后宫生活的波诡云谲，万贞儿具有一定的后宫政治敏感度。这些对于幽闭南宫时期的朱见濬而言尤为重要，只有像万贞儿这种熟悉后宫生活又有能力的女子，才能在那种残酷的环境中既保护宪宗，又给予其母亲般女子的温柔抚慰。

其后直至"夺门之变"，英宗复辟改元天顺，将朱见濬的名字改为朱见深，他得以再次正位东宫，此时朱见深才仅仅十岁。在其成长的最初几年，朱见深经历了人生中的多次动荡与转折。在这过程中，能够给孤立无援的他安全感与抚慰的只有始终相伴的万贞儿，她不仅扮演着照顾者的角色，弥补了母爱的缺失，更是玩伴、辅助者等众多角色。毫不夸张地讲，万贞儿已经成了朱见深的精神寄托，随着朱见深年纪的增长，亦母亦姐的万贞儿在他心中的身份地位有了变化，他开始以一种看待女性的眼光来看待万贞儿，两人之间产生了患难之情之外的别样情愫。可以说，万贞儿是情窦初开的朱见深的初恋情人，也是少年太子初涉情事的第一个女人，在他的心中占有特殊的常人难以理解的位置。

二、宠冠后宫——风韵犹存的贵妃

早在作为太子的时期，朱见深就一直希望将来立万贞儿为自己的皇后，无奈英宗绝对不会允许一个比自己儿子大十七岁的宫女为皇后，他为了打消太子的这个念头，亲自为朱见深选好三位名门淑女作为皇后候选人，分别是吴氏、王氏、柏氏。还没有正式确定选谁为太子妃，英宗就得了重病于天顺八年驾崩，十八岁的皇太子朱见深即位为帝，是为宪宗，改元成化。由于英宗的遗愿和太后的认可，宪宗即位后吴氏被立为皇后，王氏和柏氏被封为妃。吴氏时年十六，聪敏知书，通晓礼乐，是一个才貌双全的女子。大婚之日，百官对戴上凤冠的她行礼，高呼千岁，吴氏成为宪宗的第一任皇后。

宪宗即位时，万贞儿已三十五岁，尤为宫女但承恩日久，与朱见深感情甚笃。年轻美貌的吴皇后并没有打动宪宗，他依然与万贞儿如胶似漆，形影不离。吴皇后嫉妒万贞儿独受恩宠，深恨朱见深与万氏的暧昧关系，便想方设法找万氏的茬，万氏不堪挑衅，于是和吴皇后顶撞起来，吴皇后便抓住万氏的错处，凭借后宫之主的身份杖责了她。在等级制度严格的封建社会，以皇后之尊下令杖打宫女，本不是什么大的过错。可吴皇后杖打的是一个皇帝宠爱的女人，即使她只是个宫女。

此事很快就被皇帝朱见深得知，他不能忍受心爱的女人受苦，正在气头上的宪宗借此机会下令废后，尽管有太后与大臣的阻拦，朱见深仍连下三道诏书向天下宣布废黜皇后："先帝为朕简求贤淑，已定王氏，育于别宫待期。太监牛玉辄以选退吴氏于太后前复选。册立礼成之后，朕见举动轻佻，礼度率略，德不称位，因察其实，始知非预立者。用是不得已，请命太后，废吴氏别宫。"朱见深声称王氏才是英宗选定的皇后，是太监牛玉因受贿于吴氏之父假传先皇遗旨，欺瞒太后使吴氏得以正位中宫，而作了皇后的吴氏举止轻佻，难以作为天下女子的表率，于是请示太后将她废至冷宫。可怜吴氏只做了一个月的皇后，就被废掉了，天大的委屈也无法向人倾诉，十六岁的她不得不在凄冷的冷宫度过余生。

吴氏被废，王氏继立为皇后，从中吸取了教训，对万氏的态度比较友善，不大理会万氏的专宠及横行霸道。王皇后的明哲保身态度，以及皇帝对万氏的宠幸，使万氏成为成化朝后宫真正的主人。成化二年，已经三十七岁的万贞儿生下皇长子，宪宗大喜，立即封她为贵妃，并许诺立其子为太子，又派出使者四处祷告山川诸神。一时之间，荣宠有加，万贞儿母凭子贵、地位攀升、风头无两。可惜天不从人愿，没过一年皇子夭折，万贵妃从此不再有孕。

万贵妃高龄产子本就对身体有所损害，又因丧子之痛精神不济，年龄已高的她担心年老色衰后失去宪宗宠爱，且无子傍身没有依靠。或出于对怀有子嗣嫔妃的嫉妒，或出于对自己专宠地位的威胁方面考虑，万贵妃对怀有子嗣的嫔妃大肆迫害，千方百计阻止后宫女子怀孕，即"时万贵妃宠冠后廷，宫中有孕者，百方堕之"。宪宗即位后的十二年间，只诞生了三位皇子且两位早夭，险些使宪宗帝一脉绝嗣，导致皇宫内外惊惧。年纪已经二十六岁的朱见深在皇长子和悼恭太子早夭后，以为自己将无后，有一天太监张敏给宪宗梳头，看到自己的白发，宪宗不禁感叹："老将至矣，无子。"太监张敏突然跪下说："圣上已有后，匿不敢现。"意思是，宪宗感叹自己已经老了还没有继承人，张敏回答圣上已经有后，只是藏匿不敢现身。原来是有一位宫女纪氏在偶然承幸后怀孕，在万贵妃的阴影下，于冷宫中偷偷生下了朱祐樘，朱见深第一次见到长期生活在冷宫的瘦弱儿子，不禁感慨万千，并将他立为皇太子，即之后的明孝宗。万贵妃在太子已立后，迫害了太子的母亲纪淑妃和太监张敏，但也许是国朝已有太子，大局已定，也许是感到自己再也无法生育，万贵妃放松了对后宫的控制，宪宗的后宫嫔妃在此之后又生下了十几位皇子和公主。

万贵妃虽然没有生下皇嗣，但凭借着与宪宗相伴相依的共同经历和深厚感情，在纪妃之子册封为皇太子几个月后，就取得了"位亚坤仪，峻陟列妃之首"的皇贵妃之位，成为后宫实际上最为尊崇的女子，就连王皇后也只能"以礼自安"，避其锋芒来保全自己。万贵妃生怕太子以后向自己报弑母之仇，有一天召养于太后宫中的太子前来用食，太后嘱咐他不要食用皇贵妃宫中的东西，面对万贵妃的劝食，太子说："已饱。疑有毒。"万贵妃十分生气："是儿数岁即如是，他日鱼肉我矣。"意思是说，太子年纪如此小就疑心于我，等长大了必将迫害我。

关于万贵妃为何如此受宠，后宫上下与朝廷内外百思不得其解。宪宗的生母孝肃周太后曾经问他："彼有何美而承恩多？"宪宗回答："彼抚摩吾安之，不在貌也。"宪宗只有在万贵妃的拍抚之下才可以安然入睡，可见，万贵妃承宠不在貌美与否，主要在于她能抚慰宪宗的内心。宪宗坎坷的童年让他认识到宫廷斗争的残酷性，从小安全感缺失，倾注在万贵妃身上的，既有男女之欢，更有晚辈对长辈的依恋。

万贵妃的专宠骄横，不但影响了宪宗一朝的内宫生活，而且还间接地影响到外廷。随着万贵妃后宫地位上升、权势的日益煊赫，一些宵小之徒也不断巴结趋附。万氏因出身低贱也很想利用内外大臣来巩固自己的地位，双方一拍即合，致使成化中期以后整个朝政乌烟瘴气。一些士大夫，不顾颜面，乐意与万贵妃及其家人相结纳。佞臣钱能、汪直、梁芳、韦兴等人纷纷贡献财物，笼络万贵妃，一时之间，外戚横行奸臣当道，朝纲败坏。

成化二十三年，皇贵妃万贞儿去世，时年五十八岁。得到消息的宪宗不禁号啕大哭，说了一句悲痛至极、耐人寻味的话："万侍长去，吾亦安能久矣！"意思是，贞儿一去，我也将命不久矣。他主持贵妃的葬礼一如皇后之例，并辍朝七日以示哀悼。万贵妃死后，宪宗萎靡不振积郁成疾，八个月之后，果然"甘弃臣民不顾"，撒手人寰，终年四十一岁。从宪宗对万贵妃的不看才貌、不重年龄的专宠和生死相随，可以看出万贵妃在宪宗心里的地位，她已经不仅仅是一个普通的贵妃，而是宪宗生活的一生挚爱和精神支柱。

第四节

医者仁心谈允贤

中医是我国传统文化的重要组成部分，但是我国古代女医非常少，有著作传世的更属凤毛麟角。明代女名医谈允贤自幼聪慧好学，自幼时起就跟从祖母茹氏学医，后著有《女医杂言》一书留存至今。谈允贤一生救人无数，尤其是对囿于后宅的女性身心多加关怀，她被称为是四大女医之一，之前热播的古装剧《女医·明妃传》便是以谈允贤为原型。

一、女医并不是明妃

在 2016 年播出的古装偶像剧《女医·明妃传》中，女主杭允贤原姓谭，祖上世代行医，其祖父被陷害卷入宫廷斗争中，因而隐姓埋名生活。她一心想为爷爷洗清冤屈，并将祖上医学继承与发扬下去，决定投考太医院成为一位宫中女医，虽然被一众男太医故意歧视刁难，但她坚持用精湛的医术悬壶济世，终于突破禁忌公开行医，建立医女制度，最终成为一代知名女国医。在此过程中，谭允贤与明英宗朱祁镇、明代宗朱祁钰和瓦剌首领发生了一系列曲折波澜的爱情故事，后成为明代宗的杭皇后，代宗死后在民间设立医馆，以女医杭氏的身份广招学徒、悬壶济世。

该剧女主角取材于历史人物明代著名女医谈允贤，还参考了明朝代宗杭皇后的生平来创作部分情感经历，最终经过戏剧化的加工创作而成，因此叫"女医""明妃"传。但是在真实历史中，杭皇后至少比谈允贤年长二十多岁，是生活在不同年代的两个人，杭皇后并不懂医学，谈允贤也不是代宗的嫔妃，甚至没有进过宫。实际上明朝的女医谈允贤，与皇帝朱祁镇、朱祁钰并无感情交集，朱祁镇于 1464 年驾崩时，谈允贤才三岁。

和剧中的"谭允贤"一样，现实中谈允贤的人生经历同样浓墨重彩，她出生于明英宗天顺五年（1461 年），江苏无锡人。谈允贤出生在官宦与儒医相结合的书香世家，谈家行医之源可追溯到谈允贤的曾祖父谈宏。在《女医杂言·自序》

中，谈允贤自述她的曾祖父入赘到同里的行医世家黄遇仙家，得以学习医术救治病人。谈允贤的祖父叫谈复，字采芝，据《无锡县志》述载："以医药济人，衣食常不给，而所得悉施贫者。"谈复子承父业，时常以医药帮助周围的人，而所得收入悉数施于贫困者，常常使自家衣食不济。谈复的妻子茹氏出自明初名儒之家，她嫁入谈家后也向公公谈宏学习医术，颇有成就。在此之后，谈允贤的父亲和伯父都入仕为官不便学医，眼看谈家的医学渊源就要断线，开明的祖父谈复将目光放到了天资聪颖的孙女谈允贤身上。

谈允贤的父亲谈纲经过苦读求得中进士，授南京刑部主事，将父母和时年八岁的谈允贤一起接到南京生活。懂事的允贤陪伴、侍奉在祖父谈复和祖母茹氏身旁，有时候家里举办家宴，父亲会让她背诵诗歌来助兴，允贤虽然年幼但思维敏捷、口齿伶俐。祖父见了异常欢喜地表示，允贤聪慧机敏，不应该用女红（旧时指女子所做的针线、刺绣、缝纫等工作和这些工作的成品）去束缚她，决定传授她医术。于是谈允贤从十几岁开始就昼夜不辍地阅读各种医学典籍，包括《难经》《脉诀》等。在闲暇时她则请教精通医术的祖母，讲解大义和书中晦涩难以理解的部分，允贤总能一点就通。可以说，祖母茹氏在她学医过程中起到了重要的引导作用，让谈允贤对医学基础知识有所了解并产生了继续学医的极大兴趣，但此时尚未有机会付诸实践。以上出自《女医杂言·自序》中谈允贤的自述："父莱州郡守、进阶亚中大夫府君……亚中府君先在刑曹，尝迎奉政府君暨大母太宜人茹就养。妾时捶髻待侧，亚中府君命歌五七言诗，及诵女教、孝经等篇以侑觞。'奉政喜曰：'女甚聪慧，不知其言之善也。'是后读《难经》《脉诀》等书，昼夜不辍。暇则请太宜人讲解大义，顿觉无窒碍，是已知其言之善而未尝有所试也。"

及笄后的谈允贤与一位姓杨的士人成婚，出嫁以后继续学习医学，并开始医疗实践。成婚不久谈允贤一度气血失调，身患中医中所说的"宫寒"之症，她自己用药调理，并和其祖母及当地医生的用药进行比对，每次医生看病前，允贤都先自我诊查，观察医生所开的药方是否符合自己对病症的诊断。并且亲自抓药，斟酌这些药是否对症，通过这个机会积累总结了一些经验。后来允贤生育三女一子，当子女患病时，允贤便不再求助他医，而是在其祖母茹氏的提点下，亲自看诊开方抓药。此时，谈允贤已初涉中医临床，但还没有明显的收效，其医技有待进一步提升。谈允贤真正行医是在祖母去世后，她的祖母茹氏晚年将全部经过检验的药方和制药工具传授给她，祖母叮嘱允贤勤奋治学，理解牢记并验证书中内容。祖母去世，既是亲人又是授业恩师，允贤悲痛过度病倒，缠绵病榻达七个月难以痊愈。传闻允贤在祖母托梦中得到药方，依照药方调理病愈。大病初愈后的谈允贤体会到所学医道的良效，不忘梦中祖母的嘱托，将祖辈家传的医学发扬光大，开始走上看诊治病的职业女医之路。

受限于封建社会的礼教，当时社会风尚要求男女性别大防，许多闺阁千金和大户女眷生病之后，往往不能或羞于请男医诊治，病情严重时也只能将症状向男医生转述，医生据口述之语开出药方，常常因此延误病情。所以当谈允贤行医之后，"相知女流眷属，不屑以男治者，络绎而来，往往获奇效"，因其高超的医术、温柔细腻地问诊方式和先天的性别优势取得了女患者的信服，很快成了当地有名的女医生，并被主流社会所接受。

二、突破社会束缚的女医

历史上的中国女医可谓寥寥无几，屈指可数。论其原因，首先是古代女子接受文化教育机会少，多以家庭教育为主，即便接受教育，但受教育的程度仍然很低。其次，医术作为当时的重要谋生手段具有保密性和封闭性，受社会伦理影响，医术积淀深厚的医学世家多有传男不传女的习俗。最后，医生这一行业要与人打交道，望闻问切亲自看诊，与当时女子足不出户的习俗相悖。

西汉时期的义妁、晋代鲍仙姑、宋代的张小娘子、明代谈允贤并称为中国古代"四大女医"，她们中有的出生于医学世家，深受熏陶习得医术，有的是嫁给名医后从夫行医。可以看出，由于封建社会礼教森严和女性性别的局限，古代女性难以通过拜师或进学的方式学习医学知识，女性主要是受到家庭环境和偶发性因素的影响从医，并没有受到系统的教育。即使谈允贤受到了良好的基础教育和较为系统的医学教育，在当时男女授受不亲的封建礼教制约下，她作为职业女医也不可能和男医生一样随处应诊，只能采取坐地行医的方式，接诊的对象也受到了局限，以女性和儿童为主。这些局限在谈允贤的著作《女医杂言》中得到了具体的反映，书中收录三十一则医案，患者大部分为女性，余下几例则是儿童。

谈允贤医术精湛，闻名乡里，救治妇孺无数。在允贤五十岁时，想起祖母曾经预言自己寿命七十有三，如今已过泰半，感叹岁月如梭，不知道自己余生还有几日。为了祖母"大吾术以济人"的嘱托，也为将自己习得的医学知识与积累的临床经验保存下来，能够惠及后世，于是精心挑选自己行医过程中的典型案例，撰写了《女医杂言》。古代社会男尊女卑，女性不可抛头露面，谈允贤便命其子杨濂代为书写，后由其弟谈一凤给此书题跋，刊印发行。审视谈允贤的行医过程，不管是受到祖母托梦行医，还是因祖母的预言及嘱咐撰写医书，谈允贤都是为了从孝道和大义的道德角度为自己身为女子行医找到更为合理的支撑。

自古以来，中国的妇科医疗永远与女性的生育功能联系在一起，在中国古代封建思想与性别隔离的社会环境下，女性分娩与接生离不开稳婆、产婆与女医等女性医疗从业者。古代素有"三姑六婆"的说法，泛指走街串巷提供一些专业技术服务的市井女性，如三姑指道姑、尼姑、卦姑三种从事宗教职业的女性，六婆中牙婆从事人口买卖、媒婆给男女双方说合亲事，虔婆指开设秦楼楚院、媒介色情交易的妇人。因为这些职业的从业者需要"抛头露面"，往往给人口齿犀利、市侩奸恶的印象，"三姑六婆"在封建社会的传统价值观中带有贬义。在这种畸形苛刻的社会环境下，女性从医者多被称为"药婆"和"稳婆"，药婆利用药物给人治病，稳婆是旧时民间以替产妇接生为业的人。谈允贤能够被尊称为女医，除了出生于官宦与医学相结合的书香世家之外，还因为她高超的医术和高尚的人品得到了社会上层的认可。

谈允贤最擅长治疗妇科疾病，妇科病在古代比较难以诊治，有"宁治十男子，不治一妇人"的说法。究其原因，除了妇科病本身难治的客观因素外，更主要的是因为主流医生以男性为主，难以与女性患者进行直接有效的沟通，而谈允贤作为女性医生在这方面似乎是有天然的优势，她的医疗风格体现了女性细腻平和的特点。谈允贤对她所医治的女性患者的诊疗，是建立在亲身问诊、解除封闭上的平等对话，除了对身体病理症状的观察外，还耐心询问关心她们的生活，从心理角度分析疾病成因。古代女子家庭地位和社会地位低下，相夫教子、奉养公婆、家务繁重，易压抑情志，损耗气血，所以谈允贤治疗疾病时，注重了解心理致病因素，在治疗主要症状的同时，兼顾补益气血，疏肝理气。

所有谈允贤的医学思想，都反映到她的医疗方法之中。《女医杂言》中有这样一则医案："一妇人，年三十二岁，其夫为牙行，夫故商人，以财为欺，妇性素躁，因与大闹，当即吐血二碗，后兼咳嗽，三年不止，服药无效。其先有止血凉血，次用理气煎药，再用补虚丸药。"说的是一位三十二岁的妇人，丈夫行商不义，以财欺人，这位夫人性格比较急躁，与丈夫大吵一架吐血之后咳嗽三年不止，一直服药都没有成效。谈允贤的治疗方法是先治理主要的症状咳嗽出血，止血凉血，其次用药疏导不平之气，最后用丸药补病人虚弱的身体。可以看出，谈允贤通过问诊了解到情志化火是患者咳嗽吐血的病因，在治疗过程中止血止咳外不忘疏肝解郁、补其气血，可以说是治标又治本。

在谈允贤这里，女性患者得到了更为亲切平等的治疗，她们受家族和社会压制的声音也被细心的她发现，这些事迹在著作中得到赞扬和彰明。例如，谈允贤记载一位妇人因十年无子很是忧闷，询问原因才发现是该妇人的丈夫经常嫖妓夜不归宿，妇人与丈夫经常大闹损耗了气血，致使小腹冷痛宫寒不孕。《女医杂言》折射明代中期妇女的生活状况，她们饱受多次生育的折磨，因"夫权"过重深受压迫，情志抑郁致使多病，底层劳动妇女大多带的是"职业病"。

谈允贤以女子身份行医救人，为明代江南地区妇女付出良多，在当地获得广泛好评。她著书立说，《女医杂言》具有独特的医学思想，以她特有的方法治疗女性疾病，书中案例具有代表性和实用性，对后世诊治妇科疾病有很大的参考价值。谈允贤的故事不该为世人所遗忘，更不应该不顾史实，妄加戏谑地写成博人眼球的荒诞爱情故事。谈允贤对医学知识和救死扶伤的崇高追求，对女医医学史的贡献都该永垂青史。

第十八章　女子也能定乾坤

纵观历史，清朝是我国历史上最后一个封建王朝。从 1644 年多尔衮率领清军进入北京起到 1911 年被辛亥革命推翻止，共历 267 年。在清朝鼎盛时期，它的政治、经济、疆域、文化等发展超过了以往任何朝代，在统一的多民族国家发展过程中占有极为重要的地位。然而，清代社会处于封建社会晚期，它日益加强中央集权统治，思想上大搞文化专制主义。"大兴文字狱""摧残妇女""闭关自守"等一系列政策使清朝社会最终成为一个封建专制统治达到顶峰的社会。这一变化使得妇女的地位和境遇受到了极大的影响。

中国古代妇女的境遇，是伴随着封建制度由盛而衰以及封建专制不断加强而发生剧烈变化。"三从四德""男尊女卑"的封建伦理纲常使得妇女陷入了无底深渊而无法自拔，地位日趋恶化，清代达到极致。

婚姻方面，女性婚姻自主权彻底被削夺殆尽，除了唯一一次合法的包办婚姻外，其他的都被禁止，并大力提倡妇女守贞节烈；经济财产方面，妇女没有自己

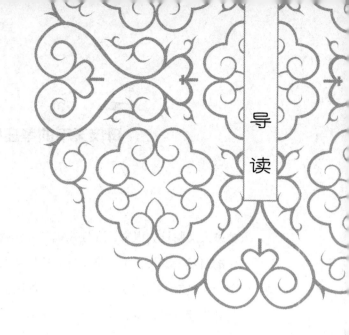

的财产，不掌握生产资料，缺乏劳动手段，生活依赖于丈夫，从而丧失独立的人格，成为男子的附属；参政方面，严禁后妃预政，即使"垂帘听政"也往往遭到朝廷大臣的反对，认为是有违祖宗家法；教育方面，清朝从维护封建纲常名教出发，对女子的教育重在对其道德行为的教育，而不是把重点放在对女子才学的教育，"女子无才便是德"是始终被宣扬的价值观；身体健康方面，缠足陋习达到顶峰，把缠足当成评价女性美的第一标准，把缠足作为妇德、妇容的内容。社会上还有很多文人专门研究女子的小脚，甚而还颇有著述。

当然，这是从妇女总体命运上来讲的。

在清前期，也不乏有许多熠熠生辉的女性，她们的行动在一定程度上影响了历史的发展进程，并为后人津津乐道。本章节所选取的女性人物，就是属于明末清初这个时段，历史在这里沸腾；政治在这里纠缠；文化在这里碰撞；军事在这里纵横。她们是这个时代的产物，同时又影响了这个时代。

第一节

母仪天下的孝庄皇后

人类进入文明社会以来，女性在抚养教育后代上承担着主要责任，而在我国两千多年的封建王朝历史上，皇子皇帝的母亲虽深居后宫，不能直接参与政治活动，但因为与皇室关系密切，时常用自己的政治智慧左右着朝局。清朝是我国最后一个封建王朝，又是少数民族女真族统治中原的王朝，在入主中原巩固政权过程中，遇到了来自汉族与皇室内部的许多困难和挑战，孝庄皇后用女性独特的智慧辅佐了三代皇帝，她是清朝历史上杰出的女政治家，是一位睿智的妻子，妈妈和奶奶。

一、豆蔻年华，结缘皇家

明朝末年，生活在东北白山黑水之间的女真族逐渐强大起来，相比汉族，女真族还保留着部落管理制度，1616 年，女真部落首领努尔哈赤建立大金国（史称后金），随后努尔哈赤统一女真各部，为了摆脱明朝的压榨，努尔哈赤立志反抗明朝，与女真部落相邻的蒙古族成为女真族团结拉拢的对象，政治联姻成为拉拢关系的重要方式。

孝庄 1613 年 3 月 28 日出生在科尔沁蒙古部落蒙古贵族世家，姓博尔济吉特，名布木布泰，布木布泰在蒙古语里有"大口袋""天降贵人"等意思，根据考证，博尔济吉特蒙古贵族是元朝成吉思汗的后代，所在的科尔沁部落在众多的蒙古族部落里势力强大，一直是女真族团结的对象。1625 年 2 月，年仅十三虚岁的布木布泰嫁给后金汗努尔哈赤第八子、四贝勒皇太极。在此之前，孝庄的姑姑与姐姐先后已经嫁给皇太极，这次政治联姻稳固了科尔沁部落与后金政权的联盟。

1626 年 8 月 11 日，努尔哈赤去世，皇太极即汗位，改国号为清。布木布泰被封为西宫福晋（满族皇族妻子的封号）。1636 年 4 月，皇太极称帝，改国号为清，布木布泰被封为西宫永福宫侧福晋庄妃。庄妃入宫展现出一定的政治敏感度，时常关注朝廷政局。《清圣祖实录》记载："（孝庄）予虽在宫壸，太宗行政亦略知之。"在皇太极封的五宫妃子中，她的姑姑孝端贵为皇后，姐姐宸妃比孝庄大五岁，也就是说，家族里面有三位女性嫁给了皇太极，从辈分上看，皇太极是孝庄的亲姑父，通过这种联姻巩固了科尔沁蒙古部落与满族的关系，皇后和宸妃也是与孝庄命运关系最密切的人。

二、左右朝局，母仪天下

1643年，皇太极突然死去，皇位继承成了大问题。在古代封建皇族血统中，只有男子才能继承皇位，素来有"母以子贵"和"子以母贵"的传统，一旦成为皇帝的妻子，要生下皇子帮皇帝延续统治命脉，孝庄的姑姑一生无子，姐姐本来生有一子，不幸很小就夭折了，孝庄前三个孩子都是女儿，第四个生下皇九子福临，根据满族的制度，只有五宫内妃子生的儿子才是嫡子，嫡长子优先继承王位，其他妃子生的儿子都是庶出，理论上说应当轮到福临继承皇位，但清朝与明朝经过几十年的战争，皇长子豪格和皇太极的弟弟睿亲王多尔衮战功卓著，控制着清朝的主要军队，又是皇族，两人暗地里在激烈的争夺皇位。紧要关头，后宫皇后与妃子发挥了重要作用。

孝庄听说一些亲王认为国家政权还不稳固，要立年长的君王，随即招睿亲王多尔衮入宫，用自己的恩宠说服了多尔衮拥立自己的儿子福临即位。后来史学家认为，多尔衮之所以同意应该是孝庄给他讲了自己能称帝的可能性不大，同时双方做出交易：福临称帝后让多尔衮担任摄政王，享受更高的待遇。

在随即的诸王贝勒大臣会议上，皇帝亲自掌管的军队携带弓箭武器直接控制了会场，他们坚持要求立皇子，而另外几名提名者：皇长子豪格、睿亲王多尔衮、大贝勒代善、亲王多铎，均因各种原因缺乏有力地支持推出皇位竞争，最后，各方出人意料地接受了多尔衮提议的由福临继皇位，多尔衮和济尔哈朗（皇太极的弟弟）一起辅政的方案。

根据后来史学家分析，拥立福临，由济尔哈朗与多尔衮辅政，是一个折中的方案。既照顾了各方面的利益，维护了满洲贵族的团结，又有利于调动并发挥多尔衮等人的才能，以求入主中原。这个主意，完全可能倡自后宫，主要出自庄妃。首先，在皇位虚悬的情况下，后宫的旨意有举足轻重的作用。努尔哈赤死前，曾遗嘱大妃纳喇氏殉葬，以防乱政。纳喇氏支支吾吾不愿意，诸王以遗诏催促她从命。然而，皇太极死后庄妃曾主动请殉，诸王以福临年幼需要人抚养，坚决请求孝庄收回意见，孝庄这种欲进故退的做法，显示了她的胆识和机智。其次，在择君会议前，多尔衮召集索尼讨论册立皇子的事情。索尼当时任吏部启心郎，警卫宫廷的一等侍卫，曾出使科尔沁。他接近并了解后宫，多尔衮夜招索尼，意在探听后宫动向。《清圣祖实录》记载："多尔衮诣三官庙，召索尼议册立。"索尼曰："先帝有皇子在，必立其一，他非所知也。"索尼表态立皇子，但未点明长子豪格，且把多尔衮排除在外，不难看出后宫的意图。

福临登基使孝庄的地位提高，她和姑姑孝端一起被尊称为皇太后。为了巩固福临的地位，笼络多尔衮，孝庄给了多尔衮破格的恩宠，多尔衮从"辅政"到"摄政"，从"皇叔父"到"皇父"，甚至传闻孝庄下嫁给多尔衮，这些做法保证了福临即位到亲政政权的稳固。

顺治元年五月（1644 年 6 月），多尔衮率清军进占北京，同年 9 月孝庄陪同顺治进入北京，福临作为清朝的开国皇帝定都北京。然而，多尔衮由于战功卓著，权势越来越大，根本不把年幼的顺治放在眼里，明目张胆地独揽大权，结党营私，排斥异己，谋占皇位之心不死，时刻威胁着顺治的地位。为此，孝庄又施展谋略，对多尔衮软硬兼施，既笼络，又控制。一方面尽量让其致力于清朝的统一大业，服从于顺治帝的统治，连续封其为摄政王、皇叔父摄政王，直至皇父摄政王，使之位高权重，满足其欲望；另一方面又设法牵制其野心膨胀，利用各种力量不使其谋位之心得逞，直至顺治七年（1650 年），多尔衮病逝，顺治帝开始亲政。

顺治亲政时，也还是一个十三四岁的少年，孝庄既是母后，也是他强有力的保护者和导师。《清圣祖实录》记载：（孝庄告诫顺治）"毋作奢靡，务图远大，勤学好问，惩忿戒嬉。"为尽快扫清明残余势力及各种抗清力量，她百般笼络一批有实力的汉族上层势力，设法使已归顺清朝的孔有德、吴三桂、耿精忠等效忠清朝，为他们封王晋爵。还将平南王孔有德的女儿孔四贞召之宫中，以郡主视之，招为义女。又把皇太极的女儿和硕公主嫁给平西王吴三桂之子吴应熊，以联姻结亲手段，对之既拉拢，又控制。另外，由于清初的长期战乱，社会生产遭到严重破坏，大量灾民流离失所，社会极不安定。为此，孝庄在宫中一再提倡节俭，并多次将宫中节余银钱救济灾民。这既有利于缓和社会矛盾，维护社会安定，也有利于稳固顺治的统治地位。清初的社会矛盾错综复杂,既有尖锐的满、汉民族间的矛盾,也有满族内部的权益均衡的冲突。在如此错综复杂、矛盾交织的形势下,清朝能较快地实现对全国的统治,原因固然是多方面的,而孝庄对顺治的辅佐则功不可没。

这里还需要说明的是,孝庄与顺治母子之间,也有一定的矛盾与隔阂。孝庄作为崛起于东北一隅的满族贵族女性,有较浓厚的满汉之别的民族观念,总希望能更多地维护满族的旧俗旧制。她利用满蒙联姻的传统,为顺治的后宫挑选了多名蒙古族妃子,还将自己的侄女、侄孙女先后封为顺治的皇后。然而,顺治作为新一代满族贵族,则比较崇尚汉文化,又是一个富有感情的性情中人,他力求婚姻上的自主,不喜欢孝庄为她选定的后妃,却偏偏钟情于自己喜爱的董鄂氏。遗憾的是董鄂氏年轻早逝,致使遭受感情沉重打击的顺治,心灰意冷,不理朝政,一心皈依佛门。这些都使孝庄极为失望和不悦。至顺治十八年(1661年),顺治在郁郁寡欢中,感染天花而病逝。

三、养育贤王,女中尧舜

孝庄在极度悲痛中,又把心思精力全部转移到新的皇位继承人玄烨身上。顺治去世之后,在孝庄的主持下,宣布先帝遗诏,由年仅八岁的玄烨继位,这就是康熙皇帝。康熙失父之哀刚刚过去,十岁时又失去了生身之母,孝庄本来就十分疼爱孙儿玄烨,眼看着爱孙先后失去父母,对之更加爱护关心,义无反顾地担当了对他的抚育培养之责。正如玄烨日后所回忆:"朕自幼龄学步能言时,奉圣祖母慈训,凡饮食、动履、言语,皆有矩度。虽平居独处,亦教以匪敢越执,少不然即加督过,核是以克有成。"(《清圣祖御制文二集》)可见,孝庄对玄烨的饮食起居,言行举止,都悉心照料,而且十分严格,完全按照帝王的标准训练这个爱孙。为使玄烨自幼就接受满族文化教育,她又指示自己依赖的侍女苏麻喇姑,既照料玄烨的生活,又教他说写满语、满文。同时又让其入书房,请名师讲读儒家的《四书》《五经》,而且要求熟练背诵,养成中国传统文化的深厚根基。在学习满汉文化的同时,孝庄还给他灌输祖宗靠骑射开创基业、带兵打仗的本领不能废弛的思想,让侍卫教练玄烨的骑射本领,如同读书写字一样,日有课程,终使玄烨弓马娴熟,箭不虚发,深深理解"念祖宗以来,以武功定暴乱,文德致太平,岂宜一日不事讲习",而发奋学习文韬武略,为日后亲政治国打下了扎实的基础。

康熙年幼继位,由索尼、苏克萨哈、遏必隆、鳌拜四大臣辅政,孝庄也教导玄烨参加辅臣议政,学习执政经验,并经常向玄烨灌输"得众则得国"的治国思想,要求玄烨"宽裕慈仁,温良恭敬",时刻谨慎,勤于朝政,以巩固其祖父和父亲留下的基业,渐渐地,玄烨在政治上成熟起来。由于辅政四大臣中的鳌拜思想顽固守旧,且独断专横,擅自弄权,康熙显然不满,终于在康熙八年,智擒鳌拜,结束了辅政时期,由康熙正式亲政。康熙亲政之后,有关军国大事,仍常常向孝庄请教商议,正像《清史稿·孝庄文皇后》传中所说:"太后不预政,朝廷有融涉,上多告而后行。"因此,孝庄在世时,康熙朝前期发生的许多重大事件,孝庄多参与谋划决策。如康熙十四年(1675年),正当三藩作乱时,蒙古察哈尔部布尔尼乘机叛乱,严重威胁京师的安全,康熙十分忧虑。孝庄则适时向康熙推荐说:"图海才能出众,盘任之",康熙即诏图海"授以将印",领兵前往,很快平定布尔尼叛乱,使局势转危为安。《清史稿·孝庄文皇后》记载,康熙晚年曾深情回忆说:"忆自弱龄,早失,险恃,趋承祖母膝下三十余年,鞠养教诲,以致有成:设无祖母太皇太后,断不能有今日成立。"康熙对祖母也一往情深,他几乎每天上朝前,下朝后,都要到孝庄那里请示问安。当孝庄病重时,康熙精心侍奉,日夜不离,直至孝庄病逝。

孝庄文皇后一生,凭借她在宫中的恩宠和地位,辅佐了顺治、康熙两位幼年皇帝坐镇君位一统江山,同时实行舒缓的统治政策,使得战乱范围缩小,生产得到恢复和发展,人民生活渐趋安定,为康雍乾盛世奠定了基础,在历史上起到了十分明显的推进作用。

第二节

冲冠一怒为红颜

形容女子的绝色美貌，有"倾国倾城"一说，所谓"倾国"，不只是使全国的人为之倾倒，还可能是泱泱大国因之而倾覆。大明王朝风雨飘摇之际，充满了众多的传奇故事。从1644年李自成率领农民军进京，到吴三桂引清兵入关，一个风尘女子登上了历史舞台。她引江山易色，地覆天倾；她使帝王陨落，霸王为僧；她令一世枭雄以命相搏，她令泱泱中华换了朝廷。她一直是那个穿过历史的烟尘，在想象中最美丽的女子——陈圆圆。

陈圆圆并不是她的真名，算起来也可以说是一个艺名。陈圆圆原名邢畹芬，是常州奔牛镇上的一个小家碧玉，父母早亡，从小与祖母相依为命，祖母疼爱孙女，曾送她到镇上的私塾读书，私塾先生为她改名为沅。邢沅十四岁那年，祖母卧病不起，寄居陈姨家，随姓陈，后被卖入苏州的青楼，才有了陈圆圆这个名字。

陈圆圆在青楼学习歌舞琴画，由于她天赋颖慧，很快就崭露头角，歌舞尤占魁首。有"声甲天下之声，色甲天下之色"的美誉，倾倒了无数王孙公子。后与董小宛、柳如是等一起被文人骚客评为"江南八艳"。

一、情窦初开

关于陈圆圆的感情呢，就不得不提一个人物，那就是冒襄。

冒襄，字辟疆，是明朝"复社四公子"之一。冒襄风流潇洒，饱读诗书，而且难能可贵的是他正直不阿。明朝末年，宦官专权，朝廷腐败，冒襄敢于向阉党叫板。甚至连我国开国元勋毛泽东都非常欣赏冒襄的处世哲学。毛泽东说："所谓明末四公子中，真正具在民族气节的要算冒襄，冒襄是比较着重实际的，清兵入关后，他就隐居山林，不事清朝，全节而终。"

那个时代的江南名妓节气颇高，仿佛达成一种共识，都喜欢有才学、有胆识、有正义感的文人。冒襄正是这样一个人，据说当时无数女子宁愿给冒襄当妾，也不愿做贵人的正妻。

我们今天讲的这个绝代佳人陈圆圆就曾对他一见倾心。

冒襄初见陈圆圆时，就被她的魅力所吸引，陈圆圆的歌声、琴声以及举手投足之间的那份典雅，让冒襄怦然心动，而陈圆圆对冒襄的才学和儒雅也芳心暗许。才子动心，佳人含情，两人情投意合，谈话一谈就到了四更时分。由于冒襄要去接母亲，遂与陈圆圆相约半个月后一起赏桂花。

等到冒襄接母亲回来，路过苏州，却听说陈圆圆被豪强抢走了。他跟朋友谈起陈圆圆，惋惜自己没艳福，一再叹息"佳人难再得"，朋友则告诉他一个惊喜：被抢走的是假陈圆圆。因为陈圆圆在苏州有很多仰慕者和朋友，在遇到豪强来劫时得到了救助，幸运逃脱。

冒襄与陈圆圆再次相逢，十分惊喜，由于她刚刚逃脱虎口，惊魂未定，寂寞凄凉，陈圆圆反而主动谈婚论嫁起来。但生性风流的冒襄却没有思想准备，于是找借口说放心不下母亲在船上的安全，连夜回去了。

陈圆圆十分看好冒襄，第二天早上化了淡妆去拜访冒襄的母亲，准备搞曲线爱情攻关。美人无怨无悔的痴情让冒襄实在无法拒绝，但此时冒襄的父亲却有难了。冒襄的父亲是明朝的军官，被朝廷派往襄阳对付李自成、张献忠的农民起义军。冒襄知道明王朝大厦即将倾覆，起义军来势凶猛，父亲去抗敌不就是送死吗？冒襄决定北上京师救父亲。因而有些敷衍的顺口答应与陈圆圆的婚事。

到了第二年的二月，冒襄的父亲没有危险了，他才有心情再去找陈圆圆，没想到陈圆圆这次是真被人抢走了，抢他的人是国丈，崇祯皇帝宠妃的父亲田弘遇。

冒襄怅然若失，郁闷无比，他就是在这种情况下，遇上红颜知己董小宛的，算是"失之东隅，收之桑榆"吧。冒襄后来娶了董小宛，还对陈圆圆念念不忘，有惆怅也有得意，有点《大话西游》里至尊宝的感觉啊："曾经有一段真挚的爱情摆在我面前，我却没有珍惜，当我失去她时才追悔莫及！人世间最痛苦的事莫过于此……"

二、不经意间走上了政治舞台

再来说说田弘遇。田弘遇的女儿田贵妃从很早时就追随崇祯皇帝，所以也就赢得了很多宠幸，身为国丈的田弘遇自然身价百倍，官至右都督，他仰仗女儿得宠，在京城里没有一个人敢得罪他，气焰非常嚣张。

田弘遇位极人臣，靠的不是他的真本事，也不是对国家社稷有什么特殊贡献。对于这家来说，皇帝对于他们的宠幸就是他们在政治、经济上拥有更多显贵的资本。田弘遇也明白这个道理，所以为了维持自己家里的权势，他想到，如果田贵妃不能始终都得到崇祯皇帝的宠幸，那就应该再送一个人到崇祯皇帝身边，这样就可以给家族迎来更多的荣华富贵。

田弘遇遂南下江南，寻找美色，陈圆圆就这样走上了历史舞台。

田弘遇把陈圆圆送到了崇祯皇帝那里。但是崇祯皇帝当时一心励精图治，而且王朝内忧外患，大厦将倾之际，崇祯皇帝哪还有心思寻欢作乐呢？所以很快又把陈圆圆重新送回了田弘遇家，这让田弘遇非常沮丧。但是田弘遇并没有放弃，他一直都把好不容易寻来的这块"宝物"看作自己飞黄腾达的敲门砖呢。

明廷内忧外患的形势越来越严峻，李自成的势力已越过宁武关、居庸关，直逼京师；清朝军队也从东北面发起进攻。危急关头，明朝廷下诏吴三桂以总兵身份统领大军镇守山海关。

吴三桂是晚明著名战将，能骑善射，智勇过人，曾中过武举。如今国难当头，急需将才，所以朝廷将他提拔出来，以镇守国门，还连带起用他父亲为京营提督。一时间，吴家父子兵权在握，成了京城里的热门人物。

乱世之时谁都想得到军队的庇护，所以吴三桂离京赴任时，京城里的达官显贵纷纷设宴为他饯行，想为自己今后找下个靠山。田弘遇就在这样的背景下，选中了年轻有为、拥有重兵又深受器重的吴三桂作为自己的保护伞。

在田弘遇为吴三桂饯行的酒宴上，陈圆圆且歌且舞，看得吴三桂心旷神怡。老谋深算的田弘遇趁机将陈圆圆慷慨相赠，大喜过望的吴三桂旋即向田弘遇保证"战乱之时，我会先保贵府，再保大明江山！"据陆次云《圆圆传》载："田弘遇问：'设寇至，将奈何？'吴三桂答曰：'吾当报公家，先于报国也。'"

吴三桂得到陈圆圆后，宠爱有加，倍加珍惜，视若珍宝，但皇命在身，要去镇守山海关。吴三桂的父亲怕儿子贪恋美色，误了国事，就将陈圆圆留在了北京，让吴三桂独身前往山海关。这一留啊，却留下了无边祸端！

吴三桂到达山海关不久，李自成的农民起义军就攻陷了北京，明朝灭亡了。

而手握重兵，远居山海关的吴三桂陷入了人生的艰难抉择之中。作为明朝的战将，理应为朝廷生死一搏，但自己的实力根本无法对抗李自成，况且，为一个衰亡的王朝拼命值不值得？而李自成对吴三桂颇为忌惮，也颇为赏识，遂写信来劝降吴三桂。吴三桂左右为难的时候，询问他的部下，结果大家都赞成投降李自成。

吴三桂旋即领兵赴京觐见李自成。但走到半路，遇到了从京城逃出来的亲信。吴三桂问，我家里还好吗？那人说，您的家已经被他们占领了。吴三桂说，没有关系，等到我回去的时候，他们就会把家再还给我了。又问：我父亲好吗？那人说，您的父亲也被扣押起来了。吴三桂说，没有关系，等我回去的时候，他们也会把父亲放出来的。然后又问，陈夫人还好吗？那人说，他们把陈圆圆也占去了。这个时候吴三桂就非常愤怒，他们怎么可以这样呢？大丈夫不能保一女子，有何面目见人啊？如果我不报此仇，誓不为人。如《庭闻录》曰："三桂厉声高叫道：'大丈夫不能保一女子，何面目见人耶？'"《吴三桂纪略》曰："吴三桂声称，不杀权将军，此仇不可忘，此恨亦不可释。"

吴三桂自忖光凭自己的兵力与闯王交战难操胜券，于是派副将杨坤持书到清朝大营，迄求睿亲王多尔衮出师相援，准备好好地惩罚一下李自成的大顺王朝，以泄痛失圆圆之恨。

吴三桂也是够狠的！如此一来，他是准备以父母妻子的性命作代价的，而且还装模作样地致书父亲说："父既不能为忠臣，儿安能为孝子乎？儿与父诀，不早图，贼虽置父鼎俎旁以诱三桂，不顾也！"堂而皇之地以尽忠于大明皇朝为借口，来赔上全家的性命。岂不料请清兵灭大顺国，将来的天下无疑为清人所坐，那不就是背叛民族的利益，引狼入室了吗？为了心爱的陈圆圆，家人也好，民族也好，吴三桂已顾不了那么多！

我们知道，吴三桂是一个处于政治热点中的人物，当时他手握重兵，究竟是和关外的清军联合，还是和在北京城的李自成军联合，这是牵扯到他本人政治前途的问题，在这种情况下，他必然要对双方的诚意、自己的实力和自己未来的发展前途做一个全面的考虑，这样一来，陈圆圆事件究竟在这个事件中扮演着的是导火索角色，还是一个富有决定性的因素，现在我们已经不知道了。

但在文人史官的笔下，吴三桂就背负上了"重色轻国"的千古骂名，所谓"恸哭六军俱缟素，冲冠一怒为红颜"，还有"不为君亲来故国，却因女子下雄关"的诗句，就是讽刺吴三桂只为红颜，竟将大好河山送与清军。而陈圆圆，也留下了"红颜祸水"的骂名。

这个事件是改变历史进程的一个重要选择，如果当时的吴三桂不和清军合作，依照清军当时的战斗力，他们也很有可能在不久之后就打进山海关。但既然吴三桂和清军合作了，就促进了这一历史事件的发生，同时放清军进关，以至于占领天下的速度大大加快了。当然，当时的吴三桂还是有一丝民族的尊严的，他并没有投降清廷，而是以"亡国孤臣"的名义恳请清廷出兵帮忙消灭乱党。

而李自成听说吴三桂变乱一事后，一口气将吴三桂全家四十多口人全部杀死，彻底打破了吴三桂的幻想，也将吴三桂逼上了道义的绝境。国恨家仇，吴三桂终于弃民族利益于不顾，死心塌地地投降了清廷。

清兵铁骑到处，农民起义军溃不成军。李自成眼看大势已去，只好带上京城的金银财宝撤回陕西老巢。临走时本想带着陈圆圆，陈圆圆却认认真真地劝告说："妾身若随大王西行，只怕吴将军为了妾身而穷追不舍；不如将妾身留在京师，还可作为缓兵之计！"李自成听了以为颇有道理，命运危急关头，他无心留恋美色，索性丢下陈圆圆跑了（一说陈圆圆是被李自成麾下的大将刘宗敏所掳）。

可惜那边吴三桂并不知道陈圆圆留在京城，挥师紧追李自成的残部，一心夺回心爱的女人。一直追到山西绛州，忽然京师有人来报，说是已在京城寻获了陈圆圆，吴三桂喜不自胜，立刻停兵绛州，速派人前去接陈夫人来绛州相会。

陈圆圆来到绛州时，吴三桂命手下的人在大营前搭起了五彩楼牌，旌旗箫鼓整整排列了三十里地，吴三桂穿着整齐的戎装亲自骑马出迎，其仪式之隆重绝不亚于迎接元首啊。

此时京城里也正热闹，多尔衮组织人马隆重地迎接清世祖顺治帝入关，在北京建立了大清朝廷，准备全盘控制整个江山。为了表彰吴三桂开关请兵之功，清朝廷册封他为平西王，并赏银万两，吴三桂竟然也不加思索地接受了下来。这样一来，当初请兵相助的初衷完全变了质，不折不扣地成为开关迎敌的民族叛徒。

清顺治二年，吴三桂继续协助清兵西讨，由山西渡黄河入潼关，攻克西安，将李自成的力量彻底消灭。随后，他又风尘仆仆，东征西伐，为清廷统一中国立下了汗马功劳。最后他为清廷拿下了西南一带，清廷诏令他坐镇云南，总管西南军民事宜。此时的吴三桂可以说是功成名就，踌躇满志地经略所辖领地，俨然就是西南边地的土皇帝。

在吴三桂戎马倥偬的那些年里，陈圆圆紧随其左右，为他消愁增乐，简直成了他的精神支柱。在昆明稳定下来后，吴三桂冠冕堂皇地以王爷自居，并提出封陈圆圆为平西王妃，不料陈圆圆却不肯接受，她提出："妾出身卑微，德薄才浅，能蒙将军垂爱已属万幸，实在不配贵为王妃，宁愿作侍妾追随将军左右！"

经历了十几年的坎坎坷坷，看惯了人世间的沉浮起落，生生死死恍如过眼烟云，她对一切都已看淡。何况她也明白，为了自己，吴三桂不惜引清兵入关，毁灭大顺王朝，背弃朝廷及家人，落下了重重罪名，这一切虽然谈不上是她的过错，可毕竟与她有关，让她自感罪孽深重，哪里还有什么心思去做王妃。

陈圆圆眼见吴三桂为了自己，不惜将曾是自己君主的大明皇朝置之死地，使大江南北掀起滚滚硝烟，不免黯然神伤。她也多次劝吴三桂反清复明，建立千古奇功，但吴三桂不想放弃已经到手的权位，让陈圆圆深感失望。慢慢地，吴三桂与陈圆圆的感情出现了裂痕，而吴三桂又迷恋上了更加年轻貌美的女子，陈圆圆退而念佛养心，削发为尼。吴三桂效忠大清朝三十年后，起兵反清，被康熙帝镇压下去，他的一家妻妾子女，被凌迟处决。陈圆圆得知吴三桂死后，自沉于五华山华国寺的莲花池，一代名优陈圆圆就这样结束了她充满争议的一生。

历史有时就像任人打扮的婢女。在野史中，陈圆圆同时和大明皇帝、大顺皇帝、平西王这三个死对头、三代枭雄都有交集。一个女人站在三个男人的三岔口上，而这三个男人，分别代表了一个国家的三种命运，她的爱情选择决定苍生社稷的命运，听起来荒唐得很。金庸在小说《鹿鼎记》里就是这么写的。

陈圆圆在秦淮八艳中，与貂蝉、西施一样，在历史的重大事件中扮演了一个"祸水"的角色，她不仅让吴三桂冲天一怒引清兵入关，把偌大的大明江山送给了清军，使吴山桂死后背上了一个大汉奸的罪名，她也让号称有百万大军的李自成遭到了彻底的失败。一个歌妓，在历史风云巨变的时候，给历史英雄们开了个天大的玩笑。

后　记

本书的写作，缘于我参加的一次"性别平等教育"专题工作会议。

全面开展性别平等教育，从源头上促进这个世界的性别平等，从观念和意识上根除性别的歧视和压迫，这是上级有关行政部门推行"性别平等教育"工作的初衷。的确，社会发展到今天，男女平等的意识以及法制建构已经趋于完善。但是，要想真正实现性别平等却绝非易事。这不仅是因为生理结构上的男女性别差异，还因为根深蒂固的某些沉疴宿疾。实现性别平等的道路行进到今天，真正的敌人或许已经不是男权的傲慢与偏见，而是扭曲思想和错位观念的发酵与沉淀。

男尊女卑的思想经历了千年封建社会的强化，翻看中国古代的历史，大多以男性人物为主线展开。在中国古代历史人物的叙述上，女性人物大多依附于男性人物展开，这除了写史之人刻意为之外，当然还有许多客观的原因。但我们也发现，在以男权为主的封建社会里，许多女性的形象是那样的熠熠生辉，这是非常难能可贵的。应该说，女性也在用自己的智慧和劳动，推动着历史的进步。

我们应该要进一步认识这些女性，了解她们的智慧和勤劳，认识她们的精彩人生，甚至从女性的视角来重新审读历史。

当时，我正主持两个课题：东莞市精品课题《初中历史体验式探究教学的研究与实践》（课题编号：jpkt17013）、东莞市立项课题《全寄宿制初级中学开展"三生德育"的行动研究》（课题编号：2017GH416），课题组的成员几经讨论，一致认为以女性为线索展开研究，不仅是对我们课题的补充和延伸，更是开辟了另外一个看历史的视角。学生通过研究一个历史人物，走进当时的历史环境去看待与品读时人的心境，站在历史人物的角度看历史，本身就是一种体验式学习。在"三生德育"的研究中，有很重要的一块研究内容，就是性别平等教育，就是要从娃娃抓起的性别平等教育。

本书所呈现的内容，正是这两个课题的部分研究成果。

课题组的东莞市光明中学的陆虎老师，深圳市龙岗仙田外国语学校的孙作兴老师，重庆市綦江中学的任定周老师，东莞市华侨中学的柳丽娟老师，东莞市松山湖北区学校的贾亚宁老师，东莞市茶山中学的刘运杰老师，东莞市东华松山湖高级中学的刘帅兵老师，东莞市东华初级中学的曹凯老师、梁涵锋老师、陈可儿老师、顾瑞老师、余雄老师、相粟森老师、杨高辉老师、唐滔老师等为本书提供了智慧和支持。陆虎老师对本书的写作进行了顶层设计和全程规划，孙作兴、曹凯、任定周三位老师对本书的文稿进行了梳理和校对。

当然，由于本书是由多位作者共同组稿完成，大家风格各异、视角不同，因此整书看来难免有"怪异"之感。这不得不说是本书的最大遗憾！但也正因为是作者们的写作风格不同，却让我们能够从故事叙述、史学研究、文献综述、人物传记等多种类型的文章中，感受历史上那些熠熠生辉的女性或歌、或泣、或悲、或痛的壮丽人生。

本书的成功出版，要感谢《中学历史教学》主编、华南师范大学的王继平教授，她为本书欣然赐序，令本书增色不少；要感谢为本书间接提供大量史学研究成果的专家学者，是你们的引领和鼓励，我们这些后辈才不揣简陋、大胆向前。

由于作者、编者的水平有限，研究能力不足，本书的总体质量还有待提高，书中的个别观点还有待商榷和进一步论证。在此，恳请广大专家、读者为本书提出宝贵的批评建议，我们将感激不尽。

陆　虎

谨识于东莞雲崧書屋

2020 年 10 月 10 日